Phil Mailer (alias Phil Meyler) wurde 1946 in Dublin geboren und lebt in Irland und Portugal. Er war bis 2010 jahrelang Lehrer für benachteiligte Jugendliche in Portugal, den USA und Irland und ist Übersetzer aus dem Portugiesischen.

Anke Fusek übersetzt für politische Initiativen aus dem Englischen, insbesondere für den Blog communaut.org.

Felix Kurz übersetzt Essays, Sachbücher und wissenschaftliche Literatur aus dem Englischen und Französischen. Für die Edition Nautilus hat er zuletzt *Der wilde Sozialismus* (2019) von Charles Reeve, *Göttin der Anarchie. Leben und Zeit von Lucy Parsons* (2023) von Jacqueline Jones und *Platz nehmen. Gegen eine Architektur der Verachtung* (2023) von Mickaël Labbé ins Deutsche übertragen.

Phil Mailer

PORTUGAL

Die unmögliche Revolution?

Aus dem Englischen
von Anke Fusek und Felix Kurz

Edition Nautilus

Die Originalausgabe des vorliegenden Buches erschien unter dem Titel *Portugal: The Impossible Revolution?* © 2012, PM Press.
Eine frühere Ausgabe erschien 1977 bei Solidarity, Großbritannien/ Black Rose, Kanada/Free Life Editions, USA.

Die vorliegende Ausgabe weicht an einigen Stellen vom englischen Original ab und folgt stattdessen der von Luís Leitão angefertigten portugiesischen Übersetzung, erschienen 2018 bei Antígona Editores (Lissabon), für die der Autor selbst einige Änderungen am Text vorgenommen hat. Für Hilfe beim Entziffern der fraglichen Passagen danken Übersetzerin und Übersetzer Pascal Kunz.

Edition Nautilus GmbH
Schützenstraße 49 a
D - 22761 Hamburg
www.edition-nautilus.de

Deutsche Erstausgabe März 2024
Umschlaggestaltung: Maja Bechert
www.majabechert.de
Satz: Corinna Theis-Hammad
www.cth-buchdesign.de
Covermotiv: © Centro de Documentação 25 de Abril
Autorenporträt auf S. 2: © PM Press

FSC www.fsc.org MIX Papier aus verantwortungsvollen Quellen FSC® C083411

Druck und Bindung:
CPI – Clausen & Bosse, Leck
1. Auflage
ISBN 978-3-96054-350-3

INHALT

VORWORT

Am 25. April 1974 beendete ein Militärputsch in Portugal eine fast fünfzig Jahre währende faschistische Herrschaft; es folgten 18 Monate tiefgreifender Veränderungen, die sämtliche Aspekte der portugiesischen Gesellschaft infrage stellten. Was als Staatsstreich begann, verwandelte sich in den Versuch, die Verhältnisse radikal von unten umzugestalten. Das Ausmaß der Kämpfe und die unmittelbare geografische Nähe zum maroden Franco-Regime in Spanien hievten die Geschehnisse tagtäglich in die Schlagzeilen, denn welches Echo sie im Nachbarland und in ganz Europa finden würden, war damals keineswegs ausgemacht.

Das vorliegende Buch ist eine persönliche Schilderung der Ereignisse vom Tag des Staatsstreichs über seine turbulenten Folgen bis zum November 1975, als ein weiterer Militärcoup die liberale parlamentarische Demokratie festigte und Portugal an den europäischen Kapitalismus heranführte.

Heute, fünfzig Jahre danach, erinnert sich außerhalb Portugals kaum noch jemand an diese Ereignisse. Nach dem Scheitern der Revolution wurde das Land zügig in die Europäische Union integriert, die gesamte Episode gilt seitdem als ein Sturm im Wasserglas, der kaum Erwähnung verdient.

Was damals in Portugal geschah, war jedoch enorm: Zahllose Betriebe wurden von den Arbeiterinnen und Arbeitern übernommen, Nachbarschaftskomitees besetzten leerstehende Häuser, um Kinderkrippen und andere Gemeinschaftseinrichtungen aufzubauen. Schätzungen zufolge nahmen rund drei Millionen Menschen an Streiks, Besetzungen oder Demonstrationen teil – bei einer Bevölkerung von zehn Millionen. Die Polizei wurde entmachtet, und das Militär, gewöhnlich die letzte Bastion des Staates, spaltete sich in rivalisierende Fraktionen; eine ganze Zeit lang übten die revolutionären linken Strömungen Kontrolle über den Staatsapparat aus. Eine Rhetorik der

Revolution war allgegenwärtig, und in Andeutungen zeigte sich tatsächlich, wie eine moderne Umwälzung der Gesellschaft aussehen könnte. Doch Kommunikationsprobleme erschwerten diese Umwälzung. 1974 gab es noch kein Internet und keine Handys, die beiden Fernsehsender standen unter staatlicher Kontrolle, und Radiosender gab es überhaupt nur ein halbes Dutzend im Land.

In diesem Vakuum unternahmen Arbeiterinnen und Arbeiter den Versuch, sich selbst zu organisieren. Die Schwierigkeiten dieser Unternehmung und die Vereinnahmungsversuche durch politische Fraktionen werden im hinteren Teil des Buches hervorgehoben; nicht ohne Grund war es Parteien und Gewerkschaften oft verboten, mit ihren Fahnen bei Demonstrationen zu erscheinen. Detailliert dargestellt wird auch der Kampf um die Medien – um Zeitungen, Fernsehen und Radio, vor allem den katholischen Rundfunksender, den die radikale Linke damals besetzte. Und nicht zuletzt habe ich versucht, jenen Problemen genauer nachzugehen, auf die einfache Soldaten bei ihren Organisationsversuchen innerhalb der Streitkräfte stießen.

Nach dem Putsch von 1974 war die portugiesische Gesellschaft in drei Lager gespalten: Es gab zum einen diverse staatskapitalistische Ideen und Parteien, daneben Kräfte, die eine parlamentarische Demokratie installieren wollten, und schließlich die Verfechter einer »Volksmacht«, die den Arbeiterinnen und Arbeitern an der Basis mehr direkte Gestaltungsmöglichkeiten geben sollte. Diese dritte Strömung wird im vorliegenden Buch ausführlich dokumentiert, wobei ich sie in ihren Kämpfen um organisatorische Autonomie und wirtschaftliche Selbstverwaltung zumeist selbst zu Wort kommen lasse. Diese Perspektive von unten ist es, die meine Darstellung der Ereignisse vielleicht vor allem von anderen unterscheidet.

Als Koalitionspartei in fünf aufeinanderfolgenden Militärregierungen installierte die Kommunistische Partei (PCP) einen Staatskapitalismus im Land, und die diversen Parteien der radikalen Linken beteiligten sich aktiv an diesem Projekt. Die

Sozialistische Partei (PS) dagegen war gespalten: Während die einen dem Weg der Militärregierungen und der PCP folgen wollten, wollten andere einen liberalen Kapitalismus nach europäischem Muster durchsetzen und verschworen sich folglich mit den Konservativen, der extremen Rechten und der US-Botschaft, die der CIA-Agent Frank Carlucci leitete. Rechts von ihr standen die »Volksdemokraten« der PPD (die heutigen Sozialdemokraten) sowie die CDS (»Soziales und Demokratisches Zentrum«), die versuchten, neue Gewänder für das alte faschistische Regime zu finden.

Das heutige Portugal ist das Ergebnis dieser Kämpfe. Als maßgebliche Techniker der Macht betätigen sich die Sozialisten der PS und die Sozialdemokraten (PSD), während die PCP die wichtigste linke Oppositionspartei darstellt und die Gewerkschaftsbewegung beherrscht. Die Gruppen der radikalen Linken mit ihren vielen zungenbrecherischen Akronymen, denen die Leserinnen und Leser im vorliegenden Buch begegnen werden, haben sich zu einem »Linksblock« (Bloco de Esquerda) vereint, während die Maoisten zum Glück weitgehend von der Bildfläche verschwunden sind.

Wenn man 2024 ein Buch über Ereignisse neu herausgibt, die fünfzig Jahre zurückliegen, fällt es manchmal schwer, sich die Intensität der damaligen Momente zu vergegenwärtigen. Als ich meine eigenen Schilderungen noch einmal las, musste ich mich immer wieder fragen: Ist das wirklich passiert? Ja, das ist es – die Dokumente, die es belegen, habe ich alle noch –, auch wenn das einer jüngeren Generation in der Tat unmöglich erscheinen mag. Bei der Erstveröffentlichung des Buches gab es über mehrere Kontinente hinweg endlose Diskussionen darüber, ob man die »unmögliche Revolution«, von der im Untertitel die Rede ist, mit einem Fragezeichen versehen sollte oder nicht. So waren die Zeiten. Ich halte das Fragezeichen noch immer für richtig.

Als ich das Buch schrieb, galt der Staatskapitalismus als eine genauso große Gefahr für Portugal wie der Privatkapitalismus. Darauf legte ich in meiner Analyse der Basisbewegungen und der politischen Parteien den Hauptakzent. Stattdessen avancierten jedoch der Neoliberalismus und die freie Marktwirtschaft zur maßgeblichen Ideologie der herrschenden Klasse in Portugal (und weltweit). 1974/75 schien dies keineswegs klar. Heute ist Portugal ein vollständig in den modernen Kapitalismus integriertes Land, mit all den Ungerechtigkeiten, die dies zwangsläufig mit sich bringt.

Die vorliegende Ausgabe folgt weitgehend der gemeinsam von Solidarity (London), Black Rose (Kanada) und Free Life Editions (New York) veröffentlichten Erstausgabe von 1977. Entfallen sind ein etwas zu langes und mit Statistiken überfrachtetes Kapitel über die Geschichte Portugals, das den Erzählungsbogen störte, sowie ein Nachwort von Maurice Brinton (1923–2005), der eigentlich Chris Pallis hieß und bei Solidarity aktiv war; ihm schulde ich noch immer Dank dafür, dass er mich zu diesem Buch ermutigt hat. Ebenfalls entfallen sind das Transkript einer Sendung, die das besetzte Rádio Renascença im Oktober 1975 ausstrahlte, sowie 26 Dokumente im Anhang, die überwiegend von Arbeiterkomitees stammten. Sie wurden inzwischen online veröffentlicht.

Die 2012 bei PM Press erschienene Ausgabe war dem Gedenken an Maria Teresa Viana (1946–2010) gewidmet, die das Buch auf vielfältige Weise subtil beeinflusst hat.

Phil Mailer
Lissabon, Januar 2024.

Kinder in einem Slum in Lissabon, 6. Juni 1975

I DIE ERSTE WOCHE

Tag 1: Donnerstag, 25. April 1974

Es ist ein kalter Morgen für die Jahreszeit. Um 7:45 Uhr macht eine Radiodurchsage Hunderttausenden Portugiesen schlagartig bewusst, dass ein neues Kapitel ihrer Geschichte begonnen hat:

> Hier spricht das Kommando der Bewegung der Streitkräfte. Wir rufen alle Einwohner Lissabons auf, sich in ihre Häuser zu begeben und äußerste Ruhe zu bewahren. Wir hoffen aufrichtig, dass die schweren Stunden, die wir durchleben, durch keinen Unglücksfall getrübt werden. Wir appellieren an die Vernunft und Einsicht der übrigen Truppen, sodass jeder Zusammenstoß mit den Streitkräften vermieden wird. Eine solche Konfrontation ist nicht nur unnötig, sondern könnte auch zu einer ernsthaften Spaltung des portugiesischen Volkes führen. Das gilt es unbedingt zu verhindern. Wir wollen kein portugiesisches Blut vergießen, daher appellieren wir an Ihre staatsbürgerliche Gesinnung. Das gesamte medizinische Personal, insbesondere in den Krankenhäusern, sollte sich bereithalten, Hilfe zu leisten, auch wenn dies hoffentlich nicht erforderlich sein wird. Wir rufen alle politischen und militärischen Kräfte zu größtmöglicher Vorsicht auf, um jede Gefahr zu vermeiden. Wir wollen ein unnötiges Blutvergießen vermeiden, werden aber jeder Provokation entschieden begegnen.

Weiter ordnen die Streitkräfte an:

> Begeben Sie sich in Ihre Stadtteile und warten Sie auf weitere Anweisungen der Bewegung der Streitkräfte. Die Befehlshaber werden dafür verantwortlich gemacht, sollten

sie ihren Untergebenen befehligen, sich in Konflikte mit dem revolutionären Teil der Streitkräfte zu begeben. Wir appellieren an die Kräfte der Nationalgarde und der Polizei – und auch an die DGS (Geheimpolizei) und die Portugiesische Legion –, die möglicherweise unter falschem Vorwand rekrutiert wurden, sich an ihre staatsbürgerliche Pflicht zur Aufrechterhaltung der öffentlichen Ordnung zu erinnern. In der gegebenen Situation kann dies nur sichergestellt werden, wenn die Streitkräfte nicht angegriffen werden. Achtung, an alle Militär- und Polizeieinheiten. Da die Streitkräfte entschieden haben, Ihren Platz einzunehmen, wird ab sofort jeder Widerstand gegen die Truppen, die die Stadt umstellt haben, mit aller Härte geahndet. Wenn Sie diesen Rat nicht befolgen, könnten Sie ein sinnloses Blutbad anrichten, für das Sie allein verantwortlich sind.[1]

8:15 Uhr. Meine Nachbarin weckt mich, mit irrem Blick steht sie im Pyjama vor mir. Ich sollte heute besser nicht zur Schule fahren, sagt sie. Alle Schulen sind geschlossen, die Armee hat die Macht übernommen, es wird geschossen, niemand soll sein Haus verlassen. Damit ich sie besser verstehe, spricht sie in gebrochenem Portugiesisch und deutet mit ihren Fingern Schüsse in die Luft an.

Die spinnt, denke ich mir. Ich mache die Tür zu, stelle das Radio an und lege mich wieder ins Bett. Nichts: nur die übliche Werbung. Ich kann das alles nicht glauben. Ich bin müde, aber einschlafen kann ich nicht mehr. Ich versuche es auf anderen Sendern. Im Staatsrundfunk läuft Marschmusik. Hat sie vielleicht doch Recht?

9:10 Uhr. Verspätet komme ich in der Schule an. Kein Bus weit und breit. Ich treffe R., einen Lehrer, die Neuigkeiten platzen aus ihm heraus. Auch D., der Faschist der Schule, ist da. Wir fragen uns, ob die Rechte oder die Linke dahintersteckt, oder auch genauer: welche Kräfte auf der Rechten – die Generäle oder Spínola? Die Frage bleibt den gesamten Vormittag unbeantwortet. Niemand weiß es.

10 Uhr. Frühstück mit R., ein netter, warmherziger Mensch, wir brennen darauf, mehr herauszufinden, haben aber Angst, ins Stadtzentrum zu gehen. Im Radio läuft Zeca Afonso, ein linker Liedermacher. Könnte es doch wahr sein? Eine Bekanntmachung:

> Dem Kommando der Streitkräfte wurde berichtet, dass die Bevölkerung unserer wiederholten Aufforderung, zuhause zu bleiben, bislang nicht Folge leistet. Auch wenn die Situation fast unter Kontrolle zu sein scheint, da der bisherige Heeresminister sein Amt aufgegeben hat und mit den befehlshabenden Offizieren unserer Bewegung in Kontakt steht, rufen wir die Bevölkerung erneut dazu auf, zuhause zu bleiben und sich nicht in Gefahr zu bringen. In Kürze wird ein Kommuniqué zur Klärung der Lage ausgestrahlt.[2]

Ich schildere R., was ich über Spínola weiß: Er hat Sympathien für die Nazis, er hat im Spanischen Bürgerkrieg Franco unterstützt, er hat sich in den portugiesischen Kolonien Orden als »Kriegsheld« verdient. Im Interview mit der Zeitschrift *Vida Mundial* hatte er vor ein paar Wochen sein Buch *Portugal und die Zukunft* zusammengefasst, und für diese Ansichten war er von Marcelo Caetano, dem seit 1968 amtierenden Ministerpräsidenten, entlassen worden. Das Buch rief dazu auf, nicht länger nach einer militärischen Lösung des Krieges zu suchen und in Portugal selbst einen »demokratischen« Wandel einzuleiten. Wir sprechen über den Aufstand im März, als Truppen von Norden aus Caldas da Rainha angerückt waren, was wie ein stümperhafter Putschversuch wirkte. Oder steckten vielleicht gewisse rechte Generäle dahinter, die mit Caetanos »liberaler« Politik unzufrieden waren und zurück zu einer reineren Form von Salazarismus wollten? Niemand weiß es. In jedem Fall schien es, dass der Staatsstreich nur von der Rechten kommen konnte.

Um 10:45 Uhr rufe ich João an, den Sohn von Mário Soares. Besetzt. Ich rufe R. an, die in einer Blutbank arbeitet. Sie hat gerade 24 Stunden Bereitschaftsdienst. Draußen auf der Straße stehen Truppen, berichtet sie, in die Stadt kommt man nur noch über die Praça da Espanha. R. weiß auch nicht, was das alles soll. Ich beschließe, mir selbst ein Bild zu machen, und fahre am Ufer des Tagus entlang auf der Marginal nach Lissabon hinein. Die glanzvolle Geschichte des 16. Jahrhunderts am Rande der Straße interessiert mich gerade nicht im Geringsten. Ich komme in Infante Santo an, Verkehrspolizisten leiten mich um. Irgendetwas ist auf jeden Fall im Gange. Ich fahre schneller, erreiche das Stadtzentrum und parke den Wagen. Ich kann nichts Ungewöhnliches entdecken, nur die Banken sind alle geschlossen. Ich laufe in den unteren Teil der Stadt hinunter. Truppen und Panzer am Chiado, überall Soldaten. Die Panzer wirken riesig in den engen Straßen, die Maschinengewehre bedrohlich. Durchkommen ist unmöglich. Die Truppen sind zurückhaltend, aber freundlich. In den Augen der Menschen, die hier zusammengekommen sind, mischen sich Angst und Hoffnung. Alle haben dieselben Fragen: »Wer steckt dahinter?« »Was wollen die?« Es ist 11:30 Uhr. Ich hatte C. versprochen, dass wir um 12 Uhr zusammen Mittag essen. Vielleicht hat sie mehr mitbekommen. Bei ihr zuhause stellen wir das Radio auf Kurzwelle und hören den Funkverkehr der Streitkräfte mit. Von ihrem Nachbarn, einem alten Salazar-Anhänger, dem bereits die Laune vergangen ist, erfahren wir, dass sich Caetano in den Präsidentenpalast Belém geflüchtet hat und Américo Tomás – seit 1958 Präsident – ins Quartel do Carmo, das Hauptquartier der Republikanischen Nationalgarde.

Jemand ruft an, um zu erzählen, dass sein Auto beschlagnahmt wurde – als Barrikade. Er lacht am anderen Ende der Leitung. Es ist ein großartiges Gefühl: Die faschistische Diktatur bricht zusammen. Weiter kann im Augenblick noch kaum jemand denken.

Wir kehren zurück ins Stadtzentrum. Noch immer ist nichts wirklich klar. Wir gehen nach San Sebastião und sehen die Truppen. Große Menschengruppen sprechen mit den Soldaten, die bereits zu »Kräften der Befreiung« geworden sind.

Noch fragt niemand genauer, wer da »befreit« werden soll. Und wovon? Es herrscht große Verwirrung. Könnte wirklich ein antifaschistischer Putsch stattgefunden haben? Angeführt von einem Faschisten? Wir suchen nach Präzedenzfällen, und schon da begreifen wir, dass das, was wir gerade erleben, völlig neuartige Züge trägt.

Wir kaufen ein paar Zeitungen. Die Schlagzeilen sind sensationell: »Golpe Militar«, »Amplo Movimento das Forças Armadas« – »Militärputsch«, »Breite Bewegung der Streitkräfte«. Den Berichten lassen sich einige Einzelheiten entnehmen. Offenbar wurden am Vorabend um 23:30 Uhr Radiosendungen unterbrochen und die Lieder »Depois do Adeus« und »Grándola, Vila Morena« gespielt. Kurz nach Mitternacht besetzten die Aufständischen die Militärakademie, um 3 Uhr morgens die Studios des Pop-Senders Rádio Clube Português und wenig später andere Rundfunksender. Der Flughafen fiel. Kurz darauf nahm die 7. Kavallerie – Spínolas Elitetruppe – den Praça do Comércio ein, einen großen Platz im unteren Teil der Stadt. Um 7 Uhr morgens wurden die Panzer am anderen Ufer des Flusses in Richtung Lissabon in Stellung gebracht.

Wir hören Radio. Um 10:15 Uhr wurde Generalquartiermeister Louro de Sousa festgenommen. Um 10:30 Uhr schlossen sich Truppen, die die Rua do Arsenal besetzt hielten, dem Aufstand an.

Mittags wurde bekannt gegeben, dass die bewaffneten Kräfte sowohl im Norden als auch im Süden die Kontrolle übernommen haben. 13 Uhr: Das Hauptquartier der Geheimpolizei im Zentrum ist umstellt, einige politische Gefangene kommen frei. 16 Uhr: Die linksliberale CDE und ein Großteil der politischen Gruppen begrüßen die Bewegung ausdrücklich. Kurz darauf gibt sich Marcelo Caetano geschlagen. Er hat mit Spínola telefoniert. 17 Uhr: Beteiligte am Putschversuch aus Caldas da Rainha werden unter dem Jubel der Massen aus dem Gefängnis freigelassen. Um 17:00 Uhr überträgt das Fernsehen eine Verlautbarung, dass die Bewegung der Streitkräfte »das Volk von dem Regime befreit hat, von dem es viele Jahre unterdrückt wurde«.

Ich bringe C. nach Hause und fahre zurück nach Lissabon. Die Geheimpolizei PIDE hat sich der Bewegung entgegengestellt und weigert sich, sich zu ergeben. Aus den Menschenmengen ertönt der Ruf nach ihrem Blut. Sie wollen die Büros stürmen und niederbrennen. Sie sind unbewaffnet. Die PIDE hat Maschinengewehre auf ihren Balkonen postiert. Ich fühle mich hilflos und beschließe zu gehen.

Später erfahren wir, dass die PIDE aus einem Fenster in die Menge geschossen hat; fünf Menschen kamen ums Leben, fünfzig wurden verwundet. Die Matrosen schossen zurück. Die PIDE ist verzweifelt. Zu brutal und zu lange haben sie ihre Opfer gefoltert, um auf Gnade hoffen zu können.

Auf dem Nachhauseweg gehe ich in eine Tasca. Wir trinken Wein und fragen uns, was das alles zu bedeuten hat. Die Menschen sind begeistert, wahnsinnig begeistert. Ich gehe zum Abendessen zu R. Alle Restaurants wurden wie angeordnet geschlossen, wir kochen uns etwas aus Gemüseresten. Wie alle anderen auch sind wir vollkommen überwältigt. Wir hören ausländische Sender, um mitzukriegen, ob es etwas Neues gibt. Was wir hören, können wir kaum glauben. Bisher wurden noch immer keine Namen genannt. Der Putsch verläuft völlig anonym. Ich rufe einen Freund an, der in der Nähe des Radiosenders wohnt: Das Gebiet ist von Soldaten umstellt und er kann nicht raus. Ich rufe einen anderen Freund an, der sehr müde ist, weil er schon seit 6:30 Uhr auf den Beinen ist. Ich will nicht nach Hause gehen. Ich will nach Lissabon.

Ich fühle mich euphorisch. Eine junge Französin, die beim Essen dabei ist, teilt meine Begeisterung. Alles ist verwirrend. Morgens noch ein Faschist, ist Spínola abends zu einem »Befreier« geworden. Wir versuchen, unsere Gedanken zu sortieren, die Lage zu analysieren. Welche Klassenkräfte sind da am Werk? Spínola hatte in eine der reichsten Familien Portugals, die Melos, eingeheiratet. Er galt als »Individualist«. In Guinea-Bissau ist er oft direkt an die Front geflogen und genoss großen Respekt bei seinen Soldaten. Sein Monokel, seine konservative Art, all das passte einfach nicht zur Rolle eines radikalen Befreiers. Wie unterschiedlich »Antifaschismus« aufgefasst werden kann, war jetzt schon offensichtlich.

Es sind viele verschiedene Interessen im Spiel. Die Mittelschicht sieht in Europa und der Europäischen Wirtschaftsgemeinschaft die einzige Zukunft für Portugal, während die *burguesia* der »hundert Familien« noch immer umfangreichen Besitz in Afrika hat, besonders in Angola. Ein Teil der Mittelschicht ist auf wirtschaftlichen Aufschwung bedacht, ein anderer Teil unterstützt die zerfallende Ideologie Salazars, die den Aufschwung behindert. In Afrika stehen weiße *colons* der schwarzen Bevölkerung gegenüber. Aber der größte Gegensatz besteht sicherlich zwischen all diesen Gruppen und der Arbeiterklasse.

Es ist herrlich, ein natürliches Amphetamin. M. und ich ziehen zusammen los. Wir wollen trotz der Ausgangssperre raus. Wir gehen zu einem Freund, der in der Nähe des Radiosenders wohnt. Überall Straßensperren. Wir reden Englisch. Ein junger Soldat lächelt und ruft seinen Offizier; wir erklären ihnen, dass wir bei jemandem in der Nähe schlafen wollen. Der Soldat begleitet uns mit einer Decke über den Schultern und einem Maschinengewehr, das im Vergleich zu ihm riesig wirkt, zu dem Haus. Die ganze Zeit über lächelt er fröhlich, auch ihm geht es hervorragend.

Völlig geschafft von einem bewegungs- und diskussionsreichen Tag schlafen alle schon, als wir in dem Haus ankommen, aber es gelingt uns, ein paar Decken zu finden. Kurz darauf schlafen auch wir erschöpft ein.

Tag 2: Freitag, 26. April

Wir wachen auf und fragen uns, was in der Nacht wohl passiert ist; wir haben Schmerzen vom harten Boden und einen schrecklichen Kater. M. macht Kaffee, ich hole die Zeitungen.

Die Schlagzeilen sind noch immer so verblüffend wie gestern. Spínola, der Führer der neuen Junta, verspricht eine »Demokratisierung der Politik«, so bald wie möglich Neuwahlen, die Abwicklung aller faschistischen Institutionen sowie Verhandlungen, um die Kriege in Afrika zu beenden. Caetano und Tomás wurden nach Madeira verbannt und einige PIDEs verhaftet, einer mit heruntergelassenen Hosen, was uns alle zum Lachen bringt.

Wir gehen Mittagessen und vertiefen uns in die Morgenzeitungen. Die Fotos sprechen für sich. Es sind Massen von Menschen beteiligt, das ist eindeutig mehr als nur ein Staatsstreich. Schon jetzt scheinen die alten Strukturen auseinanderzubrechen. Wir lesen einfach nicht mehr dieselben Zeitungen wie gestern, obwohl sich die Namen, das Layout und der Stil kaum verändert haben. Die Menschen auf den Straßen trauen sich wieder zu lächeln. Über Lissabon liegt ein Hauch von Freiheit, den die Menschen mit ihren Worten und ihrem Lachen weitertragen. Es ist fantastisch, ergreifend, und es breitet sich immer weiter aus.

Überall machen Soldaten das Siegeszeichen. Wir hören von Caxias, dem berüchtigten politischen Gefängnis: 170 Menschen wurden freigelassen und stattdessen etwa hundert PIDEs eingesperrt. Auch Freunde von mir waren dorthin verfrachtet, geschlagen und gefoltert worden. Die Bilder in den Zeitungen sind sehr bewegend. Tausende kamen nach Caxias, um die Gefangenen zu begrüßen. Offenbar wollte die Junta nur einen Teil freilassen, die Menschenmenge bestand jedoch lautstark auf der Freilassung aller.

Organisationen, die im Untergrund mit Mühe überleben konnten, tauchen wieder auf und geben Erklärungen ab: die Kommunistische Partei (PCP), die Sozialistische Partei (PS) und der Bund der revolutionären Aktionseinheit. Wir kneifen uns, weil wir denken, wir träumen. Es gibt noch weitere Nachrichten, aber die interessieren uns nicht. Irgendjemand meint, dass Mitterrand bei den Wahlen in Frankreich eine Chance hätte. Ja und? Die Bilder sind spektakulär, unverfälscht. Jedes Foto scheint ein Bild der Befreiung zu sein. Sind das wirklich dieselben Zeitungen, die noch vor wenigen Wochen nur in einer Randnotiz im Innenteil darüber berichtet hatten, wie die Polizei bei einer versuchten Demonstration studentische Unruhestifter angegriffen hatte, und die nicht einmal die Zahl der Verprügelten nannten? Von Minute zu Minute scheint es mehr Meinungsfreiheit zu geben.

Eine Menschenmenge versammelt sich in der Nähe des Rossio, einem großen Platz im Stadtzentrum. Soldaten kommen auf uns zu. Was wird wohl geschehen? Sie heben ihre Finger und zeigen das V für Victory. Die Menge jubelt, wie ich es noch nie erlebt habe. Ich habe schon Menschenmengen vor Wut schreien hören, aber das hier ist Freude, eine unermessliche Freude.

Ich kann mir keinen Reim darauf machen, M. auch nicht. Wir bekommen eine Gänsehaut. Wir erinnern uns an Prag 1968, als die Menschen mit sanfter Ironie Blumen in die Geschützrohre der Panzer steckten. Jetzt bekommen die Soldaten Nelken geschenkt, so wie man es in der Nacht von Santo António, dem Schutzpatron von Lissabon, mit seinen Lieben macht. Die Leute kaufen ihnen Zeitungen, bieten ihnen Bier und belegte Brote an. Ich klatsche ungläubig. Ich muss an Bilder aus dem Spanischen Bürgerkrieg denken: die Revolutionstruppen der Durruti-Kolonne mit geballten Fäusten; ich versuche mir die Meuterei von Kiel in Erinnerung zu rufen, die 1918 zur Novemberrevolution in Deutschland führte, die aufständischen Soldaten in Russland 1917 und zur Zeit der Pariser Kommune. Die Gedanken rasen mir durch den Kopf.

Heftiger Regen setzt ein, Blitze erhellen den Himmel. Es donnert, als ob die Götter sich beschweren wollten. M. meint, der Himmel sei wohl nicht auf unserer Seite. Wir gehen davon aus, dass bis zum Abend nichts passieren wird, auch wenn sich Teile des Militärs noch widersetzen und die PIDEs versuchen, sich neu zu organisieren. Wir sind müde und der Regen macht uns schlechte Laune. Wir gehen für zwei Stunden ins Kino, um einen Paul-Newman-Film anzusehen, und machen uns dann wieder auf den Weg in Richtung Rossio. Unterwegs kommen wir an einer Demonstration vorbei. Von so etwas hatte ich schon oft geträumt. Ich hatte Fotos von 1910 gesehen, als die Arbeiter mit ihrer Demonstration die Avenida da Liberdade in ihrer ganzen Breite einnahmen. Und jetzt passiert es hier wirklich, direkt vor meinen Augen. Vorneweg die Maoisten mit ihren Bannern, dahinter alle möglichen anderen Gruppen mit ihren eigenen Transparenten: »Wir grüßen die Streitkräfte«, »Freie Gewerkschaften«, »Alle Macht den Arbeitern«, »Für ein Recht auf Streik«. Trotz der spürbaren Widersprüche ist es ein berauschendes Gefühl.

Ich bin diese Straße oft entlanggegangen, und ihr Name – ein Überbleibsel aus liberaleren Zeiten – kam mir doch eher ironisch vor, schließlich spürte ich selbst die massive Unterdrückung. Und jetzt ziehen hier direkt vor mir Tausende von Menschen mitten auf der Straße vorbei. Die Autos kommen nicht mehr durch, die Fahrer hupen – nicht aus Wut, sondern aus Freude, wie es bei portugiesischen Hochzeitsfesten üblich ist. Wir befinden uns mitten auf der Straße auf einer Demonstration, die sich frei bewegen kann. Das hat es noch nie gegeben. Natürlich haben wir immer noch Angst, weil wir jeden Moment damit rechnen, dass die Trupps der PSP (eine Sondereinheit, die bei Demonstrationen eingesetzt wird) aus einer Seitenstraße auftauchen. Im Überschwang der Gefühle werden sogar Verkehrspolizisten begeistert als »Freiheitskämpfer« gefeiert, was sie peinlich berührt und verwirrt zurücklässt.

Panzer tauchen auf. Der Jubel ist lauter, als wenn der FC Sporting gegen Benfica gewonnen hätte. Die Menschen rennen den Panzern hinterher und klettern auf sie drauf. Die Soldaten lächeln und recken ihre Maschinengewehre in die Luft.

Seit 48 Jahren hat es in Portugal keine Kundgebungen der Freude mehr gegeben. Zwei Generationen sind vergangen, ohne dass man als freier Mensch durch die Straßen gehen konnte. Jetzt aber sind Väter gemeinsam mit ihren Söhnen unterwegs. Ein alter Mann in Lumpen, dem der Salazarismus offenbar nichts zu bieten hatte, trägt die republikanische Fahne. Er wird so fest umarmt, dass ich fürchte, er kriegt einen Herzinfarkt. Ich frage ihn, ob es zu Zeiten der Republik so gewesen sei, und er antwortet mir, es sei noch nie so gut gewesen. Auch ich möchte ihn umarmen, er ist wie ein kleines Kind. Er hat an meinem Akzent gemerkt, dass ich Ausländer bin. Aus welchem Teil von Irland? Dem Süden, antworte ich. Er klopft mir auf die Schulter und erzählt mir, dass er sich noch an den Osteraufstand erinnern kann. Wahrscheinlich kann er sich auch an 1917 und 1918 und 1936 erinnern, aber ich frage nicht danach. Welche Schönheit man in solchen Zeiten plötzlich an Menschen entdecken kann!

Wir kommen an der großen Statue des Marqués de Pombal an, der auch als erster Diktator Portugals (ab 1755) bezeichnet wird. Sie ist jetzt mit Parolen zum 1. Mai bedeckt: »Paz, Unidade, Liberdade, Democracia. Poder aos Trabalhadores.« (»Frieden, Einheit, Freiheit, Demokratie. Alle Macht den Arbeitern.«)

Wir ziehen weiter und erreichen die Büros der CDE. Wir hätten die ganze Nacht weiter demonstrieren können. Einige ehrgeizige Politiker versuchen, Reden zu halten, aber es ist nicht der richtige Tag dafür. Keiner ihrer Sätze ist zu verstehen, die Menge jubelt nur und ruft immer wieder dieselbe Parole: »O povo unido jamais será vencido!« (»Vereint wird das Volk niemals besiegt werden!«)

Die CDE verfügte vor dem Putsch über eine recht breite Unterstützung. Sie hatte den Monat vor den Wahlen im November letzten Jahres für ihre politische Agitation genutzt. Flugblätter und einige Graffiti (die schnell wieder entfernt wurden) tauchten an den Wänden Lissabons auf, und die unabhängige Tageszeitung *República* konnte sogar gewisse Artikel durch die Zensur bringen. In letzter Minute zog die CDE ihre Kandidaten dann zurück und bezeichnete die Wahlen als Farce.

Die Maoisten sind schon jetzt aktiver als andere. Das ist ärgerlich, da sie so fantasielos sind. Ihre klarste Parole lautet: »Nem Marcelo, nem Spínola: Revolucão Socialista!« – »Sozialistische Revolution statt Marcelo (Caetano) und Spínola!« Es ist schwer, ihnen und auch der Kommunistischen Partei nicht einen gewissen Respekt entgegenzubringen. Sie gehörten unter dem alten Regime zu den Mutigsten, wurden gefoltert und geschlagen und haben dennoch Nacht für Nacht ihre Losungen an die Wände gepinselt, nur damit sie in den frühen Morgenstunden von der Polizei wieder übermalt wurden. Schon jetzt ist die Situation aber eine andere: Ideen, die jahrzehntelang prägend waren für Vorstellungen von Revolution, werden nun auf die Probe gestellt. Diejenigen, die die Hoffnung am Leben gehalten hatten, sind zunächst einmal Helden, aber wenn sie auch Helden bleiben wollen, müssen sie sich den neuen Herausforderungen stellen.

Wir treffen auf eine Gruppe von Arbeitern, die die Internationale singen, und sind verblüfft: Wie können sie sich nach all den Jahren an den Text erinnern? Wir kaufen wieder Zeitungen und gehen in das nahegelegene Café Monte Carlo, ein Treffpunkt der sogenannten »Nachtmenschen«, in dem Agenten der PIDE und die Polizei immer wieder Razzien durchgeführt hatten. Die Nachrichten übertreffen erneut unsere kühnsten Hoffnungen.

Eine Schlagzeile lautet: »Freiheit für alle politischen Gefangenen. Gefängnis für alle PIDEs.« Was wir da lesen, sind keine Nachrichten mehr, sondern politische Manifeste. Die Zensur wird einfach übergangen. In allen Zeitungen ist ein Bild von Spínola bei seiner Fernsehübertragung gestern Abend zu sehen; er sieht älter und müder aus denn je. Die Junta hat ein bedenklich detailliertes Programm präsentiert.

Welche Widersprüche soll dieses »liberale« Programm verdecken? Gestern ein Putsch, heute bereits eine massive Beteiligung des Volkes. Es entwickelt sich etwas von großer Bedeutung. Ein neuer Geist hat das ganze öffentliche Leben durchdrungen. Wie weit wird die Junta dies zulassen? Wie weit wird sie in der Lage sein, das Ganze zu kontrollieren?

Wir lesen Berichte über Caxias und die Freude der politischen Gefangenen. Wir erfahren, dass sie bereits eine Stunde vor ihrer Befreiung informiert waren – mit Autohupen hatte man ihnen Morsezeichen gesendet. Wir sehen die Fotos von den Maschinengewehrkugeln in den Büros der PIDE. Wir kriegen mit, dass einige Demonstranten im Geschäftsviertel die Scheiben einer Bank eingeschlagen haben.

Wir treffen G. und andere in einem Café. Sie waren in Caxias, eine Menschenmenge hat mit Gewalt das Gefängnis gestürmt. Ein Agent der PIDE wurde von ihr angegriffen, Soldaten konnten ihn gerade noch davor bewahren, totgeprügelt zu werden. Er hatte einen Säugling bei sich und die Leute riefen: »Rettet das Baby!« Jetzt ist der Mann im Gefängnis.

Was tun? Vier Stunden Schlaf in zwei Tagen. Das ist schwer durchzuhalten, vor allem mit wenig Essen. Wir beschließen, in eine Tasca in der Nähe meiner Wohnung zu gehen, die in einem Arbeitervorort liegt. Die Atmosphäre ist elektrisierend. João begrüßt uns mit »Lang lebe die Revolution!«. Einige Arbeiter, die zufällig auch Soldaten sind, tragen ihre Uniform. Es ist das erste Mal, dass ich sie so sehe. Andere sind sehr temperamentvoll (und überhaupt voll). Nur einer, ein sehr politischer Mensch, ist skeptisch. »Was ist mit den Arbeitern?«, fragt er. Wir horchen auf. Er ist morgens zu seiner Fabrik gegangen – aber nur um zu reden, um zu diskutieren. Die Tasca war noch nie so lebendig. Aus dem Radio ertönt portugiesische Musik und alle sind stolz. Ja, es werden traurige Fados gespielt, aber auch die lebendige Musik der Exilanten in Frankreich, die Hoffnung von Tausenden, vielleicht Millionen. Und doch ist klar, dass die Menschen sich nicht binnen eines Tages verändert haben und Revolutionen nicht über Nacht gemacht werden. Der Besitzer João, bisher ein Rassist, fordert die Unabhängigkeit der Kolonien. Mit lauter Stimme schimpft er auf die alte Regierung: 48 Jahre lang hat sie das Volk unterdrückt und gefoltert, hat die Jugend in einem sinnlosen Krieg in den Tod geschickt, die Meinungsfreiheit zerstört und alle Veröffentlichungen zensiert, brutal und blutig regiert, weder Streiks noch irgendeine andere Form von Protest zugelassen; ihre Untertanen hatten Angst, den Namen ihrer Regierung auch nur auszusprechen. Als er es selbst tun will, neigt João seinen Kopf zu mir herunter und seine Stimme zittert leicht. Er flüstert das schreckliche Wort: *Salazarismo.*

Wir gehen nach oben; wir sind gerädert, müde, aber immer noch aufgedreht. Wir hören Musik aus Kap Verde: die traurige Musik eines Volkes, das vor der Auslöschung steht. Manche Refrains sind tröstend und nah an dem, was wir fühlen. Große Hoffnung entsteht aus großer Verzweiflung. Eine ganze Weile können wir nicht einschlafen, dösen aber schließlich doch ein. Mitten in einem Traum wache ich auf und erinnere mich an den Tag, als ich in den nahegelegenen verlassenen Hügeln einen illegalen Radiosender hörte – statt verbotene Sendungen zu hören, marschieren wir jetzt Richtung Lissabon.

Tag 3: Samstag, 27. April

Wir lassen uns nicht aus unseren Träumen zerren, dafür sind wir in unseren Diskussionen und Gedanken schon zu weit gegangen. Erst spät wachen wir auf. Der Fernseher ist schon an. Die Nachrichten sind furchtbar: keine Demonstrationen mehr ohne Erlaubnis, so jedenfalls klingt es.

Ich spreche mit meiner Nachbarin. Die Angst und Zurückhaltung sind aus ihrem Gesicht verschwunden. Sie hat vorher nie getrunken, sich aber jetzt schon drei Whiskys genehmigt. Sie war schon draußen in der Stadt unterwegs, um sich alles anzugucken. Sie ist glücklicher als ich es je für möglich gehalten hätte. Das erste Konkrete, was sie sagt, nachdem sie ihrer Freude Ausdruck verliehen hat, ist, dass ihre Miete nun nicht mehr erhöht werden kann.

Wir machen uns direkt auf den Weg nach Chiado. Die Jagd auf die PIDE ist eröffnet. Wer weiß, wo einer ihrer Agenten wohnt, macht sich auf den Weg dorthin. Nur die Armee bewahrt viele davor, gelyncht zu werden. An diesem Nachmittag wird an der Escola Politécnica ein Agent der PIDE von jemandem in der Menge entdeckt, als er versucht, mit einem Auto davonzukommen. Jemand schreit: »Tod den PIDE!« Ich kann den Hass nachvollziehen. Ich kenne eine junge Frau, die während einer Demonstration festgenommen, zusammengeschlagen und dann kahlgeschoren wurde. Ich weiß, dass die PIDE die Ehefrau eines Universitätsprofessors, den ich kenne, zusammengeschlagen hat, eine Frau von sechzig Jahren. Auch ich möchte den Mann lynchen. Die Armee rettet ihn nur knapp. Sein Auto steht noch da, mit laufendem Motor. Ein Jugendlicher beginnt daran zu rütteln. Andere helfen ihm. Das

Auto kippt um, wird mit Benzin übergossen und geht in wenigen Minuten in Flammen auf. Die Soldaten, unsere Brüder, machen das Siegeszeichen. Die Junta hat die Kontrolle über diese Situation verloren – nur die natürliche, bei Soldaten durchaus verbreitete Abscheu gegen das Töten von Menschen rettet diesen Mann.

Wir gehen wieder runter zu den Büros der PIDE. Ich weiß, dass mein Reisepass dort liegt, da ich auf ein Arbeitsvisum warte. Ich will, dass die Soldaten das Gebäude stürmen und ihn für mich rausholen. Wir treffen einen Arbeiter, den ich Ostern auf dem Weg von Setúbal nach Lissabon im Auto mitgenommen habe. Wir hatten auf die üblich vorsichtige Weise über Politik gesprochen, ohne Hoffnung, ohne wirklich zu fühlen, was wir sagen. Nichts deutete auf die Ansichten hin, die er jetzt bekundet: »Spínola ist kein Sozialist. Und Sozialismus ist die einzige Antwort auf die aktuelle Situation.«

In der Brasileira, einem alten Treffpunkt von Dichtern und Künstlern, wird hitzig diskutiert, aber das scheint uns weniger interessant zu sein als das, was auf der Straße passiert. Nach dem Mittagessen bei M. laufen wir wieder die Avenida da Liberdade mit einer Demonstration hoch und runter. Es ist, als wollten die Leute ihren Widerstandsgeist stolz unter Beweis stellen: Wir laufen bis ans Ende der Allee, können nicht so recht glauben, dass wir es geschafft haben, und laufen wieder zurück, um zu beweisen, dass es wirklich möglich ist.

Am Rossio prägen vor allem die Maoisten das Bild. Ihre Sprühdosen bleiben nicht untätig. Wir begegnen einem Engländer aus der Mittelschicht, der das Ganze mit einem Achselzucken abtut, als wäre es ein portugiesisches Fußballspiel. Am liebsten würde ich ihn auf der Stelle aufhängen, bezweifle aber, dass die Leute das verstehen würden. Wir unterhalten uns mit einem deutschen Genossen, hoffnungsvoll und begeistert. Dann treffen wir zufällig auf einige portugiesische Freunde und diskutieren mit ihnen die Widersprüche der aktuellen Situation. Sie sind immer noch von der Erinnerung an die PIDE und der Furcht vor ihnen gezeichnet, haben Angst, in irgendeiner Weise aktiv zu werden. Ich hätte gern eine Sprühdose, um das maoistische Monopol auf Graffiti zu brechen.

Wir denken uns neue Parolen aus: »Portugal Livre«, ein neuer Drink aus portugiesischem Schnaps (Bagaço) und Coca-Cola. Coca-Cola wurde in Portugal verboten, angeblich wegen seiner »schädlichen« Inhaltsstoffe, in Wirklichkeit aber – wie jeder wusste – wegen des Monopols eines Ministers auf den Handel mit Erfrischungsgetränken. Wir diskutieren darüber, dass keine der jungen Frauen die Soldaten geküsst hat wie in Frankreich nach dem Zweiten Weltkrieg oder während des Spanischen Bürgerkriegs. Sie haben ihnen Blumen, Sandwiches, Essen und ihre Herzen geschenkt – aber keine Küsse. 48 Jahre sexueller Unterdrückung lassen sich nur schwer in ein paar Tagen abschütteln. Wir sprechen über die Demonstrationen. Warum gab es keine Musik, die für die Portugiesen eigentlich immer dazugehört? Es mangelt an Erfahrung. Es gab lange keine legalen politischen Aktivitäten. Wenn es dunkel war – zu einem bestimmten Zeitpunkt, der nie öffentlich bekannt gegeben wurde, aber trotzdem allgemein bekannt war (auch unter den Gefangenen) –, versammelten sich die Menschen still und heimlich und es wurde eine Rede gehalten. Wenn die Polizei kam, war alles vorbei. Das war die bisherige Erfahrung.

Die Slogans ändern sich stündlich: »O povo unido jamais será vencido«, »Nieder mit dem Kolonialkrieg«, »Tod der PIDE!«, »Socialismo, Socialismo«. Die Täuschung, die in der ersten Parole steckt, ist immer noch sehr weit verbreitet – was für Verbrechen gegen die Arbeiterklasse sollten schon bald im Namen dieser falschen »Einheit« verübt werden!

23 Gewerkschaften haben sich rasch nach dem Putsch getroffen und eine gemeinsame Erklärung abgegeben. Ihre Forderungen gehen kaum über das hinaus, was die Junta bereits versprochen hat. Die Gewerkschaften waren von der vorherigen Regierung institutionalisiert worden, sie hatten keine Autonomie, kein Streikrecht, nicht einmal eine öffentliche Versammlung durften sie abhalten. Wenn die Arbeiter unzufrieden waren, musste das Arbeitsministerium informiert wer-

den. Es fanden dann Gespräche statt und die Missstände wurden auf diese Weise »bewältigt« (d.h. totgeredet). Natürlich hatte es Streiks gegeben: Tausend Menschen haben sich auf einmal am selben Tag krankgemeldet und sind zu Hause geblieben. Viele Lissabonner Arbeiter wohnen auf der anderen Seite des Flusses. Eines Tages waren alle Fährleute auf mysteriöse Weise erkrankt, und es fuhren keine Fähren mehr – es herrschte ein heilloses Chaos. Die ständig steigenden Lebenshaltungskosten (Wohnung, Essen, Kleidung) hatten vor allem in den letzten zwölf Monaten zunehmend zu illegalen Streiks geführt, etwa bei Robbialac (Farbenfabrik), Sacor (Ölraffinerie), Electro Arco (Tiefbau), Sorefame (Werkzeugmaschinen) und in vielen anderen Betrieben. Die Elektroindustrie war besonders stark betroffen, und auch die Bankangestellten zeigten sich kämpferisch.

Im Ausland wird Unterstützung für den Umbruch signalisiert. Die Länder des Nahen Ostens, die wegen Caetanos Unterstützung der Amerikaner während des arabisch-israelischen Krieges ein Ölembargo gegen Portugal verhängt hatten, erkennen die neue Regierung an. Brasilien, das immer noch faschistisch ist, folgt diesem Beispiel. Schließlich erkennen auch die NATO-Länder das Regime an.

Die Situation ändert sich unablässig. Es ist offensichtlich, dass Spínola nur eine vorübergehende »Lösung« sein kann. Er hat den Aufstand nicht initiiert. Das hat er selbst zugegeben, als er von einer »Bewegung ohne Führer« sprach. Wir haben nicht vergessen, dass er von den Hauptleuten in der ersten Phase des Putsches in »Schutzhaft« genommen wurde und erst später auf den Zug aufgesprungen ist. Wir erfahren, wie die Bewegung Monate zuvor in Mosambik begonnen, wie sie sich schnell über die Dienstränge hinweg verbreitet hatte, bis sie bei Spínola ankam. Er ist bekannt und angesehen, eine Vaterfigur der Rebellion gegen Caetano. Die Leute machen sich große Illusionen über ihn. Wie lange werden sie Bestand haben?

Palma Inácio, der bekannte Verfechter der direkten Aktion, spricht im Stadttheater und gibt der *República* ein Interview.

Er ist offensichtlich müde, hat aber trotzdem nichts von seiner schwungvollen Art eingebüßt, diese »scharlachrote Blume«; etliche Male wurde er inhaftiert und ist jedes Mal entkommen. Er war an der Rebellion von 1947 beteiligt. 1961 entführte er ein Flugzeug und warf Flugblätter über Lissabon und Porto ab. Die Organisation LUAR, der er angehörte, hatte Banküberfälle auf eine Art durchgeführt, die Bewunderung hervorrief. Einmal fragte ein Richter ihn, ob er noch etwas zu seiner Verteidigung sagen wolle. Er wünsche sich nichts, sagte Inácio, außer einer dunklen Nacht und einem Sturm. Noch in derselben Nacht floh er aus einem der Hochsicherheitsgefängnisse Portugals.

Mário Soares, der Generalsekretär der verbotenen Sozialistischen Partei, wird für morgen zurückerwartet. Seine Politik mag radikaler klingen als die der CDE und die der Junta, aber er ist Berufspolitiker und die Dynamik hat seine Vorstellungen schon jetzt überholt.

Wir trinken etwas bei João. Unsere Gespräche sind jetzt ruhiger und verhaltener. Solche Stimmungsschwankungen zwischen starkem Optimismus und Schwermut werden uns auch in den nächsten Tagen begleiten. Wir machen uns bereits Sorgen, dass uns die Ereignisse zu sehr zu Kopf steigen und wir einen Blick auf die Lage haben, den nur eine Minderheit teilt. Jemand macht eine vage Andeutung, dass wir das Erreichte durch überstürztes Handeln wieder verlieren könnten. Die meisten von uns stimmen dem nicht zu, aber wir sind zu müde, um zu streiten.

Es sind so viele Dinge passiert, die unseren Glauben an das Leben und die Revolution wieder hergestellt haben. Wir sind beeindruckt von der Arbeiterklasse, die die Situation selbst in die Hand genommen hat und das Programm der Junta auf ihre eigene Weise interpretiert. Wie viel sie erreichen könnte, wenn die Umstände stimmen würden! Ich bin mehr denn je von der besonderen Identität dieser Klasse überzeugt. Ich bin verblüfft über die unbewussten Erinnerungen der Menschen an ihre eigene revolutionäre Vergangenheit. Die aktuellen Ereignisse haben dieses Gedächtnis wieder wachgerufen. Plötzlich erinnern sich Menschen wieder an Daten, die man in der Schule nie gelernt hat, an Lieder, die nie öffentlich gesungen wurden. Es war wieder ein großartiger Tag, ein Tag, den ich nie erwartet hätte und den ich nie vergessen werde.

Tag 4: Sonntag, 28. April

Mário Soares kommt in Lissabon an und wird von Tausenden begrüßt. Am Bahnhof herrscht gewaltige Freude: »Lang lebe die Freiheit«, »Freie Gewerkschaften«, »Alle Macht den Arbeitern«. Riesige Menschenmengen erwarten den Nachtzug aus Paris. Noch vor wenigen Tagen hätte sich das niemand vorstellen können. Der »Zug der Freiheit«, wie er genannt wird, erreicht mit Hunderten von zurückkehrenden Exilanten an Bord den Bahnhof Santa Apolónia: Mário Soares und andere Führungsmitglieder der PS, die Schauspielerinnen Maria Barroso und Maria Coelho, Mitglieder der LUAR aus Paris und einige PCP-Funktionäre. Alle werden von ihren Gefühlen überwältigt, als sie auf den Bahnsteig treten. Fernando Oneto, exiliert wegen seiner Beteiligung am Aufstand von 1959, hat Tränen in den Augen.

»Das sind unsere besten Söhne und Töchter«, sagt jemand neben mir, und irgendwie klingt das gar nicht kitschig. Die Stimmung ist extrem nationalistisch. Zum jetzigen Zeitpunkt sind sich nur wenige all der Mystifizierungen dieser »Einheit«, dieses »Antifaschismus« bewusst. Später muss sich eine grundlegende Kritik entwickeln und die Menschen müssen anfangen, über antikapitalistische Kräfte, über die Kräfte der Arbeiterklasse nachzudenken.

Wir gehen los in Richtung Infante Santo und nehmen die ganze Straße in Beschlag. Die Autos kommen nicht mehr durch, aber alle sind völlig aus dem Häuschen und hupen wie verrückt vor Freude. Vielleicht Hunderttausend Leute sind auf der Straße ... wer weiß das schon? Reporter und das Fernsehen sind da und die Menschen zeigen ihnen das Siegeszeichen. Sie fühlen sich stärker als jemals zuvor. Dass gleichzeitig auch Tausende in Porto, in Aveiro, Beja, Castelo Branco, in jedem noch so kleinen Ort im Alentejo demonstrieren, wissen wir da noch gar nicht.

Wir sind müde, erschöpft von den starken Emotionen, dem Schlafmangel und dem endlosen Laufen. Wir gehen zu M., um etwas zu essen. Ich rufe in der Schule an, um herauszufinden, ob ich morgen wieder kommen muss. Ich habe die üblichen Banalitäten des Lebens, wie das morgendliche Aufstehen, um zur Arbeit zu gehen, völlig vergessen. Nach drei Tagen intensivsten Zusammenseins und größter Glücksgefühle verabschieden wir uns. Plötzlich wird mir klar, dass ich absolut nichts Persönliches über sie alle weiß; wir waren so sehr von den Ereignissen eingenommen, dass wir bis jetzt über so etwas überhaupt nicht gesprochen haben. Und doch habe ich das Gefühl, dass ich das meiste weiß, was es zu wissen gibt.

Tag 5: Montag, 29. April

Die Schule ist in ihrer ganzen Ohnmacht eine andere Welt. Ich spreche mit einigen rechten Lehrern, die die Bedeutung der aktuellen Ereignisse begreifen. Sie vergleichen sie mit Kuba und mit Uruguay. Ich genieße ihre Angst, ohne dass ich ihre Illusionen über den »revolutionären« Charakter der beiden Länder teile. Diejenigen, die sich an den äußersten Rändern des politischen Spektrums befinden, sehen die Situation am klarsten; instinktiv haben sie die besten Analysen.

Um 3 Uhr habe ich Feierabend. Die Banken sind immer noch geschlossen. Zwischen 14 und 17 Uhr zahlen sie die Gehälter nur gegen Vorlage einer Bescheinigung des Arbeitgebers aus. Seit der Revolte von Caldas da Rainha am 16. März ist viel Geld ins Ausland geflossen. Die Superreichen gerieten in Panik und haben in weiser Voraussicht ihre Schweizer Konten gefüllt. Mir wird klar, wie unvorbereitet wir gewesen sind, wie wenig wir über die Wirtschaft wussten, über die zwielichtigen Treffen, die im Vorfeld stattgefunden haben müssen.

Es ist ein Tag der Vorbereitung, der Diskussion und Organisation. Die Arbeit wurde überall eingestellt, stattdessen haben Treffen und Debatten stattgefunden. Das Wort »normal« wird so oft benutzt, dass es seine Bedeutung verloren hat. Gestern titelte die *República* »Normalidade em todo o pais« (»Überall herrscht Normalität«). Wenn das normal ist, habe ich es wohl kaum bemerkt! Es ist die Stimme der *burguesia*, die zu behaupten versucht, dass das Land nach wie vor funktioniert, dass es immer noch ihnen gehört. Alle politischen Parteien betonen die »Normalität«, zeigen damit aber nur, dass sie immer noch den alten Vorstellungen und Werten, der alten Mentalität verhaftet sind. Es ist lächerlich. Die Leute machen Witze darüber: »Ich bezahle meinen Kaffee nicht, das ist normal«, meint jemand zu einem Kellner im Café.

16 Uhr. Wir erfahren, dass die Junta einen nationalen Feiertag ausgerufen hat. »Der Maifeiertag wird eine Bewährungsprobe für die neue Regierung sein«, schreiben die ausländischen Zeitungen, und die portugiesische Presse schließt sich dem sofort an.

Ich gehe zum Rossio und bin erstaunt über die Menschenmengen. Ich spüre wieder das Adrenalin. Die Gewerkschaft der Hotelangestellten marschiert vorbei, ihre lauten Sprechchöre zeugen von Hoffnung und großen Erwartungen. Schwitzen sie das Fett aus all den Touristenküchen aus, in denen sie so lange im Stillen gearbeitet haben? Sie laufen zwei Mal um den Platz herum, wobei der Zug noch an Schwung gewinnt und weiter anwächst, und gehen dann die Avenida da Liberdade hoch. Ich schließe mich ihnen an. Überall wird in kleinen Gruppen hitzig diskutiert.

Abends werden in Radio und Fernsehen reihenweise Manifeste verlesen. Gewerkschaften aller Art organisieren sich, stellen Forderungen. Es ist unfassbar. Solche Manifeste kenne ich als historische Schriften von 1871, 1917 und 1936. Jetzt werden sie im Radio gesendet. Studenten aus Lissabon, Coimbra und Porto halten Reden. Immer wieder sind Lieder der mosambikanischen »Befreiungsbewegung« FRELIMO zu hören, die vielleicht zum ersten Mal überhaupt im öffentlichen

Radio gespielt werden. Es ist ein subversiver Akt, was immer man von solchen Bewegungen halten mag. Dann eine offizielle Erklärung: »Die Junta teilt der Republikanischen Nationalgarde und der Polizei mit, dass sie die für den 1. Mai geplanten Freudendemonstrationen der Arbeiter begrüßt, und bittet sie, nicht einzugreifen.«

Inmitten der Flut an Propaganda haben die Maoisten einige leerstehende Häuser in Boavista besetzt und dort Leute untergebracht. Boavista ist ein »indisches Viertel«, eine Elendssiedlung mit baufälligen *barracas*. Das Abendblatt *A Capital* lässt einige Besetzer zu Wort kommen:

> Ich lebe hier seit fünfzehn Jahren in einer Baracke. Ich bin verheiratet und habe fünf Kinder. Ich habe es wie alle anderen gemacht und ein leeres Haus besetzt. Einige junge Leute, Studenten, meinten, wir sollten einfach die Tür aufbrechen und das Haus übernehmen. Niemand wurde bei der Aktion gefasst. Ich war seit etwa einem Jahr auf der Suche nach einer neuen Bleibe. (Mariette Barbara)

> Ich habe in dieser Baracke gelebt, seitdem sie vor 34 Jahren errichtet wurde. Nach einem Zyklon mussten wir dort einziehen. Vor sieben Monaten hat mich mein Ehemann rausgeworfen. Seitdem wohne ich bei Nachbarn, schleppe die Kinder von einem überfüllten Ort zum anderen. Ich hatte wirklich keine andere Wahl. Die Leute haben angefangen, Häuser zu besetzen, naja, dann habe ich das einfach auch gemacht. (Lucinda Lima)

Später am Abend treffen Polizei und Armee ein und verhindern weitere Hausbesetzungen. Diejenigen, die bereits eingezogen sind, weigern sich wieder zu gehen und dürfen bleiben. Die vielen anderen leerstehenden Häuser in der Gegend werden von Soldaten bewacht.

Wie alle anderen habe ich Angst vor dem, was am 1. Mai passieren könnte. Die Armee hat bereits während einer Demonstration in die Luft geschossen, weil die Situation »gefährlich« gewesen sei, wie ein Major erklärte. »Wir werden nicht zögern, Gewalt anzuwenden, wenn die Bevölkerung nicht kooperiert. Sie können friedlich demonstrieren, aber nicht provozieren«, warnt er jetzt. Der Ton ist bedrohlich, eine Erinnerung daran, dass das Militär das Sagen hat. Trotzdem genießt es weiterhin großen Zuspruch, seinen Anordnungen kommen die Leute unverzüglich nach. Aber auch Widersprüche werden bereits sichtbar.

Die Büros der PIDE waren nicht sofort angegriffen worden, was ihnen die Gelegenheit gab, bestimmte Akten zu vernichten – insbesondere solche über Agenten und Informanten. Später wird das Hauptquartier für die Presse geöffnet. Riesige Geheimlager mit Schusswaffen, Granaten und anderen leichten Waffen werden gefunden, ebenso Akten über alle (tatsächlichen wie mutmaßlichen) politischen Aktivisten. In einem eigenen Raum werden linke Transparente und Plakate ausgestellt, in Glasvitrinen sind Pamphlete und Flugblätter zu sehen, die bis zurück in die 1930er Jahre reichen. Die PIDE hat die beste revolutionäre Bibliothek in ganz Portugal: eine komplette Sammlung marxistischer und anarchistischer Autorinnen und Autoren. An der Wand des Raums steht in großen Buchstaben ein Gedicht von Salazar, das er mit 18 Jahren geschrieben hat. Neben der Folterkammer (einem länglichen kahlen Raum mit Leuchten und einer Art Podest) befindet sich eine kleine katholische Kapelle. Sie enthält viele portugiesische Kunstschätze und wird von einer Statue der Heiligen Jungfrau beherrscht. Die PIDE hatte bereits ein Museum geschaffen. Was jetzt nur noch fehlt, ist sie selbst als Hauptexponat.

Wir erfahren, dass auf Demonstrationen in Angola und Mosambik die vollständige Unabhängigkeit gefordert wurde. In Angola gab es allerdings auch eine Demonstration für eine fortgesetzte Allianz mit Portugal.

Afrika wird ein erhebliches Problem für die Regierung werden. Die »Befreiungsbewegungen« in diesen Ländern müssen allein über ihr Schicksal entscheiden, auch wenn es ein staatskapitalistisches sein sollte. Eine neue Regierung müsste ihnen unverzüglich ihr volles Recht auf Selbstbestimmung zugestehen, aber die Junta zögert. Spínola will eine »Föderation«, obwohl die betroffenen Menschen inzwischen viel mehr verlangen. Das Land mit der größten weißen Bevölkerung, Angola, wird am schwierigsten zu »entkolonisieren« sein. Die Weißen haben dort eine neue politische Partei gegründet.

Die PCP hat ein Flugblatt verteilt. Auch sie fordern Dinge, die die Junta sowieso schon versprochen hat. Von einem Klassenansatz keine Spur. Die PCP ist ein Anhängsel der MFA und die MFA das Sprachrohr der liberalen Bourgeoisie.

Tag 6: Dienstag, 30. April

Wie sich eine veränderte politische Situation auf die eigenen Freunde auswirken kann! Nicht alle bewegen sich im gleichen Tempo. Was in der Opposition gegen den Faschismus noch verbindend wirken konnte, wird plötzlich irrelevant. Eine neue Situation ist entstanden.

Ich rufe E. an und wir planen den Abend. Nachmittags erledige ich die liegengebliebene Arbeit, denn in den nächsten Tagen werde ich kaum Zeit dafür haben.

Ich lese Zeitung. Studenten und Arbeiter haben die wichtigsten Büros des alten Regimes besetzt. Ein ehemaliger Minister wurde verhaftet, weil er 80 Millionen Escudos von der Bank abgehoben hat. Die Faschisten fliehen weiterhin und werden verfolgt.

Alle möglichen politischen Gruppen, auch die PS, veröffentlichen jetzt Manifeste. Ich finde das schön und schrecklich zugleich. Schön, weil viele dieser Gruppen noch vor wenigen Tagen für die Öffentlichkeit nicht existiert hatten. Wer nie in einem faschistischen Land gelebt hat, wird kaum verstehen, was das Fehlen einer freien Presse wirklich bedeutet. Arbeiter streiken, jemand wird bei einer Demonstration getötet, zwanzig Personen werden als »Terroristen« verhaftet – und in der Zeitung findet sich dazu allenfalls eine kleine abfällige Bemerkung irgendwo im Innenteil. Die meisten nicht-faschistischen kapitalistischen Länder dulden eine Art »Untergrundpresse«, auch wenn sie schikaniert und kaum beachtet wird. In Portugal hatte es nicht einmal das gegeben. Jetzt können sich plötzlich alle frei äußern; Menschen, deren Stimme über Jahrzehnte unterdrückt wurde, begreifen allmählich, dass sie sprechen können.

Aber die vielen Manifeste sind auch schrecklich, weil die Forderungen so konservativ ausfallen. Alle etablierten Parteien sind von den Ereignissen überrollt worden und nicht in der Lage, sich der neuen Situation zu stellen. Die Forderungen der sozialistischen und kommunistischen Parteien sind längst im Programm der Junta verankert. Es besteht die Chance, Jahrhunderte zu überspringen, und diese Leute wollen nur einen Zentimeter vorwärts kriechen. Es besteht die Möglichkeit, den Vorhang ein für alle Mal zu lüften, aber die Leute wollen ihn nur einen kleinen Spalt zur Seite ziehen. Die Arbeiter sind ihnen weit voraus und fordern einen Mindestlohn und eine ganze Reihe anderer »praktischer« Dinge.

Das Manifest der PS ist offensiv, aber dennoch reformistisch. Unter dem Titel »Aus der Klandestinität heraus« werden die Hauptziele umrissen:

1) Schluss mit den Kolonialkriegen. Sofortiger Waffenstillstand. Verhandlungen mit der Regierung von Guinea-Bissau und mit den Befreiungsbewegungen in Angola und Mosambik.
2) Sofortige Amnestie für alle Deserteure und Wehrdienstverweigerer.
3) Freilassung aller politischen Gefangenen in den Kolonien.
4) Wahlrecht ab 18 Jahren.
5) Sofortige allgemeine Wahlen für ein demokratisches Parlament.
6) Absetzung aller direkt an der vorherigen Regierung beteiligten Personen.
7) Bekämpfung der Monopole und Zerschlagung der Konzerne.
8) Aufnahme diplomatischer Beziehungen zu allen Ländern.

Das ist die »radikalste« Position, die bisher im bürgerlichen Lager vertreten wurde. Verglichen mit der PCP scheint das Programm der PS aufrichtiger, bewusster und weniger manipulativ, ja sogar weniger parteipolitisch zu sein. Das Manifest ist mit keinem Namen unterzeichnet, sondern das Ergebnis langer Sitzungen im Laufe des Sonntags.

Die Kommunisten werben bereits um Wählerstimmen und versuchen gleichzeitig, es allen Teilen der Bevölkerung recht zu machen. Sie müssen radikaler sein. Die PS hat zumindest, wenn auch opportunistisch, einige für das Leben der Arbeiterklasse relevante Forderungen aufgestellt. Aber die Menschen haben viele Vorbehalte gegenüber ihrem Vorsitzenden Mário Soares. Er ist der bürgerliche Politiker schlechthin, ein Mitglied der »Zweiten Internationale«, ein Freund von Harold Wilson und Mitterrand, von Brandt und Indira Gandhi, genau jenen Pseudosozialisten, die keine Gelegenheit auslassen, die Unterdrückung anderer zur Selbstdarstellung zu nutzen. Derweil versucht der PCP-Vorsitzende Álvaro Cunhal, die Parteilinie mit allen erdenklichen Mitteln durchzusetzen. Soares dreht sich mit dem Wind, findet Freunde und benutzt sie; er nutzt überhaupt alles, was ihm irgendwie hilft. Cunhal war bei seiner Ankunft am Flughafen verdientermaßen als Held empfangen worden. Die 1921 von Anhängern der Bolschewiki gegründete PCP war 1941 von der damaligen Geheimpolizei, der sogenannten »Polizei zur Überwachung und Verteidigung des Staates«, zerschlagen worden. In den darauffolgenden Jahren wurde die Partei langsam wiederaufgebaut. Cunhal war 1949 verhaftet und gefoltert worden. 1951 floh er mit anderen aus dem Hochsicherheitsgefängnis in Peniche und ließ sich schließlich in Russland nieder. Tausende wurden des Landes verwiesen. Viele kommen jetzt zurück. Soares und Cunhal sind nur die Spitze eines riesigen Eisbergs.

Auf dem Weg in die Stadt komme ich am Haus von E. vorbei, gerate aber in einen Stau; auch so etwas passiert weiterhin, Revolution hin oder her. Ich lese Zeitung. Die CDL hat das Hauptquartier der alten Jugendorganisation »Moçidade Português« übernommen, die auch als »Grünhemden« bekannt sind. Unterdessen hat die Junta Gesetze über die Ausfuhr von Geld und Edelmetallen erlassen. Aber im Großen und Ganzen scheinen sie Angst zu haben. Sie warnen vor Provokateuren:

> Die derzeitige Situation ist kritisch. Es ist immer noch nicht gelungen, bestimmte Elemente unter Kontrolle zu bringen, die die Situation ausnutzen werden, um Unruhe zu stiften. Wir rufen dazu auf, während der Feierlichkeiten am 1. Mai größtmögliche Ruhe zu bewahren, alles andere würde die Revolution gefährden.

Die Junta kann unmöglich alle und alles überwachen. Viele Gefangene sind entlassen worden, aber wie viele genau, das weiß niemand. Die Behörden fordern ehemalige politische Gefangene, die noch nicht offiziell identifiziert worden sind, dazu auf, sich bei den zuständigen Stellen Ausweispapiere ausstellen zu lassen. In einer größeren Versammlung von Universitätsstudenten wurde beschlossen, die vom faschistischen Regime errichtete Statue zur Ehre der portugiesischen Frauen abzureißen und an ihrer Stelle dem 1954 von der Nationalgarde ermordeten Bauernmädchen Catarina Eufémia ein Denkmal zu setzen. Die Statue wird beseitigt und durch eine schlichte Tafel ersetzt.

Wir machen uns immer noch Gedanken über den morgigen 1. Mai. Ich komme am Supermarkt vorbei und versuche Sprühdosen aufzutreiben. Es gibt keine. Schließlich finde ich welche in einem Geschäft für Künstlerbedarf. Die Werkzeuge der Kultur, ob revolutionär oder nicht, bleiben in den Händen der Mittelschicht.

Ich treffe M., die wegen ihrer Kolleginnen und Kollegen extrem niedergeschlagen ist. Es sprudelt nur so aus uns heraus und wir sprechen darüber, wie wir uns seit unserem letzten Treffen gefühlt haben. Wir erwähnen Aktionen von Gruppen und Leuten, mit denen wir geredet haben. Wir gehen in eine alte Tasca, die früher ein marxistisch-leninistisches Studentenlokal war. Es ist schon nach Mitternacht, aber niemand ist dort, wo er eigentlich sein sollte. Wir hoffen, dass die anderen draußen unterwegs sind, Transparente malen und mit anderen Gruppen zusammenarbeiten. Wir fühlen uns hilflos. Es scheint lächerlich, dass zwei Ausländer versuchen, irgendetwas allein hinzubekommen. Wir sind leicht angetrunken. Aus unserer Niedergeschlagenheit wird Ungeduld und Wut und wir gehen raus und sprühen selbst etwas an die Wände. Wir entscheiden uns für den Standardslogan »Schluss mit dem Kolonialkrieg«, fügen aber noch ein Graffiti hinzu, das wir uns spontan ausgedacht haben. Wir tun es für uns, unserer eigenen Hilflosigkeit wegen, unseres Wunsches wegen, Teil der großen Bewegung zu sein, die bereits in vollem Gange ist. Und wir fühlen uns gut. Die Leute gehen vorbei und grüßen uns mit geballter Faust. Aber wir haben auch Angst. Ich schreibe eine längere Parole. Nach der Hälfte gerate ich in Panik und schreie M. zu: »Wie buchstabiert man ›Revolution‹ auf portugiesisch?« M. lacht laut auf, ihre Freude ist sehr echt.

Tag 7: Mittwoch, 1. Mai

So etwas haben wir noch nie gesehen. Ganz Lissabon ist auf den Beinen und man spürt die starken Emotionen. Den ganzen Morgen über wurde im Radio zu »Ruhe und Anstand« aufgerufen. Angeblich haben die Herrschenden Angst vor den Rechten, eine berechtigte Angst, denn es sind immer noch etwa zwanzigtausend PIDE-Agenten auf freiem Fuß. Aber wir haben das Gefühl, dass sie sich auch vor den Linken fürchten. Wir stehen an der Ecke der U-Bahnstation Alameda und versuchen alles aufzusaugen: den Lärm, den Geist, die Freude, die nun in Strömen ausbricht, nachdem sie ein halbes Jahrhundert aufgestaut wurde. Wie verabredet, treffen wir einige Freunde.

Heute ist der Tag der Arbeit und ganz Lissabon ist hier. Lastwagen, die offensichtlich für diesen Tag ausgeliehen wurden, sind vollgepackt mit Menschen, die aus den umliegenden Städten und Vororten kommen. »Niemand hat uns für's Demonstrieren bezahlt«, steht auf einem Transparent, eine klare Anspielung auf die Praktiken des vorherigen Regimes. Ich bin so gerührt, dass ich weinen könnte. Andere tun das bereits. Den ganzen Tag ziehen wir durch die Straßen, gehen unter in einer Menschenmenge von einer halben Million. Überall Blumen, Nelken. Entlang des Weges bieten Leute den Demonstranten von ihren Fenstern aus Wasser an.

Wir begeben uns zum »Stadion des 1. Mai«, wie es neuerdings heißt. Zehntausende befinden sich drinnen und nochmal Tausende davor, die versuchen hineinzukommen. Auf der Rednertribüne die zu erwartenden Politiker: Cunhal, Soares und die Gewerkschaftsvorsitzenden. Die Reden beginnen. Hammer und Sichel wehen in der Luft, als Cunhal spricht. Soares wird von der Menge herzlich empfangen. Die Reden aber sind deprimierend reformistisch und opportunistisch. Die eigentliche Auseinandersetzung findet draußen auf der Straße statt: Die Arbeiter erklären sich gegenseitig, was *autogestão* (Selbstverwaltung) bedeutet oder bedeuten könnte.

Wir brechen auf und fahren in Richtung Rossio. Die Metro ist das einzige Verkehrsmittel, das am 1. Mai noch fährt. Die Züge bestehen jeweils aus zwei Waggons, mehr können nicht angehängt werden, da einige Stationen beim Bau nur auf diese Länge ausgelegt wurden – selbst 1973 noch. Wir quetschen uns hinein wie portugiesische Sardinen. Am Rossio angekommen, bietet sich uns ein Bild, das jeder Beschreibung spottet.

Die Kapelle der Matrosen ist dort, irgendwie sind sie in die Demonstration der Maoisten und Trotzkisten geraten. Hier versammelt sich die sogenannte radikale Linke. Aber es ist wie überall in der Stadt: Es gibt einfach keinen Raum, buchstäblich keinen Platz, für Sektierertum.

Junge Arbeiter tanzen zur Musik. Polizeiautos fahren mit Demonstranten auf dem Dach vorbei. Ein Busfahrer hupt im Rhythmus mit den anderen Geräuschen des Platzes. Schwer zu sagen, wo er letztlich ankommen wird – denn er fährt in die entgegengesetzte Richtung des Fahrtziels, das vorne am Bus steht. Die Türen aller Busse sind geöffnet, aus allen Fenstern hängen Fahnen. Eine Gruppe Jugendlicher zieht vorbei,

»Die Gringos des Samba«, wie es auf ihrem Transparent heißt. Ihre lateinamerikanische Musik ist sehr mitreißend. Mehr Leute fangen an zu tanzen. Eine Gruppe Studenten geht vorbei und ruft »O povo armado jamais será vencido« (»Ein bewaffnetes Volk wird niemals besiegt werden«). Die Leute lachen über diese subversive Variante der »offiziellen« Parole. Das ganze Treiben ist verwirrend und chaotisch. Die Menschen jubeln über alles und jeden. Jemand ruft »Viva Spínola, viva o comunismo!«.

Wir gehen zu ein paar jungen Sängern nach Hause, deren Lieder verboten waren. Ihre Platten wurden zensiert und nur selten im Radio gespielt. Alle trinken. Eine Gesangssession entspinnt sich und nach einer Stunde bewegt sich die Runde zurück zum Rossio. Wir bleiben dort bis 3 Uhr morgens auf dem Pflaster sitzen, singen und beobachten die Leute, die ins eiskalte Wasser des Brunnens springen. Erschöpft entschließe ich mich, nach Hause zu gehen.

Diesen 1. Mai werde ich nie vergessen. Der Lärm, dieser Lärm dröhnt noch immer in meinen Ohren. Das Hupen vor Freude, das Gejohle, die Parolen, das Singen und Tanzen. Nach 48 Jahren der Unterdrückung scheinen die Türen zur Revolution wieder offen zu stehen. Ein einziger Tag hat wieder alles ins rechte Licht gerückt: Nichts ist gottgegeben, alles ist menschengemacht. Und diese Menschen können ihr Elend und ihre Probleme jetzt im historischen Zusammenhang sehen. Wie kann man mit Worten beschreiben, dass in einer Stadt mit einer Million Einwohnern sechshunderttausend Menschen demonstrieren? Wie kann man die Wirkung der Nelken überall beschreiben, in den Gewehrläufen, auf jedem Panzer und hinter jedem Ohr, in den Händen von Soldaten wie von Demonstranten? Es ist der Höhepunkt einer Woche voller hektischer, sich überschlagender Ereignisse. Die arbeitenden Menschen haben der Situation einen unauslöschlichen Stempel aufgeprägt. Die Forderung nach Sozialismus wird laut, dazu haben die Massen einfacher Menschen beigetragen. Was mit einem Militärputsch begann, nimmt nun neue Dimensionen an. Die Junta ist immer noch an der Macht, aber den Ton gibt das Volk an, besonders die Arbeiterklasse. Erst eine Woche ist vergangen, auch wenn es sich bereits wie viele Monate anfühlt. Jede Stunde wurde in vollen Zügen gelebt. Es fällt schon jetzt nicht leicht, sich daran zu erinnern, wie die Zeitungen zuvor aussahen oder was die Menschen damals gesagt hatten. Hat es die Revolution nicht schon immer gegeben?

Menschen lesen am 28. September 1974 eine Wandzeitung, da kaum Zeitungen erschienen und es an Informationen mangelte

II DIE ERSTEN DREI MONATE

Einschätzung der Lage

Überall begegnete man doppelzüngigen Aussagen. Am 1. Mai verkündete die Junta noch: »Die Nation unterstützt die Arbeiter.« Jetzt behaupteten sie: »Die Arbeiter unterstützen die Befreiung der Nation.« Eine der Mittelschicht entstammende Gruppe um die Zeitung *Expresso* gründete eine liberale Partei (sie verortete sich in der linken Mitte). Mário Soares, der sich bereits eigenmächtig als Außenminister betätigte, fuhr zu Besprechungen mit Harold Wilson und der Labour Party nach London. Die Berichterstattung war grauenhaft. Die *República* titelte: »Die Menschen haben keine Angst mehr.« Das war blanker Unsinn, denn außer den Politikern hatte sich nichts geändert. Wer früher die Angst kannte, ohne Geld oder Essen dazustehen, kannte sie noch immer.

Aber das bisher Unvorstellbare war nun zum Greifen nah – ein Vorbote der künftigen Ereignisse. Eine Frauengruppe demonstrierte vor dem Sitz der Junta. *Capital* berichtete über ihre Forderungen:

> Seit dem 25. April wurden die bislang von Faschisten genutzten Räume politischen Gruppen zur Verfügung gestellt. Da wir Frauen immerhin 52 Prozent der Bevölkerung ausmachen, sollte man meinen, dass auch unsere Gruppen Räume bekommen haben. Wir waren die Hauptopfer der faschistischen Ideologie, die uns in die traditionelle Rolle der Frau zurückdrängen wollte, völlig entfremdet vom Rest der Gesellschaft. Die Entpolitisierung von Frauen und ihre Neigung, rechte Parteien zu wählen, hängen bekanntlich unmittelbar damit zusammen, dass es keinerlei Bewegungen und Organisationen gibt, die sich für ihre Interessen einsetzen. Trotzdem ist die Frauenbewegung für die Junta offen-

bar nicht von Belang. Warum? Sollen die Frauen schon wieder diskriminiert werden?

Am 28. Mai veröffentlichte der *Diário de Lisboa* ein Manifest der Prostituierten von Lissabon (die ihrer Arbeit vor allem am Hafen nachgingen). Es stellte fest, dass die Prostituierten »das älteste Gewerbe der Welt noch immer illegal ausüben« müssten und ihr Leben keineswegs so »leicht« sei wie allgemein behauptet, und forderte die Gründung einer Gewerkschaft, in der sie »frei von jeglichem puritanischen Zwang die Probleme ihrer Klasse erörtern« könnten. Ihre Hauptanliegen betrafen die Ausbeutung durch die Zuhälter, den Schutz von Minderjährigen, feste Tarife, Zugang zu einem »freien Gehsteig« (frei von Zuhältern und Polizisten) zwecks »Förderung des Tourismus« sowie die Eindämmung des »skandalösen Verhaltens der konservativen Kolleginnen, die nur in teuren Nachtclubs tätig sind«. Sie erklärten sich zur Unterstützung der MFA bereit und beschlossen ihr Manifest mit dem Angebot, dass »sämtliche Soldaten der Dienstgrade unterhalb eines Leutnants ein Jahr lang nur den halben Preis zahlen müssen«.

Drei Wochen zuvor hatte der *Diário de Lisboa* bereits ein Manifest der »Bewegung der revolutionären Homosexuellen« veröffentlicht. Unter dem alten Regime waren sie massiv verfolgt worden, ihre Bars und Clubs wurden immer wieder zur Zielscheibe von Razzien und Schließungen.

In Paris wurde das portugiesische Konsulat gestürmt, Kriegsdienstverweigerer, Deserteure und viele ausgewanderte Arbeiter erhielten Pässe. Der Regierung blieb nichts anderes übrig, als eine Teilamnestie zu gewähren: Man konnte zurückkehren, musste sich aber freiwillig zum Dienst melden. In den Arbeiterkneipen entbrannten hitzige Debatten, Fußball interessierte praktisch niemanden mehr. Es herrschten gemischte Gefühle: Stärke und Hoffnung, aber auch das Wissen um die Krise. Nichts war sicher.

Das vielleicht Schönste war das täglich sichtbar wachsende Selbstvertrauen. Für die Arbeiterklasse rund um die Welt bestand größte Sympathie. Menschen diskutierten über die Lage in Frankreich, England, Argentinien und Brasilien, als ob sie ihr Leben lang Politik an der Universität gelehrt hätten. Meine Nachbarin war kaum noch wiederzuerkennen: Verzückt fragte sie sich, ob die Arbeiter gewinnen könnten. Sie sagte, sie verstehe »nicht viel von Politik«, aber nach Monaten voller Schweigen, erzwungenem Anstand und Angst waren ihre unverblümte Freude und Aufregung unglaublich erfrischend.

Umbenennungen standen ganz oben auf der Tagesordnung: Aus dem Estádio Tomás (der alte Präsident) wurde ein »Stadion der Freiheit«, aus der Salazar-Brücke die Brücke des 25. April oder Rote Brücke. Kaum zu glauben, aber der Wechselkurs des Escudo stieg. Agostinho Neto, der Führer der angolanischen Befreiungsbewegung MPLA, schickte eine Grußbotschaft an das portugiesische Volk: »Dies ist ein gemeinsamer Sieg für das portugiesische Volk und die kolonisierten Länder, denn es war offensichtlich, dass die Portugiesen ihre Kolonialkriege nicht gewinnen konnten.«

Am 6. Mai brach im Fischereibetrieb von Matosinhos ein Streik der Fischer aus. Er dauerte vier Tage lang an. Im touristischen Komplex in Troia legten am 9. Mai rund 4.000 Beschäftigte die Arbeit nieder. Die Uhrenfabrik Timex in der Nähe von Lissabon wurde von 1.800 Beschäftigten besetzt; sie forderten höhere Löhne und die Entfernung von sechs PIDE-Beamten aus dem Betrieb. Am 13. Mai blieben 1.600 Arbeiter im Bergbaurevier Panasqueira der Arbeit fern (darunter 400 Kapverdier), um ihrer Forderung nach einem Mindestlohn von 6.000 Escudos im Monat Nachdruck zu verleihen.

In den Armenvierteln von Porto demonstrierten Tausende und forderten menschenwürdige Wohnungen. Die Arbeiter des Reifenproduzenten Firestone besetzten ihre Fabriken in Lissabon, Alcochete, Porto und Coimbra und forderten die Entlassung der ausländischen Geschäftsführer. Am 15. Mai traten 8.400 Arbeiter der Lisnave-Werft in den Streik und besetzten das Gelände, während sich im Norden rund 500 Bergarbeiter in Borralha ihren streikenden Kollegen anschlossen.

Als sich gerade die Erste provisorische Regierung bildete, schlossen sich am 16. Mai auch die Beschäftigten der Universitätskantinen der wachsenden Bewegung an. Die Textilarbeiter in Covilhá, Mira d'Aire und Castanheira de Pera wurden ebenfalls aktiv. Auch in Lissabon waren von den Sacor-Ölraffinerien bis zum Schreibmaschinenhersteller Messa zahllose Arbeiterinnen und Arbeiter im Streik.

Während die linken Zeitungen noch damit beschäftigt waren, sich (neu) zu organisieren, streikten die Fischer von Nazaré und die Beschäftigten des Pharmaunternehmens Bayer. Am 21. Mai demonstrierten 20.000 Metallarbeiter in Lissabon und forderten höhere Löhne. Die erste Ausgabe der maoistischen Tageszeitung *Luta Popular* konnte über eine Vielzahl von Konflikten berichten, darunter der Streik der Taxifahrer in Lissabon. Am selben Tag regte sich auch die Belegschaft der teilstaatlichen Öltanker-Reederei Soponata: Während die 600 Arbeiter an Land die Büros besetzten, bekundeten die 1.400 Seeleute per Funk von hoher See aus ihre Unterstützung.

Das Ausmaß der Proteste war kaum vorstellbar, überall schien es zu brodeln. Am 27. Mai verweigerten die Busfahrer des Transportunternehmens Carris die Arbeit. Die Gewerkschaften verwiesen auf das Beispiel Chile und verglichen die Auseinandersetzung bei Carris mit dem dortigen rechtsgerichteten Streik der Transportunternehmer. Sie versuchten, die Streikbewegung zu entschärfen, aber ihre Bemühungen waren nur zum Teil erfolgreich, denn die vielen aufgestauten Forderungen der Arbeiter brachen nun offen hervor.

Spínola hielt in Porto vor mehreren Hunderttausend Menschen eine Rede. Es war das erste Mal, dass er in den Norden fuhr. »Der 25. April hat dem Volk die Freiheit gegeben«, erklärte er. »Diese Freiheit müssen wir bewahren. (...) Und jetzt, nach diesem ersten Monat voller Enthusiasmus, müssen wir anfangen, wie reife Menschen über die Zukunft nachzudenken. Wir müssen unsere Freiheit gegen die reaktionären Kräfte verteidigen, gegen Kräfte, die diese Freiheit einschränken wollen. Nicht durch Anarchie, nicht durch wirtschaftliches Chaos, Unordnung oder Arbeitslosigkeit werden wir das Portugal der Zukunft aufbauen. Das ist der Weg der Reaktionäre, der Konterrevolutionäre. Das Militär und das Volk müssen sich diesem Weg der Zerstörung gemeinsam entgegenstellen.«

Das Militär, namentlich die Junta, war an der Macht. Welchen Einfluss hatte die »Bewegung der Hauptleute«? Das wusste niemand. Offiziere wurden in verschiedene Landesteile geschickt, um zu »organisieren und konsolidieren«. Aber was sollte konsolidiert werden? Eine bürgerliche Demokratie? Eine bonapartistische Regierung? Die Entwicklung zum Staatskapitalismus? Niemand war sich wirklich sicher und kaum jemand stellte sich solche Fragen überhaupt. Eines war klar: Die Armee war eine bürgerliche Armee, denn sie verteidigte die Klassengesellschaft und sie war selbst hierarchisch organisiert.

M. fuhr für eine Woche zurück nach Frankreich; sie war sich nicht sicher, ob sie bleiben wollte. Ich sagte: Gut, bis irgendwann mal. Während sie weg war, wohnte ich bei ihr und hatte einen eigenen Schlüssel. Ihr Schlafzimmer war sonnendurchflutet, und mir gefiel, wie sie es eingerichtet hatte.

Die Erste Regierung von Palma Carlos, laut einigen Journalisten »eher ein Bienenstock als eine richtige Regierung«, versuchte einige Dinge in Angriff zu nehmen und fasste Beschlüsse über das Bankenwesen, Mindestlöhne und Fragen des »nationalen Interesses«. Sie musste sich jedoch mit Spínola abstimmen, der die endgültigen Entscheidungen traf.

Die Linke beherrschte die Situation nach dem 25. April. Sie war überall präsent: in den etablierten Institutionen, in vielen Zeitungen, im Fernsehen. In der Industrie unternahm sie gewaltige organisatorische Anstrengungen. Die Linken waren sehr optimistisch, und das nicht ohne Grund: Die ökonomischen Kämpfe, die errungenen Siege, die Größe ihrer Demonstrationen, die allgemeine Kritik am Kapitalismus, das alles gab ihrer Moral enormen Auftrieb. Es wäre jedoch falsch zu denken, ihre Kommuniqués, Diskussionen und Demonstrationen hätten die Gesamtheit der Ängste und Hoffnungen widergespiegelt, die arbeitende Menschen in jenen Tagen hegten.

An den Wänden gab es kaum noch Platz für neue Graffiti. Niemand, nicht einmal der blindeste Tourist, hätte sie übersehen können. Sie bedeckten jede leere Wand, jedes Denkmal und jedes öffentliche Gebäude, jede Ecke, die von Menschen gesehen werden kann, und auch solche Stellen, die ein Ortsfremder wahrscheinlich nicht entdecken wird. Überall hingen Plakate der PCP. Die Zeitungen behandelten alle linken Papiere mit Respekt und berichteten ausführlich über sie. Die Kommuniqués von MES, LUAR, PS, PCP und sogar die der wenigen (teils spanischen) überlebenden Anarchisten, die sich um die Zeitschrift *A Balalha* organisierten und eher traditionelle Ansichten vertraten, füllten ganze Seiten in den Abendausgaben.[3] Die Zeitung *Diário de Notícias* wurde in dieser Hinsicht als rückständig empfunden. Deshalb besetzten ihre Setzer die Zeitung, die sich so praktisch über Nacht von einem konservativen in ein linksliberales Blatt verwandelte. Einer der Hauptkritikpunkte der Arbeiter lautete, die Zeitung hätte »nicht im Geist des 25. April berichtet«. Kleine Gruppen linker Intellektueller konnten im Anschluss praktisch alles im *Diário* veröffentlichen. Eine merkwürdige Gruppe namens MARP (Bewegung für die revolutionäre Selbstverwaltung des Proletariats) erhielt etliche Spalten für ihre Manifeste und Artikel, auch den Kommunisten und Sozialisten wurden ganze Seiten eingeräumt.

Einige reiche Familien beherrschten nach wie vor das Wirtschaftsleben und hielten nichts von einer »Liberalisierung«, die ihre Privilegien gefährden könnte. Obwohl sich die Zeitungen auf politische Fragen – nicht zuletzt die Entkolonisierung – konzentrierten, befassten sie sich in Maßen auch mit der Wirtschafts- und Klassenstruktur Portugals.

Bei all dem wurde ein spezifisches Bild des portugiesischen Kapitalismus erkennbar. 1973 hatte es rund 42.000 Unternehmen gegeben, von denen 36 Prozent weniger als zehn Arbeiter beschäftigten, was den geringen Grad der Industrialisierung verdeutlicht. Aber nur 0,5 Prozent dieser Unternehmen besaßen mehr als die Hälfte des gesamten Kapitals des Landes, was wiederum den Grad der Kapitalkonzentration anzeigt. Etwa 150 Unternehmen (überwiegend mit ausländischer Kapitalbeteiligung) beherrschten die gesamte portugiesische Wirtschaft. Bei einer Analyse der zwanzig wichtigsten Firmen tauchten immer wieder dieselben Familiennamen auf: Guedes de Sousa, de Melo, Pinto Bastos, Mendes Almeida, Figueiredo, de Brito. Die meisten der vor dem 25. April leitenden Direktoren waren immer noch auf ihren Posten, auch wenn ihre Macht zunehmend von Arbeiterkomitees in Frage gestellt wurde. An den politischen Sympathien dieser Familien gab es keinen Zweifel.

Es wurden verschiedene diplomatische und wirtschaftliche Beziehungen zu staatskapitalistischen Ländern aufgenommen. In einer Zeitung hieß es, Soares stecke »bis über beide Ohren in der Diplomatie« mit dem Ostblock. Polen wurde die Teilnahme an der Internationalen Industriemesse in Lissabon gestattet; es war das erste Mal, dass ein Land hinter dem »Eisernen Vorhang« in Portugal für seine Geschäfte werben durfte. Auch eine Delegation russischer »Geschäftsmänner« traf in Lissabon ein.

Das Programm der MFA rief zu »diplomatischen Beziehungen mit allen Ländern« auf. Da »alle Länder« vermutlich auch die rechten Diktaturen in Chile, Griechenland und Spanien einschloss, wuchs der Druck auf die Regierung, für Klarheit in dieser Frage zu sorgen. Als die PS und die trotzkistische LCI vor der chilenischen Botschaft demonstrierten, hissten sie voller Spott ein Hakenkreuz.

Manches war offensichtlich, auch wenn die internationale Presse ausgesprochen schlecht darüber berichtete. Die aus dem Ausland angereisten Journalisten hatten meines Erachtens nur dürftigste Kenntnisse der portugiesischen Sprache und Kultur und versuchten lediglich, halbwegs mitzukommen; so berichteten sie nur das, was die für sie zuständige staatliche Pressestelle ihnen erzählte, und nicht einmal das machten sie gut. Was die Korrespondenten schrieben, war entweder Unsinn oder zumindest weit hergeholt. Besonders unfähig waren der *Guardian* und die *New York Times*, während das *Time*-Magazin aus irgendeinem Grund genauer berichtete.

Die Erste provisorische Regierung war keine Volksfrontregierung im engeren Sinne. Sie wurde von oben von der Junta eingesetzt und sollte die verschiedenen sozialen Klassen und

Gruppen »repräsentieren«. PCP und PS bewegten sich in ihr auf einem schmalen Grat. Als die Rechte anfing, verschiedene Dekrete zu blockieren und ihre eigenen Interessen zu verfolgen, wuchs bei beiden Parteien das Unbehagen an der Koalition.

Alle Fabriken, gleich welcher Größe, wurden umstrukturiert. Zu den Forderungen der Arbeiter zählten meistens ein Mindestlohn und die Absetzung aller bisherigen Manager – *saneamento,* »Säuberung«, genannt. Noch hatte keine Gruppe die direkte Kontrolle durch die Arbeiter gefordert, aber praktisch hatten sie diese sowieso schon übernommen. In vielen öffentlichen Unternehmen gab es Komitees von Arbeitern. Manchmal wurde das Unternehmen vollständig von ihnen geleitet, in der Privatwirtschaft sah es jedoch anders aus.[4]

Streiks bei Timex, Sogantal, Mabor, CTT

Lehrreich in dieser Hinsicht ist die Geschichte, die sich bei dem US-amerikanischen Uhrenhersteller Timex abgespielt hat. Die Arbeiter legten eine Liste von Forderungen vor, die rundweg abgelehnt wurden. Daraufhin besetzten sie die Fabrik, produzierten weiterhin Uhren und verkauften sie einfach selbst. Sie leiteten die Fabrik ohne das Management. Bei den gescheiterten Gesprächen mit den Vertretern der amerikanischen Eigentümer saßen auch die Streitkräfte mit am Tisch. Die Arbeiter hielten die Fabrik einen ganzen Monat lang besetzt und forderten schließlich auch die Bezahlung der Streiktage. Ihr Komitee verfasste eine »Erklärung an die Nation«, die in allen Tageszeitungen veröffentlicht wurde. Es knüpfte Kontakte zu anderen Fabriken und bat um finanzielle Hilfe, die es auch bekam. Unterstützung kam auch von der Juweliergewerkschaft. Die Timex-Beschäftigten haben sich während dieser Vorgänge keiner politischen Partei angeschlossen, eine kleine Gruppe gründete jedoch ein »Komitee zur Unterstützung des Kampfes bei Timex«. Sämtliche Versuche der Maoisten, die Kontrolle über ihren Kampf zu übernehmen, wiesen die Arbeiter zurück.

Es lohnt sich, die Erklärung ausführlicher zu zitieren:

1. Die Timex-Beschäftigten streiken seit dem 3. Juni und reihen sich damit in einen Kampf ein, der im November 1973 begann, sich im Februar weiterentwickelte und seit Anfang Mai massive Ausmaße angenommen hat. Die Timex-Fabrik ist Teil eines vom imperialistischen amerikanischen Kapital getragenen gewaltigen und brutalen Ausbeutungs- und Herrschaftssystems, das sich auf viele Teile der Welt ausgedehnt hat. Bei der Wahl der Methoden zur Erreichung ihrer Ziele sind sie nicht wählerisch: Durch unmenschliche Ausbeutungsmethoden soll aus der Arbeiterklasse ein Maximum an Profit und Arbeit herausgepresst werden. Sie verstehen nichts von guter Personalpolitik, guten Arbeitsbedingungen und wirtschaftlichen Erfordernissen. Sie kennen nur eins: PROFIT. Gegen diese Zustände wehren wir uns. Insbesondere wollen wir eine 40-Stunden-Woche anstelle von 45 Stunden. Die meisten unserer Arbeiter sind jung, zwischen 15 und 19 Jahre alt. Sie arbei-ten täglich neun Stunden. Sie sitzen auf Holzstühlen im Neonlicht, müssen oft schlecht eingestellte Lupen und Mikroskope verwenden, sie arbeiten in einem klimatisierten Raum mit trockener Luft und unter ständiger Anspannung, die zu Nervenzusammenbrüchen und häufigen Ohnmachtsanfällen führen kann. Das Arbeitspensum schwankt und wird oft willkürlich erhöht, was die jungen Arbeiter zusätzlich erschöpft. Ihre Gesundheit ist oft schon nach fünf Jahren ruiniert. Ihr Arbeitsleben wird verkürzt, denn wenn sie die geforderte Leistung nicht mehr erbringen können, werden sie entlassen; körperlich verschlissen und geschädigt, haben sie Schwierigkeiten bei der Arbeitssuche.

Wir fordern die Abschaffung der Boni. Dieses System erhöht ständig das Arbeitstempo und führt zu einer größeren Ausbeutung der Arbeiter, um noch mehr Profit für die Bosse herauszuschlagen. (...) Wir wollen es auch abschaffen, um eine Spaltung der Arbeiter zu vermeiden.

Wir wollen ein Mitspracherecht in der Personalabteilung, schon allein um das Management zu kontrollieren, humanere Arbeitsbedingungen aufrechtzuerhalten und eine erneute Verschlechterung zu vermeiden.

Wir fordern außerdem einen gerechten Lohn.

Die Geschäftsleitung hat bisher auf unsere Forderungen nicht mit einem vernünftigen Angebot geantwortet. Sie haben mit Intrigen versucht, uns zu spalten und den Fortschritt der Verhandlungen zu blockieren.

Deshalb führen wir einen uneingeschränkten Streik durch, bis unsere Forderungen erfüllt sind. (...)

2. Das Land befindet sich in einer Phase erbittert geführter Kämpfe zwischen Ausbeutern und Ausgebeuteten. Die Bourgeoisie beherrscht weiterhin die Menschen, übt sich in Betrug und Winkelzügen. Das Kapital glaubt immer noch, dass es über unser Schicksal bestimmen kann. Dagegen müssen wir uns wehren. Seitdem die Gesellschaft in Klassen gespalten ist, gibt es Klassenkampf. Die herrschenden Klassen besitzen alles: Kapital, Schulen, Fabriken, die Presse. Die Menschen haben nichts außer ihrer Arbeitskraft. Genau dagegen kämpfen sie. Sie werden den Klassenkampf bis zum Ende führen, bis zur Eroberung der wirklichen Freiheit, die erst möglich wird, wenn es weder Ausbeuter noch Ausgebeutete mehr gibt.

3. Die einzige Klasse, die dieses Ziel wirklich erreichen kann, ist die Arbeiterklasse. Wir haben nichts zu verlieren außer unseren Ketten. Freiheit kann nur durch diese Klasse errungen werden, die gemeinsam mit allen Ausgebeuteten die Bourgeoisie stürzen und eine wirkliche Demokratie aufbauen wird.

4. Wir rufen die gesamte Klasse, auch die Landbevölkerung (...) und alle wirklich fortschrittlichen Menschen dazu auf, uns zu unterstützen.

Genossen, bei Timex wie auch anderswo gehen wir ge-

rade einen weiteren Schritt in diesem großartigen Vormarsch der Ausgebeuteten in unserem Land. Verfolgt aufmerksam die weiteren Geschehnisse. Und wir bitten um Spenden:
EIN TAGESLOHN FÜR DIE STREIKENDEN ARBEITER
So zeigen wir, dass wir wissen, was Solidarität bedeutet und wie wir den gerechten Kampf der Ausgebeuteten durch Taten und nicht nur durch Worte verteidigen können.

Ein Koordinierungsausschuss wird die Kampagne durchführen. Er wird seinen Sitz in der Timex-Fabrik haben und aus Mitgliedern des Timex-Arbeiterausschusses bestehen. Unterstützt wird er durch die Gewerkschaft der Juweliere, Uhrmacher und verwandter Berufe in Lissabon. Es werden zertifizierte Sammelbögen ausgegeben. Um die derzeitigen großen Schwierigkeiten zu überwinden, werden sie das weiße Siegel der Juweliergewerkschaft tragen. Sie sind zwischen 9 und 16 Uhr entweder in unserer Fabrik oder bei der Gewerkschaft (Travessa da Glória no. 18, 30, Lissabon) erhältlich.

Bitte beachtet: Diese Kampagne wird zwar von den Timex-Beschäftigten organisiert, dient aber nicht nur ihrer eigenen Unterstützung. Sie soll alle Arbeiter unterstützen, die sich in einer ähnlichen Situation befinden.

Timex-Arbeiter, 27. Mai 1974.

Bei Sogantal, einem Handschuh- und Textilunternehmen in französischem Besitz, spielte sich eine andere, aber ganz ähnliche Geschichte ab. Die Fabrik in Montijo wurde von ihren 48 Arbeitern besetzt, die höhere Löhne, kürzere Arbeitszeiten und bezahlten Urlaub forderten. Als die Geschäftsleitung dies ebenso ablehnte wie die Bezahlung der Streiktage, bestand die Antwort der Arbeiter darin, weiterzuarbeiten und die Kleidungsstücke selbst zu verkaufen. Es wurde ein fünfköpfiges Komitee gewählt, das sich mit der Gewerkschaft der Kostümbildner in Lissabon beraten sollte. Ein Arbeiter beschrieb den Streik so:

> Im Büro befanden sich der französische Geschäftsführer und Herr Guilherme, ein Portugiese. Aber dieser portugiesische Geschäftsführer war nicht auf unserer Seite. Er stand auf der Seite des Bosses. Den Zeitungen wurde erzählt, die Fabrik hätte 400.000 Escudos Gewinn gemacht. In Wirklichkeit war es etwa das Fünffache, denn die Zahlen werden immer gefälscht, was kaum jemand weiß. In der Fabrik gab es große Lagerbestände. Könnten wir einen Teil davon verkaufen, dann könnten wir sämtliche Schulden der Fabrik mühelos begleichen. Aber dann hätte die Fabrik schließen müssen, da die französischen Investoren damit drohten, sich aus Portugal zurückzuziehen. Das wollten wir nicht. Wir fühlten uns in der Lage, die Fabrik selbst zu führen. Die Geschäftsführung brauchten wir nicht. Alles, was wir brauchten, waren Leute mit mehr Wissen als wir, die auf unserer Seite standen. Wir hatten Ideen, wie wir Anzüge und Kleidung exportieren könnten. In Portugal hätten wir die nicht alle verkaufen können, wir haben ja 800 Stück am Tag hergestellt. Für uns alle war es der erste Streik.

In der Privatwirtschaft gab es viele ähnliche Fälle. Eine der größten Schwächen war das Fehlen einer landesweiten Organisation, um diese Kämpfe zu koordinieren, so wie es die Timex-Arbeiter vorhatten. Die untereinander zerstrittenen Gewerkschaften wurden aufgeschreckt, weil die Arbeiter anfingen, sie zu umgehen.

Wie in reinen Privatunternehmen wurden auch in den teils privaten, teils staatlichen Unternehmen wie der portugiesischen Fluggesellschaft (TAP) und den Verkehrsbetrieben (Carris) Ad-hoc-Komitees eingesetzt, die forderten, die bisherigen Manager rauszuwerfen. In einigen Fällen übernahmen Verwaltungsräte, die sich aus Mitgliedern der Geschäftsführung und Arbeitern zusammensetzten, die Leitung. In manchen dieser Räte waren auch Angehörige der Streitkräfte vertreten. Zu den Unternehmen, die vollständig in staatlicher Hand waren, gehörten die Krankenhäuser und die Post, in denen in der Regel ein Angehöriger der Streitkräfte, häufig ein Major oder ein hochrangiger Offizier, die Leitung übernahm.

Etwa zu dieser Zeit schloss ich mich einer Gruppe von ähnlich Gesinnten an, die einen linken Buchladen im Stadtteil Barrio Alto betrieben – ehemalige Maoisten, die inzwischen aber libertäre und revolutionäre Auffassungen vertraten. Was unsere Klassenlage und den politischen Hintergrund anging, unterschieden wir uns deutlich voneinander; viele waren frisch aus Paris zurückgekehrte Portugiesen, ich dagegen – ein Ire, der sich nach Lissabon verirrt hatte – die große Ausnahme. Sie gaben *Combate* heraus, eine Zeitung, die jenseits von ideologischen Formeln über Besetzungen und Erfahrungen mit der Selbstverwaltung berichtete. Viele der damals besetzten Fabriken produzierten ihre eigenen Bulletins und Flugblätter, in denen sie über ihre Geschichten berichteten und darüber diskutierten, worum es bei den Fabrikkämpfen ging. Unsere Artikel basierten auf diesen Bulletins, die wir häufig auch vollständig – mit all ihren Mängeln – nachdruckten, anstatt nur Auszüge zu zitieren, wie es andere Zeitungen gemäß ihrer jeweiligen Ideologie taten.

Die Maoisten kritisierten die provisorische Regierung (insbesondere die Minister der PCP) immer wieder aufs Schärfste. In ihrer Tageszeitung *Luta Popular* rief der Chefredakteur Saldanha Sanches die Soldaten zur Befehlsverweigerung auf, wenn ihre Offiziere repressive Maßnahmen anordneten. Am 7. Juni wurde er festgenommen. Sanches hatte bereits acht Jahre seines Lebens im Gefängnis verbracht, zum Zeitpunkt seiner Befreiung am 26. April saß er gerade eine zehnjährige Haftstrafe ab. Er wurde in das Militärgefängnis in Elvas gebracht.

Die MRPP organisierte eine Demonstration gegen seine Inhaftierung, die von allen linken Gruppen unterstützt wurde. In dem Aufruf ging es um die zunehmende Repression, die nicht nur Sanches getroffen hatte; die »ideologische Unterdrückung und Niederschlagung von Streiks, die Sabotage des Arbeiterkampfs« wurde von Tag zu Tag schlimmer. Antistreikgesetze wurden vorbereitet. Zeitungen, Radio und Fernsehen unterlagen einer täglichen Zensur. Und vor allem wurde der Kolonialkrieg verbrecherisch fortgeführt.

Etwa zehntausend Menschen beteiligten sich an der Demonstration. In der darauffolgenden Woche wurde Sanches aus dem Gefängnis entlassen, um am Begräbnis eines Genossen teilnehmen zu können, der bei einem Verkehrsunfall ums Leben gekommen war. Die meisten Menschen in der Bevölkerung hielten diese Entscheidung der MFA für sehr fair. Dass Sanches überhaupt inhaftiert worden war, stellte kaum jemand in Frage.

Álvaro Cunhal, der Vorsitzende der PCP, ließ verlauten, dass »die großen Reformen erst nach den Wahlen erfolgen werden«. Unterdessen verteilten die Maoisten Flugblätter, in denen sie die Arbeiter zur Wachsamkeit gegenüber dem »Revisionismus« aufriefen. Aber sie machten nur viel Lärm und hatten keine wirkliche Unterstützung innerhalb der Arbeiterklasse. Die meisten von ihnen galten als Söhne der wohlhabenden Mittelschicht, die studieren konnten. Sie wurden generell als nicht »ernsthaft« angesehen, und Ernsthaftigkeit galt als eine der wichtigsten Eigenschaften der Arbeiterklasse. Cunhal konzentrierte sich auf seine Selbstinszenierung als »ernsthafter« Arbeiterführer und konnte sich dabei auf seine Erfahrenheit berufen, auch wenn er sehr vorsichtig agierte. Die Botschaft war einfach: »Der Lebensstandard in Portugal ist der niedrigste in ganz Europa. Ein Großteil unserer Bevölkerung lebt unter wirklichen Elendsbedingungen. Wir verteidigen das Recht zu streiken. Aber den Streik um des Streiks willen lehnen wir ab. Wir sind gegen den Streik als erste und sofortige Form des Kampfes, gegen Streiks, die nicht im Interesse der Arbeiter durchgeführt werden, sondern nur, um der provisorischen Regierung Schwierigkeiten zu bereiten.«[5]

Die PCP unterstützte weder Streiks wie die bei Timex oder Sogantal noch den erbittert geführten Konflikt in der Reifenfabrik Mabor in irgendeiner Weise. Sie prangerte sie sogar als schädlich an. Die Maoisten wiederum hatten abgesehen von ein oder zwei Betrieben kaum eine Verankerung in der Industrie, aber sie waren eine beachtliche Kraft auf der Straße. Für die provisorische Regierung wurden sie immer wieder zum Problem.

Am 14. Juni regten sich die Gefängnisse. Eine Gruppe von Gefangenen in Limoeiro (wo etwa 1.300 Häftlinge auf die Entscheidung der Regierung warteten, ihnen eine Amnestie zu gewähren) trat in den Hungerstreik. Die Bedingungen für die Amnestie waren zwar bereits beschlossen, aber es fehlten noch die rechtlichen Voraussetzungen für ihre Umsetzung. Wer mehr als die Hälfte seiner Strafe abgesessen hatte, sollte freikommen, allen anderen wurde eine Halbierung der Haftzeit in Aussicht gestellt. Dies betraf etwa 4.000 Gefangene, darunter gut 250 Frauen. Sie hatten seit dem 25. April gewartet und waren verständlicherweise beunruhigt.

Als die Gefangenen in Limoeiro ihren Hungerstreik begannen, fanden in den Höfen mehrere Sitzproteste statt. Auch in zwei weiteren Gefängnissen, Custoias und Matosinhos, kam es zu Unruhen. Einige Gefangene erschienen mit Transparenten auf dem Dach: »Auch wir sind Opfer des Faschismus. Nieder mit dem Faschismus!« Die Regierung beschloss, das ganze Verfahren zu beschleunigen.

Trotzdem war in der Regierung zunehmend ein Stimmungsumschwung spürbar. Die Zeitungen schlugen wieder konservativere Töne an, auch Radio und Fernsehen waren weniger offen als bisher. *Limite*, eine der besten Radiosendungen, wurde verboten. Auch die Bosse zogen die Daumenschrauben an und traten lautstärker auf. Bauunternehmen beschwerten sich über das Einfrieren der Mieten. Verschiedene kapitalistische Parteien behaupteten, das Land steuere auf den wirtschaftlichen Ruin zu. Während die erste Sorge der Machthaber darin bestand, die Disziplin und Befehlskette in den Streitkräften aufrechtzuerhalten, galt die zweite der »Stabilisierung« der Lage in der Industrie. Dafür mussten sie sich mit den militanteren Teilen der Arbeiterklasse auseinandersetzen, die weiterhin einen monatlichen Mindestlohn von 6.000 Escudos forderten. Die MFA ließ sich auf die unausweichliche Konfrontation ein und attackierte als eine Art Sündenbock die Postangestellten, die die Industrieproduktion nicht ernsthaft stören konnten.

Am 17. Juni traten 25.000 Beschäftigte der Post (CTT) in den Streik und legten praktisch das gesamte Post- und Telefonnetz im Land lahm, ausgenommen davon waren nur Krankenhäuser und die Feuerwehr. Vor allem ging es um die Löhne, aber es gab auch andere Beschwerden: Dienstabläufe, Unterbesetzung, Steuern. Die Regierung bot 4.300 Escudos an und sagte, das sei das Maximum, das sie zugestehen würde. Das Streikkomitee appellierte an die Öffentlichkeit: »Wir streiken, weil wir das Leben der Postangestellten und den Service verbessern wollen. Indirekt wird der Streik euch, den Kunden, helfen. Wir bitten um euer Verständnis und eure Solidarität. Je mehr Unterstützung wir erhalten, desto kürzer wird der Streik sein.«

Während des Poststreiks beschlossen auch die Bäcker (hauptsächlich kleine Ladenbesitzer), in den Streik zu treten. Sie wollten die Erlaubnis, den Brotpreis zu erhöhen. Der Streik war ausgesprochen unbeliebt, er galt als ein »Streik der Bosse«. Darüber hinaus weckte er ein gewisses Unbehagen an der Waffe des Streiks als solcher, was die Machthaber wiederum rücksichtslos ausnutzten.

Die Kommunistische Partei verurteilte den Streik der Postarbeiter als »unverantwortlich«. Auch Intersindical wollte nichts mit ihm zu tun haben. Die Forderungen seien »unrealistisch«, die Postangestellten würden versuchen, »auf Kosten der breiten Bevölkerung eine privilegierte Gruppe zu werden«. Der Streik, so die PCP, werde nur um des Streiks willen durchgeführt und habe keinerlei Rückhalt in der Bevölkerung. Letzteres war teilweise richtig. Als die Postangestellten den Streik beendeten, begründeten sie dies unter anderem damit, dass einige ihrer Mitglieder von anderen Arbeitern körperlich bedroht worden seien.

Der Poststreik war die erste größere Konfrontation zwischen der Regierung und einer organisierten Gruppe von Arbeitern. Er wurde von allen revolutionären Gruppen unterstützt, wenn auch nicht immer vorbehaltlos. Die Tageszeitung *Diário de Lisboa* veröffentlichte auf ihrer Titelseite eine Erklärung der MES: »Während das Gerede von ›privilegierten Arbeitern‹ und ›unmöglichen Forderungen‹ Unsinn war«, hieß es darin, »halten wir die Form des Streiks angesichts des Charakters des Unternehmens nicht für die geeignetste. Der Bevölkerung die Dienstleistungen kostenlos anzubieten, hätte nicht nur enormen Druck auf das Unternehmen aufgebaut, sondern auch die Isolierung der CTT-Arbeiter aufgebrochen und ihnen die Unterstützung der Bevölkerung gesichert. Dennoch unterstützt die MES den Streik, denn die Entscheidung für ihn haben die Arbeiter selbst getroffen.«

Der Einwand der MES war in der Tat wichtig. Die Bevölkerung, nicht nur die PCP, lehnte den Poststreik ebenso ab wie den der Bäcker. »Jetzt sind wir zwar frei«, meinten viele, »aber wir haben kein Brot und können keine Briefe verschicken«. Während des Streiks hatte die Armee Vorbereitungen getroffen, um das Postwesen zu übernehmen. Zwei Kadetten namens Marvão und Anjos weigerten sich, einem Befehl Folge zu leisten, den sie als Streikbruch ansahen, und wurden sofort inhaftiert. Zu ihrer Unterstützung riefen verschiedene linke Gruppen für den 9. Juli zu einer Demonstration auf. Die Armee appellierte zunächst an die Bevölkerung, nicht daran teilzunehmen, und riegelte dann den Startpunkt der Demo ab: Niemand durfte sich dem großen Verkehrsrondell Marqués de Pombal nähern. Die Demonstration konnte nicht stattfinden.

Bereits im Juni hatte die Armee den Streik bei Timex beendet und dafür gesorgt, dass das Eigentum und die Lagerbestände in der Fabrik blieben. Ende des Monats bestand kaum noch ein Zweifel daran, dass die Junta keine Aktionen dulden würde, die das Eigentumsrecht ernsthaft in Frage stellten. Erste Warnsignale gab es bereits. Nur ein politisch Kurzsichtiger konnte sie übersehen.

Die ausgefallene Kulturrevolution

Der 10. Juni, der portugiesische Nationalfeiertag, war eine Wiederholung des 1. Mai. Hunderttausende demonstrierten zur

Unterstützung der Streitkräfte und trugen *cravos*, rote Nelken. Die Junta zeigte mehr als sonst ihr wahres Gesicht. Die Demokratischen Bildenden Künstler organisierten ein Festival im Museum der Volkskunst, das sie gerade übernommen hatten. Die Gruppe war gegen das alte Regime eingestellt, kurz nach dem 25. April hatte sie bei einem »Happening« die Statue von Salazar mit schwarzer Plastikfolie umhüllt. Ihr Festival wurde zum Anlass für ein folgenreiches Eingreifen des Militärs.

Der staatliche Fernsehsender RTP übertrug die gesamte Veranstaltung; es sollte eines der größten Live-Experimente im portugiesischen Fernsehen werden. 48 Künstler – einer für jedes Jahr, das der Faschismus angedauert hatte – trugen zu einem sogenannten »kollektiven« Gemälde bei. (Wie sich am Ende leider zeigte, waren es eher 48 getrennte Gemälde auf ein und derselben Leinwand. Nur eine Künstlerin hatte die kluge Idee, ein paar anwesende Kinder an ihrer Stelle malen zu lassen. Alle anderen waren – vielleicht auch mit Blick auf ihren Ruf – sehr darauf bedacht, ihre Beiträge zu signieren.) Auf dem Festival traten auch verschiedene Kultur- und Musikgruppen auf. Natürlich ging es um politische Themen. Einige Beiträge waren nicht besonders originell. So marschierten beispielsweise einige Anhänger der Kommunistischen Partei vor laufender Kamera durch den Saal und riefen »PCP, PCP!«. Eine Gruppe trug einen mit Hakenkreuz geschmückten Sarg des Faschismus, marschierte damit zum Tejo, der am Museum vorbeifließt, und warf ihn in den Fluss.

Die Theatergruppe Comuna, die häufig von der PIDE schikaniert worden war, führte ein Stück über den katholischen Kardinal Cerejeira auf, der eng mit Salazar und Tomás verbandelt war. Die Botschaft war eindeutig antikatholisch und antifaschistisch. Wenige Minuten vor Mitternacht dann wurde »von höherer Stelle« der Befehl erteilt, die Sendung unverzüglich abzubrechen. Die Zuschauer wussten sofort, was los war, als statt der Live-Übertragung plötzlich ein amerikanischer Film lief. In den Spätnachrichten hieß es dann: »Verehrte Zuschauer, die Sendung, die wir live übertragen haben, wurde aufgrund eines Befehls von höherer Stelle unterbrochen. Die Fernsehschaffenden, die gewiss keine Provokateure sind, können mit dieser Entscheidung nicht einverstanden sein. Wir sind der Meinung, dass dies gegen das Programm der MFA verstößt. Aus Protest nehmen wir die Live-Übertragung von der Frühjahrsmesse für symbolische fünf Sekunden wieder auf.«

Die Entscheidung, die Live-Sendung abzuschalten, hatten ein Major und der ehemalige Herausgeber der Tageszeitung *República* getroffen, die beide für das Ministerium für soziale Kommunikation zuständig waren. Die Beschäftigten des Fernsehsenders besetzten daraufhin die Sendeanstalt. Auf einer Massenversammlung beschlossen sie, an ihrem Auftrag festzuhalten, die Öffentlichkeit im Sinne des Programms der MFA zu informieren und so zur Meinungsbildung beizutragen. Ein hochrangiger Offizier bezeichnete die ganze Episode später als Sturm im Wasserglas, aber es war deutlich geworden, dass kreative Kritik von Gruppen wie Comuna nicht toleriert werden würde, gerade weil sie ins Schwarze traf.

Als die 48 Künstler auf dem Mercado do Povo gemeinsam malten (die Live-Übertragung war bereits abgeschaltet), kam es zu einem Zwischenfall, der eine verbreitete widersprüchliche Einstellung zur Kultur zeigte. Ein französischer Freund aus Paris, ein wenig beschwipst von einem Liter Wein beim Abendessen, ging zu dem unfertigen Gemälde und schrieb etwas auf das Bild der Kinder: »L'art est mort.« Daraufhin brach ein Tumult aus. »CIA«, »Faschist«, schrien die Künstler und griffen ihn so heftig an, dass er die Flucht ergreifen musste. Steine regneten auf ihn herab. »Du warst nie in Caxias«, riefen sie, als täte das etwas zur Sache. Wir konnten ihn vor den wutentbrannten Malern gerade noch retten.

Sein Statement war in gewisser Weise zu gewagt, zu schwer nachvollziehbar für die Anwesenden. »Künstlerische« Freiheit hatte es in Portugal wie so viele andere Freiheiten nie gegeben. Ausstellungen von Künstlern, die Bilder aus Angola und Mosambik gezeigt hatten, wurden von der PIDE geschlossen. Jetzt war »Freiheit« der Prüfstein für alles, aber ihre verschiedenen ideologischen Ausdrucksformen wurden nur in seltenen Fällen hinterfragt. Als im Juni 1974 rund 400 Leute (Kinoangestellte, Platzanweiser usw.) für höhere Löhne demonstrierten, lautete eine ihrer Forderungen: »Schluss mit der Kultur des Unsinns.« Was genau sie damit meinten, erklärten sie nicht. Möglicherweise wünschten sie sich ein Ende des Obskurantismus.

In genau diesem Widerspruch steckte auch die MFA. Sie hatte die Zensurbehörden abgeschafft, und nun überschwemmte Pornografie den Markt und konkurrierte mit den politischen Zeitungen um Platz an den Kiosken. Pornos und Politik waren allgegenwärtig.

Die Kulturrevolution ging jedoch nie sehr weit. Eine Anekdote besagt, dass der armenische Öl-Millionär Gulbenkian deshalb so gerne in Portugal lebte, weil die Arbeiter immer den Hut vor ihm zogen, wenn er in seinem Wagen vorbeifuhr. Als ein enger Freund von Salazar investierte er Millionen in den Aufbau einer internationalen Kunststiftung mit Sitz in Lissabon. Viele Avantgarde-Künstler stellten dort aus. Zu den wichtigsten Mäzenen gehörten Leute wie Jorge de Brito, der Besitzer der Portugiesischen Internationalen Bank.

Das Museum Calouste Gulbenkian wurde im Juli 1974 von den Beschäftigten besetzt. Auch sie forderten ein *saneamento*, eine »Säuberung«. Es wurde ein Streikkomitee gegründet, dem auch einige MES-Aktivisten angehörten. Die Geschäftsführung lehnte jede Veränderung ab und erklärte, die wirklichen Entscheidungen der Stiftung würden in London getroffen, das Museum sei keine öffentliche Gesellschaft, und so weiter. Hunderte von jungen Aktivisten strömten in das besetzte Gebäude und organisierten eine »Wochenendparty«. Trotz großer Transparente, auf denen eine »Kunst im Dienste des Volkes« gefordert wurde, gab es kaum Versuche, über Kunst und Kultur zu diskutieren, und die Kreativität vor Ort hielt sich ebenfalls stark in Grenzen. Selbst den Plakaten (die ständig dazu ermahnten, keine Zigarettenstummel auf den Plüschteppichen auszudrücken) fehlte jede Fantasie. Überall standen Sicherheitsposten. Einige Mitglieder des MES-Komitees legten sogar einen Kranz auf dem Grab des alten Gulbenkian nieder, dessen Todestag mit der Besetzung zusammenfiel.

Der Zusammenbruch der Ersten provisorischen Regierung

In dieser Zeit lernte ich die junge Portugiesin Teresa kennen. M. war inzwischen endgültig nach Paris zurückgekehrt, wir hatten keinen Kontakt mehr. Teresa war in unseren Buchladen Contra a Corrente in Bairro Alto gekommen und es war wie ein Zauber, wir schauten uns an und verliebten uns auf den ersten Blick. Sie stellte viele Fragen – »Was meinst du mit Revolution? Was genau verstehst du darunter?« –, und so musste ich ihr vieles erklären. Sie war offen für meine Ideen, und auch ich lernte viel von ihr.

Es bestand kein Zweifel daran, welche Klasse der damalige Ministerpräsident Palma Carlos vertrat. Dasselbe galt für Sá Carneiro (Minister ohne Ressort) und Vieira de Almeida (Minister für wirtschaftliche Zusammenarbeit). Beide hatten wichtige Posten im alten Regime bekleidet. Vieira de Almeida war außerdem Geschäftsführer des Erdölunternehmens Sonap und Vizepräsident einer großen portugiesisch-französischen Bank. Sowohl Sá Carneiro als auch Palma Carlos waren in der Geschäftswelt durch ihre Tätigkeit als Rechtsanwälte bekannt. Der jetzige Innenminister, der bereits der vorherigen Regierung angehört hatte, war Direktor der OGE gewesen, einer von Caetano gegründeten Organisation zur Beratung von Großunternehmen. Die herrschende Klasse hatte ihre Karten nicht wirklich neu gemischt.

Der Verband der portugiesischen Industrie (CIP), der etwa 70 Prozent der Unternehmen vertritt, warnte in einer Erklärung, die Offensive der Arbeiterklasse sei »gefährlich für die nationale Wirtschaft«. Er unterstützte das Programm der MFA und forderte eine Demokratie nach westlichem Vorbild als grundlegende Garantie für individuelle Freiheiten. In der Erklärung wurden folgende Punkte betont:

- Es müssten sofortige Maßnahmen zur Überwindung der Krise ergriffen werden.
- Die portugiesische Industrie genieße keinen guten Ruf im Ausland, was Investitionen behindere.
- Die Unternehmen repräsentierten drei austarierte Kräfte: Verbraucher, Investoren und Arbeiter.
- Der Verlust dieses Gleichgewichts würde zum wirtschaftlichen Ruin führen.
- Die oberste Aufgabe des CIP bestehe darin, die wirtschaftliche Unterentwicklung des Landes zu überwinden.
- Das private Unternehmertum müsse aufrechterhalten werden.

Cunhal warf den Monopolisten zu Recht vor, sich gegen die neue Ordnung zu organisieren. »Die Reaktion organisiert sich weiterhin nicht nur politisch und sozial, sondern vor allem ökonomisch«, erklärte er. »Auch wenn einige Faschisten im Gefängnis sind, sitzen andere nach wie vor auf ihren alten Posten.« Unterdessen ging der Kampf der Arbeiter unerbittlich weiter. Die Regierung reagierte darauf mit einer ganzen Reihe neuer Maßnahmen, die darauf abzielten, ein starkes kapitalistisches Fundament im Land zu schaffen. Da die Streikwelle viele kleinere Firmen in ihrer Existenz bedroht hatte, brachte der Wirtschaftsminister einen Gesetzesentwurf ein, der Subventionen von 500 Millionen Escudos für kleine und mittlere Unternehmen vorsah. Unternehmen mit vielen Beschäftigten erhielten noch mehr Geld, damit sie den Mindestlohn zahlen und einen Teil der Forderungen »ihrer« Arbeiter erfüllen konnten. Bau- und Transportunternehmen waren die Hauptnutznießer. Die Maßnahmen wurden von allen Regierungsparteien und auch von vielen entlassenen Arbeitern unterstützt, die eine Großdemonstration in Porto und eine weitere in Braga im Norden organisierten, um gegen Betriebsschließungen und Entlassungen zu protestieren.

Die Koalition war gerade mit Blick auf die Lage der Industrie einer enormen Belastungsprobe ausgesetzt. Die Bevölkerung stand weit links von den Machthabern, was erklärt, warum die PCP, die völlig vorbehaltlos an der Regierung teilnahm, zu dieser Zeit so konservativ und reaktionär erschien. Die politische Rechte und die von ihr vertretenen Wirtschaftskreise gingen jetzt immer wieder in die Offensive. Der doppelte Druck auf Soares und Cunhal war enorm. Es war eine Art Balanceakt: Die Revolution zulassen oder die Demokratie bewahren?

Innerhalb der provisorischen Regierung kam es bei Fragen bezüglich der Monopole und der Zukunft der Kolonien zu Meinungsverschiedenheiten. Jorge Campinos, Mitglied der portugiesischen Delegation bei den Friedensgesprächen mit der PAIGC in Algerien, erklärte, die Sozialisten würden zurücktreten, sollten die Gespräche scheitern. Gleichzeitig drohten die Rechten mit Rücktritten, falls das »Streikrecht« nicht eingeschränkt würde. Die Junta kritisierte die Mitglieder der Regierung recht naiv dafür, dass sie sich wie Politiker verhielten: Parteiinteressen müssten hinter den Interessen der Nation zurückstehen, erklärte Spínola, andernfalls werde die Koalition auseinanderbrechen. Aber Parteiinteressen standen eben deshalb »an erster Stelle«, weil es das eine Interesse »der Nation«, das Spínola und andere beschworen, nicht gab. Die Menschen applaudierten Spínolas Reden, in denen er dazu aufrief, eine »große Nation« zu schaffen – und setzten sich dann ungerührt weiter für ihre eigenen Interessen ein.

Die Frage, wer die Kontrolle über das Fernsehen ausüben sollte, löste eine der längsten Sitzungen in der Geschichte des portugiesischen Parlaments aus. Natürlich wurde am Ende der Standpunkt der Junta angenommen, aber die sträubte sich in so kritischen Zeiten dagegen, Entscheidungen im Alleingang zu treffen: Sie brauchte die Unterstützung der Politiker, so wie die Politiker die Junta brauchten. Admiral Rosa Coutinho, ein Mitglied der Junta, formulierte die Schlüsselfrage in klassisch staatskapitalistischer Manier: »Das Fernsehen ist von seiner Wirkung her das wichtigste Kommunikationsmittel; es erreicht jeden Haushalt und wird von Millionen Menschen gleichzeitig gesehen. Deshalb muss es staatlich sein und Informationen im Interesse des Landes verbreiten. Als eine staatliche Einrichtung muss es den Regeln des Staates gehorchen, die von den Verfassungsorganen beschlossen wurden.«[6]

Die Sozialisten waren mit dieser Entscheidung nicht einverstanden, die ihnen willkürlich und übereilt schien. Sie erklärten, dass sie jede Form von Zensur bekämpften, und boten den Fernsehangestellten ihre Solidarität an. Die PCP schwieg beharrlich, wenngleich Cunhal in Porto verlauten ließ, die katholische Bevölkerung müsse »respektiert werden«. Die PPD verteidigte die Entscheidung, ein militärisches Gremium einzurichten, das die Ausrichtung des Senders bestimmen sollte.

Anfang Juli kursierte die Nachricht, die Regierung befände sich in einer ernsten Krise. Zunächst dachte man, die Sozialisten und Kommunisten würden zurücktreten, aber wie allmählich klar wurde, war es der rechte Flügel, der damit drohte, sofern nicht einige seiner Forderungen erfüllt würden. Der Premierminister, vier weitere Kabinettsmitglieder und zwei Staatssekretäre forderten erstens größere Befugnisse für den Premier, zweitens die Vorverlegung des Wahltermins (bislang März 1975) sowie drittens ein Referendum über eine neue Verfassung bis Ende Oktober. Sollten diese drei Forderungen nicht erfüllt werden, würde der Premierminister zurücktreten, und die anderen würden es ihm aus Solidarität nachtun.

Die Junta erwog, dem ersten Punkt in Teilen zuzustimmen. Nach Gesprächen mit verschiedenen politischen Gruppierungen und einigen Vertretern der Streitkräfte wurde klar, dass ein Frontalzusammenstoß unmittelbar bevorstand. Die Linke konterte mit einem Angriff auf Palma Carlos. Sie warnte vor einem Komplott, das ihn durch einen noch rechteren Premierminister ersetzen solle. Vier Tage lang hatte das Land keine handlungsfähige Regierung. Auf die Frage eines Journalisten, warum er zurücktrete, antwortete Palma Carlos, er solle »Russland fragen« – eine Bemerkung, die an sich schon eine politische Analyse darstellt. Nachdem sich der Interessenkonflikt als unlösbar erwiesen hatte, wurde die Wahl eines neuen Premierministers zur vordringlichen Aufgabe. Die PPD erklärte, sie werde weiterhin in einer Koalition arbeiten, und ließ Palma Carlos damit im Regen stehen. Spínola traf sich derweil mit verschiedenen Mitgliedern der »Bewegung der Hauptleute«.

In einer Analyse der Ereignisse erklärte die Wochenzeitung *Expresso*, der 9. Juli – der Tag, an dem die Krise bekannt wurde – sei das Ergebnis des 25. April. Gemeint war damit, dass der durch den Putsch ausgelöste heftige Klassenkampf schließlich die von der Junta eingesetzte Regierung überrollt hatte. Die Krise brachte auch einige Dinge ans Licht, die in den vorangegangenen drei Monaten nicht klar gewesen waren: Die »Bewegung der Hauptleute« existierte noch, spielte weiterhin eine wichtige politische Rolle und drängte noch immer auf eine »Demokratisierung«.

Wer war also an der Macht? Letztlich natürlich die Eigentümer und Manager der Fabriken und sonstigen Unternehmen. Aber sie waren einem enormen Druck seitens der Arbeiter ausgesetzt, die plötzlich ein politisches Bewusstsein entwickelt hatten und jeden ihrer Schritte aufmerksam verfolgten und diskutierten. Auf politischer Ebene führte dieser Kampf zu heftigen Auseinandersetzungen darüber, wie das Programm der MFA zu interpretieren sei: Es war so vage formuliert, dass jeder es anders deuten konnte. Doch der Klassenkampf ließ solche Uneindeutigkeiten nicht zu. Die Definition von Wörtern wurde zu einem politischen Kampf – und führte in eine Sackgasse. Wie Quaresmo Neto, der Personalchef der Versicherungsgesellschaft Seguros Tagus, dem ich Englischunterricht gab, treffend formulierte: »Wir haben eine Regierung, die nicht regieren kann, ein Management, das nicht managen kann, und Arbeiter, die nicht arbeiten wollen.«

Drei Monate nach dem Staatsstreich war die Lage in Portugal äußerst unbeständig. In vieler Hinsicht hatte sich überhaupt nichts verändert. Die große Mehrheit der Bevölkerung machte weiter wie bisher: Die Männer gingen morgens zur Arbeit und versammelten sich abends in den Tascas, die Frauen blieben zu Hause und taten das, was sie schon immer getan hatten. Die Arbeitsbedingungen und die sozialen Gewohnheiten schienen sich nur wenig verändert zu haben.

Aber eine solche Einschätzung würde den neuen Gefühlen und Emotionen, die in das Leben der Menschen eingedrungen sind, nicht gerecht. Wie auch immer das Ergebnis ausfallen würde, das politische Klima und allgemeine Bewusstsein hatten sich verändert. Die Männer diskutierten tagtäglich in den Tascas über Politik. Die Frauen bildeten sich ihre eigene politische Meinung, während sie die Wäsche auf der Veranda aufhängten. Überall entstanden kleine Diskussions- und Aktionsgruppen. Viele profitierten bereits von einer Lohnerhöhung, was tatsächlich etwas wert war, denn die Preise blieben weiterhin eingefroren.

Anderen ging es wesentlich schlechter. Teile der Bourgeoisie machten weniger Gewinn. Sie waren weniger abgesichert als zuvor und dem von verschiedenen Gruppen von Arbeitern initiierten *saneamento* ausgesetzt. Aber auch vielen Arbeitern ging es schlechter. Der Mindestlohn galt nur für Betriebe mit mindestens sechs Beschäftigten. Um ihn zu umgehen, hatten viele Arbeitgeber auf Entlassungen zurückgegriffen und so die Zahl ihrer Mitarbeiter unter diese Schwelle gesenkt. Für die große Mehrheit hatte sich die Situation jedoch verbessert.

Was geschehen war, stellte sicherlich eine politische Revolution dar. Eine neue Fraktion der herrschenden Klasse hatte die Macht übernommen, und sie sah ihre Interessen durch eine moderne bürgerliche Demokratie besser gewahrt als im Faschismus alter Prägung. Die neuen Staatslenker träumten davon, die Grundlage des gesamten Machtgefüges zu verändern: eine Diktatur der Aristokratie (verbunden mit einem schwachen Bürgertum) sollte einer Diktatur weichen, wie sie in modernen Industriestaaten praktiziert wurde. Im Zuge des Umbruchs versuchte die Arbeiterklasse zu erreichen, was immer sie konnte. Im Juli 1974 stellten sich den Machthabern vor allem zwei Fragen: Wie viel werden die Arbeiter fordern – und mit wie wenig kann man sie abspeisen?

Die Besonderheit der portugiesischen Situation bestand darin, dass sich große Teile der Streitkräfte vom alten Regime abgewandt hatten. Caetanos »Liberalisierungsversuche« waren zu spät erfolgt und wirkungslos geblieben. Durch die Ausweitung der Kolonialkriege hatte er die Situation noch verschlimmert. Er hatte den Respekt seiner eigenen Soldaten verloren. Sie hatten rebelliert und damit die portugiesische Gesellschaft in gewaltige Turbulenzen gestürzt.

Diese Umstände bestimmten die gesamte Lage. Ein Putsch kann per definitionem nicht demokratisch sein. Und natürlich kann er auch keine soziale Revolution herbeiführen. Der Gedanke einer revolutionären Rolle der MFA, der ab September 1974 von fast allen linken Gruppen propagiert wurde, war zutiefst rätselhaft. Im besten Fall konnte die MFA die Voraussetzungen für eine bürgerliche Demokratie schaffen. Doch dazu musste sie andere Kräfte freisetzen, die jahrelang unterdrückt worden waren. Die Arbeiterklasse aber war zahlenmäßig schwach und hatte noch nicht das Vertrauen oder die Fähigkeit erlangt, andere Klassen mitzureißen.

Die MFA hatte zwei Möglichkeiten. Sie konnte sich zurückziehen und der Bourgeoisie die Macht überlassen, nachdem sie sichergestellt hatte, dass diese die Notwendigkeit einer fortgesetzten Umstrukturierung und Modernisierung einsah. Oder sie konnte selbst an der Macht bleiben, große Bereiche der Verwaltung und gesellschaftlichen Organisation übernehmen und versuchen, die damit verbundenen Probleme zu bewältigen – die Probleme einer Klassengesellschaft, die mit den Aufgaben der Industrialisierung konfrontiert ist. Das wäre jedoch eine ganz andere Rolle als die klassische eines »Bonaparte«, die dem Militär in Zeiten sozialer Spannungen zugewiesen wird. Sie hätte von diesem verlangt, ein ganzes Netz neuer wirtschaftlicher und politischer Institutionen zu schaffen, um so zur Keimzelle eines neuen Staatskapitalismus zu avancieren.

In keinem der beiden Fälle konnte die MFA, wie von den politischen Parteien erhofft, neutral bleiben. Die ganze Vorstellung einer »neutralen« MFA, die über dem Klassenkampf steht, war entweder Demagogie oder eine Illusion. Eine sozialistische Revolution wiederum wäre in Anbetracht der internationalen Konstellation kaum möglich gewesen, ohne massiven Widerstand auszulösen, in Portugal selbst wie auch im Ausland – Spanien lag direkt nebenan. Aber auch eine lebensfähige bürgerliche Demokratie war nicht in Sicht, zumindest nicht im Moment. Die Streitkräfte blieben an der Macht, versuchten die Widersprüche, die sie ausgelöst hatten, einzudämmen, und ließen die Frage der sozialen Revolution, die das Klassenverhältnis betrifft, unbeantwortet.

Sonntag, 6. Oktober 1974: »Tag der freiwilligen Arbeit«, eine Initiative der Regierung

III DIE ERSTEN SECHS MONATE

Die Rückkehr in die Realität

Im Sommer 1974 reiste ich erst nach New York und dann nach Dublin. Meine gute Freundin D. holte mich in einem großen amerikanischen Wagen, den sie sich für den Tag geliehen hatte, vom Flughafen JFK ab – eine Geste, die sich herrlich und zugleich etwas übertrieben anfühlte. Nachdem ich das revolutionäre Portugal, ein Land in Aufruhr, verlassen hatte, kam mir in Amerika alles unbedeutend und »normal« vor. Man hörte mir zu, versuchte meine Begeisterung und meinen Eifer zu verstehen und nickte zustimmend. Meine Mutter in Dublin fürchtete um meinen Verstand. Es war wie das Erwachen aus einem Traum. Doch selbst in Portugal gab es in gewisser Weise eine Rückkehr in die Realität.

Mit dem Amtsantritt der Zweiten Provisorischen Regierung flaute die bisherige Euphorie langsam ab, die altbekannte Wirklichkeit machte sich wieder geltend. Die Gesellschaft war noch immer in Klassen gespalten, die gegensätzliche Interessen hatten. Die Unternehmer versuchten den offensiven Arbeiterkämpfen zunächst mit legalen Mitteln zu begegnen, doch als dies nicht gelang, zeigten sich Teile der herrschenden Klasse durchaus bereit, die Rückkehr zu einem autoritären Regime ins Auge zu fassen.

Der neue Ministerpräsident Vasco Gonçalves hatte als Oberst am Putsch vom 25. April teilgenommen. Seine Zweite Provisorische Regierung setzte sich aus sieben Militärs und acht zivilen Mitgliedern zusammen, sowohl Cunhal als auch Soares behielten ihre Ämter. Über die politische Ausrichtung der sieben Militärs war wenig bekannt, aber die Regierung galt als »linker« als die erste, obwohl die Streitkräfte in ihr mehr Gewicht hatten. Ihre kurze Amtszeit (Juli bis September 1974) war von drei Ereignissen beherrscht: der Konfrontation zwischen der Regierung und den Arbeitern großer Unternehmen wie TAP und Lisnave, dem erbitterten Kampf um das neue Antistreikgesetz und der zunehmenden Tendenz rechter Kräfte, sich außerhalb der Regierung und sogar außerhalb der MFA zu organisieren.

Diese eng miteinander verknüpften Ereignisse, die im Folgenden ausführlich beschrieben werden, trugen allesamt zu einem versuchten Staatsstreich der Rechten am 28. September und zum Ausscheiden Spínolas aus der portugiesischen Politik bei. Sie haben auch gezeigt, wie belanglos der Versuch ist, die Regierungen der Bourgeoisie danach zu unterscheiden, wie weit links sie angeblich stehen.

TAP, Lisnave und andere wichtige Auseinandersetzungen

Im Sommer 1974 wurden bei etwa vierhundert Betrieben Unruhen unterschiedlicher Art registriert. Darunter befanden sich einige der größten Unternehmen Portugals: Mabor (Reifenherstellung), Sacor (Erdöl), Efacec-Inel (elektrische Bauteile), Lisnave (Schiffswerften), CTT (Post), Timex (Uhren), TAP (Fluggesellschaft) und so weiter. Sacor war die größte Ölgesellschaft auf der iberischen Halbinsel, Lisnave eines der größten Schiffsbauunternehmen der Welt (in Europa an zweiter Stelle nach Harland and Wolff in Belfast). Einige dieser Streiks haben vielen Arbeiterinnen und Arbeitern die Augen geöffnet.

TAP war ein halbstaatliches Unternehmen, das mit einem geringen Budget betrieben wurde. Es konkurrierte mit British Airways um das lukrative Europa- und Afrikageschäft, hatte aber weder das erforderliche Kapital noch konnte es von einem Geschäftssitz in London profitieren. In dem Streik ging es um die elementarsten Fragen: Die Arbeiter forderten höhere Löhne und kürzere Arbeitszeiten.[7] Beides hätte wahrscheinlich erfüllt werden können, wenn man TAP bessere Garantien für die Afrikaflüge gewährt hätte.

Die TAP-Arbeiter waren traditionell sehr militant. Organisierte Kämpfe gab es dort bereits 1970, als Arbeiter sich kollektiv krankmeldeten, um ihre Lohnforderung durchzusetzen. Im Juli 1973 hatten die Beschäftigten in der Abteilung Instandhaltung zu einem Streik aufgerufen, der von der Republikanischen Nationalgarde gewaltsam aufgelöst wurde. Die Polizei drängte die Männer mit Maschinenpistolen in einen Hangar zurück, Büroangestellte bewarfen ihrerseits die Beamten mit Briefbeschwerern und sogar Rechenmaschinen. Drei Arbeiter gerieten in Panik und fingen an zu rennen, woraufhin die Polizei das Feuer eröffnete und alle drei tötete. Auch jetzt gab es im Unternehmen immer noch Hunderte ehemaliger Informanten der PIDE. Zwei PCP-Zellen waren seit Ende der 1960er Jahre bei TAP aktiv, Zellen von MES und PRP seit 1974.

Am 2. Mai 1974 votierte eine Versammlung einstimmig dafür, das Unternehmen von allen Faschisten zu säubern – insbesondere von den Verantwortlichen für den Polizeieinsatz im Vorjahr. Auch die Gewerkschaft stellte Forderungen auf, darunter die Wahl von drei »Arbeiter«-Vertretern in einen Verwaltungsrat. Die vorgeschlagenen Kandidaten hatten keine Herausforderer, und so wurden drei Gewerkschaftsfunktionäre, von denen zwei allerdings dem mittleren Management angehörten, am 5. Mai in einer Halle in Lissabon ordnungsgemäß gewählt. Als die Arbeiter herausfanden, dass zwei ihrer »Vertreter« ihre eigenen Löhne von 7.000 auf 52.000 Escudos erhöht hatten und sich von Chauffeuren herumfahren ließen, verloren sie selbstverständlich jedes Vertrauen in den Verwaltungsrat. Die Wahl in den Rat wurde nur noch als eine Art persönliche Beförderung angesehen. Auch die Gewerkschaft geriet stark in die Kritik.

Am 21. Juli beschloss eine Versammlung der Instandhaltungsarbeiter, sich mit der Forderung nach einer 40-Stunden-Woche vom Rest der Belegschaft abzusetzen. Sie verlangten erneut ein *saneamento* und das Einfrieren aller Gehälter über 16.000 Escudos. Diese Forderungen waren für das Flugpersonal, das bis zu 52.000 Escudos monatlich verdiente, inakzeptabel. Von der Regierung, den Gewerkschaften und der PCP wiederum wurden solche Meinungsverschiedenheiten, die sich aus den sehr unterschiedlichen materiellen Lebensbedingungen ergaben, immer wieder ausgenutzt, um den Kampf der Instandhaltungsarbeiter als »nicht repräsentativ«, »undemokratisch« und »spalterisch« zu denunzieren. Spalterisch waren sie in der Tat – sie wendeten sich gegen die falsche Einheit zwischen Gruppen völlig unterschiedlicher sozialer Zusammensetzung. Am 13. August beschloss eine Vollversammlung der Arbeiter, direkte Maßnahmen zu ergreifen, um die Wochenarbeitszeit von 44 auf 40 Stunden zu verkürzen. Tatsächlich setzten sie die 40-Stunden-Woche kurzerhand durch, indem sie einfach nicht länger arbeiteten. Der Verwaltungsrat drohte in einer Erklärung mit Entlassungen und wandte sich gegen Kräfte, »die sich für die Zerstörung des Unternehmens einsetzen«. Er betonte »die dringende Notwendigkeit, die Produktivität zu erhöhen«, und beklagte, dass seine Appelle »systematisch ignoriert« würden. »Wir erleben weiterhin, dass die Arbeit unter jedem nur denkbaren Vorwand eingestellt wird. Es herrscht Disziplinlosigkeit und ein völliger Mangel an Respekt gegenüber den Vorgesetzten. Das alles führt zur Anarchie, und es ist unmöglich, die Schuldigen oder Verantwortlichen zu ermitteln.« Die Arbeiter erwiderten, es sei »ganz natürlich, dass der Verwaltungsrat versucht, die Zeit in die Länge zu ziehen, in der uns Mehrwert abgepresst wird. Ein solches Vorgehen ist von einem Rat, der genau solche Interessen vertritt, zu erwarten. Aber dass die Gewerkschaften die gleiche Haltung einnehmen, indem sie sich weigern, uns zu unterstützen, verdeutlicht nur ihre reformistische Rolle.«

Die Unruhe bei TAP hatte erhebliche internationale Auswirkungen. Portugiesische wie internationale Banken und auch die Boeing Company waren nur noch gegen Barzahlung bereit, mit dem Unternehmen Geschäfte zu machen oder es mit Ersatzteilen zu beliefern. TAP war in den internationalen Kapitalismus eingebunden und konnte sich nicht eigenständig mit Ersatzteilen für seine Flugzeuge versorgen. Einem solchen Druck von außen hatte die Fluggesellschaft wenig entgegenzusetzen.

Am 19. August wurde auf einer weiteren Versammlung, die ohne Gewerkschaftsvertreter stattfand, ein Forderungskatalog aufgestellt. Er umfasste ein *saneamento* von all jenen, die nach dem Urteil der Arbeiter eine arbeiterfeindliche Haltung an den Tag legten, wobei diese Säuberung so oft wie nötig zu wiederholen sei; Lohnerhöhungen umgekehrt proportional zu den aktuellen Verdiensten; eine Untersuchung der Verantwortlichkeiten für die Erschießungen vom Juli 1973 und die Bestrafung der Schuldigen; die egalitäre jährliche Ausschüttung eines Teils des Unternehmensgewinns an die Beschäftigten; das Recht, Tarifverträge zu überprüfen, wann immer die Arbeiter dies wünschen.

Der Geschäftsführung wurde eine Woche Zeit gegeben, um über die Forderungen nachzudenken, danach wollte die Abteilung Instandhaltung die Arbeit wenn nötig vollständig einstellen. Interessant daran ist nicht zuletzt, wie die »antifaschistische« Forderung nach einem *saneamento* zu einer Klassenforderung geworden war: Es ging um die Frage, mit wem die Arbeiter zusammenarbeiten würden.

In einem am 25. August verteilten Flugblatt warnte die PCP-Zelle die TAP-Beschäftigten vor den »Manövern kleinbürgerlicher radikaler Gruppen«. Sie sprach sich für Diskussionen und Absprachen »mit der gesamten Belegschaft« aus und legte damit selbst eine typisch bürgerliche Haltung an den Tag: gleiche Entscheidungsbefugnisse für Menschen, die in Wirklichkeit nicht gleich sind. Am folgenden Tag wurde auf einer weiteren Versammlung ein unbefristeter Generalstreik beschlossen. Die Arbeiter wählten ein Streikkomitee, setzten umgehend verschiedene Kommissionen ein und stellten noch in der gleichen Nacht Streikposten auf. Der Arbeitsminister der PCP traf nachts um 3 Uhr mit einer Delegation von Gewerkschaftern und Beamten des Ministeriums am Flughafen ein und forderte das Komitee auf, den Streik zu verschieben. Er wurde prompt über einige grundlegende Prinzipien der Arbeiterklasse aufgeklärt, etwa darüber, dass nur eine Versammlung einen solchen Beschluss außer Kraft setzen kann. Der Minister erklärte drohend, dass der Flughafen bereits von der Armee umstellt sei. Dennoch stimmte eine weitere Versammlung am 27. August, die in seiner Anwesenheit abgehalten wurde, für die Fortsetzung des Streiks. Und als wollte es unmissverständlich klarstellen, wer die »nichtrepräsentativen Minderheiten« sind, beschloss auch das Verwaltungspersonal mit großer Mehrheit, sich dem Streik anzuschließen.

Viele der Flughafenarbeiter waren besonders offen gegenüber den Forderungen aus der Instandhaltung. Inzwischen hatten sie gemeinsam alle internationalen Flüge eingestellt, ausgenommen davon waren nur eine Delegation chilenischer Gewerkschaftsführer sowie Maschinen, die Truppen aus Guinea-Bissau zurückbrachten. Die Instandhaltungsarbeiter, die den Streik initiiert hatten, blieben absolut entschlossen.

Die Auseinandersetzung war zu einer direkten Herausforderung an die Regierung und die Gewerkschaften geworden. Am 28. August um 1 Uhr nachts kündigte der Informationsminister an, dass der Flughafen angesichts der »Unnachgiebigkeit« der Streikenden vom Militär besetzt würde. In einem weiteren Kommuniqué der PCP-Zelle bei TAP wurde der Streik als »Provokation« verurteilt, die sich gegen »die allgemeinen Interessen des portugiesischen Volkes« richte. Eine Konfrontation mit der MFA, die »ihr Bündnis mit den Werktätigen gefährden könnte«, gelte es unter allen Umständen zu vermeiden; die »Abenteurer« müssten »entlarvt« werden, um wieder ein Klima der »Sicherheit und Disziplin« auf dem Flughafen herzustellen. Den Streikenden wurde sogar vorgeworfen, den Prozess der Dekolonisierung zu verzögern, indem sie die Rückkehr der Truppen aus Guinea-Bissau verlangsamten. In dieser Atmosphäre fand die berühmte Versammlung vom 28. August statt, an der über 4.000 Arbeiter teilnahmen. Sie sollte live im Radio übertragen werden, aber angesichts der zu erwartenden massiven Kritik am Regierungsapparat wurde dies im letzten Moment auf Anweisung der Junta abgesagt. Die Versammlung erhielt nicht nur massive Unterstützung von allen anderen Bereichen der TAP, sondern auch Solidaritätsbekundungen von vielen Gruppen von Arbeitern aus dem ganzen Land, und das trotz des soeben von der Regierung verabschiedeten Antistreikgesetzes.

Im Verlauf der Versammlung betrat eine Gruppe von MFA-Offizieren unter dem Beifall der Arbeiter den Raum. Die Offiziere begannen, eine Erklärung zu verlesen: »Wir sind Soldaten. Sie sind kurz davor, dem Militär unterstellt zu werden. Hier sind die entsprechenden Passagen der militärischen Vorschriften.« Es herrschte absolute Stille. Doch trotz der wachsenden Anspannung beschloss die Versammlung nicht nur die Fortführung des Streiks, sondern auch die Auflösung des Gewerkschaftskomitees. Die Offiziere verließen den Raum. Beinahe verstohlen brachte jemand einen nicht unterzeichneten Antrag ein, den Streik abzubrechen. Der Vorsitzende bat die betreffende Person, nach vorn zu kommen und den Antrag zu begründen. Ein alter PCP-Aktivist, der unsicher und beschämt wirkte, brachte halbherzig seine Argumente vor. Es gab heftigen Widerspruch. Von der MFA war kaum die Rede; noch immer bestanden Illusionen über ihre Rolle. Um 17 Uhr traf ein wichtiges MFA-Mitglied ein und verlangte, über die Entscheidung der Versammlung informiert zu werden. Nachdem er sich alles angehört hatte, drohte er: »Sie haben eine halbe Stunde, um die Arbeit wieder aufzunehmen, oder das COPCON wird eingreifen.« Eine Zeit lang herrschte ein heilloses Durcheinander. Nach einer nüchternen Analyse der Kräfteverhältnisse wurde schließlich die Entscheidung getroffen, die Arbeit wieder aufzunehmen, allerdings nur »Dienst nach Vorschrift« zu verrichten und sofort enge Kontakte mit anderen Betrieben aufzunehmen, die ihre Unterstützung angeboten hatten. In einer verbitterten Erklärung wurde skandalisiert, dass die Versammlung unter Androhung militärischer Gewalt aufgelöst worden war: »gepanzerte Fahrzeuge vor der Tür, Fallschirmspringer mit Maschinenpistolen, Munition, Messer und die üblichen freundlichen Polizeihunde«. Die Erklärung berichtete auch über die Entscheidung der Arbeiter, das gesamte Gewerkschaftskomitee abzusetzen, und über die »tiefe Verachtung« gegenüber der Repression, der die Streikenden ausgesetzt waren.

Ab diesem 28. August besetzte die Armee den gesamten Flughafen. Die Instandhaltungsarbeiter leisteten weiterhin nur Dienst nach Vorschrift. Das Streikkomitee, dem auch einige MES-Mitglieder angehörten, wurde verhaftet, ebenso wie viele Beschäftigte, die sich weigerten, militärischen Befehlen Folge zu leisten. Die übrigen TAP-Arbeiter, die den Poststreik im Juni noch gut in Erinnerung hatten und eine offene Konfrontation mit der Armee scheuten, kehrten unter massivem Zwang zur Arbeit zurück. Die »demokratischen Waffen« hatten sich gegen die »unverantwortlichen Abenteurer« durchgesetzt.

Das COPCON hielt den Flughafen auch in den folgenden Wochen besetzt. Die Arbeiter – unter Aufsicht von Soldaten, die G3-Gewehre trugen und nicht mit ihnen sprechen durften – machten weiterhin nur das Nötigste. Ständig wurde ihnen gedroht: »Niemand verlässt das Gelände, wenn nicht so und so viele Flugzeuge bis zu einer bestimmten Uhrzeit gestartet sind.« Während manche Instandhaltungsarbeiter 15 oder 16 Stunden am Tag schuften mussten, brüstete sich die Regierung damit, dass bei TAP wieder alles normal sei.

Am 17. September beriefen die Gewerkschaften mit Unterstützung der PCP eine Versammlung aller TAP-Beschäftigten ein, um »die Situation zu normalisieren«. Hunderte Beschäftigte aus der Instandhaltung nahmen daran teil, wählten den Vorsitzenden ab und übernahmen die Kontrolle über die Versammlung. Sie beschlossen, den Abzug aller Truppen in ihren Forderungskatalog aufzunehmen, und das neue Gewerkschaftskomitee auf der Grundlage einer direkten Vertretung der Abteilungen zu wählen, um so eine wirkliche Arbeitermehrheit zu gewährleisten. Die Gewerkschaften verurteilten diese Entscheidungen vehement als »spalterisch«.[8] Am 23. September nahm die Armee mehrere Arbeiter nach einer »Befragung« fest. Eine große Demonstration vor der Kaserne, in der sie festgehalten wurden, setzte schließlich ihre Freilassung durch. Am 25. September wurden zweihundert Arbeiter wegen »Verstößen gegen Artikel 6 des Militärdisziplinargesetzes« entlassen. Zwei Tage später legten mehrere Tausend

Beschäftigte der TAP und anderer Unternehmen die Arbeit nieder, um an Demonstrationen für die Wiedereinstellung aller entlassenen Männer teilzunehmen. Die Antwort der Regierung lautete: »Ja, alle bis auf dreißig«. Während die Gewerkschaften dem zustimmten, lehnten die Arbeiter das Angebot ab und der Streik weitete sich aus. Allmählich kam Kritik an der Rolle der MFA auf. Die Beschäftigten von TAP, Lisnave, Efacec-Inel und CTT riefen für den 28. September zu einer gemeinsamen Demonstration auf. Durch eine Laune der Geschichte waren diese Demonstranten, die die antifaschistische »Säuberung« aller Betriebe forderten, die einzigen, die mit solchen Forderungen auf die Straße gingen, als die Rechte ihren Putschversuch unternahm.

Nach dem Scheitern des Putschversuchs am 28. September, dazu später mehr, wurde die Anordnung zur Militarisierung des Flughafens aufgehoben und die Beschäftigten beendeten ihren »Dienst nach Vorschrift«. Die 40-Stunden-Woche wurde schrittweise eingeführt. Nicht alle, aber die meisten Entlassenen bekamen auf eigenen Antrag ihre Stellen wieder – allerdings nur unter der Bedingung, teilte man ihnen mit, dass sie sich »nicht weiter an politischen Aktivitäten beteiligen«.

Die Versammlungen der TAP-Beschäftigten gingen weiter und sie erhoben erneut die Forderung nach einem *saneamento* (eine vollständige Liste der ehemaligen PIDE-Agenten war bisher nicht veröffentlicht worden). Eine ganze Reihe betrieblicher Themen, die etwa die Reinigungskräfte, Kofferträger und Ingenieure betrafen, wurde ebenfalls diskutiert. Die Forderungen reichten von der Verringerung der Lohnunterschiede bis hin zur Verstaatlichung des Unternehmens unter Arbeiterkontrolle. In vieler Hinsicht verdeutlichten die Kämpfe bei TAP sowohl die Potenziale als auch die Grenzen der gesamten revolutionären Bewegung in Portugal.

Eine weitere wichtige Auseinandersetzung fand damals beim *Jornal do Comércio* statt. Die Beschäftigten traten am 25. August 1974 in den Streik, besetzten das Verlagsgebäude und forderten ein Ende der »internen Zensur« sowie die Entlassung des Geschäftsführers Carlos Machado im Zuge des *saneamento.* Einer zunächst kleinen Demonstration vor dem Gebäude schlossen sich immer mehr Passanten an. Als die Arbeiter ihre eigene Zeitung produzieren wollten, drangen auch hier COPCON-Truppen in das Gebäude ein, beschlagnahmten die bereits hergestellten Exemplare und untersagten den weiteren Druck. Am 4. September beschlossen alle anderen Lissabonner Zeitungen, die Produktion für einen Tag einzustellen, um den Kampf beim *Jornal do Comércio* zu unterstützen – mit Ausnahme des von der PCP kontrollierten *O Século.*

Wütend versammelten sich daraufhin die Beschäftigten der anderen Zeitungen vor dem Gebäude von *O Século*, um die Auslieferung des Blattes zu verhindern. Die Regierung schickte Soldaten, die die Demonstration auseinandertreiben sollten. Schließlich kam die Redaktion von *O Século* jedoch zu der Einsicht, die Ausgabe sei zwar bereits gedruckt, doch es wäre klüger, sie nicht in den Handel zu bringen, »um eine Konfrontation zwischen den Streitkräften und den Abenteurern zu vermeiden«. Die PCP-Journalisten verurteilten den Kampf beim *Jornal do Comércio*, sprachen von »Streiks, die von der Reaktion und den großen Monopolen ausgenutzt werden könnten«, und machten dunkle Andeutungen über »Kräfte, die objektiv auf der Seite der Feinde der Arbeiter stehen«. In seliger Unbekümmertheit darum, welchen Eindruck dies machte, veröffentlichte *O Século* in derselben Ausgabe direkt neben diesen Aussagen ein Interview mit Antoine Pinay, einem reaktionären französischen Ex-Premierminister, der »das Klima der Ruhe, das in Portugal herrscht«, schätzte.

Von noch größerer Bedeutung war die Auseinandersetzung zwischen der Regierung und den Arbeitern der Lisnave-Werften. Dies lag wohl auch an der Zahl der Beteiligten, aber die Werftarbeiter gehörten darüber hinaus zu den klassenbewusstesten in Portugal und ihre Kommuniqués zu den wichtigsten Dokumenten des autonomen Arbeiterkampfes. Auf einer ihrer Versammlungen beschlossen sie, am 12. September in Massen zum Arbeitsministerium zu marschieren. Sie wollten nicht nur ihren Geschäftsführer im Sinne des *saneamento* loswerden, sondern vor allem die Öffentlichkeit auf das kürzlich verabschiedete Antistreikgesetz aufmerksam machen und Widerstand dagegen in die Wege leiten. Bereits im Juli hatten sie auf Verbindungen zwischen Mitgliedern ihrer Geschäftsführung und ehemaligen PIDE-Agenten hingewiesen und die MFA aufgefordert, die betreffenden Personen zu entlassen. Ihr Anliegen wurde ignoriert. In einer Erklärung verurteilten die Lisnave-Arbeiter daraufhin die Ausflüchte der Unternehmensleitung, das Vertuschen von Unrecht und den arbeiterfeindlichen Charakter der neuen Gesetzgebung. Besonders wütend waren sie darüber, dass die PCP sie mit Bezeichnungen wie »Wirtschaftssaboteure« überzog, wann immer sie dafür eintraten, nicht nur zu reden, sondern auch zu handeln.

Die geplante Lisnave-Demonstration wurde von der MFA verboten, immer wieder strahlte der Rundfunk das entsprechende Kommuniqué aus. In Lissabon herrschte gespannte Erwartung, was wohl geschehen würde. Am 12. September marschierten mehr als 6.000 Arbeiter in ihren Blaumännern und mit Helmen aus der Werft, straff organisiert in Reihen von je 15 Mann und ausgerüstet mit Transparenten: »Die Arbeiter von Lisnave wollen die Faschisten loswerden«, »Tod der PIDE – Tod dem Faschismus – Nieder mit dem Kapitalismus«, »Ja zum Recht auf Streik, Nein zur Aussperrung«, »Wir unterstützen alle streikenden Genossen«, »Demokratie für die Arbeiter, Repression für die Reaktionäre«, »Lang lebe die Arbeiterklasse«.

Es war ein großartiger Anblick – das Lissabonner Proletariat in Arbeitsmontur, das auf einer verbotenen Demonstration ganz offen Flugblätter an die Menschen in der Stadt verteilte. Unter pausenlosem Beifall zogen sie durch die Straßen, Tausende von anderen Arbeitern – vor allem Postangestellte – schlossen sich ihnen an. Otelo Saraiva de Carvalho, der Kommandant des COPCON, ordnete persönlich an, Einheiten vor dem Arbeitsministerium zu postieren. »Entweder ihr haltet uns auf, indem ihr einige von uns umbringt«, ließ ihn ein Mitglied des Lisnave-Arbeiterkomitees wissen, »oder ihr lasst uns weitermarschieren. So oder so: Wir werden die Demonstration fortsetzen.« Angesichts einer derartigen Entschlossenheit wagte Otelo nicht einzugreifen, und die COPCON-Soldaten zogen sich schließlich zurück.

Schon vor dem 25. April hatte es in den Werften von Lisnave Streiks gegeben, bei denen die PCP sehr aktiv gewesen war. Jetzt aber prangerte ihre Betriebsgruppe in Kommuniqués das »Abenteurertum« an: Die Demonstration sei »ein feindseliger Akt gegen die Regierung und eine Missachtung der demokratischen Ordnung. Die einzige Folge wird darin bestehen, die Reaktion zu provozieren.« Die Reaktion brauchte jedoch gar nicht provoziert zu werden, wie wir gleich sehen werden.

Das Antistreikgesetz und das Wiedererstarken der Rechten

Der Verband der portugiesischen Industrie (CIP) verfolgte ab April 1974 zwei Ziele. Zum einen trat er offen für die Unterstützung rechter Parteien ein und plädierte für eine Stärkung des Kapitalismus, zu der er selbst beizutragen gelobte. Das erforderte eine Einschränkung des Streikrechts. Zum anderen hatte er ein politisches Anliegen, das weniger offen kommuniziert wurde – die Finanzierung und Unterstützung faschistischer Gruppen.

Die faschistischen Institutionen und Einstellungen waren sicherlich nicht vollständig verschwunden. Da die Faschisten aber letztlich nicht aus eigener Kraft handeln konnten, suchten sie die Unterstützung verschiedener rechter Parteien. Viele ihrer alten Führungsfiguren waren inzwischen »im Geiste des 25. April« Liberale geworden; manche von ihnen hatte man inhaftiert, aber kurz darauf wieder freigelassen. Die Republikanische Nationalgarde und die Polizei behielten weiterhin erhebliche Macht. Das zeigte sich etwa am 16. August 1974, als die radikale Gruppe »Freunde Mosambiks« eine Kundgebung im Parque Eduardo VII organisierte. Laut Anweisung eines Mitarbeiters von Spínola wurde ihr untersagt, die Versammlung fortzusetzen. Die Demonstranten marschierten die Avenida da Liberdade hinunter und weiter zum Rossio im Zentrum von Lissabon, wo sie von der Polizei empfangen und aufgefordert wurden, sich aufzulösen. Doch bevor sie dies überhaupt tun konnten, eröffnete die Polizei das Feuer. Vier Menschen wurden verletzt und einer getötet: Vitor Barnardes, ein Arbeiter und CDE-Aktivist.

Der Mord, der typisch für die Polizeiaktionen vor dem 25. April war, machte schockartig die harten Realitäten der neuen »Demokratie« deutlich. So einhellig, wie die Linke das Vorgehen der Polizei verurteilte, war auch die Erkenntnis, dass es in den Führungsetagen noch immer faschistisch gesinnte Kräfte gab. Die Regierung weigerte sich, sie zu entwaffnen.

Etwa zur selben Zeit wurde auch die aktive Rolle der CIA in Portugal aufgedeckt. Unter dem Deckmantel einer völlig fiktiven »Operation and Transport Company« ging sie offenbar vor allem zwei Aktivitäten nach: Sie fotografierte Aktivisten und traf sich zum Abendessen mit diversen Luftwaffenoffizieren. Es kursierten Hunderte von Geschichten und Gerüchten. So hieß es zum Beispiel, dass sich die Überreste der alten »Legion« unter den Bannern der »liberalen« und »föderalistischen« Parteien organisieren wollten oder dies sogar schon getan hätten.[9] Eine andere Geschichte, die dem Vernehmen nach von der PS und der PCP in die Welt gesetzt wurde, besagte, die »Frente Portugal Livre«, eine Exilgruppe in Paris, die fundierte linke Analysen der politischen Situation lieferte, bestehe ausschließlich aus ehemaligen PIDE-Spionen. Alte Gewohnheiten und Ängste sind zählebig: Es war unmöglich herauszufinden, was stimmte und was nicht. Auf der Straße, in den Tascas – überall wimmelte es von Gerüchten. Ein Aufstand von etwa zweihundert PIDE-Agenten in einem Lissabonner Gefängnis am 12. August 1974 machte die Situation wieder etwas übersichtlicher: Er brachte Tausende von Demonstranten auf die Straße, die die Forderungen der ehemaligen Geheimpolizisten anprangerten.

Das am 27. August eingeführte Antistreikgesetz war ein Ausdruck des damaligen Kräfteverhältnisses. Es wurde sorgfältig vorbereitet und seine Befürworter hielten den Zeitpunkt des Inkrafttretens für besonders wichtig, wobei dies nicht allein in ihrer Hand lag: Bei seiner Verabschiedung erreichte der Konflikt bei TAP gerade seinen Höhepunkt, was denkbar ungünstig war. Kaum eingeführt, wurde das hochkomplexe Gesetz, das sowohl Aussperrungen als auch Streiks unter bestimmten Bedingungen verbot, sofort massenhaft missachtet. In der Präambel hieß es: »Die politische Verfassung von 1933 verbietet Streiks und Aussperrungen. Der Bruch mit der vor dem 25. April bestehenden politischen Ordnung erfordert es, dieses Verbot aufzuheben und Gewerkschaften und Unternehmerverbände sowie Prinzipien anzuerkennen, die mit dem Programm der MFA in Einklang stehen.« Entscheidend war jedoch das Kleingedruckte. Das aus 31 Artikeln bestehende Gesetz verbot insbesondere Streiks bei den Streitkräften, im Justizwesen, bei der Feuerwehr und ähnlichen Einrichtungen, politische Streiks und Streiks in Solidarität mit anderen Branchen, Streiks, die zur Besetzung von Fabriken führen, Streiks ohne vorherige 30-tägige Gespräche mit der Unternehmensleitung sowie Streiks, die nicht von der Mehrheit der Beschäftigten beschlossen wurden. Aussperrungen waren ausdrücklich erlaubt, wenn ein Streik in eine dieser Kategorien fiel oder das Unternehmen der Ansicht war, seine Maschinen könnten durch ihn Schaden nehmen. Das Gesetz zielte vor allem darauf ab, Solidaritätsaktionen zu verhindern und die Welle der Besetzungen zu brechen, die das Hoheitsrecht der Unternehmer bedrohten.

Obwohl sich das Gesetz klar gegen die Arbeiterklasse richtete, waren PCP und PS weit davon entfernt, es zu verurteilen – sie hatten es selbst mitformuliert. Alle linken Gruppen jedoch verurteilten es aufs Schärfste, und Cunhals heftige Attacken gegen sie zeigten, wie sehr er mit dem Kapital zusammenarbeitete. Die PCP hatte über die Intersindical am 1. Juni sogar eine Demonstration in Lissabon gegen die Streikwelle organisiert. Avelino Gonçalves, PCP-Arbeitsminister und ehemals Gewerkschaftsführer der Bankangestellten im Norden, wetterte »gegen Abenteurertum, Opportunismus und unrealistische Forderungen, die nur Chaos und eine Spaltung der demokratischen Kräfte verursachen«.

Was genau die PCP unter »demokratischen Kräften« verstand, war schwer zu sagen. In der Regierung, ein Hort von Intrigen, befanden sie sich gewiss nicht. Spínola traf sich mit Mitgliedern der Liberalen Partei und der Demokratischen Arbeiterpartei, in denen viele ehemalige PIDE-Mitglieder organisiert waren; andere frühere Angehörige der politischen Polizei planten auch Aktionen direkterer Art. Spínola hatte erreicht, dass Galvão de Melo zum Leiter der Organisation ernannt wurde, die mit der Anklageerhebung gegen die PIDE betraut war. Es war ihm auch gelungen, seine rechte Hand, Sanches Osário, zum Minister für soziale Kommunikation ernennen zu lassen, und das Amt des Verteidigungsministers bekleidete Firmino Miguel, ein überzeugter Spínolist.

Die neuen Kommandanten der Republikanischen Nationalgarde und der Polizei fanden ebenfalls Spínolas Zuspruch. Der General und seine Vertrauten taten alles in ihrer Macht Stehende, um den Einfluss der MFA einzuschränken. Seinen engen Freund Champalimaud bat er, einen Plan für den wirtschaftlichen Wiederaufbau auszuarbeiten. Im September fingen die rechten Parteien unter Spínolas persönlichem Einfluss an, sich zusammenzuschließen, nachdem Palma Carlos bereits von der Notwendigkeit eines solchen Bündnisses gesprochen hatte.

Einige der schärfsten Auseinandersetzungen betrafen die Kolonien. Die MES und die maoistischen Gruppen waren hier besonders kritisch und erinnerten immer wieder daran, wem Spínola gedient hatte. Anfang August wurde eine Zensurbehörde mit dem Spínola-Vertrauten Sanches Osário an der Spitze eingerichtet. Sie war befugt, Geldbußen für Veröffentlichungen zu verhängen oder sie zu verbieten. Gegen zwei Abendzeitungen war ein Verfahren eingeleitet worden, weil sie angeblich unangemessenes Material über die Kolonien veröffentlicht hatten. Mitte August wurde die maoistische *Luta Popular* wegen »ideologischer Aggression« gegen die MFA verboten, wenig später aber nach einer gemeinsamen

Demonstration von PRP, URML, LUAR, MES, GAPS und MRPP wieder zugelassen.

Die Kämpfe in den Kolonien und der Vorschlag für eine Dekolonisierung hatten zur Folge, dass ein Plan zur Ausweitung der Verstaatlichung im portugiesischen Bankwesen ausgearbeitet wurde. Die Banco Nacional Ultramarino war eine entscheidende Schaltstelle für die mosambikanische Wirtschaft, und es war klar, dass eine radikale Dekolonisierung nicht stattfinden konnte, solange sie sich auch nur teilweise in privater Hand befand. Die Banco de Portugal und die Banco de Angola hatten große Beteiligungen in Übersee. Das Kapital aller drei Banken sollte in den Händen des Staates zentralisiert und das ausländische Minderheitskapital entschädigt werden.

Im Sommer machten T. und ich eine Campingtour durch den Norden des Landes. Überall diskutierten die Leute über die gleichen Dinge: Verstaatlichung, Selbstverwaltung, Kommunismus, Klassenkampf. Auf einem Zeltplatz in den Bergen bei Leixões befragte mich der Wachmann, der den Platz seit fünf Jahren nicht mehr verlassen hatte, ausführlich zu den Ereignissen am 25. April. In Figueira da Foz blies ein französischer Tourist mit seiner Trompete die Melodie von »Grândola, Vila Morena«, ein Fischer stimmte – ebenfalls mit einer Trompete – von seinem Fenster aus mit ein. Eine begeisterte Menschenmenge strömte zusammen. Arbeiter in der Nähe von Porto erzählten von lokalen PIDE-Agenten, die noch nicht verhaftet worden seien. Anfangs waren sie mir gegenüber misstrauisch, weil ich Ausländer war. Wir luden uns gegenseitig auf ein Glas Wein ein, und nach ein paar Runden fingen sie an, Dinge zu sagen, die ich nicht für möglich gehalten hätte: »Das Problem ist der Kapitalismus. Es gibt immer noch Faschisten in der Regierung. Es leben immer noch PIDE-Agenten in der Nähe.« Der Norden, angeblich die Hochburg der Reaktion, war in Wirklichkeit noch stärker polarisiert als der Süden.

Der 28. September

Nach den Ereignissen vom 28. September erklärte COPCON-Kommandant Otelo Saraiva de Carvalho in einem Interview, der Generalmajor der Streitkräfte habe bereits am 8. September von einem Waffenschmuggel aus Spanien und Angola gewusst. Eine Woche nach dem 8. September entdeckte das COPCON, dass auf dem Flugplatz von Tires eine Maschine auf den Namen der Streitkräfte gemietet worden war. Sie sollte Flugblätter über Lissabon abwerfen, in denen für den 28. September eine Demonstration für General Spínola angekündigt wurde.

Spínolas Rede vom 10. September, in der er von einer »schweigenden Mehrheit« gesprochen hatte, die »erwachen und sich gegen den extremistischen Totalitarismus verteidigen« müsse, war als Eröffnung einer Kampagne gedacht, die zu einem neuen Staatsstreich führen sollte. Die Bewegung wurde von verschiedenen Personen aus der Wirtschaft und den Streitkräften sowie von einigen Gruppierungen der extremen Rechten unterstützt. Wenige Tage nach der Rede tauchten in Lissabon große Plakate auf, die zu einer Demonstration aufriefen, um die Unterstützung für General Spínola zu bekräftigen: »Nein zum Extremismus. Ja zur Stabilität und dem Programm der MFA«. Am 19. September wurden aus dem bereits erwähnten Flugzeug Handzettel über Lissabon und Coimbra abgeworfen.

Eine Woche zuvor hatten rechtsgerichtete Parteien wie die Liberale Partei, die Fortschrittspartei, die CDS, die PDC, die PPD und mehrere andere kleinere Gruppierungen Spínolas Rede begrüßt. Die PPD erklärte am 13. September in der Abendzeitung *Diário de Lisboa*, dass »seine Worte einen ehrwürdigen Rat und eine ernste Warnung für Portugal darstellten«. Die Christdemokraten lobten Spínolas »luzide Überlegungen«, während die Liberale Partei mangelndes Vertrauen in die Wirtschaft zur Ursache der Krise erklärte und beklagte, das Antistreikgesetz sei »provokant und offen« gebrochen worden.

Die PCP und linke Gruppen warnten davor, dass eine massive Operation gegen die Arbeiterklasse geplant sei. Ein erstes Indiz dafür zeigte sich, als bekannt wurde, dass jemand für einen abendlichen Stierkampf massenhaft Eintrittskarten aufgekauft hatte. Sie waren von Champalimaud und de Melo bezahlt und kostenlos an dieselben Leute verteilt worden, denen sie eingeredet hatten, dass das Land auf den wirtschaftlichen Ruin zusteuere.[10]

Die Praça de Touros, die Stierkampfarena, ist auch heute noch kein Ort, der von Arbeitern frequentiert wird. Selbst die günstigsten Tickets kosten damals 30 Escudos, die Logenplätze sind noch deutlich teurer, weshalb Arbeiter die Stierkämpfe meist im Fernsehen verfolgen. Als Premierminister Vasco Gonçalves den Ring betrat, jubelte die Menge, weil sie dachte, es sei Spínola. Als sie den Irrtum bemerkte, hörte der Jubel auf, später wurde Vasco sogar ausgebuht. Am Ende des Abends applaudierte die Menge einem Stierkämpfer (Sohn eines Grafen, der wegen des Verkaufs von Waffen an Biafra inhaftiert worden war), der durch die Manege ritt und dabei ein Plakat hochhielt, das für die geplante Demonstration warb.

Linke Gruppen versammelten sich vor der Praça. MES, PRP-BR und die Maoisten verteilten Flugblätter, in denen die Demonstration der »schweigenden Mehrheit« als Signal für einen Staatsstreich gedeutet wurde. Die Republikanische Nationalgarde traf ein und drängte sie mit ihren Pferden zurück. Die PCP gab eine Erklärung ab, in der sie die Regierung vor »reaktionären Kräften« warnte. Auch die MDP und die PS verurteilten in ihren Stellungnahmen die geplante Demonstration. Die PRP-BR stellte einige wichtige Fragen: »Wenn Marcelo und Tomás nach Brasilien ausreisen dürfen, wenn Casal Ribeiro, Moreira Baptista und Silva Cunha [ehemalige ANP-Führer] freigelassen werden, wenn Reaktionäre geschützt, kämpfende Arbeiter unterdrückt und die Löhne auf ein Hungerniveau festgesetzt werden, während die Preise steigen dürfen – wer profitiert dann davon: die Arbeiter oder die Reaktion?«

Als die Spínolisten die Stierkampfarena verließen, kam es zu Schlägereien. Stöcke und Fäuste flogen, Hunderte stürzten sich in das Getümmel. Es war die erste Massenschlägerei zwischen Zivilisten seit Beginn der Revolution. Besonders heftig wurde es, als die zweite Welle der Spínola-Anhänger versuchte, die Arena zu verlassen.

Am nächsten Tag, einem Freitag, wurden die Forderungen nach einem Verbot der Demonstration lauter. Die MDP rief zur Gründung von Bürgerwehren auf, um alle Straßen nach Lissabon zu blockieren. Sie veröffentlichte Bilder, die das Plakat der »schweigenden Mehrheit« als das zeigten, was es war: ein nur schwach getarnter Aufruf zu einer faschistischen Kundgebung. Auch Studentenorganisationen, Maoisten und die MES verurteilten die geplante Demonstration. Mitglieder der PRP-BR verklebten an den wichtigsten Haltestellen von Porto Flugblätter, in denen sie die Busfahrer aufforderten, keine bezahlten Demonstranten nach Lissabon zu befördern. Die meisten Busfahrer versicherten, dass sie das nicht vorhatten. Nur Galvão de Melo, ein General, der gerade erst den 25. April mit dem brasilianischen Rechtsputsch von 1964 verglichen hatte, unterstützte die Kundgebung im Namen der Regierung öffentlich.

Alle warteten auf das Verbot des Marsches, doch es kam nicht. Stattdessen kündigte Major Sanches Osário, ein überzeugter Spínolist, im Namen der MFA an, dass die Demonstration stattfinden werde. Gegen 19 Uhr bewegten sich Truppen auf die Radiosender zu. Mehrere Bataillone der Republikanischen Nationalgarde wurden auf dem Weg zum Monsanto-Park gesehen. Die Menschen versammelten sich in der Nähe der Zufahrtsstraßen in die Stadt. Spontan wurden Barrikaden errichtet, große rote Transparente mit dem Slogan »Stoppt die Reaktion« tauchten auf. Der ehemals katholische Sender Rádio Renascença, der jetzt unter Kontrolle der Arbeiter stand, berichtete über all das und ermutigte Tausende von Menschen, sich auf die Straße zu begeben.

Um 21 Uhr fiel das nationale Radio aus, nach einiger Zeit auch Rádio Clube Portugués und das Fernsehen. Wir erfuhren erst später, dass die Republikanische Nationalgarde die Anstalten übernommen hatte. Emissora Nacional war der einzige

Sender, der noch lief, wenn auch nur sporadisch. Gerüchte und Informationen verbreiteten sich wie ein Lauffeuer über das »arabische Telefon«, wie man die Mundpropaganda in der faschistischen Ära genannt hatte.

PCP-Funktionäre und Mitglieder der PS erschienen mit roten Armbinden auf den Barrikaden. In Flugblättern wurde zur Wachsamkeit aufgerufen. Es kursierte das Gerücht, dass Otelo und Gonçalves in Belém festgehalten würden. In einem späteren Interview warf Otelo Spínola vor, ihn als Verantwortlichen für die Barrikaden denunziert zu haben. »Das Gerücht, ich sei verhaftet worden, veranlasste ›loyale‹ MFA-Einheiten, nach Belém zu fahren, um mich zu befreien. Am Telefon bat ich sie, sich keine Sorgen zu machen. Sie haben mir nicht geglaubt.« Eine andere Geschichte besagte, die rechtsextremen Generäle Luis Sá Cunha und Kaúlza de Arriaga würden einen Staatsstreich organisieren. Verwirrung machte sich breit. Ein Bürgerkrieg schien zu drohen.

Arbeiter außerhalb Lissabons griffen zu den Waffen, die sie gerade hatten, und errichteten Barrikaden auf den Zufahrtsstraßen in die Stadt. Jeder, der in Richtung Hauptstadt fuhr, wurde durchsucht. Auf der Tejo-Brücke beschossen Soldaten einen Mercedes, weil er nicht anhielt. Im Norden wurde ein Leichenwagen mit einem Sarg voller Gewehre entdeckt, in Vila Franca de Xira fand man in zwei Lastwagen Waffen und Sprengstoff.

Die Nacht war kalt, aber niemand verließ die Barrikaden. Freunde brachten Kaffee und Bagaço für die Nachtwachen. Es fanden Truppenbewegungen statt. Niemand wusste, wohin; erst später stellte sich heraus, dass viele Einheiten namentlich bekannte Unterstützer der geplanten Demonstration verhaftet hatten. Bei Durchsuchungen von Hotels wie dem Hilton wurden Rechtsextremisten festgenommen und nach Caxias gebracht. In einem um 3 Uhr morgens verlesenen Kommuniqué genehmigte Major Osário erneut die Demonstration und forderte den Abbau der Barrikaden. Unterdessen begaben sich weitere Soldaten zu eben diesen Barrikaden und halfen den Zivilisten, sie zu halten.

Am Samstag, dem 28. September, um 8:40 Uhr ging Emissora Nacional wieder auf Sendung, diesmal mit dem Lied »Grândola, Vila Morena« von Zeca Afonso, das das Signal für den Aufstand des 25. April gewesen war. »Wir haben gerade eine ganze Reihe von Aktionen der reaktionären Kräfte erlebt«, erklärte der Sender. »Diese Kräfte haben die historische Notwendigkeit des 25. April nicht verstanden. Sie haben versucht, durch Waffenhandel und wirtschaftliche Sabotage Panik in der Bevölkerung zu verbreiten. Um den Weg zu einer neuen Gesellschaft zu sichern, wurden heute in den frühen Morgenstunden einige Dutzend Personen festgenommen.«

Tausende strömten sofort auf die Straßen, um die Barrikaden zu verstärken, und harrten dort den ganzen Vormittag aus. Um 13 Uhr verlas Spínola höchstpersönlich ein Kommuniqué, das ein Verbot der Demonstration verkündete: »In Anbetracht der veränderten Umstände von heute Morgen und um mögliche Konfrontationen zu vermeiden, hält es Seine Exzellenz, der Präsident der Republik, nicht für ratsam, die angekündigte Demonstration auf dem Praça do Império durchzuführen.«

Mehrmals wurde auch ein weiteres Kommuniqué verlesen, das die Bevölkerung aufforderte, Vertrauen in die Einheiten des COPCON zu zeigen, die MFA zu unterstützen und ihre Barrikaden und Kontrollposten aufzulösen, »weil die Situation sie nicht mehr rechtfertigt«. Soldaten wurden an strategischen Punkten postiert. In kleineren Gruppen diskutierten die nach wie vor freundlich gestimmten Leute mit den Soldaten über die Lage. Der Verkehr floss wieder. Es war allen völlig bewusst, dass die Rechte einen entscheidenden Rückschlag erlitten hatte.

Tausende von Menschen folgten dem Aufruf mehrerer Arbeiterkomitees und des Gewerkschaftsbundes Intersindical zu einer Gegendemonstration um 14 Uhr in Belém, die sich zu einer riesigen »Siegesparade« entwickelte. Um 15 Uhr demonstrierte die Linke in Alcantara, einem proletarischen Vorort von Lissabon. 40.000 Leute zogen durch die Straßen und riefen die Parolen, die am Vorabend aufgekommen waren. Das

Gefühl der Freude, das sich verbreitete, hatte im Vergleich zum 1. Mai einen politischeren Charakter, die Sprechchöre wurden lauter, entschlossener und mit mehr Überzeugung angestimmt. Hauptorganisator dieser zweiten Demonstration war die MES, aber mit Ausnahme der maoistischen MRPP unterstützten alle revolutionären Gruppen sie. Entlang der gesamten Route bekundeten Anwohner und Anwohnerinnen ihre Solidarität, indem sie die Fäuste hoben oder von ihren Balkonen aus applaudierten.

Der Sonntag verlief ruhig. Man versuchte, die ganze Tragweite des Geschehens zu begreifen, und wartete auf weitere Informationen. Am Abend wandte sich Vasco Gonçalves an die Nation.

Am Samstag und Sonntag erschienen keine Zeitungen, auch Radio und Fernsehen blieben für lange Zeit stumm. Stattdessen wurden Flugblätter verteilt und überall erschienen Wandzeitungen. In einem Flugblatt der MDP-CDE hieß es, im Sheraton-Hotel seien Waffen gefunden worden. Diese inoffiziellen Kommunikationskanäle hatten während der Krise eine enorme Bedeutung; mit jedem Flugblatt sickerten ein paar Brocken Information durch, die Chaos und Angst entgegenwirkten.

Am Sonntagabend wurde im Radio eine vollständige Liste der Verhafteten verlesen. Zu ihnen zählten alle bekannteren und umtriebigen Faschisten des alten Regimes sowie die beiden größten Kapitalisten des Landes: Espírito Santo und Champalimaud. Es wurden Warnungen abgegeben, dass weitere Verhaftungen bevorstünden.

Am Montag, dem 30. September, kehrten die Arbeiter in die Fabriken zurück – aber nicht um zu arbeiten, sondern um über die Ereignisse des Wochenendes zu diskutieren. Die ersten überregionalen Zeitungen erschienen wieder, und so wurden nach und nach Geschehnisse aus dem ganzen Land bekannt. Offenbar sollte Vasco Gonçalves durch ein Attentat beseitigt werden: In einem Haus gegenüber seiner Residenz hatte man ein Gewehr mit Zielfernrohr gefunden. Bei einer Durchsuchung der Büroräume der PDP wurde ein Waffenarsenal inklusive Maschinenpistolen sichergestellt. Eine Menschenmenge stürmte die Räumlichkeiten der Liberalen Partei, und auch die Polizei konnte nicht verhindern, dass Aktivisten von PS und MDP ihre Fensterscheiben zertrümmerten.

Noch am selben Tag wandte sich ein abgekämpft wirkender Spínola im Fernsehen an die Nation und verkündete seinen Rücktritt als Präsident: »Im gegenwärtigen Klima ist es vollkommen unmöglich, eine echte Demokratie im Dienste von Frieden und Fortschritt zu schaffen.« Als er mit seiner Rede fertig war, brach allgemeines Gelächter aus. Der Sieg war gefestigt; die Möglichkeit einer Revolution schien in greifbare Nähe gerückt zu sein.

General Costa Gomes wurde zum neuen Präsidenten ernannt. Er hatte einen makellos konservativen Ruf – ehemaliger Kommandeur der Republikanischen Nationalgarde, ehemaliger Kommandeur der Streitkräfte in Mosambik (1961) und Generalstabschef seit 1972. Hingegen umgab ihn nur ein Hauch von »Antifaschismus«: Im März 1974 war er von Caetano entlassen worden, weil er den Treueeid nicht geleistet hatte.

Alle politischen Parteien gaben Erklärungen zu den Ereignissen ab. Die PCP rief die Bevölkerung und die Streitkräfte dazu auf, wachsam zu bleiben. Sowohl die PS als auch die PPD lobten die MFA und verlangten eine Beschleunigung des Übergangs zur Demokratie. Die PS drängte darauf, den für den 6. Oktober angesetzten Tag der freiwilligen Arbeit für die Nation zu unterstützen. In einer Erklärung der MES hieß es: »Die letzten fünf Monate haben gezeigt, dass die MFA nicht tatenlos zusehen darf, wie die bürgerlichen Kräfte die Arbeiter erdrosseln. Die jüngsten Kämpfe der Avantgarde der Arbeiterklasse – der Arbeiter bei TAP, bei Lisnave und all jener, die seit dem 25. April unterdrückt und belogen wurden – haben deutlich gemacht, dass die Unterstützung der Arbeiterklasse für die MFA Hand in Hand mit der Unterstützung der MFA für die Arbeiterklasse gehen muss.«

Die LUAR erklärte in ihrer Stellungnahme, dass »Spínola zurückgetreten ist, weil er beansprucht hatte, nur er könne das Programm der MFA richtig auslegen, und zudem für einen expansiven Kapitalismus eintrat und das internationale Großkapital unterstützt hat. Er wollte das Programm der MFA nutzen, um die legitimen Interessen der Arbeiterklasse und der Mehrheit des portugiesischen Volkes zu unterdrücken.« Die mehrdeutige Formulierung des »Programms«, die eine solche Auslegung zuließ, wurde von der LUAR hingegen nicht kommentiert.

PCP und Intersindical hatten für den Montagabend zu einer großen Demonstration vor dem Präsidentenpalast in Belém aufgerufen. Jedem fiel nun auf, dass alle großen PCP-Demonstrationen vor dem Regierungssitz stattfanden, während andere Gruppen entweder in Stadtteilen wie Alcantara oder im Stadtzentrum demonstrierten. Die Stimmung war dennoch ausgelassen. Tausende von Menschen, die nicht der PCP angehörten, nahmen an dem Umzug teil. »Vitória! Vitória!«, skandierten deren Mitglieder, aber es waren auch andere, vielleicht aufrichtigere und eher proletarische Parolen zu hören: »Soldado amigo, o povo está contigo« (»Soldat, Freund, das Volk steht an deiner Seite«), und abermals: »Wir sind freiwillig gekommen, niemand hat uns bezahlt.«

Der folgende Sonntag war der 6. Oktober, der Tag nach dem Jahrestag der Ausrufung der Ersten Republik. Obwohl sich große Teile der Arbeiterklasse auf ihre Seite geschlagen hatten, sprach die Regierung noch immer vom »nationalen Interesse«, ein völlig rätselhafter Begriff. Abends versammelten sich rund 3.000 Menschen vor dem Hilton Hotel, wo Galvão de Melo mit mutmaßlichen CIA-Agenten zu speisen gedachte. Soldaten des COPCON trafen ein, hielten sich aber zurück. Die Leute standen in Gruppen zusammen und diskutierten über die Situation. Schließlich kam Galvão de Melo aus dem Hotel, er trug keine Nelke. Die Menge stürmte auf ihn los und rief »Tod der CIA!«, »Tod dem Faschismus!«. Der General entkam nur knapp in einem Mercedes der Regierung.

Die Dritte Provisorische Regierung

Kurz nach dem 28. September wurde eine neue Regierung gebildet, die bis zum nächsten rechten Putschversuch im März 1975 amtierte.

Die Zusammensetzung der Dritten Provisorischen Regierung unterschied sich kaum von der ihrer Vorgänger. Zusammen mit Spínola wurden drei Mitglieder der Junta entlassen und auch sechs Mitglieder der vorherigen Regierung verloren ihre Ämter; fünf Militärs wurden neu in das Kabinett berufen, das Ministerium für soziale Kommunikation übernahm Premierminister Vasco Gonçalves selbst. Mit Oberst Pinho Freire und Oberstleutnant Mendes Dias beerbten zwei Berufsmilitärs Diogo Neto als Chef der Luftwaffe; Vítor Crespo und Rosa Coutinho lösten Silvino Ribeiro und Firmino Miguel als Chefs der Marine ab; Galvão de Melo wurde endlich entlassen. Die neue Regierung kündigte keine überraschenden Gesetzesvorhaben an. Die Ermittlungen gegen die ehemaligen PIDE-Agenten übernahm bis auf Weiteres das COPCON, einige faschistische Organisationen wie die Legion wurden vollständig aufgelöst und die Dekolonisierung weiter vorangetrieben.

Diese Veränderungen stellten einen Sieg für den Koordinationsausschuss der MFA dar. Bislang hatte Spínola dank seiner direkten Verbindungen zum Großkapital in Gestalt von de Melo und Champalimaud an einer ganz eigenen, »spínolistischen« Lesart des MFA-Programms festhalten können. Wie nun bekannt wurde, schloss dies den Versuch ein, die Dekolonisierung in Angola durch ein Abkommen zwischen dem Führer der FNLA, dem Präsidenten von Sambia (der dessen Stiefbruder war) und den US-Amerikanern (die ihre massiven Interessen in Cabinda schützen wollten) aufzuhalten. Ebenso hatte er Anfang September die rebellierenden PIDE-Agenten in Mosambik unterstützt.

Nach Spínolas Flucht strukturierte sich die MFA um. An der Spitze ihrer gewaltigen Pyramide stand der Oberste Rat der Bewegung, der »Rat der Zwanzig«. Er setzte sich zusammen aus dem Präsidenten, den sechs verbliebenen Mitgliedern der Junta, den fünf vom Militär gestellten Ministern (Premierminister, zwei Minister ohne Geschäftsbereich, Innen- und Arbeitsminister), dem Befehlshaber des COPCON und sieben Mitgliedern des Koordinierungsausschusses der MFA. Die Versammlung der MFA wiederum bestand aus zweihundert Offizieren aus den drei Abteilungen der Streitkräfte, darunter 115 Vertreter des Heeres; ihre Generalversammlung stützte sich auf verschiedene Räte in den drei Teilstreitkräften, die ihrerseits mit verschiedenen regionalen Räten und Versammlungen verbunden waren.

Die MFA war nun auf allen Ebenen der Regierung und der Zivilverwaltung vertreten, aber sie verfolgte nicht länger eine einheitliche politische Linie. Eine gewisse Polarisierung zeichnete sich ab. In ihrem zweiwöchentlich erscheinenden Bulletin war zwar von »Demokratie«, »Dekolonisierung« und »Dynamisierung« die Rede, aber was die MFA damit meinte, blieb unklar.

Vasco Gonçalves rief für Sonntag, den 6. Oktober, zu einem Tag der freiwilligen Arbeit auf. Damit wollte er zeigen, dass die MFA noch immer breite Unterstützung im portugiesischen Volk genoss und Spínolas Gerede von »Anarchie« unbegründet war. Zehntausende von Arbeitern erschienen in ihren Betrieben. Andere verbrachten den Tag damit, die Straßen und Häuserwände von Lissabon zu reinigen – in den fünf Monaten seit April hatten sich an den Wänden der Hauptstadt so viele Slogans und Graffiti angesammelt, dass es schwierig war, Platz für weitere zu finden. Wollte man die Passanten auf die eigenen neuen Losungen aufmerksam machen, musste man sie oft umkringeln. Studierende gingen in die Barackensiedlungen, um den Familien dort zu helfen, andere machten sich in den Krankenhäusern nützlich. Einige Gruppen standen der Initiative jedoch kritisch gegenüber. Die Arbeiter von Efacec erklärten: »Wir leben in einer kapitalistischen Gesellschaft, in der der größte Teil des erwirtschafteten Reichtums in die Taschen der Bosse fließt. In unserem Fall heißt das, dass der zusätzlich geschaffene Reichtum ins Ausland abfließt und lediglich die Bankkonten der Unternehmer füllt, damit sie sich eine weitere Reise auf die Bermudas oder noch ein Auto leisten können. Da es wichtigere Dinge zu tun gibt, als für den Chef zu arbeiten, schlagen wir vor, dass jede Abteilung selbst entscheidet, was sie am Sonntag macht.«

Die Beschäftigten der CTT und andere Arbeiter bestanden ebenfalls auf ihrem Recht, selbst darüber zu entscheiden, wo sie zusätzliche Arbeit leisteten. Es waren solche Initiativen, die das ganze Gerede vom »Wohl des Staates« und den »Behörden, die es am besten wissen«, grundsätzlich in Frage stellten. Die Arbeiter bei Lisnave, TAP, Efacec, Timex, Sogantal, Charneca, CTT und vielen anderen Unternehmen hoben bereits sehr früh den Klassencharakter des neuen Staates hervor. Trotz der unterwürfigen Haltung der PCP gegenüber der MFA und der Regierung entwickelte sich in breiten Teilen der Arbeiterklasse eine revolutionäre Kritik der portugiesischen Gesellschaft.

Ausländische Unternehmen fürchteten um ihre Geschäftsinteressen im Land. Auf Madeira wurde eine unter dem Namen »Cindusta« firmierende Briefkastenfirma aufgedeckt; eines ihrer Büros befand sich an Bord der Yacht *Apollo*, die vor der Insel vor Anker lag. Die zwölf Amerikaner, die auf der Yacht lebten, wurden dabei beobachtet, wie sie Demonstranten fotografierten. Nachforschungen ergaben, dass es sich bei Cindusta um eine Tochtergesellschaft der als CIA-Tarnorganisation entlarvten »Operation and Transport Company« handelte. Die CDE von Madeira rief mit Unterstützung der PS, der UPM (»Volkseinheit auf Madeira«) und der FPDM (»Front für Demokratie auf Madeira«) zu einer Demonstration gegen die Yacht auf. Nach einer Schlägerei zwischen Demonstranten und Besatzungsmitgliedern flüchtete das Schiff an einen unbekannten Ort.

Nach den »Septembertagen« kamen viele linke Gruppen wieder vermehrt in den Zeitungen zu Wort, nachdem seit Juli nur noch wenig über sie berichtet worden war. Allerdings spielten sie in gewissem Sinne ohnehin keine große Rolle, denn was die Arbeiter in den Fabriken taten (und bürgerliche Kräfte außerhalb davon), war eindeutig wichtiger.

Streik bei Timex, 2. Februar 1976

IV DER AUFSCHWUNG DER KÄMPFE

Die Komitees

Die politischen Auswirkungen des 28. September wurden erst im Laufe des Jahres sichtbar. Die Fortschrittspartei wurde verboten, die meisten ihrer Führer verhaftet und ihre Büros geschlossen. Auch andere rechte Parteien stellten ihre Tätigkeit ein oder gaben dies zumindest vor. Die Streikbewegung gewann unterdessen an Schwung. Im Oktober kam es in etwa 400 Fabriken und Unternehmen zu »Unruhen«. Mal reichten die Arbeiter einen Forderungskatalog ein, mal setzten sie kurzerhand die gesamte Geschäftsführung ab.

Es lohnt sich, das Verhältnis zwischen Arbeiterkomitees und Gewerkschaften genauer zu betrachten. Die alten Gewerkschaften waren eine Hinterlassenschaft des faschistischen Regimes, das sie an das 1934 von Salazar erlassene Nationale Arbeitsstatut (Estatuto Nacional do Trabalho) gebunden hatte. In den meisten Fällen waren sie nun völlig diskreditiert. Inzwischen gab es im ganzen Land etwa 4.000 nach Branchen organisierte Gewerkschaften, von denen einige nicht mehr als ein halbes Dutzend Arbeiter »vertraten«. Bei Lisnave gab es 13, im Reifenwerk Mabor 23 und bei TAP 15 Gewerkschaften. In anderen Großbetrieben war die Situation ähnlich. Kleine Gewerkschaften, die de facto nur dem Namen nach existierten, führten manchmal zu einer seltsamen Zusammensetzung von Arbeitern: Bei TAP war eine »Gewerkschaft der Flugnavigatoren und Seeleute« aktiv. Die einzigen großen, »starken« Gewerkschaften waren die der Bankangestellten, die am 1. Mai 1973 versucht hatten, eine Demonstration in Lissabon zu organisieren, und die Gewerkschaft der Landarbeiter. Zusammen bildeten sie den harten Kern der Intersindical, dem von der PCP geführten Gewerkschaftsbund. Einige Gewerkschaften waren noch immer Tarnorganisationen der ehemaligen PIDE.

Was Anton Pannekoek und der Spartakusbund 1919 über die Gewerkschaften in Deutschland gesagt hatten, traf in Portugal in besonderem Maße zu: Sie waren Instrumente zur Kontrolle der Arbeiter.

Die unmittelbare Antwort der Arbeiter auf die Notwendigkeit einer autonomen Organisation war das *plenário*, die Vollversammlung: Alle Beschäftigten eines bestimmten Unternehmens kamen zusammen, um über ihre Lage zu diskutieren. Die Versammlung wählte in der Regel ein Arbeiterkomitee oder eine Ad-hoc-Kommission, die mit der Aufgabe betraut wurde, einen Forderungskatalog aufzustellen. In dem organisatorischen Vakuum nach dem 25. April waren die Komitees als die natürliche Organisation zur Verteidigung der Interessen der Arbeiter entstanden. Sie setzten sich vor allem für wirtschaftliche Forderungen ein, zum Teil aber auch für eine weitreichende Umgestaltung der Produktion. Viele forderten ein Ende der Ausbeutung; die Gewinne sollten nicht länger in den Händen von Privatpersonen landen. Obwohl es sich bei den Komitees nicht um revolutionäre Organisationen handelte (nur sehr wenige von ihnen forderten die Abschaffung der Lohnarbeit oder das Ende der kapitalistischen Produktionsweise), waren sie extrem misstrauisch gegenüber den Gewerkschaften und in vielen Fällen auch gegenüber den von der MFA geschaffenen neuen Institutionen. Das bedeutet jedoch nicht, dass die MFA unbeliebt gewesen wäre. Die Arbeiter wollten einfach nur, dass alles schneller vorangeht. Ende Oktober 1974 gab es in ganz Portugal etwa 2.000 solcher Komitees.

Sie wurden in der Regel für ein Jahr gewählt und konnten jederzeit abberufen werden. Von dieser Macht hat die Basis in einigen Fällen auch tatsächlich Gebrauch gemacht. Die Ziele und Anliegen der Komitees waren breit gefächert und standen zuweilen in direktem Konflikt mit dem Staat. So rief das Lisnave-Komitee für den 12. September 1974 trotz des Verbots durch die Regierung zu einer Demonstration gegen das Antistreikgesetz auf, wofür es sowohl von den Gewerkschaften als auch von der PCP-Zelle auf der Werft attackiert wurde.

Ganz ähnlich war es bei TAP, als die Entscheidung zu streiken auf einer Versammlung der Beschäftigten getroffen wurde und daraufhin die Flughäfen unter militärische Kontrolle gestellt wurden. Die Komitees agierten oft parallel zu den Gewerkschaften und der offiziellen Unternehmensleitung.

Die *plenários* und Komitees waren mit einer erdrückenden Vielzahl von Problemen konfrontiert. Einige schienen auf den ersten Blick trivial, erwiesen sich aber bei näherer Betrachtung als wichtig; andere hingegen waren fraglos für alle von Bedeutung. Manche waren lokaler Natur, aber viele hatten einen allgemeinen Charakter. Einige betrafen das Verhalten von Managern, andere tief in der Arbeiterklasse selbst verwurzelte Einstellungen. Schwierigkeiten entstanden sowohl aus dem Versuch, sich an eine noch immer kapitalistische Realität anzupassen, wie auch aus bewussten Bemühungen, die kommunistische Zukunft vorwegzunehmen. Es lohnt sich, diesen Fragen ein paar Seiten zu widmen. Die Hauptprobleme waren:

A. *Einen Ort zu finden, der für die Mehrheit der Arbeiter zugänglich ist.* In den meisten Fabriken war das die Kantine, aber manchmal gab es keine oder sie lag nicht zentral. Solche geografischen Zufälle machten es für einige Arbeiter einfacher als für andere, an den Versammlungen teilzunehmen. Sogar bei großen Unternehmen wie TAP bestand das Problem, dass es keinen zentralen Ort gab, wo man sich treffen konnte. Daher mussten die Versammlungen außerhalb des Firmengeländes stattfinden. Einige Unternehmen waren zudem über viele Regionen verteilt und die Belegschaft entsprechend fragmentiert (Büroangestellte in Lissabon, Fabrikarbeiter in Setúbal und über das ganze Land verstreute Filialen). In solchen Fällen erwies sich eine effektive Vertretung als recht schwierig.

B. *Umgang mit unterschiedlichen politischen Strömungen.* An den Versammlungen nahmen verschiedene politische Parteien teil, deren Anliegen vielen Teilnehmern oft sektiererisch vorkamen. Auch Gewerkschaftsmitglieder versuchten, in den Betrieben Fuß zu fassen, indem sie sich in die Komitees wählen ließen. Verschiedene linke Gruppen wiederum nutzten sie zu Propaganda- und Rekrutierungszwecken und brachten dabei unerhebliche Themen zur Sprache – etwa den »Verräter Vilar« (Führer der PCP-ML) oder den »Verräter Cunhal«. Fraktionskämpfe auf der Ebene allgemeinster Fragen behinderten den Versuch, das Unternehmen im größeren ökonomischen Zusammenhang zu sehen, lenkten von der Diskussion über die wirklichen und gravierenden Probleme ab, verschwendeten Zeit und Mühe der Arbeiter und führten zu Verwirrung. Die Versammlungen wurden oft durch hitzige Debatten unterbrochen, die für die tatsächlichen Anliegen der Arbeiter nur in manchen Fällen von Belang waren.

Am deutlichsten zeigte sich dies bei den Versammlungen von Setenave, einer großen Werft in Setúbal, vierzig Kilometer von Lissabon entfernt. Im Mai hatte dort ein zwölftägiger Streik stattgefunden und das bisherige Komitee war wegen »Verbrüderung« mit der Unternehmensleitung abberufen worden. Es wurde ein neues gewählt, in dem alle Gruppen vertreten waren – Ingenieure, Elektriker, Schweißer usw. Ein Arbeiter äußerte sich so über ein *plenário*: »Die letzte Versammlung bei Setenave war für mich uninteressant, es wurden lauter Probleme diskutiert, die die Arbeiter nicht interessieren, Parteien und Einzelne haben sich gegenseitig attackiert. (...) Du bist von der MRPP, du bist von der PRP, und so weiter (...) und über die wirklichen Probleme wurde gar nicht diskutiert. (...) Nicht als Mitglied einer politischen Partei sollte man das Komitee kritisieren, sondern als Arbeiter. Mit einigen der Angriffe auf das Komitee bin ich einverstanden, mit anderen nicht.«[11]

Ein zweiter Teilnehmer betonte, die Arbeiter sollten strikt darauf bestehen, dass auf den Versammlungen nur die Probleme im Betrieb und vielleicht noch allgemeine Missstände wie Arbeitslosigkeit diskutiert werden. Ein dritter merkte an: »Die Kritik auf der Versammlung war parteipolitisch motiviert. Attackiert wurden Personen und weniger die eigentliche Arbeit des Komitees. Kritik am Komitee ist in Ordnung, solange sie konstruktiv ist. (...) Wenn der 25. April den Kapitalisten das Geld nicht abgenommen hat, wie sollte es dann dem Komitee gelingen?« Ein anderer Arbeiter wies auf ein ganz zentrales Problem hin: »Das Komitee muss stärker mit den Arbeitern in Kontakt stehen. Wenn ein Problem auftaucht, sollten die Arbeiter zusammen mit den Basisausschüssen und dem Komitee entscheiden, was zu tun ist. Die Basisausschüsse sollten erweitert werden (...). Bislang habe ich keine Schwierigkeiten gehabt, mit ihnen in Kontakt zu treten, denn da kenne ich alle.«[12]

Manchmal herrschte jedoch eine viel größere Einigkeit, und zwar gerade dort, wo die Arbeiter verstanden hatten, wie wichtig es ist, sich häufig zu treffen und sich so weit wie möglich in die anstehenden Kämpfe einzubringen. Die Belegschaft des Lissabonner Elektrounternehmens Efacec-Inel beispielsweise hielt es für ungenügend, nur ein Komitee zu wählen. Auf einer Versammlung am 21. Mai erstellte sie eine Liste von Forderungen. Auf einer weiteren Versammlung am 1. Juni erörterten die Arbeiter, was zu tun sei, wenn die Unternehmensleitung die Forderungen ablehnen würde. Am 8. Juli schließlich stimmte eine dritte Versammlung dafür, zu streiken und den Betrieb zu besetzen. Bereits am ersten Tag bildeten die Arbeiter ein Verteidigungskomitee, dann ein Kultur- und ein Informationskomitee sowie eines zur Koordinierung der Streikposten. Sie gaben eine Zeitung heraus und verschickten sie an andere besetzte Fabriken. Es wurden Filme wie *Panzerkreuzer Potemkin* und Dokumentarfilme über andere Kämpfe gezeigt und Diskussionen über den Charakter der politischen Krise organisiert. Über 90 Prozent der 1.000 Arbeiter nahmen daran teil.

C. *Den eigenen Bezugsrahmen selbst zu bestimmen.* Auf den Versammlungen kam es häufig zu Meinungsverschiedenheiten darüber, welche Forderungen man stellen sollte. Mitunter spiegelte sich darin die heterogene Zusammensetzung der Belegschaft wider. Aber auch die Haltung der jeweiligen Unternehmensführung sowie ihre Beziehungen zur MFA schlugen sich in verschiedenen Forderungen nieder.

Propam, eine Industriebäckerei mit etwa 150 Beschäftigten, war in vieler Hinsicht typisch für die kleineren Unternehmen. Nach dem 25. April bildete die Belegschaft ein Komitee und lud die MFA zu einem Besuch ein. Später wurden einige Büroangestellte und zwei Mitglieder des Komitees entlassen, was die Geschäftsführung damit begründete, dass sie den Mindestlohn nicht zahlen könne. Daraufhin erschienen zwei junge Hauptmänner der MFA im Betrieb, warfen ihr »Unfähigkeit und mangelnde Einsicht« vor und schickten einen Bericht über den Vorfall an die Regierung. Die entgegnete zunächst, sie sei nicht befugt, sich bei Privatunternehmen einzumischen, doch die MFA blieb standfest und schließlich wurde bei Propam ein Verwaltungsrat aus drei Arbeitern und drei Managern eingesetzt. Zwei Wochen lang lief alles gut, die Chefs akzeptierten den Willen der Arbeiter. Dann aber begannen sie, die »Rechtmäßigkeit« der Eingriffe der MFA in solche Angelegenheiten in Frage zu stellen. Einer der Arbeiter aus dem Verwaltungsrat wurde entlassen, und die beiden anderen konnten nichts tun. Die Betriebsferien im August nutzte die Geschäftsführung dann für Massenentlassungen, wobei sie mit den Büroangestellten anfing. Auf einer Versammlung am 28. August beschlossen die Beschäftigten, dass ein Streik die einzige Lösung sei:

> Wir forderten eine Garantie des Rechts auf Arbeit und die Absetzung der Geschäftsführung wegen Unfähigkeit. (...) Regierungsbeamte baten uns, keine Kommuniqués zu veröffentlichen, um »Schocks« zu vermeiden. Das Finanzministerium gab ein Dokument über die wirtschaftliche Lebensfähigkeit unseres Unternehmens heraus. Der Chef hatte kürzlich begonnen, Dinge an die Wände zu schreiben und Briefe an die Regierung zu verfassen. Er hatte auch an die Eltern der (jüngeren) Beschäftigten geschrieben, dass sie schlechten Umgang pflegen. (...) Die meisten (neueren) Entlassungen trafen die Büroangestellten, weil sie die MFA unterstützten und sich weigerten, der Geschäftsführung zu gehorchen. Und auch, weil der Chef nie hierher (in die eigentliche Fabrik) kommt und er nur mit Mühe einen guten Vorwand hätte finden können. Außerdem sind wir in der Fabrik Facharbeiter, und es wäre schwierig, anderes qualifi-

> ziertes Personal zu finden. Es gibt im ganzen Land nur eine einzige andere Fabrik dieser Art. (...) Der Chef ist ein extrem autoritärer Mensch, und allein der Gedanke, dass er einem Arbeiter nicht mehr direkte Anweisungen erteilen kann, ist unerträglich für ihn. (...) Er dachte nicht mehr an die Interessen des Unternehmens, sondern ausschließlich an sein eigenes Überleben, nicht das Überleben von 150 Arbeitern.
>
> Propam hat drei Fabriken – eine Hefefabrik, eine Getreidemühle und eine Fabrik für Zusatzstoffe – und verfügt außerdem über ein Vertriebsnetz. Das Unternehmen hat 1.850 Aktionäre, wird aber de facto von acht Personen geleitet. Die Aktionäre (die 95 Prozent des Kapitals besitzen) haben nichts zu sagen. (...)
>
> Wir haben hier zwanzig Gewerkschaften für 150 Arbeiter, aber sie sind nicht organisiert. Wir haben ein neues Komitee gewählt und unsere Forderungen präsentiert. Wir verlangten eine Säuberung. Zunächst waren die Verwaltungsangestellten mit dem Komitee einverstanden, haben dann aber ihr eigenes gegründet. Unsere Sitzungen dauerten manchmal bis in die Nacht oder bis zum Morgen. Keine Entscheidung wurde ohne ein *plénario* getroffen. Aber es gab Meinungsverschiedenheiten mit den Büroangestellten, die hauptsächlich in Lissabon waren. Sie hatten mehr Angst. Sie baten uns, niemandem zu sagen, was auf unseren gemeinsamen Sitzungen passiert ist, damit die Geschäftsführung, die ebenfalls in Lissabon sitzt, es nicht mitbekommt.[13]

Manchmal wurden auch drastischere Methoden angewandt, und das nicht immer ohne Erfolg. Bei Müller Máquinas Lda. entführten die Arbeiter die beiden amerikanischen Manager und hielten sie gefangen, bis sie ein Lösegeld von 100.000 Escudos bekamen. Die Muttergesellschaft zahlte die Summe und legte bei der Regierung offiziell Beschwerde ein – woraufhin das Arbeitsministerium antwortete, angesichts der jüngsten Lohnerhöhungen sei der Betrag ohnehin als Nachzahlung fällig. Die Manager flohen.

Eines der Probleme, die damals diskutiert wurden, war die Frage, ob sich die Arbeiter auch an der Leitung von Unternehmen beteiligen sollten, die noch in privater Hand waren – kurz gesagt: ob sie den Bossen bei der Profitmaximierung helfen sollten oder nicht. Dies wurde im Allgemeinen mehr und mehr abgelehnt. Unterschiedlicher waren die Positionen zu Betrieben, deren Eigentümer das Weite gesucht hatten und die nun unter Kontrolle der Arbeiter standen. In der Diskussion ging es um zentrale Fragen der Selbstverwaltung, um die Gefahr ihrer Vereinnahmung im Kapitalismus und ihre zentrale Rolle im institutionellen Rahmen einer sozialistischen Gesellschaft.

D. *Probleme innerhalb der Klasse.* Die realen Probleme innerhalb der Klasse waren beträchtlich. Sie spiegelten nicht nur Unterschiede in Bezug auf »Status«, Alter und Geschlecht wider, sondern auch zwischen beschäftigten und erwerbslosen Arbeitern. Die Forderung, die Löhne anzugleichen, stieß bei den besser Bezahlten auf erheblichen Widerstand. Im Allgemeinen wurde das wie bei TAP durch die Anhebung der unteren Löhne und das Einfrieren der obersten umgangen. Im Falle bestimmter Berufsgruppen wie zum Beispiel der Piloten, die damit drohen konnten, ihre Arbeitskraft an ein anderes Unternehmen zu verkaufen, waren diese Fragen jedoch nicht leicht zu beantworten. Außerdem bestand unübersehbar die Tendenz, dass die besser bezahlten und oft auch wortgewandteren Arbeiter die Versammlungen dominierten und manchmal sogar so weit manipulierten, dass andere sich aus ihnen zurückzogen.

Die Arbeiter versuchten, bestimmte Aspekte der Produktionsverhältnisse, die sie in ihrem Alltag erlebten, in Angriff zu nehmen, was ihnen in vielen Fällen auch gelang. Sie diskutierten darüber, wie die Arbeit entlang ihrer Bedürfnisse organisiert werden könnte. Dies hatte zur Folge, dass sie weniger stark von den Mitteln ihres Überlebens getrennt waren und sich bewusster als Teil des gesamten Produktionsprozesses sehen konnten. Verschiedene Gruppen (Reinigungskräfte, Schweißer, Elektriker) diskutierten zahlreiche Fragen, die ihren speziellen Bereich betrafen. Solange es den Kapitalismus gibt, kann all das nicht viel mehr sein als die Selbstverwaltung der eigenen Ausbeutung, denn der Tausch von Arbeitskraft gegen Lohn besteht fort. Aber die dabei gewonnenen Erkenntnisse könnten für den Aufbau des Sozialismus dennoch von bleibendem Wert sein.

Die jungen Arbeiter waren die militantesten. Manchmal verteilten sie auf den Versammlungen bissige, oft sehr witzige Flugblätter, die stichhaltige Kritik an den Komitees und den dort geführten Diskussionen enthielten. Ein Flugblatt, das in einer Elektronikfabrik in Setúbal kursierte, kam zu dem Urteil, das Betriebskomitee sei »sogar noch schlimmer als die alte Leitung«. In einem anderen hieß es: »Wir sind von einer Situation des Hungers zu einer Situation übergegangen, in der wir sagen dürfen, dass wir Hunger leiden.« Die Urheber der Flugblätter (die meist bei einmaligen Aktionen verteilt wurden) wurden oft fälschlicherweise als Maoisten bezeichnet. Anders als sie waren die älteren Arbeiter, die letztlich auch für die Revolution mobilisiert werden mussten, tendenziell konservativer. Sie hatten am meisten zu verlieren und warnten oft vor »Abenteuern«. »Wer zahlt die Löhne, wenn die Arbeiter den Betrieb übernehmen?«, fragten sie immer wieder. Oft fehlten die finanziellen Mittel für den Anfang und es gab keine Sicherheiten. Den Arbeitsplatz zu verlieren, bedeutete, das eigene Überleben zu gefährden. Solche Arbeiter wussten, was Lohnarbeit ist. Das Unternehmen kommt an erster Stelle, betonten sie zu Recht.

Die Komitees mussten sich auch mit dem Machogehabe mancher Arbeiter auseinandersetzen. In Abel Alves bei Porto beschäftigte eine Textilfabrik 600 Menschen, hauptsächlich Frauen. Die Männer verdienten mehr als die Arbeiterinnen, die nur 88 Escudos pro Tag bekamen. Die Frauen wollten nachts arbeiten, aber weder der Chef noch ihre Ehemänner gestatteten dies. Widersprüche zeigten sich überall. Der Verlag Parceria A.M. Pereira zum Beispiel gab seit dem 25. April Werke von Marx, Engels und Lenin heraus. Am 17. Februar 1975 wurde er von den Beschäftigten besetzt – sie hatten die

Texte vielleicht sogar gelesen, mit Sicherheit aber seit September keinen Lohn mehr erhalten.

Es gab immer wieder Probleme mit Streikbrechern. Als bei der Baufirma Soares da Costa am 20. August 1974 für höhere Löhne gestreikt wurde, schickte die Geschäftsleitung Streikbrecher auf die Baustelle. Sie wurden zwar in die Flucht geschlagen, aber vier Arbeiter mussten ins Krankenhaus. Der Streik dauerte sechs Wochen. Was die Situation noch verschlimmerte, war die enorme Zahl von Arbeitslosen. Mitte Juli nahmen etwa 5.000 Arbeiter an einer von Arbeitgebern aus dem Bausektor organisierten Demonstration in Setúbal teil und stimmten Sprechchöre an: »Nein zur Anarchie, die Bauunternehmer sind Söhne des Volkes!«

Die Arbeiter bei Soares da Costa reagierten mit Fantasie und Feingefühl auf diese Bedrohung: »Wir, die streikenden Arbeiter, verstehen die Situation vieler Arbeiter, die von anderswo herkommen und kein Geld für Essen oder keine Bleibe haben. Wir stellen diesen Brüdern unsere Mittel zur Verfügung, um ihnen Essen und einen Schlafplatz zu geben. Genossen, unser Kampf ist gerecht und wir sind entschlossen, ihn zu gewinnen.« Die Arbeiter sammelten Geld und verteilten es an die Arbeitslosen, aber es waren viel zu viele und die Not der eigenen Leute zu groß, um das Problem zu bewältigen.

E. *Probleme der Selbstverwaltung.* In vielen Fällen, etwa bei Timex, Sogantal, Charminha und Sousabreu, war die Geschäftsleitung geflohen oder vertrieben worden, und die Komitees mussten die Fabrik leiten. So wurde etwa in der Möbelfabrik Nefil in Guimarães bei Porto die Unternehmensführung vollständig entmachtet. Die 237 Arbeiter verkauften die produzierten Waren nun an den Werkstoren und an Straßenhändler. Aber wie sollte das Geld verteilt werden? Ein Arbeiter beschrieb das Problem so: »Das ist eine sehr schwierige Frage. Die Arbeiterkontrolle hat uns wirklich Kopfzerbrechen bereitet. Wir wollen eine Form, die sozialistischer ist, mehr Einheit, indem diejenigen, die mehr verdienen, etwas an die abgeben, die weniger verdienen. Aber das wirft eine Menge Probleme auf. Ein Vorschlag war, die Auszahlung an der Arbeit zu bemessen, ein anderer, sie nach den Bedürfnissen der Arbeiter festzulegen, und ein weiterer, alle gleich zu bezahlen. Aber uns wurde klar, dass nicht alle dasselbe bekommen können. Das würde zu Uneinigkeit unter den Arbeitern führen. Wir haben immer noch keine Einigung darüber erzielt. Die meisten haben sich für den Vorschlag ausgesprochen, einige Löhne zu kürzen und andere zu erhöhen, aber nur da, wo es wirklich notwendig ist.«[14]

Bei dieser Art des Vertriebs gab es Probleme. In Luso-Vale erwies es sich am 16. Dezember als schwierig, 1.000 Paar Gummistiefel loszuwerden, da sich die Vertriebsmittel noch immer in den Händen des internationalen Kapitals befanden. Die Arbeiter in den multinationalen Unternehmen waren vielleicht am stärksten von all dem betroffen, denn der Macht des internationalen Kapitals konnten ihre Komitees wenig entgegensetzen.

Fragen von Gemeineigentum und der juristischen wie faktischen Macht über die Produktionsmittel wurden selten explizit angesprochen, obwohl sie im Hintergrund immer präsent waren. Viele Gruppen forderten Verstaatlichungen, um eine Kontrolle über die Produktionsmittel zu erreichen. Nur wenige konnten über diese Stärkung der staatlichen Macht hinausblicken und sich eine wirklich kommunistische Gesellschaft vorstellen. Probleme des unmittelbaren Überlebens drängten sich unweigerlich in den Vordergrund. Die Arbeiter in den besetzten Betrieben brauchten Rohstoffe, Maschinen und Geld. In Ermangelung anderer Hilfsquellen waren sie wie im oben geschilderten Fall von Müller Máquinas Lda. gezwungen, sich an die Regierung oder die MFA zu wenden.

In vielen selbstverwalteten Betrieben produzierten die Arbeiter weiterhin dieselbe Art von Waren und stießen auf große Probleme beim Vertrieb. Größere Unternehmen hatten ihre Produktionseinheiten oftmals derart verstreut, dass etliche der Betriebe nur noch Komponenten des Endprodukts herstellten. Ohne ein strukturiertes Vertriebsnetz und ohne Kenntnis der Gesamtnachfrage war es nicht möglich, solche Komponenten innerhalb des Landes abzusetzen. Außerdem wurden sie in vielen Fällen auch exportiert. Applied Magnetics zum Beispiel, eine Tochter eines US-Unternehmens, stellte Teile für Computer her, die dann zur Montage nach Puerto Rico geschickt wurden. Von dort aus wurden die fertigen Produkte dann in die Vereinigten Staaten verschifft. Als die Arbeiter und Arbeiterinnen streikten und die Fabrik besetzten, wurde das Unternehmen einfach dicht gemacht und 650 Menschen, hauptsächlich Frauen, verloren ihre Arbeit. In einer Erklärung der Arbeiterinnen und Arbeiter hieß es: »Das muss einen politischen Grund haben. Angesichts der vertrackten politischen Lage, die in Portugal besteht, sind solche Manöver als Teil eines globalen Plans des Monopolkapitals zu sehen.«

Die Bekleidungsfabrik Camoda in Odivelas (im Industriegürtel von Lissabon) war ein modernes Gebäude, das 1972 mit deutschem Kapital errichtet wurde. Die Rohstoffe stammten aus Portugal, die fertigen Kleidungsstücke wurden nach Deutschland verschickt, wo auch die Profite landeten. Nach dem 25. April behauptete die Geschäftsführerin, es wäre kein Geld mehr für die Löhne da, was für 32 Beschäftigte eine Vier-Tage-Woche bedeutete, während das Aufsichtspersonal weiterhin Vollzeit arbeiten konnte. Als sich das Arbeiterkomitee an das Ministerium wandte, versprach das Unternehmen, innerhalb von zwei Monaten wieder die volle Produktion aufzunehmen. Im Dezember entließ die Geschäftsführerin ein Mitglied des Arbeiterkomitees und rief zwei andere in ihr Büro. In Reaktion darauf verlangten die Arbeiter ihr Erscheinen bei einer Betriebsversammlung, woraufhin die Geschäftsführerin wiederum die beiden anderen Mitglieder des Arbeiterkomitees entließ, die »Nichtsnutze« und »Revolutionäre« seien. »Warum nennen Sie mich eine Revolutionärin?«, fragte eine der jungen Frauen. »Etwa weil wir Ihnen antworten, dass wir nicht ohne Geld nach Hause gehen können, wenn Sie zu uns kommen und behaupten, Sie könnten keine Löhne zahlen?«

Das Unternehmen war besetzt und die Arbeiter produzierten weiter. Das Problem war wie immer der Markt. Der Arbeitsminister versprach zwar Hilfe, aber den Leuten wurde allmählich klar, dass die wahren Probleme viel tiefer lagen.

Die Unternehmer setzten Entlassungen und Betriebsschließungen als Mittel ein, um die Arbeiter zu disziplinieren. Was es in Wirklichkeit gebraucht hätte, war der grundlegende Umbau der gesamten Wirtschaft im Sinne einer kommunistischen Produktion von Gebrauchswerten. Diese Aufgabe war auf lokaler Ebene kaum lösbar.

Die Arbeiter hatten auch mit der reaktionären Propaganda gegen die Selbstverwaltung zu kämpfen. Bei der Holdinggesellschaft Grão Pará, die einen großen Tourismuskomplex betrieb, mussten sie mit dem Druck der nach Spanien geflohenen Bosse fertig werden. Die 1.300 Beschäftigten hatten den gesamten Komplex übernommen, der Hotels, andere Gebäude und etliche Unternehmen wie Matur, Grão Pará, Interhotel, Somote Orplano, Autodril, EDEC, Comportur und Rota do Atlantico umfasste. Sie erhielten viel Unterstützung durch andere Arbeiter. In einem Kommuniqué erklärten sie am Weihnachtstag: »Matur ist es durch die Stärke seiner Arbeiter zum ersten Mal gelungen, das eigene Überleben sicherzustellen. Wir haben die Pläne der Geschäftsleitung, die sich im Ausland befindet, durchkreuzt, und eine Auslastung von 90 Prozent erreicht. Wir wenden uns auf das Schärfste gegen das Vorgehen der Geschäftsleitung, die unsere Lage durch die Verbreitung von Gerüchten bedroht.«[15] Das Management im Ausland verbreitete Geschichten, die Hotels seien geschlossen, der Service schlecht und so weiter. Vor allem aber waren die Hotels nach wie vor teuer, auch unter der Kontrolle der Arbeiter. In einer kapitalistischen Gesellschaft hatte sich die kapitalistische Wirtschaft durchgesetzt.

Auch die Gewerkschaften bereiteten den Komitees durch ihre oftmals lauwarme »Unterstützung« Probleme. In Famalicão veröffentlichten die Arbeiter eines Textilunternehmens ein Kommuniqué:

> Nachdem wir das ganze Wochenende lang die Fabrik bewacht haben, um unser Recht auf Arbeit zu verteidigen, waren wir überrascht, als weder die Geschäftsführung noch die Abteilungsleiter am Montagmorgen auftauchten.

> Angesichts dieser feigen Aktion haben wir beschlossen, auf eigene Faust die Arbeit wieder aufzunehmen. (...) Ein weiteres Beispiel für unseren Zusammenhalt war, als die Büroangestellten nicht zur Arbeit erschienen und sich andere Kollegen freiwillig meldeten, um die anfallenden Arbeiten zu erledigen.
>
> Letzten Freitag hat eine Gruppe von Reaktionären, Kriminellen und gut bezahlten Lakaien für Chaos an verschiedenen Maschinen zur Veredelung von Decken gesorgt. Sie nahmen die Sicherungen aus einer Kämmmaschine heraus und versteckten sie in einer der Turbinen. Auch die Gewerkschaft erschien nicht, obwohl sie darum gebeten worden war. Bei einem Treffen mit einem Gewerkschaftsführer am vergangenen Samstag legte das Arbeiterkomitee ein Mindestprogramm von fünf Punkten für die Zusammenarbeit vor. Aber sie haben uns im Stich gelassen ... in den schwierigsten Stunden blieben sie lieber fern.[16]

F. *Schwierigkeiten bei der Vernetzung*. Viele kleine Betriebe luden Mitglieder der Arbeiterkomitees größerer Unternehmen zu ihren *plenários* ein. Das »Komitee für die Verteidigung der Arbeiterrechte« bei Efacec-Inel nahm an vielen Versammlungen teil, so auch beim Aufzughersteller Fortis-Otis in Lissabon. Diese Besuche, über die in der Betriebszeitung von Efacec-Inel ausführlich berichtet wurde, ebneten den Weg für die Gründung eines Verbands der Arbeiterkomitees.

Kleine Tochterfirmen von Großkonzernen sahen sich mit Schwierigkeiten konfrontiert, die durch eine bloße Besetzung nicht gelöst werden konnten. Der monopolistische Konzern Miguel Quina beispielsweise kontrollierte über 60 Unternehmen, darunter Mabor, das *Jornal do Comércio*, Eurofil (Kunststoffe) und Icesa (Werften). In jedem Unternehmen gab es eigene Arbeiterkomitees. Daher wurde ein Ad-hoc-Komitee eingerichtet, das den gesamten Konzern vertrat. Auch für die Beschäftigten des riesigen Monopolisten CUF, der 186 Unternehmen aus unterschiedlichsten Branchen umfasste (Versicherungen, Tierfutter, Textilien ...), gestaltete sich die Kommunikation schwierig. So wurde ein Verband der Arbeiterkomitees gegründet, um die Kontakte zwischen den Beschäftigten der verschiedenen Unternehmen zu verbessern.

G. *Saneamento.* Eines der Hauptprobleme, mit denen die Arbeiterkomitees konfrontiert waren, war die Säuberung der Unternehmensleitungen von Sympathisanten des alten faschistischen Regimes. Dies erwies sich auf lokaler Ebene oft als schwierig, denn die betreffenden Personen waren in den wirtschaftlichen Institutionen des Landes (Banken, Trusts, Zeitungen, politische Gruppen) fest etabliert, und ihre Macht hatte kaum abgenommen. Ob es gelang, die gewünschte Säuberung durchzusetzen, war oft eine Frage des Kräfteverhältnisses in einem bestimmten Unternehmen oder einer Gemeinde. Die Arbeiterkomitees verloren ebenso oft, wie sie gewannen.

Eine Episode bei der Kunststofffabrik Eurofil war in dieser Hinsicht interessant. Die 1.600 Beschäftigten besetzten die Fabrik, um die Entlassung von 300 Kollegen zu verhindern. Als die Geschäftsleitung die Marine zur Hilfe rief, erschien sie auch tatsächlich, doch die Matrosen sprachen mit den Arbeitern und stellten sich schließlich auf ihre Seite. Ein Ad-hoc-Komitee schrieb über das Unternehmen:

> Diese Wirtschaftsgruppe hat immer enge Beziehungen zum faschistischen Regime unterhalten und beschäftigt nach wie vor Personen, die in hohem Maße darin verwickelt sind. Wir wissen, was einige von ihnen in der Vergangenheit getan haben: Gonçalves Rapazote, ehemaliger Innenminister und aktiver Vertreter der Repression. Guilherme Braz Medeiros vom *Diário Popular.* Antonio Costa Félix von der Bank Borges & Irmo, der den Aufruf zur Demonstration der »schweigenden Mehrheit« unterzeichnet hat. José Miguel Maia Pereira von derselben Bank, Mitglied der Portugiesischen Legion und der FAC.[17] José Costa Deitado, Geschäftsführer der Zeitung der Fortschrittspartei und aktives Mitglied dieser neonazistischen Partei. Fernando Pina e Almeida, mittlerweile in Caxias inhaftiert, fungierte als

> Bindeglied zwischen der PIDE und Unternehmen der Quina-Gruppe.[18]

Die Liste ist insofern interessant, als sie einen Eindruck davon vermittelt, was eine Säuberung alles umfasste. Das Arbeiterkomitee schickte einen Bericht über das Unternehmen an die MFA, in dem es »Unregelmäßigkeiten« auflistete und sie darum bat, einzugreifen. Aber dieses Vertrauen in andere und insbesondere in die MFA sollte sich als der größte Stolperstein bei den meisten Säuberungsversuchen erweisen. Ein Arbeiter des Textilunternehmens von Abel Alves de Figueiredo bemerkte im Hinblick auf die Gespräche einer Delegation im Arbeitsministerium: »Wenn das Ministerium gesäubert werden muss, kann dies meiner Meinung nach nur durch die Arbeiterklasse selbst geschehen. Die Arbeiterklasse muss dieses Haus in Ordnung bringen.«

Die Arbeiter wurden sich allmählich des globalen Charakters des Kapitalismus bewusst. Es gab zunehmend Versuche, sich zu solidarisieren, die Problemanalysen wurden kohärenter, die Lösungsvorschläge radikaler und politischer. In der achten Ausgabe ihres *Jornal da Greve* (Streikbulletin) vom 17. Juli 1974 formulierten die Arbeiter von Efacec-Inel dies so:

> Unsere Kämpfe sind gerecht, und der aktuelle Streik ist eine Möglichkeit, wie wir uns Gehör verschaffen können. Deshalb müssen wir uns im Kampf nicht nur gegen diesen oder jenen Boss, in dieser oder jener Fabrik organisieren, sondern gegen das kapitalistische System als Ganzes. Einige Genossen stellen oft die Frage: »Wenn es keine Bosse gäbe, wer würde uns dann Arbeit geben?« Wir alle wissen, dass wir eine Fabrik, Maschinen und Rohstoffe brauchen, um zu arbeiten. Aber wir wissen auch, dass die Fabrik und die Maschinen von anderen Arbeitern gebaut wurden, so wie es Bauern, Hirten, Bergleute und Arbeiter wie wir waren, die die Baumwolle gesät, die Wolle verarbeitet und das Eisenerz abgebaut haben. (…) Es ist also nicht der Boss, der

> uns Arbeit gibt, sondern der Maurer, der Mechaniker, der Landwirt. Angesichts dessen stellt sich die Frage: Woher hat der Boss das Geld für seine Fabrik? Ganz einfach, Genossen: Er bereichert sich auf unsere Kosten. Das ist die einzige Möglichkeit, reich zu werden. Die, die die Arbeit machen, bekommen nur das Nötigste, um zu überleben. Es sind die Arbeiter, die das Geld produzieren, mit dem der Boss Maschinen kauft. Wozu sind Bosse dann gut?

Das waren zusammengefasst all die Probleme des Kapitalismus, die die Arbeiter spontan als solche empfanden. Die aufgeworfenen Fragen waren tiefgreifend, es ging um Wert, Mehrwert und Lohnarbeit. Im Dezember 1974 gab es bereits mehr als hundert Betriebe unter »Arbeiterkontrolle«, im März des folgenden Jahres waren es über zweihundert. In den meisten Fällen fand dabei lediglich ein Wechsel in der Geschäftsführung statt, für die nun das jeweilige Komitee zuständig war; an der kapitalistischen Produktionsweise änderte sich nichts. Doch obwohl sich das internationale Kapital wenig kooperativ zeigte, was Absatz, Kredite und Rohstoffe betraf (Marks and Spencer reduzierte seine Einkäufe aus Portugal um 60 Prozent, weil man mit einem Unternehmen unter »Arbeiterkontrolle« keinen Handel treiben wollte), gingen die selbstverwalteten Betriebe nicht pleite.

Es fällt schwer, eine Gesamtbilanz zu ziehen. Trotz der vielen Treffen blieb die Kommunikation schwierig. Eines der größten Mankos war das Fehlen einer von unten kontrollierten Organisation. Die Gewerkschaften und Parteien kämpften um die Vorherrschaft in den Versammlungen. In vielen Fällen vertraten die Komitees nicht die Mehrheit der Arbeiter, obwohl sie von ihnen demokratisch gewählt worden waren. Im Leitartikel einer Streikzeitung hieß es zwar: »Nur wir selbst können die Gesellschaft verändern, indem wir uns mit anderen Arbeitern organisieren. Unsere Arbeitsfähigkeit, unser Sinn für Gerechtigkeit und unser soziales Bewusstsein werden letztendlich jene Art von Gesellschaft schaffen, die wir Arbeiter wollen.« Doch die Arbeiter übertrugen häufig den

Komitees die Verantwortung für die Kämpfe und blieben selbst passiv, in der Erwartung, dass die Komitees die Sache allein in den Griff bekämen. Die Macht war ein heißes Eisen.

Die Gewerkschaftsfrage

Es gab drei grundlegende Vorschläge für die Struktur der Gewerkschaften: *pluralismo*, *unidade* und *unicidade* – Pluralismus, Geschlossenheit und monolithische Einheit. Für sie standen jeweils die PPD, die PS und die PCP. Die Unternehmer waren zu diesem Zeitpunkt schwach und schlecht organisiert; ihnen war eine zersplitterte Gewerkschaftsstruktur natürlich lieber. Am 4. Oktober äußerte die PPD ihren Standpunkt: »Der Pluralismus ergibt sich aus der freien Vereinigung der Arbeiter und nicht aus irgendeinem Gesetz, das das Recht auf gewerkschaftliche Organisierung einschränkt. Seit dem 25. April besteht eine Einheitsgewerkschaft. Dieses Muster ist in allen Ländern zu beobachten, in denen es eine Diktatur gibt, sei es von der Rechten oder der Linken.«

Die PS argumentierte klüger. Sie forderte zwar gewerkschaftliche Geschlossenheit, sprach sich jedoch gegen die Gründung eines einzigen Dachverbands aus, dem alle Arbeiter angehören sollten. Da sie selbst nur über eine schwache industrielle Basis verfügte, befürchtete sie, die PCP könne erhebliche Macht gewinnen, sollte die Intersindical zu einem solchen Verband werden. Sowohl die PPD als auch die PS bekämpften die Intersindical, auch wenn sie sie selten beim Namen nannten. Das Problem war, dass der Verband selbst ihnen Munition für den Kampf lieferte.

Die PCP und ihre Anhänger forderten die Einheitsgewerkschaft. Die Partei hatte sich in der Industrie so fest etabliert, dass sie jeden neuen Dachverband mühelos kontrollieren konnte. Die Einheit, die sie anstrebte, war die Einheit der Spinne mit den Mücken, die sich in ihrem Netz verfangen.

Die Intersindical hatte für den 14. Januar eine Demonstration angekündigt, die von der PCP (auch finanziell) unterstützt wurde. Auch die MDP-CDE, die sich vor kurzem als politische Partei konstituiert hatte, sicherte umgehend ihre Unterstützung zu und verstärkte damit Befürchtungen, dass sie nur eine Fassade für die PCP sei. Der Gedanke lautete, »eine einzige große Gewerkschaft« für ganz Portugal zu schaffen. Der »Rat der Zwanzig« der MFA behauptete in einer Erklärung, dass er die Einheitsgewerkschaft einstimmig unterstütze.[19] Zwei Tage vor der Demonstration verlas der Sprecher der Programmkommission der MFA, Vasco Lourenço, eine Erklärung im Fernsehen: »Wenn die MFA die Probleme unseres Landes und unseres Volkes nicht so gut verstehen würde, und wenn sie nicht einen so starken Zusammenhalt hätte, dann wäre der Umgang mit dem Problem durch gewisse Elemente bestens dazu geeignet, die MFA zu spalten (...), indem man andeutet, es gebe eine Absprache zwischen ihr und der PCP sowie den Versuch, die PS und die PPD aus der Koalition zu drängen.«[20]

Allmählich gefährdete die Frage den Fortbestand der Regierungskoalition. In einer Sitzung des Staatsrats drohten sowohl Sá Carneiro als auch Mário Soares mit ihrem Rücktritt, falls das Gesetz umgesetzt würde. Auch außerhalb der Regierung wurde die Frage fieberhaft diskutiert, verschiedene Gruppen veröffentlichten ausführliche Stellungnahmen. Im Radio wurde in Kommuniqués der Gewerkschaften, Diskussionsrunden und Sendungen über die Geschichte der Arbeiterklasse um Unterstützung für die Einheitsgewerkschaft geworben; Rádio Clube Português und RTP machten sich sehr stark für das Modell. Tatsächlich riefen abgesehen von den Maoisten fast alle linken Gruppen zu der Demonstration auf, die so im Nu vor allem zu einer Demonstration des Einflusses der PCP und ihrer Fähigkeit wurde, allerlei sogenannte linke und revolutionäre Gruppen hinter sich zu sammeln; mit den wirklichen Interessen der Arbeiterklasse hatte sie wenig zu tun. Abgesehen von kleinen Theoriezirkeln gab es jedoch keinerlei Einspruch.[21] 300.000 Arbeiter aus dem ganzen Land versammelten sich schließlich in Lissabon zur größten Demonstration seit dem 1. Mai 1974.

Es gab verschiedenste Transparente: »Banken für das Volk,

jetzt«; »Gegen den Kapitalismus die Einheit der Gewerkschaften«; »Kampf für den Aufbau der Volksmacht«; »Ja zur Arbeiterregierung, Nein zur Regierung der Bosse«. Banner von Arbeiterkomitees und Gewerkschaften wehten Seite an Seite im Wind und standen für die sehr unterschiedlichen Ideen, die innerhalb der Klasse vorherrschten. Als der Zug an der PS-Zentrale vorbeikam, skandierte die Menge immer lauter »Raus mit der CIA, raus mit der NATO«. Ab 19 Uhr schlängelte sich die Demonstration wie ein gigantischer Regenwurm langsam durch Lissabon, zog die Massen hinter sich her, ließ vor den Gebäuden der Feinde die Muskeln spielen und schleppte sich bis zum Arbeitsministerium, wo Vertreter der Intersindical und der Minister persönlich, José Costa Martins, Reden hielten. Costa Martins sagte, es gehe »nicht mehr um die Art der Einheit, sondern darum, ob der Wille der Mehrheit respektiert wird oder nicht«.

Die Sozialistische Partei ließ sich durch eine solche Machtdemonstration nicht unter Druck setzen. Auf ihrer Versammlung am 16. Januar kamen 15.000 Menschen zusammen, um die Idee des gewerkschaftlichen Pluralismus zu verteidigen. Mário Soares, der in den Tagen zuvor Vertreter der MPLA, der FNLA und der UNITA an der Algarve getroffen hatte, um über die Zukunft Angolas zu sprechen, war nach Lissabon zurückgekehrt und wandte sich scharf gegen die PCP: »Wenn die PCP das Spiel der Demokratie nicht mitspielt, wird dies eine Tragödie für das portugiesische Volk sein.« Der stellvertretende Parteivorsitzende Salgado Zenha sprach von einem »absolut entscheidenden Moment für das politische Leben in Portugal«, denn

> die Zukunft der Demokratie und des Sozialismus stehen auf dem Spiel. Der Gesetzentwurf über die Einheitsgewerkschaft wurde nicht von den Arbeitern gemacht. Er wurde an der juristischen Fakultät in Coimbra ausgearbeitet. (...) Die Provisorische Regierung kannte seinen Inhalt nicht. (...) Als Sozialisten lehnen wir das Gesetz ab. Der Arbeitsminister befindet sich zurzeit unter der Kontrolle der

Intersindical. Und außerhalb der Regierung sabotiert die PCP den Aufbau von Demokratie und Sozialismus in Freiheit.

Im Anschluss an diesen Angriff erklärte Soares, dass es nicht nur um die Gewerkschaften gehe, auch Radio und Fernsehen würden manipuliert. »Um nur ein Beispiel zu nennen: Wenn wirklich eine gute Million Arbeiter für die Einheitsgewerkschaft sind, warum wurde dann unser Angebot, die Frage im Fernsehen zu diskutieren, abgelehnt? Wer hat Angst vor einer offenen Diskussion?«

Aber all das war Demagogie. Niemand sprach über die wirklichen Probleme. In dem Streit zwischen PPD, PS und PCP ging es in Wirklichkeit darum, wie man die Arbeiter in einem zukünftigen Portugal der Zukunft am besten beherrschen könne. Alle zeigten ihr wahres Gesicht. Am 21. Januar 1975 – eine Woche nach der großen Intersindical-Demonstration – stimmte die Dritte Provisorische Regierung für die Verabschiedung des Gesetzes. Auf dem Papier war damit alles in Ordnung. In der Realität änderte sich kaum etwas. Die Beziehung zwischen den Gewerkschaften und den Komitees blieb eine offene Frage.

Der Widerstand gegen die Vorherrschaft der PCP in den Gewerkschaften beschränkte sich nicht auf die PS und die PPD. Auch an der Basis gab es Widerstand. Die Politiker fühlten sich durch die Macht von Intersindical genauso bedroht wie die Arbeiter, wenn auch aus ganz anderen Gründen. Die Kontrolle der Gewerkschaften durch die PCP war ein Hindernis für den Klassenkampf. Da dieser jedoch nicht einfach beseitigt werden konnte, fand er andere Ausdrucksformen.

Die meisten Forderungen der Arbeiterklasse wurden wie geschildert von den Komitees gestellt, nicht von den Gewerkschaften. Wenn es darum ging, sich zu organisieren, um irgendetwas zu erreichen, warnten die Gewerkschaften und ganz besonders die Intersindical vor Streiks, da dies nur den Faschisten helfe. In dieser Phase griffen einige Komitees – und sogar manche Gewerkschaften – die Vorherrschaft der

PCP im Gewerkschaftsapparat offen an. Dies geschah auf ganz unterschiedliche Weise:

Die Arbeiter in der chemischen Industrie hatten während der Sommermonate Versammlungen abgehalten, auf denen die Forderung nach einer Lohnerhöhung beschlossen wurde. Die Gewerkschaft der Chemiearbeiter, in der die Maoisten einen gewissen Einfluss hatten, geriet bald in einen offenen Konflikt mit der Intersindical und griff sie und ihre Unterstützer in den Medien an, weil sie eine offene Diskussion über die Streikfrage behinderten. Ende Oktober veröffentlichte ihr Vorstand in mehreren Zeitungen folgende Erklärung: »Wir müssen die Öffentlichkeit vor den opportunistischen Manövern bestimmter Personen warnen, die mit allen Mitteln versuchen, die Gewerkschaften zu kontrollieren und ihnen ihre Linie des Arbeiterverrats aufzuzwingen. Wir kennen die Taktik, Gerüchte und Lügen zu verbreiten. Aber jetzt sehen wir, dass sie Anhänger in den Zeitungsredaktionen hat.«

Die Gewerkschaft setzte ihren Kampf gegen die Intersindical und deren Position zu Streiks fort, löste sich aber später auf. Ein Teil integrierte sich vollständig in die Bewegung der Komitees. Diejenigen, denen die Kontrolle über eine Gewerkschaft wichtiger war, gründeten eine neue Gruppe, das AOC (Aliança Operário-Camponesa, »Bündnis der Arbeiter und Bauern«), »um die revisionistische PCP zu bekämpfen«.

Andere Kämpfe, die durch jeweils konkrete Umstände ausgelöst wurden, brachten noch tiefere Erkenntnisse ans Licht. Die Hafenarbeiter von Lissabon waren am 11. November in die Innenstadt marschiert, um die wirtschaftliche Gleichstellung mit anderen Arbeitern zu fordern und die Hafenarbeitergewerkschaft als Ex-PIDE-Organisation anzuprangern (ihr Vorsitzender war ein ehemaliges Mitglied der ANP). »Die Gewerkschaft muss von Grund auf erneuert werden«, hieß es in ihrem Kommuniqué, »denn sie ist durch und durch mit dem alten Regime verbandelt. Daher müssen wir den Kampf außerhalb der Gewerkschaften fortsetzen«.[22]

Die Entstehung der Inter-Empresas

Auf Initiative von Efacec-Inel wurde im Januar 1975 beschlossen, einen Dachverband der Arbeiterkomitees unter dem Namen Inter-Empresas zu gründen. Die Beschäftigten von 24 Unternehmen, darunter die größten Portugals, vernetzten sich, »um die Kämpfe der Arbeiter zu unterstützen und zu fördern«. Die Inter-Empresas stellte einen der Intersindical ebenbürtigen Block dar und fand bald in vieler Hinsicht sogar mehr Zuspruch. Folgende Belegschaften waren in ihr vertreten: Efacec-Inel, TLP, TAP, Lisnave, Setenave, ENI, Siderurgia, Cergal, Plessey, Timex, Fábrica Portugal, Rebel, Dyrup, Tecnividro, Sotécnica, Applied Magnetics, Acta, Bertrand, Nitratos de Portugal, Messa, EIP, Pfizer, Xavier de Lima und INE. Sie wurden von den Beschäftigten etlicher anderer Unternehmen unterstützt. Innerhalb der größeren Konzerne knüpften die Arbeiter Kontakte zu ihren Kollegen aus den anderen Betrieben. Vom Arbeitsministerium war keinerlei Unterstützung zu erwarten; es verhandelte lieber mit der Intersindical, auf die es sich politisch verlassen konnte – sowohl der Arbeitsminister als auch die Führung von Intersindical standen der PCP nahe.

Die Inter-Empresas hatte weder inner- noch außerhalb des Produktionsprozesses einen politischen oder rechtlichen Status, doch das hielt sie nicht davon ab, politisch einzugreifen. Als am 7. Februar 1975 NATO-Marineeinheiten in Lissabon eintreffen sollten, verbot die Regierung sämtliche Demonstrationen mit der Begründung, es handele sich um einen reinen Routinebesuch, der bereits ein Jahr zuvor organisiert worden sei. Weder die Inter-Empresas war davon überzeugt noch Tausende anderer Arbeiter, die darin einen Versuch sahen, ein autoritäres Regime in Portugal durchzusetzen.

Die Inter-Empresas rief zu einer Demonstration auf, die von der Regierung zunächst mit der Begründung verboten wurde, der Zeitpunkt sei »unpassend«. Die PCP griff die geplante Demonstration heftig an und verglich sie mit den Aktivitäten der »schweigenden Mehrheit« am 28. September. Für denselben

Tag, ein traditioneller Feiertag, organisierte sie dann einen »Karneval«. Die Inter-Empresas blieb standhaft. Sie rief erneut dazu auf, sowohl gegen die NATO als auch gegen die hohe Zahl von Entlassungen zu demonstrieren. »Wir können Entlassungen und Imperialismus nicht voneinander trennen. Das Problem der Entlassungen ist nicht eine Frage schlechten Managements. Es ist das direkte Ergebnis eines Systems – des kapitalistischen Systems – das vom Imperialismus gestützt wird. Wir können nicht zulassen, dass die NATO, die Stoßtruppe des Imperialismus, in aller Ruhe auf unserem Boden landet.«

Am 6. Februar veröffentlichte die »Föderation der Gewerkschaften des Südens«, eine der wichtigsten Sektionen der Intersindical, eine Erklärung, in der sie den Aufruf der Inter-Empresas als »einen weiteren Versuch, Verwirrung unter den Arbeitern zu stiften«, anprangerte. Doch die Demonstration fand wie geplant statt, rund 40.000 Menschen nahmen an ihr teil. Ein riesiges Transparent, das von einem Bürgersteig zum anderen reichte, wies den Weg: »Entlassungen sind die unvermeidliche Folge des kapitalistischen Systems. Die Arbeiter müssen dieses System zerstören und eine neue Welt aufbauen.«

Die Demonstranten machten sich auf den Weg zum Arbeitsministerium. Die Sicherheitspolizei rückte mit einem Großaufgebot an, zog sich angesichts der großen Menschenmenge aber wieder zurück. Dann tauchte das COPCON auf und folgte der Demonstration in Jeeps.

Als sie am amerikanischen Kulturzentrum vorbeizogen, riefen die Demonstranten laut und deutlich: »Raus mit der NATO, raus mit der CIA.« Die Soldaten des RAL-I (1. Leichtartillerieregiment), die für die Bewachung des Gebäudes zuständig waren, zeigten sich völlig erstaunt, weil es keine Demonstration der Rechten war. Als die Demonstranten skandierten: »Die Soldaten sind Söhne des Volkes«, stimmten sie in den Sprechchor ein und hoben als Zeichen der Solidarität die Fäuste. Es war ein Anblick, der jedes proletarische Herz zum Schmelzen bringen musste. Die Demonstranten befanden sich im siebten Himmel.

Vor dem Arbeitsministerium, dessen PCP-Amtsinhaber sich aus dem Staub gemacht hatte, verlas ein Arbeiter von Efacec-Inel ein Manifest. Er verurteilte die Intersindical als Organisation für Klassenkollaboration und führte weiter aus: »Die Aufgabe der Arbeiterklasse ist es nicht, mit der herrschenden Klasse zu verhandeln, sondern sie zu zerstören.« Beifall aus dem Publikum. Dann beschrieb er sehr treffend, was gerade passierte: »Die Arbeiter in den Fabriken stellen immer mehr Forderungen und beginnen, ihre Gewerkschaftsorganisationen in den Hintergrund zu drängen. Die Arbeiterkomitees sind als von den Arbeitern gewähltes Mittel entstanden, um den Klassenkampf voranzutreiben. Reformistische und revisionistische Organisationen versuchen, die Gewerkschaften zu übernehmen und die Komitees zu entmachten.« Immer wieder wurde die PCP attackiert, auch wenn sie nie namentlich erwähnt wurde.

Die Demonstration zeigte durchaus Wirkung. Den NATO-Truppen in ihren Uniformen wurde die Landung verwehrt, und die meisten von ihnen mussten die gesamte Woche auf ihren Schiffen verbringen. Der 7. Februar markierte den Eintritt der Inter-Empresas auf die politische Bühne. Ihre Demonstration wurde von allen revolutionären Gruppen unterstützt. Aber die Inter-Empresas bildete keine eigenständige politische Organisation, sondern blieb eine wirtschaftliche. Die Politik wurde vorerst den Politikern überlassen, die ihre eigenen Interessen verfolgten. Bereits am nächsten Tag billigte die Regierung den Wirtschaftsplan von Major Melo Antunes.

Der neue Wirtschaftsplan umfasste siebzig kurzfristige Maßnahmen. In seiner Rede über den Plan, veröffentlicht im *Diário Popular* vom 28. Februar 1975, erläuterte Melo Antunes seine Vision von Sozialismus: »Er schließt eine sozialdemokratische Verwaltung des Kapitalismus aus (...), nicht aber eine pluralistische Gesellschaft (...). Wir können die Rolle der Mittelschichten nicht ignorieren, und die politische Kraft, die das Projekt des Sozialismus verwirklichen will, muss dies in enger Zusammenarbeit mit verschiedenen Teilen von ihr tun.« Über den CIP kündigten 47.000 Unternehmen ihre Unterstützung für den neuen Plan an.

Die Demonstranten vom 7. Februar hatten die Zerstörung des Systems und den Aufbau einer neuen Welt gefordert. Alles, was die Regierung zu bieten hatte, war eine Mischung aus Verstaatlichung in kleinem Maßstab und einer vagen Dritte-Welt-Ideologie: ein »revolutionäres« Rezept zur Aufrechterhaltung des Kapitalismus.

Ein Reporter der Zeitschrift Correio do Povo *interviewt Arbeiter, die das seit 29 Jahren verlassene Landgut Cujancas im Alentejo besetzt haben, 1975*

V DIE KÄMPFE AUF DEM LAND

Die Struktur der Landwirtschaft

Zwischen dem Norden und dem Süden Portugals bestanden drastische Unterschiede in der Struktur der Landwirtschaft. Im Süden besaßen einige *latifundiários* (Großgrundbesitzer) rund 1.100 Anwesen von mehr als 500 Hektar, was 30 Prozent der bewirtschafteten Fläche in ganz Portugal entsprach. Im Norden dagegen gab es nur 37 *latifundios* dieser Größe, mehr als die Hälfte der Höfe verfügte nur über eine kleine Parzelle von weniger als einem Hektar (etwa die Größe eines Fußballfeldes), der Boden war meist trocken und steinig.[23] Ganze Familien trotzten solchen Grundstücken durch Gemüseanbau eine kärgliche Existenz ab, manche hatten auch ein paar Schafe oder ein, zwei Kühe. Sie lebten von dem, was sie selbst erzeugten. Die kleinsten Parzellen waren eindeutig unterentwickelt.

Viele der landwirtschaftlichen »Kapitalisten« im Süden lebten nicht selbst auf ihren Ländereien, sondern statteten ihnen nur zu bestimmten Zeiten im Jahr einen Besuch ab. Erleichtert wurde dies durch die Anpflanzung von Eukalyptus- und Korkbäumen, die wenig Aufwand und eine entsprechend geringere Zahl von Arbeitskräften erforderten. Andere Latifundien dienten ausschließlich als Jagdgebiete. Manuel Vinhas, einer der reichsten Großgrundbesitzer und zugleich größten Anteilseigner der Brauerei SCC, gönnte sich in seiner Landvilla bei Alcácer angeblich ein mit Samt und Silber überzogenes Pissoir (gewiss ein Neidobjekt für reaktionäre Dadaisten).

Die Landwirtschaft befand sich unübersehbar in Stagnation. Hatte sie 1954 noch 30 Prozent des Nationalprodukts ausgemacht, waren es 1975 nur noch 18,8 Prozent. In der Viehzucht herrschten primitive Methoden vor, mehr als die Hälfte des Agrarertrags entfiel auf pflanzliche Produkte. Die Lage der Landarbeiterinnen und -arbeiter stellte sich noch schlimmer dar, als solche Zahlen vermuten lassen. Arbeitslosigkeit war verbreitet, wenngleich durch saisonale Schwankungen teilweise verdeckt. Von November bis März gab es praktisch kaum Arbeit. Der durchschnittliche Jahreslohn zeugte von drastischer, beinahe unvorstellbarer Armut. Die Menschen waren Bauern und wurden als solche behandelt.

Einfuhrzölle bildeten eine tragende Säule gesellschaftlicher Privilegien; in der Landwirtschaft bestanden sie seit der Zeit von Salazar und dem Estado Novo. Weil der Binnenmarkt somit gesichert war, fand kaum Entwicklung statt. Die Abschöpfung von Mehrarbeit und Mehrwert wurde durch die Republikanische Nationalgarde (GNR) und die Polizei gewährleistet. 1968 betrug der durchschnittliche Tageslohn 59 Escudos für Männer und 30 Escudos für Frauen. Als 1953 eine große Streikbewegung losbrach, wurden 109 Bauern und Bäuerinnen mit Maschinengewehren niedergemäht, weil sie mehr Lohn verlangt hatten. Eine der Anführerinnen, Catarina Eufémia, die mit einer Delegation von den Feldern zum Haus ihres Verwalters marschiert war, um bessere Arbeitsbedingungen zu fordern, wurde kurzerhand von der GNR erschossen. Der Protest wurde als kommunistischer Aufstand gewertet und brutal niedergeschlagen. Solche Ereignisse sind den Landarbeiterinnen und -arbeitern des Alentejo im Gedächtnis geblieben.

Erste Konfrontationen

Der 25. April brachte eine eigene Bewegung auf dem Land hervor. Als eine der ersten Organisationen entstand in Beja im Alentejo die Landarbeitergewerkschaft (Sindicato dos Trabalhadores Agrícolas), die im September 1974 einen neuen Tarifvertrag forderte. Darüber fanden Verhandlungen mit dem Freien Verband der Landwirte (Associação Livre de Agricultores, ALA) statt, dem Sprachrohr der Groß- und Mittelbauern, an denen auch der Arbeitsminister und Vertreter der MFA teilnahmen. Der neue Vertrag erhöhte den täglichen Mindestlohn auf 120 Escudos und erlaubte im dritten Paragrafen »die Übernahme von vollständig oder teilweise ungenutztem Land durch die Zahl von Arbeitern, die für seine Bewirtschaftung als notwendig erachtet wird«. Er bahnte einer Agrarreform den Weg, konnte aber sehr unterschiedlich ausgelegt werden.

Die Losung der PCP lautete: »Das Land denen, die es bebauen.« Die Partei genoss aufgrund ihrer geschichtlichen Rolle in den Kämpfen beträchtliche Unterstützung auf dem Land und war bemüht, von Landarbeiterinnen und -arbeitern bis zu Kleineigentümern möglichst breite Wählerschichten anzusprechen. Ihre Kritik nahm die Eigentümer der rund fünfzig größten *latifundios* ins Visier: Sie sollten verstaatlicht werden.

Eine Reihe kleinerer Gewerkschaften entstand, und der Bund der Klein- und Mittelbauern (Liga de Pequenos e Médios Agricultores) begann Unterstützung zu gewinnen. Gegründet hatte ihn die PCP, um dem ALA das Wasser abzugraben, der vor allem im südlichen Alentejo aktiv war. Schwach organisiert, konnten die Arbeiterinnen und Arbeiter auf den großen Gütern leichter gefeuert werden als Fabrikbeschäftigte. Anfang November 1974 wurden dreihundert Arbeiter auf einem Landgut in Serpa (Alentejo) entlassen, nachdem die Eigentümer die Einhaltung des neuen Vertrags abgelehnt hatten. Die von der PCP kontrollierte Gewerkschaft, deren Kern bereits vor dem 25. April existiert hatte, setzte für den 4. November eine Demonstration an. Im Aufruf hieß es:

> Wir müssen unverzüglich Maßnahmen gegen das Fernbleiben von der Arbeit und die Wirtschaftssabotage ergreifen. Das würde den Überschuss an Arbeitskräften beseitigen und die landwirtschaftliche Produktivität steigern. Den Arbeitern ist die Krise im Land bewusst, doch nicht sie sind für diese Krise verantwortlich, sondern die faschistische Politik und die Kolonialkriege, die im Interesse der

Großkapitalisten geführt werden. Wir wissen, dass die wirtschaftliche Lage schwierig ist. Wenn nötig, sind wir bereit, Opfer zu bringen. Wir werden nicht auf unseren unmittelbaren Forderungen bestehen. Aber auch die Bosse müssen Opfer bringen. Sie müssen einer Erhöhung unserer Elendslöhne zustimmen. Sie haben maßlose Pachten eingestrichen. Die Arbeiter können nicht vergessen, was die Bosse 48 Jahre lang getan haben, so sehr sie selbst es auch gerne vergessen würden.

Aber es regten sich auch neue Kräfte. Das Rote Komitee des Alentejo (Comité Alentejo Vermehlo) gewann mehr und mehr Unterstützung. Zu der Übereinkunft, die Gewerkschaft und Regierung erzielt hatten, erklärte es:

> Die Landarbeiter haben für ein Jahr einen neuen Vertrag. Aber warum garantiert er keine Beschäftigung, und zwar auch für die Gelegenheitsarbeiter? Warum bezahlt der Boss an Regentagen nur eine Stunde Arbeit? Essen wir an solchen Tagen etwa nicht? Warum können die Arbeiter mit zwei Tagen Kündigungsfrist gefeuert werden? Warum leben die Bosse weiterhin in Saus und Braus, die Arbeiter dagegen in beschämender Armut? Die Aussaat ist beendet und die Oliven werden geerntet. Aber was passiert danach? Die Traktorfahrer und die übrigen Arbeiter werden ins Elend gestürzt. Wie lange soll das noch so weitergehen?
>
> Warum wird zwischen Vollzeit- und Gelegenheitsarbeitern unterschieden? Sind wir nicht letztlich alle Vollzeitbeschäftigte? Haben wir nicht alle unser ganzes Leben lang für die Bosse gearbeitet? Wenn wir einen Monat lang für den einen Boss arbeiten und dann für einen anderen – ist das dann etwa nicht Vollzeit?
>
> Wer trifft diese Unterscheidung überhaupt? Natürlich die Bosse. Die Reichen sagen, wir können nicht alle Vollzeit arbeiten, weil es nicht das ganze Jahr über Arbeit gibt. Aber wessen Schuld ist das? Wer verwendet Tausende von

Hektar als sein Jagdgebiet? Wer lässt wilde Stiere grasen, wo Weizen angebaut werden sollte? Die Menschen interessieren sich nicht für Stierkämpfe, sie wollen Brot für ihre Kinder. Die wilden Stiere werden auf Land gehalten, das die Menschen brauchen. Sie werden gemästet, nur um in der Arena getötet zu werden, während die Leute Fleisch benötigen.

Wer pflückt die zigtausend Oliven? Und wer lässt sie an den Bäumen verrotten? Wer bezahlt die Waffen der »schweigenden Mehrheit«, die über unsere Grenzen gelangt sind? Wer macht sich schuldig, den Armen das Brot zu verweigern? Wer geht ins Ausland, um Waffen zu kaufen, mit denen die Menschen hier massakriert werden? Machen wir uns keine Illusionen. Die Wirtschaftskrise wird sich noch verschärfen. Nach-dem die Bourgeoisie ihre Profite aus der kolonialen Ausbeutung verloren hat, gibt es nur einen Weg, wie sie ihren Reichtum erhalten kann: Sie muss die Ausbeutung in Portugal steigern, mehr Menschen entlassen, die Arbeitsbelastung erhöhen, die Arbeiter zwingen, mit ihrem Elend für die Krise zu bezahlen, die sie und sie allein verursacht hat. Machen wir uns keine Illusionen: Solange es Bosse gibt, wird es Armut und Entlassungen geben.

Nicht nur im Alentejo gibt es Arbeitslosigkeit. Im ganzen Land führt die Bourgeoisie Massenentlassungen durch. Manche sagen, dass sie das tut, um das Volk gegen die Regierung aufzubringen. Aber gegen wen sollten die Arbeiter sonst auch aufbegehren, wenn die Regierung mit ihren Gesetzen den Unternehmern so etwas erlaubt?

Genossen! Den Manövern der Ausbeuter müssen die Arbeiter mit revolutionärer Aktion entgegentreten. Die Einheit der Arbeiter in Stadt und Land muss gestärkt werden, um der Bourgeoisie ein für alle Mal die Macht zu entreißen und eine Volksdemokratie zu schaffen, die

- das Land denen gibt, die es bebauen, und alle *latifundiários* enteignet,
- die Fabriken denen gibt, die in ihnen arbeiten,

- alle Banken verstaatlicht, damit das Volk die öffentlichen Gelder verwalten kann.

Rotes Komitee des Alentejo, November 1974.[24]

Das Rote Komitee vertrat mehrere Tausend Arbeiterinnen und Arbeiter der Region Castro Verde im südlichen Alentejo und war an keine Partei gebunden. Als eines seiner Mitglieder wegen der Tötung eines *latifundiário* verhaftet wurde (eines gewissen Columbano, der als PIDE-Agent Dutzende von lokalen Aktivistinnen und Aktivisten ins Gefängnis gebracht hatte), sprach sich das Komitee zwar gegen solche »individualistischen Taten« aus, rückte das Geschehen aber ins richtige Licht:

> Die Tat unseres Genossen José Diogo war ein Akt der Volksjustiz, ein Schlag gegen die Reaktion. Sie war die beinahe richtige Antwort auf die Großgrundbesitzer. Wir sagen »beinahe richtig«, denn auf diese Weise können wir das Regime der Banditen, die schon immer das Volk ausgeraubt haben, nicht stürzen. Der entscheidende Schlag kann nicht von der Hand eines einzelnen Genossen ausgeführt werden, sondern nur von unseren vereinten Händen.
>
> José Diogos Beweggründe sind die Beweggründe aller Arbeiter. Auf der einen Seite der Barrikade stehen wir, die Arbeiter; auf der anderen stehen die Räuber, die *latifundiários.*
>
> Seit dem 25. April haben die Arbeiter furchtlos ihre Rechte verlangt. Wir waren bereit, mit den Landbesitzern zu verhandeln. Aber wie wir gesehen haben, besteht bei ihnen keine Gesprächsbereitschaft. Sie wollten einen offenen Krieg! Wenn es das ist, was sie wollen, können sie es bekommen! Wir, die Arbeiter, werden nicht zurückweichen.
>
> Die Eigentümer verhalten sich wie Raubtiere, denn sie wissen: Jeder Tag bereitet den Arbeitern den Boden, die das Ende des Privateigentums wollen. Sie wissen, dass wir das Land für die wollen, die es bebauen.

Genossen, im Alentejo und im ganzen Land rücken die entscheidenden Schlachten näher. Der Genosse Zé Diogo verdient unsere volle Unterstützung. Die Bosse sagen, ein Traktorfahrer habe diesen Columbano ermordet. Doch die Wahrheit der Bosse ist die eine und die Wahrheit der Arbeiter eine andere. Unsere lautet: Ein redlicher Arbeiter hat sein Recht auf Arbeit verteidigt und einem langjährigen Faschisten die gerechte Strafe erteilt. Columbano, ein alter Freund von Salazar, war in Castro Verde als PIDE-Agent bekannt.

Machen wir deutlich, dass der Arm des Genossen Zé Diogos der Arm aller kämpfenden Landarbeiter ist.
Dem Elend ein Ende.
Für das Recht auf Arbeit.
Solidarität mit Zé Diogo.
Ja zur Volksjustiz, Nein zur faschistischen Justiz.
Es lebe die Arbeiterklasse.[25]

Die Polizei verhaftete Diogo. Kurz darauf kam er frei, nur um von der MFA erneut verhaftet zu werden. Er wurde schließlich angeklagt, aber vorerst herrschte Chaos im gesamten Justizwesen, da sowohl die alten Zivilgerichte als auch die MFA Entscheidungen fällten.

Landbesetzungen

Ende Januar 1975 erschien in *A Capital* ein Bericht inklusive Foto über eine Landbesetzung in Outeiro (bei Beja im Alentejo), die eine bewaffnete Gruppe von Arbeitern durchgeführt hatte. Es folgten rasch weitere Besetzungen. Das COPCON entwaffnete die beteiligten Gruppen oft, versuchte aber nicht, sie zu vertreiben. Je nach Region nahmen die Besetzungen zwei verschiedene Formen an: Zum einen eigneten sich verdrängte Pächter ihre Parzellen wieder an, zum anderen führten Landarbeiterinnen und -arbeiter kollektiv Besetzungen durch.

In Alcácer do Sal im westlichen Alentejo gab es einige sehr große Anwesen. Das Land wurde entweder an Kleinbauern verpachtet oder für den Anbau von Oliven und Eukalyptus genutzt, große Flächen lagen aber brach. Pächter, die das Land rund vierzig Jahre lang bewirtschaftet hatten, waren kürzlich verdrängt worden. Drei oder vier von ihnen besetzten daraufhin kurzerhand ihre ehemaligen Grundstücke, was andere dazu ermutigte, ihrem Beispiel zu folgen. Gemeinsam hielten sie eine große Versammlung ab, auf der verschiedene Vorschläge gemacht wurden. Einer sah vor, das Land individuell zu bewirtschaften, wobei jeder Pächter für seine bisherige Parzelle auf dem Anwesen verantwortlich sein sollte. Einige Arbeitslose waren damit nicht einverstanden: Sie verlangten eine Lösung, die auch sie berücksichtigte. Schließlich wurde beschlossen, eine Kooperative zu gründen und die Parzellen zusammenzulegen. Die Republikanische Nationalgarde wurde angewiesen, nicht einzugreifen, und der von der MDP kontrollierte Gemeinderat versprach Unterstützung. Eine Anführerin namens Maria beschrieb die Ereignisse so:

> Früher konnten wir nichts machen, wir blieben still. Aber seit dem 25. April haben wir über das Land gesprochen. Wir übergaben der Gemeinde eine Liste mit den früheren Pächtern. Dona Laura Carraças (die Eigentümerin) weigerte sich, an einem Treffen mit dem Gemeinderat teilzunehmen. Wir beschlossen, das Land zu besetzen. (...) Die Fläche haben wir unter neunzig von uns aufgeteilt. Wir überlegen, eine Kooperative zu gründen und uns mit anderen Besetzungen zusammenzuschließen, um eine noch größere Kooperative zu bilden. Wir haben bereits angefangen, das Land zu bewirtschaften, und hoffen, dass wir einen Traktor bekommen.[26]

Bei Santarém nördlich von Lissabon geschah dasselbe. Im Januar 1975 besetzten dort mehrere hundert Landarbeiter und ehemalige Pächter einen Gutshof in Carrascal, den ein gewisser Augusto Felix da Costa 1969 erworben hatte, nur um sämtlichen Pächtern zu kündigen; ein beträchtlicher Teil der lokalen Bevölkerung war dadurch zur Emigration gezwungen. Nun ergriff da Costa selbst die Flucht. Eine Delegation wurde zur MFA geschickt, die die Besetzung billigte.

Die zweite Art von Besetzung wurde ausschließlich von Landarbeiterinnen und -arbeitern durchgeführt. So war zum Beispiel das Anwesen des Herzogs von Lafões seit Langem unterentwickelt geblieben, was den Arbeitern von Alcoentre (Provinz Ribatejo) krasses Elend bescherte. Sie besetzten das Land und gründeten die Kooperativen von Torre Bela und Ameixoeira:

> Wenn die Nation Nahrungsmittel braucht, ist es ein Verbrechen, das Land brachliegen oder von Eukalyptus überwuchern zu lassen. Welches Recht haben die Kapitalisten, es in einem solchen Zustand zu halten?, fragten die Arbeiter. Sie besetzten das Anwesen und baten um einige alte, rostige Landwirtschaftsmaschinen, die einer nahegelegenen Strafkolonie gehörten. Die Landarbeiter fordern, dass diese Maschinen, die ungenutzt herumstehen, in den Dienst des Volkes gestellt werden. Der Strafkolonie gehören auch einige Güter, die nicht bewirtschaftet werden. Sie könnten den Arbeitern von Alcoentre überlassen werden, die gerade überlegen, eine Kooperative zu gründen. Kollektivierung und Sozialisierung dieser Ländereien ist die einzige Möglichkeit, den Produzenten die Verfügungsgewalt zu geben.

Angesichts dieser Ereignisse, die sie selbst ausgelöst hatte, aber nicht steuern konnte, denunzierte die PCP die bisherigen Besetzungen als »anarchistisch«. Sie schlug vor, dass ab sofort alle Landbesetzungen von den Gewerkschaften (die unter ihrer Kontrolle standen) durchgeführt und verwaltet werden sollten.

Die Arbeiter hörten jedoch nicht auf diesen Vorschlag. Die folgenden Besetzungen wurden meistens direkt von Betroffenen organisiert, die gerade arbeitslos geworden waren. In

Casebres (bei Alcácer im Alentejo) übernahmen sie Ländereien der Kirchengemeinde Nossa Senhora de Machede. Auf der ersten Versammlung war auch die PCP anwesend; sie sprach sich gegen die Besetzung aus. Hauptmann Cardoso von der MFA erklärte, »wenn die Arbeiter auch nur einen Finger rühren gegen diese Ländereien«, würden sie alle ins Gefängnis kommen. Ein PCP-Mitglied informierte die Garnison in Évora und es wurden Truppen losgeschickt, um die Aktion zu stoppen. Außerdem fand ein Treffen von Arbeitern und Kleinbauern aus der Gegend statt, wobei sich letztere ebenfalls gegen die Besetzung aussprachen. Die Arbeiter beschwerten sich daraufhin beim COPCON, das seine Unterstützung anbot. Die Frauen verließen das Treffen, übergingen die Männer und besetzten kurzerhand die betreffenden Ländereien, die einem *latifundiário* namens Don João de Noronha gehörten. Anfangs ging es um rund 1.500 Hektar, später, nach dem 11. März, wurde das gesamte 4.000 Hektar große Anwesen übernommen. Wie bei vielen Besetzungen waren es Frauen, die die Initiative ergriffen.

Es gab etliche solcher Fälle, etwa in Monte da Virgem, in Vendinha und in Reguengos de Monsaraz, um nur einige wenige zu nennen. Wo eine Besetzung stattgefunden hatte, erschien meistens die Gewerkschaft, um ihr ein »Ziel« wie die 45-Stunden-Woche oder die Einführung eines Mindestlohns zu geben. Wie die Regierungslinie aussah, erläuterte Landwirtschaftsminister Esteves Belo am 2. Februar 1975 auf einer Demonstration in Beja: »Zurzeit importiert unser Land viele Agrarerzeugnisse für den eigenen Verbrauch. Alle Flächen müssen vollständig bewirtschaftet werden, um mehr Wohlstand zu schaffen. Der Staat wird Ländereien von Großgrundbesitzern enteignen. Die Verwaltung dieser Anwesen wird in seinen Händen liegen. Und es wird dort eine Art kulturelle Revolution stattfinden, die gewährleistet, dass die Produktivität auf das Höchstmaß gesteigert wird. Die Eigentümer werden zur Kooperation gezwungen. Der Staat billigt und unterstützt alle Besetzungen von Land, das gegenwärtig nicht bewirtschaftet wird.« Doch nicht sämtliche großen Anwesen sollten übernommen werden: »Es gibt Gutsbesitzer, die ihre Aufgabe erfüllen. Sie verdienen unseren Respekt.«

Allmählich kristallisierte sich ein bestimmtes Muster heraus: Jeder spontane Kampf führte zu einem Eingreifen des Staates, der so das Feld seiner sozialen Kontrolle erweiterte. (Darauf werde ich später zurückkommen.) Alle an der Regierungskoalition beteiligten Parteien befürworteten dieses staatskapitalistische Programm. Unterdessen gingen die Besetzungen brachliegender Ländereien weiter. Einige weitsichtige Grundeigentümer unterstützten die Bewegung sogar, indem sie den Arbeiterinnen und Arbeitern Teile ihrer Anwesen überließen.

Mehr Bedeutung hatten die Aktionen von unabhängigen Gruppen wie dem Roten Komitee des Alentejo; nach PCP und MDP stellten sie die relevanteste Kraft auf dem Land dar. Das Gewicht der beiden Parteien verdankte sich allerdings nicht etwa massenhafter Unterstützung. Vielmehr hatten sie das bisherige Machtgefüge auf dem Land übernommen: die Gemeinderäte, die *Casas do Povo* (Volkshäuser) und die Verwaltungsbehörden. Initiativen wie das Rote Komitee verdankten ihre Stärke dagegen der Tatsache, dass sie die Anliegen einfacher Landarbeiter zum Ausdruck brachten.

In dieser Phase gab es keinerlei ernsthafte Bemühung, eine Kollektivierung des Landes durchzuführen oder kapitalistische Verteilungsnormen abzuschaffen. Nur unter linken Intellektuellen wurden solche Fragen diskutiert. Sowohl die PCP als auch die MDP akzeptierten Kollektivierungen theoretisch, unternahmen aber vor wie nach dem 11. März keinen Versuch, sie praktisch in Gang zu setzen.

Im Norden stellte sich die Situation vollkommen anders dar. Hier befand sich die Mehrheit der kleinen Höfe, und der Mangel an politischer Bildung sowie alte Ängste erwiesen sich als zählebig. Die bislang in der faschistischen ANP organisierten Großgrundbesitzer in den wohlhabenden Weinanbaugebieten des Douro-Tals gehörten nun der CDS oder der PPD an; die Arbeiter lebten weiterhin in der altbekannten Unsicherheit. Die Kirche war weitgehend antikommunistisch eingestellt, wobei der »Kommunismus« im Sinne der PCP dargestellt wurde – Predigten und CDS-Flugblätter buchstabierten dies auf eine Weise aus, die keinen Zweifel zuließ. Die Abendzeitungen aus Porto und Lissabon erreichten diese Regionen kaum; falls doch, waren sie zumeist mehrere Tage alt. Mindestens 35 Prozent der Bevölkerung konnten nicht lesen und schreiben.

Zwei Kräfte bildeten sich heraus, um diese Zustände zu ändern. Die erste war die MFA, die im September 1974 eine Kampagne unter dem Schlagwort »Kulturelle Dynamisierung« initiiert hatte: Gruppen von MFA-Unterstützern gingen in die Dörfer, trugen revolutionäre Lieder vor und sprachen mit den Menschen über ihre Probleme. Sie erläuterten die Bedeutung des 25. April: Jeder konnte nun seine Meinung äußern, denn die PIDE-Agenten hatte man ins Gefängnis gesteckt. Meistens waren diese Besuche erfolgreich, auch wenn sich häufig nur der »natürliche Führer« des Dorfes zu Wort meldete. Mitunter führten die Begegnungen, die teilweise im Fernsehen übertragen wurden, zu überraschenden Ergebnissen. In einem Dorf zum Beispiel traf die MFA ein, sang Lieder, sprach über den 25. April und bat die Bewohner, sich zu äußern. Ein alter Mann meinte, Probleme gebe es in dem Dorf eigentlich kaum. Als die MFA darauf beharrte, irgendwelche Missstände müssten doch zu beklagen sein, versicherte er, dass dies nicht der Fall sei: »Es gab hier ein oder zwei Kommunisten, aber die waren nicht wirklich ein Problem.«

Eine zweite Kraft auf dem Land stellten die Studierenden dar. Die Regierung hatte sich die Forderung nach weiterführender Bildung zunutze gemacht, indem sie ein Dekret erließ, wonach jeder, der eine Universität oder technische oder agrarwissenschaftliche Hochschule besuchen wollte, zunächst ein Jahr auf dem Land arbeiten musste. Der Gedanke bestand darin, junge gebildete Leute in die Provinzen zu schicken, wo sie der Bevölkerung Lesen und Schreiben beibringen und ihr Wissen vermitteln sollten. Rund 28.000 Studierende nahmen an dem Programm teil, das auch vom Studentenverband der PCP unterstützt wurde.

Dieser *Serviço Cívico* stieß bei den meisten rechten wie linken Studierenden auf Kritik – ebenso bei den Landarbeitern und Bauern im Norden, die ihn als »beleidigend« empfanden. Rechte Studierende protestierten gegen das Programm, weil es die sozialen Privilegien der Kinder aus der Ober- und Mittelschicht gefährdete: Die einzige Möglichkeit, den *Serviço Cívico* zu umgehen, bestand darin, auf den Besuch einer weiterführenden Bildungseinrichtung zu verzichten. Linke Studierende kritisierten das Modell aus vielfältigen Positionen heraus. In der Regel lehnten sie nicht den *Serviço Cívico* an sich ab, sondern seine Planung und Organisation durch eine kapitalistische Regierung.

So kam es zur Besetzung der Agrarhochschulen. Die Studierenden erklärten, um die Landarbeiter nicht zu verdrängen, würden sie keinerlei Arbeit leisten, die diese selbst verrichten konnten. Außerdem beharrten sie auf ihrer vollständigen Autonomie von der MFA und den politischen Parteien und kündigten an, ausschließlich Beschlüsse umzusetzen, die sie auf gemeinsamen *plenários* mit den Landarbeitern treffen würden.

Gleichwohl gingen Tausende von Studierenden aufs Land, um auf den Höfen zu unterrichten und zu arbeiten. Sie stellten ein kleines Heer von Aktivistinnen und Aktivisten dar, die bei der Planung und der praktischen Durchführung von Besetzungen »halfen«. Die Vermittlung landwirtschaftlicher Methoden, Bodenanalyse und »Agitation« gingen Hand in Hand. Auch andere Probleme wie die Lebensmittelversorgung der Städte wurden diskutiert. Die Voraussetzung für jede Umgestaltung des Agrarsektors blieb jedoch die Kollektivierung des Landes. Während dies bei den *latifundios* des Südens theoretisch kein allzu großes Problem war, bestand im Norden eine völlig andere Situation.

Im Atrium des Foz-Palastes wird Salazars Statue in schwarze Plastikfolie gewickelt, eine Initiative der Demokratischen Bildenden Künstler. Dasselbe machten sie auch mit der Büste von Antonio Ferro. 28. Mai 1974

VI DAS POLITISCHE SCHACHBRETT

Die Rechte

Die MFA war in der Phase bis zu den ersten Wahlen im April 1975, die sie als »vordemokratisch« bezeichnete, das reale Entscheidungszentrum. Doch weder die Streitkräfte insgesamt noch die MFA stellten homogene Organisationen dar, sondern repräsentierten verschiedene Ideologien und Klassenpositionen. Das wurde allerdings erst später klar.

Bis zum Juli 1974 waren etwa siebzig bis achtzig Parteien entstanden. Einige rechte Gruppierungen existierten nach dem 28. September nicht mehr oder fusionierten mit anderen. Seitdem Tomás und Caetano von der Bühne abgetreten waren, herrschte Chaos in der traditionellen Rechten, im Caetano-Lager spitzten sich latente Meinungsverschiedenheiten zu. Die alte ANP war nie ein in sich geschlossenes Gebilde gewesen, und entsprechend zog es ihre früheren Abgeordneten nun in viele verschiedene Parteien. Die CDS, gegründet von Freitas do Amaral, einem Ex-Berater von Caetano und Juraprofessor an der Universität von Lissabon, war die bei weitem stärkste und aktivste. Zu ihren Gründungsmitgliedern zählten mit Pintado, Brandão und Machado ehemalige Abgeordnete, die für die Hauptströmung des alten Konservatismus standen. Besonders im Norden wurde die CDS vom katholischen Verband Opus Dei und einigen Priestern unterstützt. Finanziert vom CUF-Konzern und der Familie de Melo, setzte sie sämtliche Techniken eines modernen politischen Marketings ein: raffinierte Plakate, Anzeigen, Filme und TV-Spots. Ihr Programm veröffentlichte sie am 25. November in *Diário de Notícias* auf zwei vollen Seiten; es sah staatliche »Unterstützung« unter anderem für Krankenhäuser und das Bildungswesen vor. Die Strategie der Partei bestand darin, zunächst in den Provinzen anzusetzen, wo das politische Bewusstsein allgemein weniger ausgebildet war, und später eine Konferenz in Lissabon abzuhalten. In ihren regionalen Publikationen sprach sie von einer »kommunistischen Machtübernahme in Lissabon« und von »unseren überseeischen Gebieten, die von roten Terroristen überrannt werden«.

Ein weiteres Produkt des bisherigen Regimes war die PDC (Partido da Democracia Cristã). Sie stand noch rechts von der CDS und verkörperte die alte faschistische Bewegung vielleicht am authentischsten; Salazar hatte sie nach dem Staatsstreich von 1926 selbst gegründet. Nicht anders als früher waren viele ihrer Anhänger Mitglieder des Portugiesischen Verbands der Industrie (CIP). Nach eigenen Angaben hatte die Partei im Dezember 1974 allein im Norden 37.000 Mitglieder, doch wahrscheinlich war dies eine reine Fantasiezahl. Sie strebte ein Präsidialsystem an – bekleiden sollte das höchste Staatsamt Spínola – und schmückte sich mit dem rechten Symbol des keltischen Kreuzes, das auch die Kreuzfahrer verwendet hatten. Die PDC verfügte über sehr umtriebige Graffitisprüher: Lissabons Häuserwände waren zugepflastert mit ihrem Akronym. Und sie bekannte sich offen zur katholischen Kirche als einer Verbündeten. In vieler Hinsicht repräsentierte die PDC die Ideologie des Salazar-Regimes in Reinform.

Andere Gruppierungen der extremen Rechten waren schlecht organisiert, aber nicht ganz unwichtig. Ihr Ursprung lag im früheren staatlichen Repressionsapparat: Kleine Gruppen von ehemaligen Mitgliedern der Legion und der PIDE verfügten zusammen mit Kleinunternehmern noch immer über genügend Vermögen (und Waffen), um für Schwierigkeiten zu sorgen. Die Liberale Partei (»Kommunismus ist schlimmer als Faschismus«), die Fortschrittspartei (ehemals Föderalistische Partei) und die Portugiesische Volksbewegung waren alle so aktiv gewesen, dass sie beim Debakel des 28. September eine Rolle gespielt hatten. Nunmehr diskreditiert, verschanzten sie sich hinter ihren Waffenlagern. Schuld am 25. April war in ihren Augen die Inkompetenz Caetanos, den sie als einen Liberalen attackierten und für die »Rassenmischung« in den Kolonien verantwortlich machten. Andere Gruppierungen wie die Unabhängige Sozialdemokratische Partei (PSDI) repräsentierten das mittlere Unternehmertum. Angeführt vom ehemaligen Ministerpräsidenten Palma Carlos, hatte auch sie sich an dem Versuch beteiligt, »die linke Flut zu stoppen«. Diese verschiedenen Kräfte konnten jedoch (abgesehen vom 28. September) untereinander keine Einigkeit herstellen und blieben schwach.

Am 4. November 1974 wollte der Jugendverband der CDS eine Versammlung im Lissabonner Theater abhalten, nur wenige Häuser von der ehemaligen PIDE-Zentrale entfernt. Die Maoisten von der MRPP demonstrierten vor dem Theater und riefen Parolen wie »In dieser Straße hat die PIDE gemordet«, »Gegen den Faschismus, für die Einheit des Volkes!«. Mit untergehakten Armen blockierten sie die enge Straße und trotzten der anrückenden Bereitschaftspolizei, die zunächst Tränengas einsetzte; als die Maoisten mit Steinwürfen antworteten, schoss sie in die Menge. Ein Mensch wurde getötet, 16 weitere trugen Verletzungen davon. Zu ihnen zählte auch Saldanha Sanches, der Chefredakteur der MRPP-Zeitung *Luta Popular*, der nach dem 28. September auf Druck der Linken aus dem Gefängnis freigelassen worden war. Wutentbrannt zogen die Demonstranten um 9 Uhr abends zur CDS-Zentrale weiter, brachen durch den Haupteingang ins Gebäude ein, vernichteten sämtliche Dokumente und Akten und nahmen Vervielfältigungsapparate sowie andere Geräte mit. Die CDS behauptete später, sie hätte sich hilfesuchend an das COPCON gewandt, das aber nicht reagiert habe – und als es schließlich eintraf, wurde es unter dem Jubel der Menge empfangen. Es gab keinerlei Festnahmen. Die gesamte Episode zeugte von einer beträchtlichen Unklarheit der Taktik auf beiden Seiten. Die MES bezeichnete die Aktion als »reine Selbstdarstellung« und forderte stattdessen »Kämpfe gegen konkrete Formen von Kapitalismus und Ausbeutung«.

Die Mitte

Während der ersten sechs Monate behandelte die weitgehend linke Presse alle politischen Gruppierungen gleich; ein Manifest der PRP bekam genauso viel Raum wie eines von der PPD oder der PS. Die sogenannte revolutionäre Linke rief zu Demonstrationen auf und hatte in vieler Hinsicht die Kontrolle über die Straße, während die Parteien der Mitte (PPD, PS) und in gewissem Maße auch die eher linke PCP die Kontrolle über die Regierung besaßen. Die erste PS-Konferenz am 13. Dezember 1974 wurde mit brüderlichen Grußbotschaften aller Parteien der Zweiten Internationale überschüttet. Als Ehrengast trat Santiago Carillo auf, der für die Kommunistische Partei Spaniens sprach. Dieser unbefangene »Internationalismus« gab der PS eine gewisse politische Stärke. Die Konferenz offenbarte allerdings auch, wie brüchig die Fundamente der Partei waren. Interne Streitigkeiten drohten bei wichtigen Fragen wie dem Verhältnis zur Kirche oder den linken Gruppen die gesamte Fassade der Geschlossenheit zum Einsturz zu bringen. Mário Soares stammte aus den gehobenen Kreisen Lissabons. Seine Familie besaß das Colégio Moderno, eine exklusive Privatschule, auf der viele zeitgenössische Berufspolitikerinnen und -politiker ihre Bildung erhalten hatten; seine Gestik und Art zu reden trugen alle Kennzeichen der Mittelschicht. Soares war ein ausgeprägter Opportunist, stand stets in Tuchfühlung mit der Parteibasis und verstand es, Krisen zu meistern. In der GAPS (einer unabhängigen Gruppe innerhalb der PS) waren auch Mitglieder seiner Familie organisiert. Diese Tendenz zum Opportunismus führte bei bestimmten Demonstrationen zu einer Unterstützung der Maoisten. Zudem waren viele ehemalige Anhänger der CDE nach dem 25. April in die PS geströmt und standen links von der Parteiführung. So kam es kurz nach der ersten Konferenz zu einer folgenreichen Spaltung der PS, bei der sie dreitausend Mitglieder verlor. Die neue Gruppierung (FSP, Sozialistische Volksfront) erklärte, bei dem Konflikt gehe es nicht bloß um eine Frage der Führung oder um einzelne Personen, sondern um den Klassenkampf. Angeführt von Manuel Serra, rief sie zu Solidarität mit der MES und der LUAR auf. In ihren elf programmatischen Punkten attackierte sie »einen Personenkult, der mit wohlklingenden marxistischen Phrasen die Interessen der herrschenden Klasse vertritt«. Wie die meisten anderen Gruppierungen stand die FSP für »das Bündnis der MFA mit dem Volk«.

Soares war der Liebling der internationalen Sozialdemokratie. Die PS erhielt finanzielle Unterstützung von allen größeren Parteien der Zweiten Internationale, insbesondere von der britischen Labour Party und den französischen Sozialisten; Edward Kennedy schickte freundliche Telegramme und nahm im Februar 1975 an einer Diskussionsrunde mit der PS-Führung teil.

Die divergierenden Positionen von PCP und PS zur Frage der gewerkschaftlichen Organisierung drückten die Unterschiede zwischen ihren Zukunftsentwürfen aus. Während die PCP einen Staatskapitalismus anstrebte, trat die PS für ein sogenanntes gemischtes Wirtschaftssystem ein. In dieser Differenz bestand der Hauptgrund dafür, dass die PS international unter Kapitalisten großen Zuspruch genoss. Sie war auch weniger schleimerisch als die PCP und hatte ein besseres Gespür für die allgemeine Stimmung. So konnte sie durchaus die Verfolgung der Maoisten anprangern, wenngleich mit der wenig schmeichelhaften Behauptung, dass »solche Gruppen unwichtig sind«. Die aktiven Mitglieder der Partei beteiligten sich auch nie an den gezielten Anti-Streik-Kampagnen, die die PCP federführend betrieb. Während die PCP den CTT-Streik im Juli heftigst attackiert hatte, hatte die PS ihn unterstützt. Neben den erzkonservativen »Kommunisten« wirkte sie durchaus liberal.

Die Forderung der PS nach einer »pluralistischen Demokratie« hatte allerdings nichts anderes zum Ziel als einen liberalen Kapitalismus. Wie viel Unterstützung sie dabei erhielt, konnte man an ihrer Fähigkeit ablesen, für Massendemonstrationen zu mobilisieren. An diesem Maßstab gemessen war die PS weniger tief verwurzelt als die PCP, auch wenn spätere Wahlen ein anderes Bild ergaben. Auch die PPD erwies sich in dieser Hinsicht als schwach; ihre Anhängerschaft stammte aus der Mittelschicht, die in der Regel weniger eifrig auf die Straße geht. In den ersten Monaten nach dem 25. April besaßen die Bourgeoisie und die Mittelschichten außer diesen Parteien keinerlei eigenständiges politisches Sprachrohr.

Die Regierungsparteien hatten sich eher aus äußerer Notwendigkeit als aus Kooperationsbereitschaft zu einer Koalition zusammengefunden. Tatsächlich drohte sie ständig zu zerbrechen, auch wenn sich keine der Parteien ohne Risiko aus ihr hätte zurückziehen können. Themen wie die Intersindical und die Gemeinderäte sorgten immer wieder für erbitterten Streit. Um etwas zu erreichen, musste die PCP die Nähe zur MFA wahren, aber auch ihre politischen Rivalen ausschalten oder ihnen zumindest (und fürs Erste) einen Schritt voraus sein.

Eine Woche nach der Zerschlagung des CDS-Kongresses in Porto rief die PS zu einer Demonstration in Lissabon auf, um des gescheiterten republikanischen Aufstands zu gedenken, der sich 1895 in Porto ereignet hatte. Die Demonstration hätte großen Zuspruch finden können, doch die PCP und ihre Satellitenorganisationen reagierten heftig auf den Aufruf. Sie sprachen von einer »neuen Verschwörung« von rechts und riefen zur »Stärkung der demokratischen Einheit« auf. Für den 31. Januar 1975 – denselben Tag, für den auch die PS mobilisierte – planten sie eine eigene Demonstration.

Die MDP-CDE, MES und FSP unterstützten die PCP natürlich. »Es entsteht gerade eine neue schweigende Mehrheit«, behauptete die MES. Die FSP warnte derweil, dass

> bürgerliche Organisationen im Dienste des Kapitalismus Propaganda verbreiten, wonach die am 25. April eroberten demokratischen Rechte in Gefahr stehen. Die Realität ist eine andere. Es gibt konservative und reaktionäre Kräfte, die den weiteren Fortschritt des demokratischen Prozesses fürchten und ihn genau wie bereits am 28. September aufzuhalten versuchen. Die Verschwörung der Bourgeoisie wird von Kräften gefördert, die am 28. September (mit wenig Überzeugung) erklärten, sie würden das Programm der

> MFA unterstützen. Wir rufen zu einer Großdemonstration am 31. Januar um 19:30 Uhr am Bahnhof Entrecampos auf, um die MFA zu unterstützen und die Provokateure und Verschwörer zu zerschlagen.

Die im Radio verlesenen Kommuniqués der MDP und MES waren ähnlich gehalten. Ein Zusammenstoß zwischen PS und PCP schien unvermeidbar. Hätten die Sozialisten nachgegeben, wären sie politisch blamiert gewesen. So hielten sie an ihrem Kurs fest, warfen der PCP undemokratisches Verhalten vor und erklärten, dass sie ihre Demonstration wie geplant durchführen würden. Auch die Maoisten wollten nicht zu kurz kommen: Am 30. Januar rief die MRPP zu einer dritten Demonstration auf, die wiederum in einem anderen Lissabonner Stadtteil stattfinden sollte.

Mário Soares trat im Fernsehen auf. Er erklärte, aus Sicht seiner Partei seien »die Demonstrationen, zu denen die PCP und andere aufrufen, Gegendemonstrationen«. Zudem appellierte er an die Bevölkerung, »für die Wahlen und gegen die Reaktion zu kämpfen«. Cunhal lehnte es ab, an einer Diskussion über diese Fragen teilzunehmen, die im Fernsehen ausgestrahlt werden sollte.

Die Spannungen wuchsen, genährt durch zahlreiche Gerüchte und wenige Fakten. So hieß es etwa, vor der nördlichen Küste des Landes seien NATO-Schiffe gesichtet worden. Diese »Nachricht« schien die Annahme zu bestätigen, dass ein rechter Angriff auf das Land bevorstand. Es gab sogar Gerüchte, Soares habe um internationale Hilfe gebeten.

In letzter Minute fanden Treffen zwischen Soares und Cunhal statt, beide Demonstrationen wurden schließlich abgesagt. FSP und MDP hießen die Entscheidung pflichtgemäß gut. Nur die MES hielt an dem Vorhaben fest, erklärte allerdings, es werde lediglich eine kurze Versammlung geben. Auch die MRPP verlautbarte, nichts werde ihre Demonstration aufhalten. Das COPCON allerdings riegelte den Rossio ab, wo sie stattfinden sollte, und nahm ein halbes Dutzend Maoisten fest. Die Krise war vertagt, aber nicht gelöst worden.

Die Linke

Die linken Gruppen hätten von dem politischen Vakuum, das der 25. April hinterlassen hatte, eigentlich am stärksten profitieren müssen. Verknöchert in ihren diversen Orthodoxien besaßen sie allerdings keinerlei innere Dynamik, die dazu hätte führen können, dass revolutionäre Kräfte sich um sie scharen. Der Avantgardeanspruch, mit dem sie ständig auftraten, und die Diskussionen über ihn hatten immer wieder ihre Isolierung zur Folge. Kein Arbeiter, der eine gewisse Selbstachtung besaß, war bereit, sich von einer Handvoll radikaler Studenten »führen« zu lassen, und nichts anderes waren die linken Gruppen im Grunde. Selbst wo es ihnen gelang, Arbeiter anzuziehen, konnten sie sich nicht von der fixen Idee ihrer Führungsrolle lösen: Die Arbeiter blieben »die Masse«, deren Aufgabe darin bestand, die Korrektheit der ordnungsgemäß ausgearbeiteten revolutionären Theorien zu bestätigen. Daran änderten auch noch so oft wiederholte Zauberformeln nichts, wonach »die Befreiung der Arbeiterklasse das Werk der Arbeiterklasse selbst« sein müsse.

Die Fülle an Akronymen, die für die verschiedenen Gruppen standen, war atemberaubend. Wer damals in eine Zeitung schaute, hatte die Qual der Wahl zwischen zahllosen »proletarischen Organisationen«. Allein die Maoisten warteten mit etlichen Angeboten auf: CARP, CCRML, OCMLP, PC de P (zwei Fraktionen), FEC-ML, URML, MRPP, und so weiter und so fort. Für den Liebhaber politischer Esoterik mochte es eine interessante, wenn auch gewaltige Aufgabe sein, die Besonderheiten all der Gruppen zu studieren. Für jemanden, der nach acht oder neun Stunden Arbeit ohnehin schon Kopfschmerzen hatte, war es schlicht eine Zumutung.

1964 hatte sich eine maoistische Fraktion von der PCP abgespalten und die FAP (Frente de Acção Popular, »Aktionsfront des Volkes«) gegründet. Eine endlose Serie von taktischen Differenzen führte danach zu immer weiteren Spaltungen. Die PCP war davon überzeugt, dass der entscheidende Bruch aus den Streitkräften heraus erfolgen würde (womit sie

Recht behielt), und fokussierte ihre Praxis folgerichtig auf das Militär. Ihr militanter Arm, die ARA (Acção Revolucionária Armada, »Bewaffnete Revolutionäre Aktion«), trat erstmals 1970 praktisch in Erscheinung. Andere Gruppen führten frontale Angriffe auf das Regime und seine Institutionen durch. 1969 gründete sich die maoistische PC de P. Es folgten weitere Abspaltungen von Fraktionen, die sich am Gedankengut Che Guevaras und Maos orientierten.

Am 22. November 1974 gab die maoistische MRPP in einem Interview mit dem *Expresso* ihr Vorhaben bekannt, sich in eine reguläre politische Partei umzuwandeln und an den Wahlen teilzunehmen. Sie griff die bestehende Regierung in dem Gespräch scharf an:

> Die Reaktion befindet sich auch an der Macht. Die herrschende Klasse verfügt über zwei Taktiken: Mit einem freundlichen Lächeln und demokratischen Heucheleien versucht sie das Volk zu täuschen – und wenn das nicht mehr möglich ist, greift sie auf gewaltsame Unterdrückung zurück. Sobald die Konterrevolution, die sich unter dem Deckmantel der Provisorischen Regierung organisiert, stark genug ist, wird sie diese vermeintlich liberale und demokratische Regierung aus dem Weg räumen, um ungehindert agieren zu können.

Die MRPP unterschied sich von den meisten anderen linken Gruppen darin, dass sie die Ereignisse, die zum 25. April führten, im Kern als einen Versuch der herrschenden Klasse deutete, sich zu modernisieren. Sie entschied sich für einen Frontalangriff auf das neue Regime. Am 25. April hatte sie die Scheiben von Banken eingeworfen, sie hatte offen die Polizei attackiert und die militante Offensive gegen den CDS-Jugendkongress im Dezember angeführt.

Das Gros der linken Gruppen teilte diese Auffassung des 25. April nicht und strebte »ein Bündnis mit dem progressiven Flügel der MFA« an – eine moralisch fragwürdige Allianz, die nach ihrer Überzeugung aber politische Früchte tragen würde.

Die 1970 aus Spaltungen der PCP hervorgegangene PRP-BR zum Beispiel entschied sich nach dem 25. April für eine Organisierung innerhalb der allgemeinen Bewegung. Anders als die MRPP, die eine »wahre«, »echte« »leninistische Partei der Arbeiterklasse« aufbauen wollte, schwankte sie ideologisch zwischen dem Gedanken einer autonomen Bewegung der Arbeiterinnen und Arbeiter und der Notwendigkeit einer traditionellen Partei bolschewistischen Typs. Sie bekämpfte die faschistischen und reformistischen Gewerkschaften und versuchte in den Fabriken »revolutionäre Gewerkschaften« zu schaffen.

Eine andere Gruppe, die sich in die »allgemeine Bewegung« zu integrieren versuchte, war die MES. Sie war 1973 aus Spaltungen der PCP und der CDE hervorgegangen, hatte viele Intellektuelle und Techniker in ihren Reihen und war an der Zweiten Provisorischen Regierung mit einigen Kämpfern (oder Ex-Kämpfern) beteiligt. In vieler Hinsicht war die MES offener und ehrlicher als andere linke Gruppen. Sie verstand sich als »Bewegung« und weniger als Partei und behauptete, dass »die Umstände noch nicht reif sind für die Bildung einer Partei«. In einem Interview mit Lucio Magri (der seinerseits einer Abspaltung von der italienischen KP angehörte) sprach die MES über die Schwierigkeiten der Organisierung: »Die PCP ist als eine starke Organisation aus dem Untergrund aufgetaucht. (...) Sie ist als einzige Partei zu einer Massenmobilisierung in der Lage. Allerdings ist sie völlig außerstande, eine revolutionäre Avantgarde der Massen darzustellen. Was uns Sorge bereitet (...), ist, dass die revolutionären Avantgarden winzige Minderheiten sind, ›Grüppchen‹, und gleichzeitig allesamt die Notwendigkeit proklamieren, eine Massenpartei zu schaffen.«[27]

Das war in der Tat der Kern des Problems, wenn auch in ideologischen Begriffen formuliert. Würden sich alle Avantgarden in Massenparteien verwandeln? Oder würde es zu einem Krieg der Propheten kommen? Die MES nahm diese Schwierigkeit als erste wahr und lancierte im Januar 1975 den Slogan der »Volksmacht«. Das war für sie aber bloß ein anderer Weg zum selben Ziel: einer Massenpartei unter ihrer Kontrolle.

Die PRP-BR erklärte zunächst, »revolutionäre Gewerkschaften« würden die Basis der Partei sein. Nachdem sie eine Weile in dieser Sackgasse verharrt hatte, initiierte sie schließlich ihre »revolutionären Räte«. Anfangs aber konzentrierte sie sich auf den Aufbau von Gewerkschaften.

Sowohl für die MES als auch für die PRP bestand das Problem somit in der Organisation der Arbeiterklasse. Beide traten für Selbstorganisation ein, und beide sahen sich selbst als den Knotenpunkt dieser Selbstorganisation. Auf selige Weise übersahen sie, wie widersprüchlich dies war.

Die LUAR, 1967 als eine Gruppe für direkte Aktionen gegründet, war ein anderer Fall. Ihre Mitglieder sahen sich als ein Heer von Aktiven, das den Arbeitern zur Seite steht, wann immer man es ruft. Sie konzentrierten sich auf lokale Themen und wurden eine »Dienstleistungsgruppe« für die Besetzung von Wohnraum und anderen Gebäuden. Nur selten, wenn überhaupt, versuchten sie Kämpfe zu manipulieren. Das Charisma von Palma Inácio und ihre Art von Praxis verhalfen der LUAR zu Zuspruch unter den Arbeitern.

Politisch umfasste die LUAR Tendenzen, die sich an Rosa Luxemburg und dem Rätekommunismus orientierten. Ihre Hauptlosung hieß »Sozialismus von unten«. Während die MES in der Verstaatlichung von Schlüsselindustrien den Weg zum Sozialismus sah (wobei sie hinzufügte, dass sie »unter Arbeiterkontrolle« durchgeführt werden müsse), kritisierte die LUAR diese Position:

> Es genügt nicht, Schlüsselsektoren der Wirtschaft zu verstaatlichen; es genügt nicht, von oben herab ein paar Maßnahmen für die Arbeiterklasse zu erlassen und die gesamte Produktion der Kontrolle des staatlichen Entscheidungs- und Planungsapparates zu unterwerfen.
>
> Vor allem dürfen wir die autonome Basisarbeit der Arbeiter nicht unter dem Vorwand demobilisieren, dass die Macht ihren »verantwortlichen Vertretern« anvertraut

> wird. (...) Die einzige Garantie dafür, dass die Macht im Interesse der Arbeiter ausgeübt wird, besteht darin, dass die Arbeiter sie dort, wo sie arbeiten und leben, selbst ausüben. Wenn der Sozialismus nicht nur eine Rationalisierung sein soll, bei der die Arbeiter einer Produktion untergeordnet werden, die mit mehr Effizienz und Planung betrieben wird; wenn der Sozialismus im Gegenteil die Unterordnung der Arbeit unter die Interessen der Arbeiter und ihre Emanzipation von der kapitalistischen Macht bedeutet – dann kann der Kampf für den Sozialismus nicht die Regierung einer Partei, Gruppe, Klasse oder Kaste zugunsten der Arbeiter zum Ziel haben, sondern nur eine Regierung durch die Arbeiter und für die Arbeiter. (...) Die Unterstützung für die MFA (...) muss also an Bedingungen geknüpft werden: Sie gilt ihren fortschrittlichen Maßnahmen, die paradoxerweise die Macht des Staates (und der Regierung) als eine Macht über die Arbeiter tendenziell auslöschen, indem sie es diesen ermöglichen, die Keimzellen einer anderen Gesellschaft zu schaffen.[28]

Wie wir sehen werden, hatten selbst die Verfechter der libertärsten Vision von Sozialismus noch etliche Illusionen über die Rolle der MFA und des Staates, während andere Gruppierungen wie die MRPP solche Illusionen zwar weniger hegten, dafür aber für eine alptraumartige Vision von Sozialismus einstanden, mit der sie jede potenzielle Unterstützung verspielten. Die MRPP verstand, was Macht ist, und erhob Anspruch auf sie. Wenn sie die Welle war, auf der man in die Zukunft reiten sollte, verwundert es nicht, dass die Menschen sich aufs Festland retteten.

MES, PRP, MRPP und die kleineren maoistischen Gruppen waren alle in den Fabriken aktiv, wobei sie sich gewöhnlich bereits laufenden Kämpfen anschlossen und »Hilfe« zu leisten versuchten. In den meisten Fällen spielten sie eine negative Rolle: Sie riefen Spaltungen hervor und brachten Probleme mit, die es dort vorher nicht gegeben hatte.

Dass die vielen Avantgardegruppen nicht miteinander auskamen, versteht sich von selbst, denn in ihrer Konkurrenz um die proletarische Klientel mussten sie häufig aneinandergeraten. Nach einer Weile schlossen sich ihnen nur noch wenige neue Leute an. Wenn eine Partei Mitglieder hinzugewann, bedeutete dies nunmehr, dass eine andere sie verloren hatte, was vermutlich erklärt, weshalb sich die diversen Gruppen erbitterter untereinander bekämpften, als sie je gegen die Rechte vorgingen.

Als die MES auf ihrer Konferenz Anfang 1975 »die Verstaatlichung von Banken und Versicherungen unter Arbeiterkontrolle« forderte, wurde sie von der PRP-BR attackiert:

> Die MES hat einen Kongress hinter verschlossenen Türen abgehalten. Nach ihrem politischen Selbstverständnis hat sie nur die besten Absichten, so wie es jeder Intellektuelle »im Dienste« der Arbeiterklasse von sich behaupten kann. Doch was zählt, ist die Praxis. (...) Die MES existiert erst seit dem 25. April, davor waren ihre heutigen Kader auf verschiedene halblegale Aktivitäten verstreut. Der 25. April schuf die Bedingungen für die Geburt der MES. Als eine legale Partei wächst sie durch die Legalität ihrer Praxis. Jede demokratische Regierung braucht eine Opposition, »eine Opposition ihrer Majestät«, wie Lenin bemerkte. Genau diese Funktion erfüllt die MES. Sie ist eine gesittete, »ausgewogene«, besonnene Opposition. Sie ist zwar nicht an der Regierungskoalition beteiligt und fordert daher die »Diktatur des Proletariats«. Aber schon morgen könnte sie sehr wohl durch die Hallen der Macht wandeln. Das zeigt allein schon die Einladung an die PCP, an ihrem Kongress teilzunehmen. Die MES, die sich so rigide und antireformistisch gibt, erklärt, die PCP sei nicht reformistisch, da sie eine Massenbasis besitze. Wir empfehlen ihr, sich mit der Labour Party zu solidarisieren, denn die hat die Mehrheit der britischen Arbeiter hinter sich.[29]

Bei bestimmten Themen gingen die linken Gruppen manchmal auch Bündnisse ein, was nicht zuletzt den Grund hatte, dass sie zu schwach waren, um ihre Streitereien endlos fortzusetzen. Trotz aller Unterschiede teilten sie ausnahmslos fast instinktiv Lenins verachtungsvolle und zutiefst bürgerliche Überzeugung, auf sich allein gestellt könnten die Massen lediglich ein gewerkschaftliches Bewusstsein entwickeln. In dieser Hinsicht waren die Gruppen leninistisch im tiefsten Sinne des Wortes. So viel sie auch von Sozialismus sprachen – ihr Ziel bestand darin, in Portugal einen Staatskapitalismus zu installieren und selbst an die Machthebel zu gelangen. Von der PCP unterschieden sie sich nur dadurch, dass sie schwächer waren und verbalradikaler auftraten.

Alle linken Gruppen hatten Zugang zur Presse, wobei die nicht-maoistischen mehr Raum erhielten. Ihre Stellungsnahmen und Programme wurden gedruckt und erreichten eine breite Öffentlichkeit, sofern die Zeitungen eine gewisse Präsenz hatten (was im Süden viel stärker der Fall war als im Norden). Auch in den Zeitungen selbst waren die Linken insbesondere als Journalisten und Journalistinnen stark vertreten.

Die Polarisierung

Während die Parteien der Mitte Propaganda »für Demokratie« und »gegen Faschismus« machten, wurde die CDS weiterhin von der Linken als »neuorganisierte faschistische Partei« angegriffen. Ihr erster großer Kongress am 25. Januar 1975 musste sogar abgebrochen werden.

Seit dem frühen Morgen hatten sich die Delegierten im Palácio de Cristal in Porto versammelt. Mittags verteilten sie sich auf Arbeitsgruppen, um verschiedene Themen zu diskutieren, und um 15 Uhr fand eine Pressekonferenz statt, auf der die Partei erklärte, die CDS habe die Tür zu einem Europa geöffnet, das nicht kommunistisch, sondern wirklich demokratisch sei. Auf dem großen Spruchband hinter dem Zentralkomitee stand »Für Fortschritt in einer wohlhabenden Gesellschaft«. Geoffrey Rippon, im Schattenkabinett der britischen

Konservativen als Außenminister vorgesehen, sprach von der Freundschaft zwischen den beiden Parteien. In ähnlichem Geist erklärte der Vizepräsident des deutschen Bundestages, der Kongress verkörpere »die Hoffnungen des freien Europa«.

Unterdessen sammelten sich Kräfte der radikalen Linken in der Stadt. Unter der Ägide einer Dachorganisation, der GAAF, hatten Mitglieder von LUAR, PRP-BR, LCI, MES und der Juventude Socialista für den Abend zu einer Demonstration aufgerufen. Mit Parolen wie »Gegen den Faschismus, für die Volksoffensive!« und »Tod der CDS und jedem, der sie unterstützt« marschierten sie in Richtung des Palácio de Cristal los. An einer Kaserne machten sie halt und verlangten, dass der Kongress beendet werde. »Der Kongress wird nicht weitergehen, weil das Volk es nicht zulässt«, riefen sie. Gegen 20 Uhr kamen sie am Palácio an, inzwischen war der Zug auf rund 5.000 Menschen angewachsen.

Drinnen gerieten die Redner in Panik, denn jetzt dämmerte ihnen, dass sie umzingelt waren. Noch angespannter wurde die Stimmung in der Kongresshalle, als bekannt wurde, dass die Streitkräfte teilweise die Posten der Bereitschaftspolizei übernommen hatten. Kurz nach 21 Uhr wies Freitas do Amaral die Kongressteilnehmer an, Sicherheitsmaßnahmen zu ergreifen; aus alten Matratzen und Stühlen bauten sie Barrikaden. Um 21:30 Uhr wurde die Fortsetzung des Kongresses auf unbestimmte Zeit vertagt.

Die Dunkelheit brach an. Als die Republikanische Nationalgarde (GNR) zum Schutz der Delegierten mit Hunden und Maschinengewehren anrückte, reagierten die Demonstranten mit wütenden Parolen: »Rache für Catarina Eufémia!« – die junge Landarbeiterin, die die GNR 1954 ermordet hatte. Es flogen Steine, die Polizei antwortete mit Tränengas. Die Demonstranten zogen zum Haupteingang des Gebäudes und brachen die Tür auf. Erste Schüsse der Polizei waren zu hören. Zwischen Linken und CDS-Delegierten, die einen Verteidigungstrupp gebildet hatten, kam es zu Prügeleien, draußen wurden Molotow-Cocktails auf die geparkten Autos von Delegierten geschleudert. Ein Mercedes und ein Jaguar brannten vollständig aus. Der Stadtteil von Porto war zum Schlachtfeld geworden.

Anwohner verteilten Zitronen an die Demonstrierenden, um die Wirkung des Tränengases halbwegs einzudämmen. Ein Alfa Romeo ging in Flammen auf, die Menge brach in Jubel aus und skandierte »Verbrennt die CDS!«. Zwölf Verletzte wurden ins Krankenhaus gebracht.

Schließlich traf das COPCON ein. Einige der Soldaten wurden von den Demonstrierenden umarmt. Die Bereitschaftspolizei zog sich zurück, und schlagartig hatte die Gewalt ein Ende. Ein Leutnant forderte die Menge auf, nach Hause zu gehen, und versicherte, man werde den Kongress auflösen. Niemand rührte sich. Auch ein gleichlautender Appell im Radio stieß auf taube Ohren. Das COPCON ordnete an, die CDS-Flagge vom Gebäude zu entfernen. Die Menge rührte sich noch immer nicht, durch viele junge Arbeiterinnen und Arbeiter war sie sogar noch angewachsen. Die Situation blieb festgefahren: Die CDS-Delegierten harrten in der Kongresshalle aus, die Linken hielten sie umzingelt.

Gegen 23:30 Uhr rückte eine berittene Einheit der Nationalgarde an. Als sie in Sichtweite kam, wurden Barrikaden errichtet. Doch das COPCON bezog zwischen den beiden Seiten Stellung und gab Warnschüsse über die Köpfe der Nationalgarde ab. Sie zog sich zurück. Bis tief in die Nacht blieben die Demonstrierenden vor dem Gebäude und diskutierten die Lage. Um 5 Uhr morgens waren nur noch rund hundert Leute da.

Aus Lissabon wurden Fallschirmjäger eingeflogen. Es bestand die Befürchtung, die Lage könne am Morgen erneut eskalieren und zu einer Konfrontation zwischen Militär und Nationalgarde führen. Um 8 Uhr morgens blockierten Armeefahrzeuge die gesamte Gegend. Rund 180 Autos verließen fluchtartig das Gelände der Kongresshalle. Die Schlacht war vorbei. 17 Menschen – zwölf Zivilisten und fünf Polizeibeamte – waren verletzt worden.

Im Laufe der Nacht hatten verschiedene politische Gruppierungen Stellung zu den Ereignissen bezogen. Die CDS war völlig verstört und sprach von einem Rückzug aus dem öffentlichen Wahlkampf, den sie nun nur noch klandestin organisieren könne. Tatsächlich hielt sie am 22. Februar 1975 einen geheimen Parteitag in Lissabon ab. Wie viele Delegierte daran teilnahmen und aus welchen Orten sie stammten, gab sie nicht bekannt.

Konferenzen und Versammlungen der CDS wie auch der PDC waren ab Januar 1975 immer wieder Zielscheibe von Attacken. Eine Veranstaltung der PDC wurde von einer unbekannten Gruppe mit Schusswaffen angegriffen. Schätzungen zufolge wurde von Januar bis April 1975 fast die Hälfte der Zusammenkünfte der beiden Parteien und der PPD gesprengt oder zumindest gestört. Die PDC war praktisch völlig diskreditiert – nur wenn Major Sanches Osário als Redner auftrat, fand sich überhaupt eine nennenswerte Menschenmenge ein – und die CDS schien kurz vor dem Aus zu stehen. Das nächste Angriffsziel der Linken konnte nur die PPD sein.

Sie hielt am 7. März 1975 eine Zusammenkunft im Marineklub von Setúbal ab, einer großen Industriegegend vierzig Kilometer von Lissabon. Rund 2.000 Demonstranten aus den Reihen von LUAR, MES, FEC-ML, FSP, UDP und der PRP-BR versammelten sich vor dem Klub in der Avenida Luísa Todi, der von etwa hundert Polizisten geschützt wurde. Die Menge skandierte »Nieder mit der PPD und der Reaktion!« und verbrannte das Banner der Partei, die Polizei versuchte sie daran zu hindern, in den Klub einzudringen. Sie eröffnete das Feuer und zielte dabei tief, wie die Verletzungen zeigten. Ein Demonstrant wurde getötet, 14 blieben verwundet zurück. Als die Nachricht im Radio kam, setzte in der gesamten Gegend eine Mobilisierung ein. In Setúbal hatte die PCP viele Anhänger, die aber keineswegs unter ihrer Kontrolle standen. Als die Kämpfe anhielten, wurden Truppen zur Verstärkung der Fallschirmjäger aus der Escola Prática de Infantaria herangekarrt und ersetzten die Bereitschaftspolizei.

»Das ist der schwerwiegendste Vorfall seit dem 25. April«, hieß es in einer Erklärung der PPD. »Er gefährdet die gesamte Revolution.« Die Maoisten waren aufgrund des Tods ihres Genossen außer sich vor Wut und skandierten »Setúbal ist rot!«, »Nieder mit der Reaktion!«, »Kommunismus!«, »Vernichtet die PPD!«. Sie marschierten zum Hauptquartier der Bereitschaftspolizei und forderten die Verhaftung der für den Schusswaffeneinsatz Verantwortlichen. Die Fallschirmjäger beobachteten die Situation wachsam, griffen aber nicht ein.

Die fünfzig Beamten, die sich in der Polizeistation befanden, wurden die Nacht über und den gesamten folgenden Tag belagert. Der für die Fallschirmjäger zuständige Oberst wandte sich an eine Gruppe von Demonstranten, erreichte aber nichts. Später am Abend erklärte er der Menschenmenge über einen Lautsprecher, dass die Polizeibeamten evakuiert würden. Die Truppen wurden ausgebuht. »Die Soldaten stehen auf der Seite des Volkes«, betonte der Oberst. »Warum werden dann die Polizisten befreit?«, hieß es zur Antwort. Die Gefangenentransporter der Polizei (in denen diesmal zur Abwechslung Polizisten saßen) wurden mit Tritten und Schlägen traktiert, als sie eilends davonbrausten. Die Gesamtbilanz: ein Toter, dreißig Verletzte.

Die Episode war aufschlussreich. Aus Angst davor, Unterstützung zu verlieren, hatten die Truppen nicht eingegriffen. Wären sie gegen die Demonstranten vorgegangen, wenn man es ihnen befohlen hätte? Viele der Soldaten kannte man in der lokalen Bevölkerung persönlich. Das war der springende Punkt, und die Befehlshaber wussten es. Sie waren klug genug, keine Experimente zu wagen.

Eine kleine Gruppe von Maoisten zog zum Hauptquartier der Escola Prática, um wegen des Vorfalls zu protestieren, doch die überwältigende Mehrheit mied jede Konfrontation mit den Truppen. Ein Reporter des britischen *Guardian* und ein Fotograf des amerikanischen *Time*-Magazins wurden verprügelt, als sie gerade telefonisch ihre Berichte nach Lissabon übermittelten. Grund dafür war ihre wenig vorteilhafte Darstellung der Proteste gegen den CDS-Parteitag in Porto und ihre feindselige Einstellung zu den politischen Umbrüchen in Portugal. Generell unterstützten europäische und amerikanische Zeitungen die CDS und die PPD – nicht immer offen, aber doch unterschwellig. In Berichten über das Geschehen auf der Straße warfen sie die PCP meistens mit den vielen linken Gruppen in einen Topf (was die PCP zur Weißglut brachte). Mit ihrer Auswahl berichtenswerter Ereignisse hoben sie ein Klima der Angst hervor, während das weit verbreitete Gefühl der Freude keine Erwähnung fand. Im Vordergrund stand durchgängig, was die Politiker sagten, nicht das, was die Menschen taten. Die Korrespondenten versuchten gar nicht erst, das Geschehen zu begreifen, sondern trivialisierten es. Offenbar blieben sie meistens in ihren Hotelzimmern oder den internationalen Bars von Cascais und tauchten nur dann auf, wenn PPD- oder CDS-Politiker sie einluden. Oder war es eine in London und Paris festgelegte politische Linie, die den Inhalt ihrer Artikel bestimmte? Mit wenigen Ausnahmen wie der *Financial Times* und *Le Monde* fiel die Berichterstattung in den westlichen Medien ausnahmslos negativ aus. Das stellten nicht nur der Ministerpräsident Vasco Gonçalves und hochrangige MFA-Mitglieder wie Rosa Coutinho fest, sondern auch Mário Soares und Álvaro Cunhal. Journalisten sind Chamäleons der übelsten Sorte. Wann immer sich der Wind politisch dreht, ändern sie ihre Farbe – und etwas anderes von ihnen zu erwarten, wäre utopisch. Sie richten sich stets nach dem Augenblick, und auch dieser Augenblick stand im Zeichen des Kapitalismus.

Eine Dame küsst einen Soldaten am 11. März 1975

VII DIE MFA – DIE BEWEGUNG DER STREITKRÄFTE

Anfänge

Das portugiesische Militär hat eine lange politische Geschichte. Es war der Ausgangspunkt der republikanischen Revolution von 1910 wie auch des erfolgreichen Staatsstreichs von 1926. Von 1926 bis zum Zweiten Weltkrieg erlebte Portugal eine atemberaubende Zahl von Putschversuchen. Im Unterschied zu ähnlichen politischen Kräften, die im Europa der 1920er und 1930er Jahre an die Macht gelangten, beruhte die Stärke des portugiesischen Faschismus auf dem Militär. Eine faschistische Massenbewegung wie in Italien oder Deutschland gab es hier nicht. Die Macht lag in den Händen einer Reihe von paramilitärischen Formationen; als Rückgrat des Salazar-Regimes galt allgemein die Lissabonner Militärakademie, eine Kaderschmiede für Offiziere. Salazar hatte die Macht mit Hilfe des Militärs erlangt, musste sich ihm in der Folge aber unterordnen.

Die Offiziere besaßen innerhalb des Militärapparats gewisse Spielräume, und diese Freiheit versuchten sie 1930, 1931, 1954 und 1962 für Putsche zu nutzen. Für die einfachen Soldaten existierte eine solche Freiheit nicht. Die PIDE wiederum begann die Streitkräfte erst nach dem gescheiterten Staatsstreich unter Führung des ehemaligen Generals Humberto Delgado zu infiltrieren. Selbst dann blieben ihre Aktivitäten aber begrenzt, und sie konnte nicht eigenständig agieren. Gegen rebellische Einheiten wurde auf Befehl der Militärführung gewöhnlich die Nationalgarde mobilisiert.

Die Struktur der portugiesischen Streitkräfte hatte sich seit dem Zweiten Weltkrieg immer wieder geändert, und auch ihre Klassenzusammensetzung befand sich im Wandel. Während der 1950er Jahre geriet die militärische Laufbahn bei den wohlhabendsten und einflussreichsten Familien des Landes in Misskredit; die Aristokratie und die obere Mittelschicht schickten ihre Söhne nicht mehr auf eine der »prestigeträchtigen« Militärakademien, sondern auf die Universität oder andere höhere Bildungseinrichtungen. In den frühen 1970er Jahren fanden sich auf den oberen Rängen im Militär ausnahmslos Personen, die die Familiennamen der Oberschicht trugen. Weiter unten in der Hierarchie verschwanden diese Namen. Mit dem Beginn dreier Kolonialkriege halbierte sich die Zahl der Neuanwärter auf den Militärakademien; bis 1972/73 war sie auf ein Viertel des Standes von 1958 gefallen.

Aufgrund der Wehrpflicht wurden viele Offiziere direkt von den Universitäten und Hochschulen rekrutiert, hastig militärisch ausgebildet und beinahe sofort nach Afrika verschifft. Viele der Männer, die sich später am Putsch des 25. April beteiligten, waren in den frühen 1960er Jahren Studenten gewesen – in einer Zeit lebhafter Debatten und großer Umbrüche.

Die Ausbildungsprogramme während der 1960er Jahre hatten Soldaten den Besuch einer Universität oder technischen Hochschule ermöglicht, wo sie Ingenieurswesen oder Mechanik studieren konnten. Viele Soldaten aus proletarischen und bäuerlichen Familien wurden später aufgrund der Qualifikationen befördert, die sie auf diese Weise erwarben. Durch Kontakte mit Studierenden und insbesondere durch die Infiltration von PCP-Zellen entstanden erste Widerstandsnester im Militär, auch wenn sie meist nur wenige Mitglieder zählten. Ab 1971 bildeten sich in Einheiten von Heer und Marine kleine politische Kerne wie die RPA (Resistência Popular Antifascista), die Flugblätter verteilten und Propaganda gegen den Krieg und die ihm zugrundeliegende Kolonialpolitik betrieben.

Der Sold war eindeutig eine Schwachstelle des ganzen Systems: Wehrpflichtige verdienten rund 150 Escudos, was nicht einmal für ein Paar Stiefel reichte, bei den Offizieren ging die Bezahlung dann steil in die Höhe. Ein wehrpflichtiger Mann mit Familie war zu unvorstellbarem Leid verurteilt, wenn er zum Zwangsdienst in eine der Kolonien geschickt wurde. Die Wehrdienstzeit betrug 1962 zwei Jahre, 1971 war sie auf vier Jahre gestiegen und umfasste gewöhnlich 9 bis 24 Monate Einsatz in Übersee.

Die unnachgiebige Position des Salazar- und später des Caetano-Regimes in der Kolonialfrage nützte nur einer winzigen Minderheit. Die Angola abgepressten Profite und die südafrikanischen Zahlungen für Arbeiter aus Mosambik, die jenseits der Grenze arbeiteten, bereicherten die Herrschenden in Portugal. Welchen Preis die Arbeiterklasse in Form von Unterdrückung und Tod dafür entrichten musste, erschien in keiner nationalen Bilanz. Tausende junge Männer desertierten, Zehntausende entzogen sich der Einberufung und flohen aus dem Land.

Neben einer Infiltration durch PCP-Zellen wurden die Streitkräfte auch frontal angegriffen. Gruppen wie die LUAR oder die PRP-BR attackierten die herrschende Politik, indem sie Einheiten des Militärs attackierten: Kasernen wurden gestürmt, Schiffe in die Luft gejagt. Dies war der Hintergrund, vor dem die »Bewegung der Hauptleute«, die »Movimento dos Capitães«, geboren wurde.

Wie jede andere Institution hatten auch die Streitkräfte PIDE-Spitzel angezogen. Doch die Offiziersränge erwiesen sich als schwieriger zu infiltrieren. Die ersten klandestinen Kontakte zwischen Offizieren kamen im Juni 1973 zustande – in Reaktion auf eine Feierlichkeit des rechtsgerichteten »Verbands der Kriegsveteranen«, der »mehr konkrete Maßnahmen gegen den roten Terror« verlangte.

Vermutlich trafen sich zur selben Zeit bereits etliche verschiedene Gruppen und schlossen sich erst später zusammen. Ein Gesetz vom September 1973, das heimkehrenden wehrpflichtigen Offizieren eine dauerhafte Eingliederung ins Berufsmilitär ermöglichte, bewirkte viel Unruhe. Dasselbe galt für die Lohnforderungen der regulären Unteroffiziere.

Laut dem Journalisten Luis Carandell, der mit der Bewegung seit ihren Anfängen in Kontakt stand, trafen sich verschiedene Strömungen von Unzufriedenen erstmals in Cascais, einem Mittelschichtsvorort von Lissabon. Zweihundert Offiziere waren anwesend, allesamt Berufssoldaten. Danach fanden regelmäßig kleinere Treffen statt, um über die Auswirkungen des Krieges und die politische Lage zu diskutieren. Am 1. Dezember 1973 wurde bei einer solchen Zusammenkunft beschlossen, einen Staatsstreich durchzuführen, sobald sich die Gelegenheit dazu bieten würde.

Unterdessen deuteten rechte Generäle Portugals Öffnung für den Handel mit Ländern der Europäischen Wirtschaftsgemeinschaft fälschlicherweise als eine Politik der »Liberalisierung«. Angeführt von General Kaúlza de Arriaga unternahmen sie im Dezember 1973 einen Putschversuch. Er scheiterte am Widerstand der »Bewegung der Hauptleute«, die er so noch konsolidierte.

Ein Manifest, das offenbar im Februar und Anfang März 1974 in den Streitkräften kursierte, macht deutlich, was damals diskutiert wurde. Ein Begleitbrief rief zur Solidarität mit Kameraden auf, die verhaftet worden waren und nun im Gefängnis von Trafaria saßen. Eindringlich hieß es, alle müssten nun standhaft bleiben und man dürfe in Heer, Marine und Luftwaffe keinerlei Spaltungen zulassen.

Kurz darauf ging von Caldas da Rainha ein militärischer Aufstand aus, der jedoch fehlschlug. In einem weiteren, auf den 18. März datierten Manifest der »Bewegung der Hauptleute« hieß es, vier Kameraden seien festgenommen worden. Ausdrücklich wurde außerdem die Entscheidung der Generäle Spínola und Costa Gomes sowie von Admiral Bogalho gutgeheißen, nicht an einer Demonstration zur Unterstützung Caetanos teilzunehmen. Die Truppen in Caldas hätten überstürzt gehandelt, verdienten aber uneingeschränkte Solidarität: »Ihr Anliegen ist auch unseres.« Aufs Schärfste verurteilte das Manifest die Einheiten von PIDE/DGS, Republikanischer Nationalgarde und Portugiesischer Legion, die das 5. Infanterie-Regiment, das abends aus Caldas ausgerückt war, gestoppt hatten. Abschließend rief es zur Wachsamkeit auf; die Anhänger der Bewegung sollten sich bereithalten und auf das richtige Signal warten.

Brigadegeneral Otelo Saraiva de Carvalho (im Folgenden kurz Otelo), damals noch Major, schilderte später, wie schwierig es war, sich unter dem Caetano-Regime zu organisieren. Er erzählte, am 12. März 1974 habe er General Spínola zuhause aufgesucht und ihn gefragt, ob er wisse, was Caetano in Kürze im Parlament bekanntgeben wolle. Spínola teilte ihm mit, er selbst sowie General Costa Gomes würden von Caetano entlassen werden. Gomes hatte die Publikation von Spínolas Buch *Portugal und die Zukunft* genehmigt, in dem dazu aufgerufen wurde, den Kolonialkonflikt nicht militärisch, sondern politisch zu lösen. Weiter schilderte Otelo:

> Wir arbeiteten einen kleinen Operationsplan für fünf Einheiten aus – im Wesentlichen für die Escolas Práticas, das 5. Infanterieregiment und eine Fallschirmjägereinheit –, beteiligt waren außer mir Oberstleutnant Garcia dos Santos, Major Casanova, Major Monge, Fähnrich Gerdes und, wenn ich mich nicht irre, Major Azevedo. Am 13. März (...) wurde uns klar, dass der Plan, der in der Nacht auf den 14. umgesetzt werden sollte, nicht durchführbar war. (...) Die Einheiten demobilisierten – mit Ausnahme des 5. Infanterieregiments, das sich weiterhin in »Kriegsbereitschaft« befand und uns (...) mitteilte, dass es allein weitermachen würde. Major Casanova (...) versuchte, sie zu beruhigen, indem er ihnen versicherte, dass wir bald einen neuen, besseren Plan haben würden. Er bat sie, bis zum kommenden Montag zu warten. Am 15. trafen wir uns, Major Casanova, Major Monge, Hauptmann Marques Ramos und ich (...). Einige Einheiten waren sehr ungeduldig. (...) Aus Lamego erreichte uns die Nachricht, dass eine Einheit revoltiert hatte und bereit war, auszurücken. Es herrschte große Begeisterung, vor allem bei Major Monge, der uns andere drei ansteckte. (...) Um 21:30 Uhr trennten wir uns und sahen uns erst am 15. April wieder (...). Ich ging meinen Aufgaben nach. Wir unterhielten keinerlei Verbindung miteinander (...). Später erfuhr ich, dass Major Monge die ganze Nacht über am Telefon verbrachte, um herauszufinden,

welche Einheiten mit nach Lissabon kommen würden. Niemand war dazu willens. (...) Schließlich blieb nur noch die Einheit von Caldas da Rainha übrig, die als einzige vorbereitet war. Um 6 Uhr morgens erfuhr Major Monge, dass das RI-5 tatsächlich auf Lissabon vorrückte, und suchte verzweifelt Major Casanova bei sich zu Hause auf, um ihn zu bitten, sie abzufangen und gemeinsam zur Umkehr zu bewegen, da sie die einzige verbliebene Einheit war. Ich kehrte morgens um 5:30 Uhr nach Lissabon zurück und ging zu Major Monges Haus. Dort standen bereits drei DGS-Wagen. (...) Ich fuhr nach Encarnação, wo er die RI-5-Kolonnen empfangen sollte (...), doch ich traf niemanden an, nur Wagen der DGS und der Polizei standen dort. (...) Ich blieb bis 7 Uhr morgens und sah die Kolonnen der 5. und der 7. Kavallerie anrücken [um den Putsch zu stoppen]. Als ich gegen 22 Uhr nach Lissabon zurückkehrte, (...) erfuhr ich, dass Major Monge und Casanova nach Caldas zurückgekehrt waren und sich in der Kaserne verschanzten.[30]

Der Putschversuch am 16. März scheiterte, doch die Verhaftungen und Folter in der Folge stärkten die Entschlossenheit der Bewegung. Sie entschied, keine weiteren Kommuniqués zu verfassen. Stattdessen traf sich ein Koordinationsausschuss, um ein Programm zu verabschieden. Derweil hatte die Militärführung viele Offiziere, die im Verdacht standen, sich an dem Aufstand beteiligt zu haben, in andere Einheiten versetzt, um das Wachstum von Zellen Unzufriedener einzudämmen. Tatsächlich half dies der Bewegung aber, denn so konnte sie ihre Auffassungen auch unter Soldaten verbreiten, die bislang mit ihnen nicht in Berührung gekommen waren. Ende März erhielten Spínola und Costa Gomes Exemplare des Programms. Sie nahmen einige Änderungen daran vor, die der Koordinationsausschuss für das Programm (CCP) wiederum umarbeitete. Otelo traf sich im bekannten Restaurant »Apolo 70« mit einem Radiomoderator seines Vertrauens und vereinbarte das Signal für den Aufstand. Am Morgen des 25. April war es zu hören: Rádio Renascença spielte »Grândola, Vila Morena« und bei Emissores de Lisboa lief ein aktueller Hit.

Der 25. April 1974

Zwei Gruppen hatten sich für diese politische Intervention zusammengefunden. Erstens die »Bewegung der Hauptleute« mit dem Koordinationsausschuss an der Spitze, dem Melo Antunes, Vasco Gonçalves, Vítor Alves und 16 weitere Personen angehörten. Verstreut über das ganze Land waren zudem kleine Gruppen von Offizieren und Hauptleuten (insgesamt rund achthundert Mann), die die verschiedenen Einheiten aufeinander abstimmen sollten.

Die zweite Gruppe war kleiner und wurde von den Hauptleuten nur benutzt, um sich eine gewisse Respektabilität und Fassade zu verschaffen. Ihr Zentrum bildeten die Generäle Spínola und Costa Gomes und Offiziere wie Major Sanches Osório und Firmino Miguel. Zwischen den beiden Gruppen bestand reger Austausch, und einige Offiziere aus der »Bewegung der Hauptleute« unterstützten den Kreis um Spínola.

Der Putsch selbst wurde von den Hauptleuten durchgeführt, Spínola kannte die genauen Details bis zum tatsächlichen Beginn der militärischen Vorbereitungen nicht. Hauptmann Captain Maia, ein 29-jähriger Kavalleriekommandeur in Santarém, der unter Spínola in Guinea-Bissau und Mosambik gedient hatte, war eine der maßgeblichen Verbindungspersonen zwischen den beiden Gruppen und führend an der Einnahme von Lissabon beteiligt: »Ich erhielt die Befehle zwei Tage vor dem 25. und wurde von da an ständig von DGS-Agenten beschattet. Ich kontaktierte alle Einheiten und sagte ihnen: ›Seid bereit für das, was wir suchen.‹ Bis zur eigentlichen Operation kannten nur sehr wenige Offiziere den genauen Zeitpunkt.«

Die Kavallerieeinheit traf als erste in Lissabon ein. Sie kam an einer Einheit der Republikanischen Nationalgarde vorbei, die das Ganze jedoch für ein Manöver hielt. Nirgends gab es

Widerstand. Für den Fall von Schwierigkeiten sah der Plan vor, sich nach Santarém zurückzuziehen und dort auszuharren. Morgens hatte der Koordinationsausschuss Kontakt zu Spínola aufgenommen, der einwilligte, sich Hauptmann Maia anzuschließen. Dieser hatte inzwischen das Hauptquartier der Nationalgarde umstellt und Caetano aufgesucht. »Ich weiß, dass ich nicht mehr regiere«, erklärte Caetano. »Ich hoffe nur, mit der Würde behandelt zu werden, die ich gewohnt bin.« Er fragte, wer die Anführer seien. Maia antwortete, er kenne sie nur unter dem Decknamen OSCAR, es seien aber sechs Generäle beteiligt. Caetano weigerte sich, gegenüber jemandem unterhalb des Rangs eines Generals zu kapitulieren. Doch nach Gesprächen zwischen Tourismusminister Álvaro Roquete und Spínola trat der Premierminister endlich zurück.

Das unmittelbare Ergebnis des Staatsstreichs war die Gründung der »Junta für die nationale Rettung«. Mit fünf Vertretern gegenüber zweien der Bewegung der Hauptleute dominierte die Gruppe um Spínola das Gremium. Es bestand aus dem Oberbefehlshaber der Streitkräfte und seinem Stellvertreter (die Generäle Spínola und Costa Gomes), dem Kommandeur der Truppenbeförderung (Brigadegeneral Jaime Silvério Marques), Hauptmann Pinheiro de Azevedo (Marine), Hauptmann Rosa Coutinho (Marine), Oberst Galvão de Melo (Luftwaffe) und General Diogo Neto (Luftwaffe). Als Präsident ernannte Spínola ein Kabinett.

Unmittelbar nach dem 25. April war es somit die Gruppe um Spínola, die die Zügel der Macht in der Hand hielt, wenngleich diese Macht keineswegs unumschränkt war – bekannte öffentliche Figuren und die führenden Vertreter der politischen Parteien besaßen ebenso erheblichen Einfluss wie der Koordinationsausschuss für das Programm. Er bestand als ein separates Gremium neben der Junta weiter, und aus der Bewegung der Hauptleute wurde die Bewegung der Streitkräfte (MFA). Auch die Koordinationsausschüsse der Abteilungen des Militärs trafen sich weiterhin sowohl einzeln als auch gemeinsam. Zusammen wurden sie schließlich zur Generalversammlung der MFA.

Mit dem Zusammenbruch der Ersten Provisorischen Regierung von Palma Carlos verwandelte sich der Koordinationsausschuss neben der Junta zum wichtigsten politischen Machtzentrum im Land. Palma Carlos hatte mehr Entscheidungsgewalt für die Politiker und weniger Abhängigkeit von den Streitkräften gefordert. Für den Koordinationsausschuss wäre dies gleichbedeutend damit gewesen, auf die zentrale Rolle zu verzichten, die er am 25. April gespielt hatte. Er sah sein gesamtes Programm in Gefahr.

Hier lag eine der entscheidenden Schwächen der ganzen Bewegung, die man allerdings auch als eine ihrer Stärken sehen konnte: Das sogenannte Programm war ausgesprochen vage gehalten und ließ sich daher ganz unterschiedlich interpretieren. Was eine bestimmte Gruppe zu einem bestimmten Zeitpunkt unter »Demokratie«, »Hilfe für die unterprivilegierten Klassen« usw. verstand, war eine Frage von politischer Macht.

Im August 1974 hatte Spínola persönlich die Verhandlungen mit den angolanischen Befreiungsbewegungen übernommen. Immer häufiger gab er politische Erklärungen ab, ohne sich auf die Bewegung als Ganzes zu beziehen. Die Gruppe von Offizieren, die sich um ihn scharte, besonders Figuren wie Sanches Osório, übten Druck auf ihn aus, den Linksruck im Land zu stoppen. So behauptete Spínola, die Demonstration der »schweigenden Mehrheit« sei ein klarer Ruf nach einem starken Präsidialsystem gewesen.

Am Abend des 27. September ging Otelo in den Präsidentenpalast. Was dort geschah, beschrieb er später so:

> Anstatt (...) die Sache mit uns zu klären, rief Spínola Brigadegeneral [und Premierminister] Vasco Gonçalves und die Junta der Nationalen Rettung in den Belém-Palast. Unser Premierminister ging. (...) Es war eine sehr traurige, unangenehme Szene. Dann rief er nach mir. Er teilte mir mit, dass (...) von nun an General Costa Gomes das Kommando über die Streitkräfte übernehmen würde. Spínola versuchte Misstrauen zwischen Militäreinheiten und uns, der MFA,

> zu schüren. Die beiden Kavallerieeinheiten in Lissabon, das Kommandobataillon und die Fallschirmjäger wussten irgendwann nicht mehr, was sie tun sollten – sich auf die Seite von General Spínola stellen oder an unsere guten Absichten glauben?[31]

Melo Antunes führte die Krise auf Nachlässigkeit in der MFA zurück:

> Diese Nachlässigkeit, diese übertriebene Toleranz resultierte aus einer falschen Vorstellung davon, was der demokratische Prozess war, vielleicht auch aus einem Übermaß an Liberalismus, einer jakobinischen Tradition der Demokratie, die in Portugal bis heute existiert.[32]

Die Dritte Provisorische Regierung hatte die bestehenden politischen Strukturen nicht verändert. Sie hatte bloß das Führungspersonal ausgetauscht. Der Oberste Rat der Bewegung entstand. Er war ein primär technisches Organ und teilte sich die Macht mit der Generalversammlung der MFA, die aus 240 Offizieren bestand. Sie entstammten allen drei Teilstreitkräften, wobei 114 der 240 Delegierten auf das Heer entfielen.

Die Generalversammlung war in den Tagen nach dem 28. September zum wichtigsten Element der MFA geworden. Ihr Bulletin *Movimento* erschien alle 14 Tage. Im Oktober hieß es in einem Leitartikel des Blattes: »Spínola ist gestürzt, aber die Strukturen, die ihn möglich gemacht haben, bestehen unbeschadet weiter.«

Die Komitees der Soldaten und Matrosen

Die Generalversammlung der MFA behauptete, durch den Rat der Waffengattungen bestünden direkte Beziehungen zwischen ihr und den unteren Dienstgraden. Dennoch gab es wachsenden Druck von diesen unteren Rängen, auf formellere Weise in die Struktur der MFA einbezogen zu werden. Autorität und Befehle wurden vielfach infrage gestellt oder offen missachtet. Am 1. Mai 1974 bestand ein Demonstrationsverbot für Soldaten, doch viele ignorierten diese Anordnung kurzerhand. Am 3. Mai wurde eine Versammlung von Soldaten in den Tancos-Kasernen aufgelöst. In der ersten Juni-Woche erklärten Soldaten aus Torres Novas, sie würden sich weigern, in die Kolonien zu ziehen. Die Mütter der daran Beteiligten organisierten Demonstrationen.

Im Juni 1974 wurden zwei Soldaten festgenommen und in das Militärgefängnis Trafaria gebracht, weil sie sich geweigert hatten, gegen die Streiks bei CTT vorzugehen. Zwei weitere Männer kamen am 9. Juli unter dem Vorwurf in Haft, sie hätten in den Kasernen maoistische Literatur verbreitet.

Am 6. Oktober verweigerten Soldaten in Lissabon die Teilnahme am »Tag der freiwilligen Arbeit«, zu dem Vasco Gonçalves aufgerufen hatte, und wurden dafür ins Gefängnis gesteckt; die Zeitung *Comércio do Funchal* bekam eine Geldstrafe, weil sie über den Vorfall berichtete. Im November kamen einige Soldaten in Haft, die eine CDS-Kundgebung in Lissabon auseinandergetrieben hatten. Am 28. November wurden acht Soldaten festgenommen, weil sie eine Versammlung vor den Kasernen der Escola Prática, einer Infanteriedivision in Mafra bei Lissabon, organisiert hatten. Alle vierhundert Kadetten der Division wurden in das Allgemeine Kontingent versetzt und so unter striktere Kontrolle der Junta gebracht. Ihr Manifest ist aufschlussreich. Veranlasst wurde es durch das Verbot, Eisensteins Film *Panzerkreuzer Potemkin* in der Kaserne vorzuführen:

> Die Kadetten der 1. Einheit haben sich von Anfang an auf vielfache Weise gegen eine Ausbildung gewehrt, die vollständig auf den Angriffskrieg in den Kolonien ausgerichtet ist. Wir wehren uns gegen die systematische Verletzung unseres Rechts auf Versammlung, auf eine gemeinsame freie Debatte über unsere Probleme, und gegen die ständige Berufung auf Regularien, die dem neuen Geist, den wir durchsetzen wollen und den die [MFA-]Zeitung *Movimento*

selbst propagiert, völlig zuwiderläuft. Wir sind gegen die »vertraulichen Gespräche« des Kommandanten, in denen er erklärt, dass die reaktionären Kräfte in der Akademie gut aufgestellt sind ...

Die ungerechte Inhaftierung unserer Genossen zwingt uns zum Handeln. Wir haben das Mittagessen verweigert und wir werden unsere Ausbildung nicht fortsetzen, solange nicht ein Mitglied des Koordinationsausschusses der MFA nach Mafra kommt, um die Situation zu klären. Unabhängig davon, mit welchen Parteien wir sympathisieren oder verbunden sind: Es ist Zeit, das Programm der MFA zu verteidigen.

Inner- und außerhalb der Kasernen erstarkt die faschistische Reaktion, sie provoziert und greift an. Unser Kampf wird weitergehen, bis wir unsere Ziele erreicht haben:

Sofortige Freilassung der inhaftierten Genossen! Säuberung der Einheit von den faschistischen Kommandeuren!

Die 400 Kadetten der 1. Einheit von Mafra[33]

In anderen Kasernen, insbesondere bei den Kadetten des 1. Infanterieregiments (RAL-1) in Lissabon, bildeten sich Solidaritätsgruppen; das COPCON nahm die dissidenten Soldaten fest.

Besonders maoistische Soldaten waren Zielscheibe von Verhaftungen. Im Dezember trat Etelvino de Jesus in den Hungerstreik, einer der Männer, die bei dem Sturm auf den CDS-Kongress in Lissabon festgenommen worden waren. Daraufhin führten die Maoisten eine Demonstration in der Hauptstadt durch. Maoistische Soldaten, die in Uniform an Versammlungen teilnahmen, wurden sofort verhaftet. Auch die LUAR hatte viele Soldaten angezogen, die ebenfalls festgenommen wurden, wenn sie uniformiert auf Demonstrationen gingen.

Trotz der Repression entstanden in vielen Kasernen Komitees, die sich über die Kommandeure hinwegsetzten oder zumindest eine Situation der Doppelherrschaft herbeizuführen drohten. Selbst Angehörige des COPCON agierten mitunter ohne Rücksicht auf Anordnungen von oben. Viele Offiziere konnten sich nicht auf die Loyalität ihrer Truppen verlassen.

Am 8. Januar 1975 weigerte sich das gesamte Infanteriebataillon 4911, nach Angola zu ziehen, und forderte »Unterstützung für die MPLA«. Die Wortführer wurden sofort festgenommen. Viele Einheiten begannen eigene Publikationen herauszugeben. Das RAL-1 in Lissabon veröffentlichte die Zeitschrift *Contestável* (»Kontrovers«), die mit der MFA und ihrem Organ *Movimento* nicht immer übereinstimmte. Die Kavallerieeinheit gab *Chaimite* heraus, die Luftwaffe *O Elo*. Viele dieser Zeitschriften forderten offen eine Demokratisierung der Streitkräfte.

Das RAL-1 unterstützte die Demonstration der Inter-Empresas am 7. Februar 1975, und es gab viele andere, weniger spektakuläre Situationen, in denen sich die Truppen auf die Seite der Arbeiter stellten. Häufig drängten sie die MFA dadurch weiter nach links.

Einen speziellen Fall stellte die »Kulturelle Dynamisierungskampagne« dar, eine »Agitprop«-Idee, die in einer Einheit der 5. Infanteriedivision entstanden war und umgehend von der PCP unterstützt wurde. Sie sollte gewöhnliche militärische Übungen in politische verwandeln. Oberst Varela Gomes organisierte die Kampagne für die MFA, besaß aber wenig Kontrolle über den Inhalt der Missionen. Einheiten zogen aufs Land, »erklärten« den Staatsstreich vom 25. April und warum er nötig gewesen war. Sie forderten die Bevölkerung auf, sich vor Ort zu organisieren und ihre Probleme zu diskutieren.

Welche politische Rolle für die MFA?

Der »Rat der Zwanzig« war de facto die politische Führung der MFA, auch wenn seine Beschlüsse häufig noch durch die 240 Delegierten der Generalversammlung ratifiziert werden mussten. Die Frage, welche politische Rolle die MFA künftig spielen sollte, besaß herausragende Bedeutung.

Am 4. Januar 1975 diskutierte ein *plenário* der MFA die Probleme der neuen verfassunggebenden Versammlung, die im April gewählt werden sollte. Bereits im November 1974 hatte Vítor Alves, ein wichtiger Fürsprecher einer »gemäßigten« Rolle der MFA, drei mögliche Beziehungen der MFA zu ihr umrissen: Man könne für die verfassunggebende Versammlung Delegierte wählen, Beobachter in sie entsenden oder 10 bis 20 Prozent der Sitze beanspruchen. Alves versprach, bis Ende 1975 werde die Macht in den Händen von Zivilisten liegen, und erklärte: »Was in unserem Land geschieht, hat absolut nichts mit Äthiopien oder Peru gemein. In Portugal ruft das Militär Zivilisten dazu auf, das Land zu regieren und führen.« Die Frage nach der genauen Rolle der MFA blieb gleichwohl offen, und es waren in der Folge die weiteren Ereignisse, die dazu beitrugen, sie zu klären.

Die allgemeinen wirtschaftlichen und politischen Probleme, vor denen das Land stand, wurden zunächst in der MFA-Versammlung diskutiert. Dann traf der »Rat der Zwanzig« die Entscheidungen und formulierte Pläne aus ihnen. Diese wurden wiederum der Versammlung zur Abstimmung vorgelegt.

Die politischen Parteien hatten größtes Interesse daran, über Einfluss in der MFA-Versammlung zu verfügen: Es war die einzige Lebensader, die sie mit der Macht verband. Am 8. Februar 1975 sah der *Expresso* in einer Analyse der MFA-Versammlung zwei mögliche Lösungen. Die erste, unterstützt von PCP-nahen Offizieren, war gemeinhin als »Theorie der dominanten Intervention« bekannt. Sie besagte, dass »die Situation der Ausbeutung erst mit der Zerstörung des kapitalistischen Systems in Portugal und einer stark verringerten Abhängigkeit vom Ausland endet. Es ist aktuell dringend geboten, die Phasen und Stufen der Vergesellschaftung der Produktionsmittel, die Grenzen des privaten Kapitals sowie die Art der Unterstützung festzulegen, die kleine und mittelgroße Hersteller erhalten sollten.« Die zweite, von der PS beeinflusste Lösung war als der »Moderate Plan« bekannt. Er verlangte »ein Ende aller Geheimtreffen, die Offenlegung von

Strukturen und Macht der MFA sowie eine Wahl ihrer Versammlung durch sämtliche Basiseinheiten der Streitkräfte«. Ferner wurde in dem Plan gefordert, »dass die Versammlung über ihre Machtbereiche und über die Beziehung der MFA zu anderen Organen offen diskutieren kann.«

Die Debatte führte zu keinem Ergebnis. Aus Sicht des *Expresso* war die MFA in drei Lager gespalten. Das erste, das allgemein als PCP-nah galt, gruppierte sich um Vasco Gonçalves, Otelo und einige Mitglieder der Junta. Die zweite Gruppe nannte man »Spínolisten«. Sie bestand aus Offizieren, die bereits vor dem 25. April auf der Seite des Generals gestanden hatten, und galt als rechtsgerichtet. Die dritte, politisch liberale, aber nicht besonders klar definierte Fraktion wurde von Vítor Alves und Melo Antunes angeführt. Nach allgemeinem Eindruck genoss sie breite Unterstützung in der Luftwaffe.

Die Wahlen zum Rat der Waffengattungen, die Anfang März 1975 stattfanden, offenbarten großen Zuspruch zur zweiten und dritten Gruppe; Otelo und andere Vertreter seines Lagers wurden nicht wiedergewählt. Die Frage nach der zukünftigen Rolle der Streitkräfte spitzte sich zu.

Der 11. März 1975

Die Ereignisse des 11. März 1975 kamen völlig unerwartet. Nicht, dass niemand mit einem rechten Staatsstreich gerechnet hätte. Wirklich überraschend war vielmehr, wie schnell und stümperhaft er initiiert wurde. Die Niederlage Otelos und anderer bekannter MFA-»Linker« bei der Wahl zum Rat der Waffengattungen stellte für sie fraglos einen Rückschlag dar. Sie rechtfertigte indes kaum den Optimismus, den die Rechte verspürte. Allerdings war es auch gar nicht dieser Optimismus, der die Rechte zu einem Putschversuch trieb, sondern Angst.

Es waren Gerüchte aufgekommen, das COPCON stehe kurz davor, sämtliche rechten Militärführer innerhalb der MFA festzunehmen; die LUAR plante angeblich sogar ein »Ostermassaker« und hatte demnach bereits eine Liste mit einhundert Spínolisten erstellt, die sie umbringen wollte. Was solche Geschichten glaubhaft erscheinen ließ, war ein unter rechten Offizieren kursierendes Dokument, in dem es hieß, ihre Tage seien gezählt. Und wer weiß: Hätten die zwei T6-Flugzeuge und vier Helikopter, die beim Putschversuch des 11. März zum Einsatz kamen, auch nur zehn Minuten länger gewartet, wäre es mit Sicherheit zu einem schrecklichen Massaker unter den Spínolisten gekommen ...

Die Truppen des »linksgerichteten« RAL-1, die in Nähe des Lissabonner Flughafens in Sacavém stationiert waren, wollten sich gerade in ihrer Kantine an den Mittagstisch setzen, als sie aus der Luft bombardiert wurden. Ein Soldat namens Joaquim Carvalho Luís wurde mitsamt dem Volkswagen, in dem er gerade saß, zerfetzt; Raketenwerfer rissen riesige Löcher in die Mauern der Kantine. Als sich die Nachricht von dem Angriff verbreitete, machten sich Tausende von Zivilisten auf den Weg nach Sacavém. Auch ein in der Nähe stationiertes Team des Fernsehsenders RTP eilte zum Ort des Geschehens.

Eine von Hauptmann Sebastião Martins befehligte Fallschirmjägereinheit begab sich zum Hauptquartier des RAL-1. »Ich habe den Befehl, Ihre Kaserne zu besetzen«, ließ Martins den RAL-1-Kommandeur Hauptmann Dinis de Almeida wissen.

»Und ich habe den Befehl, sie zu verteidigen. Worum geht's?«, gab Almeida zurück. Martins zog ein Schriftstück aus seiner Hosentasche: »Sicherlich kennen Sie diese Anweisung?«

»Wie bitte?!«, antwortete Almeida. »Nur wegen eines Stücks Papier sind Sie bereit, uns anzugreifen?«

»Es geht nicht nur um ein Stück Papier«, erwiderte Martins. »Es gibt einige Personen in hohen Positionen, denen es gar nicht gefällt, wie sich die Lage entwickelt. Wir handeln im Namen dieser Personen und zum Schutz der Wahlen.«

»Die MFA hat die Wahlen garantiert«, konterte Almeida. »In diesem Land ist es der Präsident, der die Befehle erteilt, oder etwa nicht? Sollten Sie das anders sehen, werden wir den

Kampf wohl austragen müssen. Aber vergessen Sie nicht: Das Volk steht nicht auf Ihrer Seite.«

Inzwischen hatte sich um die beiden eine Menschenmenge aus Zivilisten gebildet, die sich Almeida mit Sprechchören anschloss: »Das Volk steht nicht auf Ihrer Seite! Das Volk steht nicht auf Ihrer Seite!«

Martins' Fallschirmjäger begriffen, dass man sie getäuscht hatte, und traten als Einheit geschlossen zum RAL-1 über. Männer, die sich fast gegenseitig umgebracht hätten, fielen einander in die Arme. Auch Zivilisten waren voller Freude und Begeisterung. Das Schicksal des Staatsstreichs war entschieden. Und ohne telefonische Anweisungen einzuholen – ein Zeichen der Zeit –, beschlossen die beiden Einheiten eine gemeinsame Aktion, die den weiteren Verlauf der Ereignisse beeinflussen sollte.

Die Folgen waren explosiv. Tausende fühlten sich an den 28. September erinnert und bauten in den Straßen Barrikaden. Im September hatten sie es voller Verzweiflung getan; die März-Barrikaden dagegen waren solche des Freudentaumels, der Erleichterung, der Solidarität. Den ganzen Nachmittag über riefen Journalisten und Radiosprecher die Bevölkerung zur Wachsamkeit auf, und diesem Appell kamen die Menschen auf vielfältigste Weise nach. Die nach Lissabon hineinführende Brücke des 25. April wurde blockiert, ebenso die Straße zwischen Porto und der Hauptstadt. Bewaffnete Zivilisten und Linke bildeten Posten an zentralen Punkten und Kreuzungen. Selbst noch in Setúbal, Leiria und Coimbra wurden Autos angehalten und durchsucht. Junge Arbeiter mit Gewehren beherrschten die Straße. In Porto entlud sich die Wut am CDS-Büro; es wurde vollständig zerstört, die meisten Akten der Partei fielen einem Freudenfeuer auf der Straße zum Opfer. Auch in Lissabon wurde die CDS-Zentrale geplündert, ebenso wie Spínolas Haus in Cascais, wo ebenfalls viele Akten in Flammen aufgingen. Otelo sprach im Fernsehen und versicherte, dass »das COPCON wenn nötig das Volk bewaffnen wird, um die Revolution zu verteidigen«. Das konnte er bedenkenlos sagen, denn dass an diesem 11. März nicht »die Revolution« niedergeschlagen würde, war längst klar. Als der Abend anbrach, lag die Rechte in Trümmern. Spínola und 18 Offiziere flohen nach Spanien. Von dort setzten sie sich in den Fußstapfen von Caetano und Tomás weiter nach Brasilien ab.

Überall brachen spontane Aktionen aus. Am frühen Nachmittag schlossen Bankangestellte ihre Filialen und setzten die Manager fest. Acht Direktoren der Espírito Santo Bank wollten gerade mit einer Sitzung beginnen, als bewaffnete Arbeiter und Soldaten in das Büro stürmten und sie zwangen, sich in einer Reihe an der Wand aufzustellen. Lisnave-Arbeiter verließen ihre Betriebe in Margueira und organisierten Kontrollposten auf der Straße, um Autos zu durchsuchen. Tausende andere taten Ähnliches.

Drei Tage lang übten die Linke und die Arbeiter eine unumschränkte Macht aus. Laut einem Artikel der Pariser Zeitung *Témoignage Chrétien* über Spínola vom 6. März hatte US-Botschafter Frank Carlucci, der Verbindungen zur CIA pflegte, grünes Licht für einen rechten Militärputsch in Portugal gegeben. Otelos Bemerkung vom 11. März, man solle »Carlucci zu verstehen geben, dass es für ihn gerade besser wäre, das Land zu verlassen, denn sonst könnte er noch Schwierigkeiten bekommen«, wurde im Zusammenhang mit dem gescheiterten Putschversuch gesehen. Die Londoner *Sunday Times* berichtete, Kissinger habe den Einsatz der CIA persönlich genehmigt.

Am 11. März waren die Republikanische Nationalgarde und die Fallschirmjäger die einzigen Truppen, die sich auf die Seite der Rechten stellten. Geplant hatten die ganze Operation General Freire Damião, Kommandant der Nationalgarde, und General Rui Tavares Monteiro von der Luftwaffe. Sie hofften dabei auf Unterstützung durch liberale MFA-Angehörige, doch die blieb aus. Damião suchte Zuflucht in der deutschen Botschaft (die ihn schlussendlich jedoch dem COPCON übergab), Monteiro floh nach Brasilien zu Spínola.

Das Begräbnis des »Soldaten Luís«, der zu Beginn des Putschversuchs den Bomben zum Opfer fiel, führte vor Augen, wie gewaltig die Rechte sich verkalkuliert hatte. Hunderttausende von Soldaten und Arbeitern erschienen, um ihm die letzte Ehre zu erweisen. Welche Stimmung vorherrschte, verdeutlichte ein Kommuniqué des RAL-1 vom 11. März:

> AN ALLE SOLDATEN UND MATROSEN, BAUERN UND ARBEITER, AN ALLE MILITÄRANGEHÖRIGEN, ANTIFASCHISTEN, DEMOKRATEN UND DAS GESAMTE VOLK:
>
> Der faschistische Angriff auf die Soldaten (...) des RAL-1 von heute Morgen zeigt, dass die Säuberung des Militärs und die Versetzung in die Reserve die faschistischen und reaktionären Offiziere, die im Sold der Kapitalisten und Imperialisten stehen, nicht von der Vorbereitung der Konterrevolution abhält, um die revolutionäre Volksbewegung blutig niederzuschlagen.
>
> Genossen, während die PIDE-Agenten weiterhin milde behandelt werden (sofern sie nicht auf freiem Fuß sind), während die faschistischen Parteien weiterhin legal existieren, während in Setúbal auf das Volk geschossen wird, während die Soldaten und Militärangehörigen, die gegen die faschistische Unterdrückung in den Kasernen kämpfen, inhaftiert werden, während die bürgerlichen Parteien, die sich als Verteidiger des Volkes ausgeben, Karnevalsveranstaltungen organisieren – während all dessen wird das Volk weiter brutal ausgebeutet und unterdrückt.
>
> Doch Genossen, die Soldaten sind Söhne des Volkes, sie und alle antifaschistischen Militärangehörigen wissen, wie man die Waffen gegen die Bourgeoisie und die faschistischen und reaktionären Offiziere richtet und sich auf die Seite des Volkes stellt.
>
> Genossen, die Soldaten und Angehörigen des RAL-1, die schon bislang gegen den Faschismus und seine Hintermänner gekämpft haben, werden auch weiterhin und mit noch größerer Kraft gegen die Ausbeuter und Unterdrücker kämpfen.
>
> Wir fordern die sofortige Erschießung aller Faschisten und ihrer Hintermänner, seien es Militärs oder nicht, Generäle oder nicht.

Tod dem Faschismus!
Volksjustiz!
Imperialisten raus aus Portugal!
Sofortiges Erschießungskommando für alle Faschisten!
Die Soldaten sind Söhne des Volkes.

Die Soldaten und sämtliche Militärangehörige
des RAL-1, das von den Faschisten bombardiert wurde,
Encarnação, 11. März 1975.

Diese Ereignisse beendeten für eine Weile die gesamte Debatte über die politische Zukunft der MFA. Die Bewegung wurde »institutionalisiert« und bildete einen 28-köpfigen »Obersten Revolutionsrat«, der als höchstes Entscheidungsgremium fungierte. Er behielt drei Jahre lang die Macht. Alle politischen Parteien, die an den Wahlen teilnehmen wollten, wurden zur Unterzeichnung eines Abkommens aufgefordert, das dieses Arrangement autorisierte.

Die erste Amtshandlung des neuen Rats bestand in der Verstaatlichung der 19 Geschäftsbanken im Land; nur drei internationale Banken blieben in privaten Händen. Die Geschäftsbanken hatten zusammen den Großteil der portugiesischen Wirtschaft kontrolliert. Mehr als 99 Prozent ihrer Kredite waren an Privatpersonen oder Unternehmen geflossen. Auch die Versicherungen, die größtenteils im Besitz derselben Familien waren wie die Banken, wurden verstaatlicht. Es gab insgesamt 35, doch allein drei von ihnen teilten sich mehr als ein Drittel des Marktes; sie gehörten Champalimaud, de Brito und der Familie Espírito Santo.

Die Stahlindustrie sowie die Verkehrs-, Strom- und Ölgesellschaften wurden verstaatlicht und die Preise bis Ende 1975 für »eingefroren« erklärt. Schätzungsweise 50 Prozent des portugiesischen Industriekapitals gingen in die Hände des Staates über. Der monatliche Mindestlohn wurde auf 3.600 Escudos erhöht und ein Programm für Agrarreformen auf den Weg gebracht. Fünf Millionen Escudos sollten in Kooperativen und landwirtschaftliche Vereinigungen fließen und ein noch zu gründendes Institut für die Agrarreform sollte die regionalen Räte beaufsichtigen. Der Trend zum Staatskapitalismus machte einen großen Sprung nach vorn.

Die wirtschaftlichen Probleme blieben beträchtlich. Von Januar bis April 1975 verzeichnete Portugal ein Handelsdefizit von 13,5 Millionen Escudos. Die Goldreserven schmolzen dahin, während die Emigranten wenig Geld ins Land überwiesen. Portugal war stark von den Ländern der Europäischen Wirtschaftsgemeinschaft abhängig, auf die 45 Prozent seiner Importe und 16 Prozent der Exporte entfielen, und brauchte dringend finanzielle Hilfe. Auch im Handel mit der Sowjetunion entstand in dieser Zeit ein Defizit, wenngleich die PCP behauptete, das Land leiste Hilfe für Portugal.

Die Gewerkschaft der Bankangestellten, die zur Intersindical gehörte, enthüllte die Wirtschaftssabotage und korrupten Praktiken der Großbanken in Familienbesitz. Konten, die auf falsche Namen liefen oder bekannten Rechten gehörten, bekamen auf mysteriöse Weise Geldbeträge gutgeschrieben, die sodann an verschiedene rechte Parteien wie CDS und PPD weiterflossen; es wurden staatliche Gelder, die die Beschäftigung stärken sollten, an kleine Unternehmen in den Kolonien umgeleitet und falsche Zahlen veröffentlicht, um alles zu vertuschen. Viele Personen bis hin zu Bankdirektoren, die an diesen Praktiken beteiligt waren, kamen in Haft.

In mancher Hinsicht beunruhigender war die Meldung, die ELP (»Armee für die Befreiung Portugals«) bereite einen Angriff auf das Land vor. Sie hatte ihre Basis in Spanien, wurde von portugiesischen Unternehmern, die nach dem 25. April geflohen waren, unterstützt und hatte massive Finanzhilfen von einigen Bankiersfamilien erhalten. Außerdem war sie in Waffengeschäfte in Europa und umfangreichen Schmuggel von Schusswaffen verwickelt. Die ELP hatte den Putschversuch vom 11. März für verfrüht gehalten und spínolistische Offiziere gedrängt, einen günstigeren Moment abzuwarten.

Die meisten Parteien und Gruppen (einschließlich PPD und PS) begrüßten die Verstaatlichungen. MES, LUAR und PRP-BR fügten dabei »kritisch« hinzu, sie müssten jedoch mit »Arbeiterkontrolle« einhergehen. PCP und Intersindical riefen zu

Demonstrationen auf, um Unterstützung für die Maßnahmen zu bekunden.

An vielen Banken und Unternehmen im ganzen Land prangte nun die Losung »Verstaatlicht im Dienste des Volkes«. Die neuen Geschäftsführer waren Militärs oder »linke« Ökonomen aus den Reihen der MDP-CDE. Für die tatsächlichen Kämpfe der Arbeiter machten die Verstaatlichungen kaum einen Unterschied.

24. Januar 1975, eine feministische Demonstration in Lissabon. Oben auf dem Plakat: »Frauen – schließen wir uns zusammen und kämpfen wir mit Waffen für unsere Befreiung!« Unten auf dem Plakat: »Vergewaltiger entwaffnen – Sexismus zerschlagen.«

VIII STÄDTISCHE KÄMPFE

Seit dem 17. Jahrhundert ist die Auswanderung ein fester Bestandteil der portugiesischen Geschichte.[34] Daneben gab es aber immer auch Bewegungen der Binnenmigration. Der Exodus vom Land in die Städte beschleunigte sich in der Zeit des wirtschaftlichen Aufschwungs, der 1959 einsetzte. Neben der Landflucht führte auch die Wohnungsbaupolitik des Salazar-Regimes zur Entstehung von Slums in den Vorstädten von Lissabon sowie in der Umgebung von Porto und Braga. Von Salazars anfänglichem Versprechen »Ein Haus für jeden Portugiesen« waren 1956 nur noch Diskussionen über eine »dualistische Entwicklung« übriggeblieben. So schrieb der Soziologe Sedas Nunes, dass »in Portugal zwei Gesellschaften nebeneinander existieren und die ›moderne‹ die ›traditionelle‹ zügig überholt«. Die Widersprüche der kapitalistischen Entwicklung wurden auf die sogenannte traditionelle Mentalität der Landbevölkerung zurückgeführt oder in Predigten damit »erklärt«, dass die Menschen ihre Armut halt »gewohnt« seien. Solche Vorstellungen erlaubten es den Machthabern, die Augen vor dem zu verschließen, was in Wirklichkeit geschah.

Der Mittelschicht ging es dagegen gut, vor allem in Lissabon und Porto. Überbewertete Grundstücke sowie Wohnungsbauprogramme, die auf das gehobene Segment ausgerichtet waren, hatten die Arbeiterklasse nach und nach in die Vororte verdrängt. Die Pläne für den Bau kommunaler Wohnsiedlungen waren nicht nur völlig unzureichend, sondern dienten ohnehin nur als Feigenblatt für die Umsiedlung der Arbeiter. Die Siedlungen, die für die Unterbringung von Staatsangestellten vorgesehen waren, machten schließlich etwa zehn Prozent des landesweiten Wohnungsbestands aus. Unterdessen garantierte ein mangelhafter Mieterschutz die Kontrolle über die Bewohner.

Vor diesem Hintergrund der allgemeinen Wohnungsbausituation waren illegal Slums gebaut worden, meist aus Holz oder Blech. Acht- bis zehnköpfige Familien mussten sich ein Zimmer teilen. Der Baugrund befand sich häufig in Privatbesitz und der »Vermieter« verlangte eine monatliche Miete von zwei- bis vierhundert Escudos. Errichtet wurden die Bauten entweder von ihren zukünftigen Bewohnern oder von Menschen, die bereits in den Barackensiedlungen lebten, um dann je nach Belieben des »Eigentümers« verkauft oder weiter vermietet zu werden. Elend beutete Elend aus. Monopole waren in den Barackensiedlungen nichts Unbekanntes. Die Slums waren vor allem ein Lissabonner Phänomen, aber es gab sie auch in vielen anderen Landesteilen.

Ein weiteres Problem stellte die massenhafte Untervermietung dar. Oft wurde ein Gebäude von einem Unternehmer gemietet, der die Zimmer dann einzeln untervermietete und dabei fetten Gewinn machte. Der »Vermieter« kümmerte sich zumeist wenig um die Lebensbedingungen der Mieter, mitunter wurden drei oder vier Familien in eine Vier- oder Fünfzimmerwohnung gezwängt. Dieses Muster herrschte vor allem in Porto und Braga vor, war aber auch in Lissabon besonders bei Familien aus Kap Verde weit verbreitet.

Die meisten neuen Wohnungen wurden von privaten Unternehmen gebaut. Sie kontrollierten die Angebotslage, indem sie die Zahl der neuen Einheiten begrenzten und so die Mieten in die Höhe trieben. Von 1960 bis 1970 wurden jährlich nur 35.000 Wohnungen gebaut, obwohl zur Behebung des Mangels 50.000 nötig gewesen wären. Mit der wachsenden Nachfrage stiegen auch die Mieten. Nur das Kleinbürgertum hatte etwas von den neuen Wohnungen, während die Armen sich von ihrem Geld immer weniger leisten konnten.

Doch auch für die Arbeiter und das Kleinbürgertum stellte die angespannte Lage auf dem Wohnungsmarkt ein Problem dar. Aufgrund der hohen Mieten, die bei Neubauten bis zu 1.000 Escudos pro Zimmer und Monat betragen konnten, mussten die Arbeiter und die untere Mittelschicht große Opfer bringen, um ein Dach über dem Kopf zu haben. Im Raum

Lissabon verschlang die Miete zumeist mindestens vierzig Prozent des Haushaltseinkommens, mitunter sogar deutlich mehr. In den alten Arbeitervierteln konnten die Mieten nur alle fünf Jahre um einen bestimmten Prozentsatz erhöht werden und blieben daher entsprechend niedriger, in anderen Gegenden waren neu zugezogene Familien krassester Ausbeutung ausgesetzt. Viele wurden in die Vororte verdrängt, in reine »Schlafstädte«, wo das Leben viele Härten mit sich brachte – schlechte Verkehrsanbindung, Erschöpfung, Isolation, Druck auf die Familien. Die Arbeiter verließen morgens das Haus, brauchten bis zu eine Stunde für den Weg zur Arbeit, kamen abends müde und gereizt nach Hause, sahen fern, stritten sich in der Familie und wurden von Tag zu Tag frustrierter.

Die Besetzungen

Nach dem 25. April waren deutlich mehr Informationen zur »Lage der Nation« verfügbar. Die neue Regierung unternahm bescheidene Versuche, einige der Missstände zu beheben, die man nun mit Verspätung feststellte. Behörden wurden umgebildet: Die »Kommission für innere Kolonisation« wurde zum »Institut für Agrarreform«, auch im »Fonds für Wohnungsbau« (FFH) erfolgten Umstrukturierungen und Säuberungen. Am 14. Mai 1974 äußerte sich die Junta in einer Erklärung zu den spontanen Besetzungen von leerstehendem Wohnraum, die in den ersten Tagen nach dem Umsturz stattgefunden hatten. Demnach waren die »ungezügelten Hausbesetzungen (...) reflexartige Aktionen gegen die Ineffizienz der offiziellen Stellen, die nie eine Lösung für die Probleme gefunden haben«. Die Junta kündigte an, sie werde »zum jetzigen Zeitpunkt nicht ihre Räumung anordnen, die Besetzungen aber auch nicht legalisieren«.

Per Dekret (Nr. 217/74) wurden alle Mieten auf dem Stand vom 24. April 1974 eingefroren. Ein wenig später verabschiedetes Gesetz sah rund fünf Milliarden Escudos für den Wohnungsbau vor und gewährte den Bauunternehmern gewisse Steuerbefreiungen. Die Regierung unterstützte damit offenkundig das private Baugewerbe, um den Wohnungsmangel zu beheben. Auf diese Weise, so die Hoffnung, sollte der Wohnungsbau um jährlich 10 bis 25 Prozent gesteigert werden, aber selbst das war noch völlig unzureichend.

Die Arbeiterinnen und Arbeiter antworteten darauf im Mai und Juni 1974 mit einer massiven Welle von weiteren Besetzungen. Dadurch sah sich die Regierung am 12. September gezwungen, per Gesetz zu verordnen, dass Gebäude nicht länger als 120 Tage leer stehen durften. Doch obwohl die Behörden sogar ankündigten, Listen mit Leerstandsobjekten zu veröffentlichen, waren die Vermieter keineswegs beunruhigt: Sie konnten solche Androhungen mühelos umgehen, indem sie gefälschte Mietbücher und Verträge vorlegten. Das im November 1974 verabschiedete Dekret Nr. 663/74 sah sogar noch weitere Subventionen in Form von Steuervergünstigungen für das private Baugewerbe vor.

Nach der Umstrukturierung und Säuberung des FFH reorganisierten einige »fortschrittliche« Beamte den Mobilen Hilfsdienst (SAAL), eine halbstaatliche Einrichtung zur »Unterstützung des städtischen Kampfes«, während die lokalen Behörden in Lissabon das Kabinett für Wohnungsbau (CTH) und die Öffentliche Stadtentwicklungsgesellschaft (EPUL) gründeten. Diese Einrichtungen wiederum ernannten Brigaden zur lokalen Unterstützung (BAL) im Raum Lissabon. Der Grundgedanke hinter dem SAAL und den BAL war im Grunde derselbe: Die explosive Wohnungsnot sollte durch Versprechen entschärft und die Entwicklung von oben gesteuert werden.

Viele revolutionäre Aktivistinnen und Aktivisten schlossen sich dem halbstaatlichen SAAL an und sorgten so für einen erheblichen Linksruck. Dass die Einrichtung beispielsweise Besetzungen bedingungslos unterstützte, entsprach ganz und gar nicht den Vorstellungen der Regierung. Daher erfolgte im November 1974 der Versuch, den SAAL zu spalten und parallel zu ihm eine reformistische Gruppe (SAC) zu etablieren.

Trotz seines linken Images versuchte der SAAL erst nach dem 3. März 1975 und der Absetzung des gerade kürzlich ernannten konservativen FFH-Präsidenten eine mobilisierende Rolle zu übernehmen, indem er bei der Gründung von Nachbarschaftskomitees half. Er kritisierte auch die offiziellen Schätzungen des FFH, laut denen der Neubaubedarf 1975 nur bei 60.000 und 1978 bei 90.000 Wohnungen liegen würde, sowie den Vorschlag, der Staat solle nur vierzig Prozent der Baukosten tragen, während die Bewohner durch Kredite mit sieben Prozent Zinsen den Rest aufbringen sollten.

Es gab zwei verschiedene Ziele bei den Besetzungen: Zum einen brauchten Menschen ein Dach über dem Kopf, zum anderen sollten politische Räume geschaffen werden. Letzteres wurde in der Regel vom COPCON unterstützt: Man besetzte ein Haus, rief beim COPCON an, das wiederum die Polizei anwies, nicht einzugreifen.

Ging es dagegen um Wohnraum, sah die Situation ganz anders aus. Als am 26. November 260 Familien aus einem Slum in einen leerstehenden Wohnblock in Chelas bei Lissabon eingezogen, befahl das COPCON, die Wohnungen auf der Stelle zu verlassen. Die Familien blieben jedoch standhaft, sodass das COPCON schließlich einlenken musste. Rasch folgten weitere Besetzungen. Die Zeitung *Revolucão* zitierte Aussagen von Menschen in Lapa, einem überwiegend bürgerlichen Viertel mit einer Barackensiedlung mitten im Zentrum:

> Einige Häuser hier stehen seit 18 Jahren leer und sind immer noch in gutem Zustand. 18 Familien haben solche Häuser besetzt und Verträge mit den Eigentümern unterzeichnet. Andere haben noch immer keinen Mietvertrag, weil die Eigentümer (...) sich weigern und androhen, bis zur letzten Instanz zu gehen (...); manche lassen sich erst nach einem Gespräch mit ihrem Anwalt auf einen Mietvertrag ein.
>
> Die Monatsmieten schwanken zwischen 500 und 1.500 Escudos. Wäre das zur Verteidigung der Besetzungen eingerichtete Bewohnerkomitee legalisiert, dann könnten wir

> die Vermieter vor Gericht bringen, und wenn sie nicht erscheinen, bekommen sie eine Geldbuße oder werden sogar verhaftet. Aber so wie die Dinge liegen, können wir nicht mehr machen, da uns die nötigen Befugnisse fehlen. Wenn die ihre Häuser so lange leer stehen lassen, sie nie instandgehalten oder vermietet haben, dann brauchen sie das Geld nicht. Wir dagegen brauchen die Häuser, wir werden sie nicht aufgeben.
>
> Wir stehen an der Schwelle zur Revolution. Meiner Meinung nach wird es zu einem Blutvergießen zwischen Eigentümern und Besetzern kommen. Ich habe sechs Kinder und ein siebtes in meinem Bauch. Ich werde mit allen sieben zum Gemeinderat gehen, der muss mir ein Haus besorgen. Das Haus, in dem ich jetzt wohne, gehört einem Typen, der in Brasilien Bankier ist. Er sagt, dass er es abreißen will und von der Gemeinde schon die Genehmigung dafür hat. Das zeigt, dass die Reichen noch immer das Gesetz auf ihrer Seite haben und noch immer viele Faschisten im Stadtrat sitzen (...). Niemand kriegt uns jetzt hier raus. Das COPCON hat uns bereits zugesichert, dass wir die Häuser nicht verlassen müssen, und uns volle Unterstützung versprochen. Sollte die Polizei zurückkommen, um uns mit Gewalt zu räumen, sind wir darauf vorbereitet und werden uns zur Wehr setzen.

Im Bairro das Fonsecas in Lissabon hatte eine spezielle »Wohnungspolizei« mit Unterstützung der regulären Polizei vor dem 25. April einige Baracken gesprengt. In Porto, wo sich viele Untermieter in einer prekären Lage befanden, richteten sich die Bewohner des Wohnblocks 402 in der Rua de D. João IV mit einer Erklärung an die Arbeiter der Stadt:

> Untervermietungen sind nach wie vor erlaubt, wir können jederzeit aus unseren Wohnungen vertrieben werden. Wir sind hier 15 Familien mit insgesamt hundert Personen, darunter zwanzig Kinder. (...) Das Gebäude ist in keinem guten Zustand. Es gibt nicht mal ein Bad, zum Duschen müs-

sen wir in die städtischen Bäder gehen. Die Decken stürzen ein. Es gibt nur eine Toilette und keine Wasserspülung. Selbst der Keller ist bewohnt, obwohl er feucht ist (...). Kein Schwein würde hier leben wollen. Für winzige Zimmer, in denen unsere Familien zusammengepfercht hausen, zahlen wir Mieten von 600 bis 1.000 Escudos. Unsere Vermieterin, Maria de Costa Pereira, besitzt noch mehr solcher Gebäude. (...) Sie weigert sich, irgendetwas zu reparieren. Die Elektroinstallation hat schon mal Feuer gefangen und beinahe das Gebäude in Brand gesetzt (...). Wir haben uns geweigert, die Miete für September zu zahlen, solange die notwendigen Arbeiten im Haus nicht erledigt werden. (...) Das Geld haben wir zur Seite gelegt. Sie hat uns verklagt, und nun droht uns ein Räumungsbescheid. Wir haben uns an den FFH und an die Regierung gewandt. Aber alle meinten, sie seien nicht zuständig und könnten nichts für uns tun, unser Fall sei ohnehin aussichtslos. Untervermietungen seien legal. Das Gesetz schützt die Eigentümer, so wie es alle schützt, die die Arbeiter ausbeuten. Soll das gerecht sein? (...)

Alle haben uns gesagt, wir sollten geduldig sein und ruhig bleiben und »papel selados« [offizielle Petitionen mit Regierungsstempel] ausfüllen (...). Aber wie sollen wir ruhig und geduldig bleiben, wenn wir schon so lange in diesem Elend leben? (...) Geduld kann man sich nur leisten, wenn man keine Probleme hat.

Wir würden das Problem gerne auf dem Rechtsweg lösen, müssen aber feststellen, dass die Gesetze nicht auf unserer Seite sind. Wir haben weder Zeit noch Geld für Anwälte, außerdem verteidigen die Gesetze die schmarotzenden Untervermieter, nicht uns (...). Das ist keine Demokratie, das ist Faschismus (...). Deshalb werden wir unsere eigenen Gesetze machen und unsere Rechte einfordern.

1) Wir werden nicht zulassen, dass jemand aus dem Wohnblock geworfen wird.
2) Wir fordern, dass die nötigen Arbeiten schnell erledigt werden, angefangen bei der Elektrik.

3) Wir fordern das Ende der Untervermietungen und einen direkten Vertrag zwischen uns und dem Eigentümer.
4) Wir wollen, dass sich alle Arbeiter zusammenschließen und für gute Wohnungen kämpfen.

Nieder mit den Untervermietern und den Kapitalisten!

Rua de D. João IV, 402. Porto, 23/10/74[35]

Am 26. Oktober stürmten die Bewohner des Komplexes und anderer untervermieteter Wohnblocks den Stadtrat von Porto und setzten durch, dass ihnen für September und Oktober die Miete erlassen wurde.

Im Januar und Februar 1975 nahmen die Hausbesetzungen zu. Die LUAR und die MES spielten eine wichtige Rolle bei der Besetzung von Gebäuden für Arbeiterzentren, Kindergärten, Krippen und »Volkskliniken«. In Santa Cruz in der Nähe von Lissabon beschlagnahmten Arbeiterinnen und Arbeiter eine luxuriöse Privatklinik und benannten sie in »Krankenhaus des 25. April« um. Die örtliche Bevölkerung und die LUAR halfen bei den Vorbereitungen, und einige Ärzte boten ihre Dienste kostenlos an. Eine Zeit lang funktionierte die Klinik, letztlich musste sie mangels finanzieller Unterstützung aber wieder schließen. Dennoch hielten die Arbeiter das Gebäude besetzt. Nach einem ähnlichen Muster eröffnete die FSP in Porto eine »Volksuniversität« mit dem Ziel, »die Entwicklung revolutionärer Gruppen und die Diskussion politischer Texte zu fördern«. Es gab weder Prüfungen noch Gebühren oder Diplome, und das Angebot stand sowohl Kindern und Jugendlichen als auch Erwachsenen offen. Letztlich kamen jedoch nur wenige Arbeiter in den Genuss dieser Art von Bildung. Landesweit nutzten verschiedene Gruppen Villen und Schlösser, die zumeist schon seit Jahren leer standen, als Büros. Die Besetzungen waren nicht legalisiert, und es wurde keine Miete gezahlt.

Im Lissabonner Stadtviertel Campo de Ourique übernahm ein Nachbarschaftskomitee nach und nach etwa vierhundert leer stehende Häuser und setzte eine »Sozialmiete« fest, die in die Sanierung fließen sollte. Die Regierung, die sich über das Ausmaß der Besetzungen alarmiert zeigte – im April 1975 gab es allein im Raum Lissabon 5.000 –, schlug eine härtere Gangart ein und verweigerte in einigen Fällen die Legalisierung. Die Koalitionsparteien, auch die PCP, verboten ihren Mitgliedern jede Teilnahme an Besetzungen. Nuno Portas, Staatssekretär für Wohnungswesen und ehemals Mitglied der MES und der PCP, verurteilte die »spontanen« Besetzungen, weil sie sich der staatlichen Kontrolle entzogen.

Häuserkämpfe

In Reaktion auf die Wohnungsnot entstanden zwei verschiedene autonome Organisationstypen. Zum einen gründeten sich die Unabhängigen Revolutionären Nachbarschaftskomitees (Comissões Revolucionárias Autónomas de Moradores, CRAM), die ganz überwiegend in den älteren Vierteln der Arbeiterklasse und der unteren Mittelschicht angesiedelt waren. Sie vertraten zwar eine generelle Kritik am Privateigentum, waren aber vor allem damit beschäftigt, in leer stehenden Gebäuden Gemeinschaftseinrichtungen wie etwa Kinderkrippen aufzubauen. Das Gros der Besetzungen ab März 1975 wurde von solchen Komitees initiiert, von denen es allein in Lissabon rund vierzig gab. Gewählt wurden sie auf Vollversammlungen, an denen alle Einwohner des Viertels teilnehmen konnten. Die Versammlungen, die in der Regel groß waren – manchmal erschienen bis zu fünfhundert Menschen –, erörterten die Probleme im Stadtteil und machten Vorschläge für die nächsten Schritte. Auch hier fanden zwar parteipolitische Kämpfe statt, die meisten Komitees wurden aber nicht von einer bestimmten Partei dominiert. Die Abneigung der Bevölkerung gegen jegliche Parteipolitik war so stark, dass die in die Komitees gewählten Personen häufig ihre politische Zugehörigkeit verbergen mussten.

Die zweite Form der Organisation hatte einen anderen Ursprung und stellte eine Antwort auf drängendere Probleme dar. Die »Inter-Comissões de Bairros da Lata e Moradores Pobres de Lisboa« (»Zusammenschluss der Elendsviertel und armen Einwohner Lissabons«) brachte Delegierte aus dreißig verschiedenen Barackensiedlungen zusammen. Sie vertrat rund 150.000 Menschen und verstand sich als überparteiliche und unabhängige Organisation der Slumbewohnerinnen und -bewohner.

Die »Inter-Comissões« kritisierte die CRAM als »bürgerlich«. Das stimmte nicht ganz, auch wenn die beiden Organisationen tatsächlich unterschiedliche Anliegen vertraten. Die »Inter-Comissões« wollte nichts mit »Parteien zu tun haben, die hierherkommen, um zunichte zu machen, was wir aufgebaut haben«. Sie vermied es bewusst, sich auf Beziehungen oder Absprachen mit lokalen Behörden einzulassen, denn die »dienen nur der Bürokratie und endlosem Gerede und sind mit Personen besetzt, die in schönen Häusern wohnen und unsere Probleme nicht verstehen«.

Am 15. Februar 1975 legte die »Inter-Comissões« trotzdem eine Liste von Forderungen vor und wendete sich auch gegen den Plan der Regierung zur »Selbsthilfe beim Bauen«, der vorsah, dass die Behörden den Slumbewohnern kostenlos Ziegelsteine zum Bau ihrer eigenen Häuser zur Verfügung stellen. Die Erklärung der Initiative spricht für sich selbst:

> Auf unseren Treffen haben wir festgestellt, dass die Brigaden (BAL) unsere Probleme (Kanalisation, Wasser, Müll usw.) nicht lösen können. Deshalb haben die Anwohner in einigen Vierteln beschlossen, dass sie den Kampf selbst in die Hand nehmen müssen. Sie haben Häuser besetzt, obwohl die Regierung solche Besetzungen für illegal erklärt hat. Die Lage ließ uns keine andere Wahl.
>
> Als Arbeiter wissen wir alle, dass wir es sind, die den Reichtum dieses Landes produzieren, und dass wir trotzdem kein Recht auf ein anständiges Haus haben, das wir uns mit unserem Lohn leisten können, kein Recht auf Krippen, Schulen oder Kindergärten. Aus diesem Grund haben sich dreißig Nachbarschaftskomitees gebildet.

Wir fordern, dass neue Siedlungen an den Orten gebaut werden, die uns etwas bedeuten, nämlich dort, wo wir heute leben und wo die meisten von uns geboren wurden. Die Arbeiter werden an den Stadtrand verdrängt, weil andere im Zentrum Geschäfte und Büros bauen wollen. Die Regierung spekuliert mit Grund und Boden. Sie bietet uns einen Kredit über 60.000 Escudos pro Haus zu einem Zinssatz von 7,5 Prozent an. Mit 60.000 Escudos kommen wir nicht weit, von der Rückzahlung der Zinsen ganz zu schweigen. Bei solchen Subventionen dürfen wir nicht vergessen, dass sie nur einen Bruchteil des Mehrwerts ausmachen, den wir mit unserer täglichen Arbeit produzieren und der uns von der Kapitalistenklasse geraubt wird.

Wir sollten nicht um das betteln müssen, was unser gutes Recht ist. Wir verlangen, dass unsere Probleme gelöst werden, ohne dass unsere Notlage diejenigen mästet, die uns ausbeuten. Genau das geschieht, wenn Spekulanten (...) kapitalistische Baufirmen fördern, und es geschieht auch bei der »Selbsthilfe beim Bauen«. Es heißt, es sei doch gut, wenn wir unsere Häuser selbst bauen. In Wirklichkeit bedeutet es jedoch eine doppelte Ausbeutung. Nach einem Arbeitstag, mit dem wir die Taschen der Kapitalisten füllen, wird von uns auch noch erwartet, dass wir bis zum Umfallen weiter schuften und Häuser bauen.

400.000 Menschen sind heute arbeitslos, von den Kapitalisten auf die Straße und ins Elend gestoßen. Diesen Brüdern muss Arbeit gegeben werden. Warum werden sie nicht im Baugewerbe beschäftigt? Die Pläne für Wohnungsbaugenossenschaften sind eine Ausflucht für die Regierung, denn so muss sie nichts für den Bau neuer Häuser zahlen. So kann sie unsere gerechten Forderungen im Zaum halten. (...)

Die Bewohner verschiedener Slums und die Armen von Lissabon und seinen Vororten haben die Nase voll von all den falschen Versprechen zur Lösung des Wohnungsproblems. Wir lehnen alle Maßnahmen ab, die den Interessen des Volkes widersprechen, Maßnahmen, deren einziges

Ziel es ist, die Menschen zu täuschen und die Lösung unserer Probleme zu vertagen. Als Zusammenschluss verschiedener Komitees und Kooperativen stellen wir folgende konkrete Forderungen auf:

1) Bau neuer Siedlungen in bestehenden Stadtteilen.
2) Enteignung von ungenutztem und bebautem Land, um Unterkünfte für die Bevölkerung zu schaffen. Wir verlangen eine klare Antwort darauf, welche Grundstücke wann übernommen werden können.
3) Wir wollen wissen, wann mit dem Bau neuer Siedlungen begonnen wird und wie sie aussehen werden.
4) Das Recht, über die Art der zu bauenden Häuser zu entscheiden.
5) Das Recht, sich in Kooperativen zu organisieren. Kredite sollten mit zwei Prozent Zinsen über 25 Jahre rückzahlbar sein.
6) Entscheiden sich Gemeinden für den sozialen Wohnungsbau, dann dürfen die Mieten zehn Prozent des Lohns des Familienoberhaupts nicht überschreiten (ohne Benachteiligung derer, die es sich nicht leisten können).
7) Auskünfte über die Mittel, die der Stadtrat für die Slums bereitstellt, mit genauen Angaben über ihren Zweck, damit die Betroffenen die Mittel selbst kontrollieren können.
8) Alle Fälle, die die Komitees (einschließlich BAL und EPUL) als dringlich bewerten, müssen unverzüglich behandelt werden.
9) Eine Antwort auf die bereits von anderen Slums gestellten Forderungen.
10) Solange kein angemessener Wohnraum geschaffen wird, müssen Besetzungen leer stehender Häuser legalisiert werden.
11) Die Anwesenheit eines Mitglieds unseres Zusammenschlusses bei den Treffen zwischen dem Stadtrat von Lissabon und EPUL.
12) Die Wohnungsvergabe durch das Kabinett, EPUL, Stif-

tungen oder eine andere offizielle Stelle muss durch Vertreter der Einwohner kontrolliert werden.

Folgendes lehnen wir ab:

1) Die Selbsthilfe beim Bauen.
2) Die Sanierung bestehender Siedlungen sowie die Verwendung von Fertighäusern.
3) Änderung der bestehenden Gesetzgebung zu Kooperativen, die nur ein Mittel ist, um die Menschen zu täuschen und Lösungen zu verzögern.

Inter-Comissões, 15. Februar 1975[36]

Obwohl die Presse im ganzen Land ausgiebig über das Dokument berichtete, wurde es von der Regierung ignoriert; das Interesse ihrer Mitglieder galt zu diesem Zeitpunkt mehr den Wahlen als solchen konkreten Problemen.

Bis Anfang April wurden landesweit etwa 20.000 Besetzungen gemeldet. Beunruhigt über ihren Kontrollverlust erließ die Regierung am 14. April 1975 ein Gesetz, das sämtliche Besetzungen für Gemeinschaftseinrichtungen wie Kinderkrippen legalisierte, die Besetzung von Wohnraum dagegen weiterhin verbot.[37] Die Linke stellte sich geschlossen gegen die Parteien der Mitte, um das Gesetz zu bekämpfen.

Die CRAM rief für den 19. April zu einer Demonstration gegen das Gesetz auf und wurde dabei von diversen linken Gruppen unterstützt, die jedoch nicht mit ihren Fahnen erscheinen durften. Eine weitere von der »Inter-Comissões« organisierte Demonstration am 17. Mai richtete sich ebenfalls gegen das neue Gesetz und drängte auf die Erfüllung ihrer Forderungen vom 15. Februar. Bei dieser Demonstration zogen etwa 10.000 Slumbewohner nach Lissabon und skandierten: »Wohnungen statt Baracken!«

Die »Inter-Comissões«, CRAM, SAAL und die Barackensiedlungen

Die Unterschiede zwischen der »Inter-Comissões« und der CRAM genauer zu betrachten, ist insofern aufschlussreich, als sie eine komplexe Dialektik *innerhalb* der Klasse veranschaulichen. Die »Inter-Comissões« war sich bewusst, dass sie Leute vertrat, die sich in einer anderen Lage befanden als solche Arbeiter, die bereits eine richtige Wohnung hatten. Aber durch ihre Forderungen und die Art ihrer Organisation radikalisierte sie auch letztere. Andere Nachbarschaftskomitees, die teils mit der CRAM verbunden waren, teils nicht, hatten eine stärker gemischte Mitgliedschaft (Lehrer, Büroangestellte, Fabrikarbeiter) und neigten daher zu einer anderen Perspektive.

Für die Slumbewohner war ein Haus das Entscheidende, für die bereits untergebrachten Arbeiter ging es vorrangig um die Begrenzung (oder Abschaffung) der Mieten und die Gestaltung ihrer Viertel. Nur weil sie ein Dach über dem Kopf hatten, konnte man sie nicht kurzerhand als »privilegiert« abstempeln.

Aber die Probleme reichten tiefer. Auch die Slums stellten kein einheitliches Phänomen dar. Manche Bewohner waren Eigentümer von »Immobilien«, die sie an andere vermieteten. In ein und derselben Stadt gab es Elendssiedlungen von Schwarzen aus Kap Verde und von weißen Portugiesen ohne jede Verbindung miteinander. Und natürlich waren die Bewohner in verschiedenen Branchen beschäftigt, wenn auch meistens ohne Vertrag, als Gelegenheitsarbeiter oder Hilfsarbeiter im Baugewerbe.

Während die Gründung von Nachbarschaftskomitees in vielen Elendsvierteln Begeisterung auslöste, herrschte in anderen völlige Apathie. Erklären lässt sich das nicht einfach mit reaktionären Annahmen wie der, die Menschen seien ihre Armut halt »gewohnt« gewesen. Ihre Apathie könnte auch darauf hindeuten, dass die Betroffenen das Gefühl hatten, ihr Kampf werde von anderen bestimmt.

Dieses Dilemmas waren sich die »technisch-staatlichen Helfer« des SAAL durchaus bewusst. Nachdem sie die ersten Kontakte hergestellt hatten, hielten sie sich meistens zurück und griffen nur selten in die Versammlungen ein. Gleichzeitig wurden die Aktivistinnen und Aktivisten, die versuchten, im Rahmen des SAAL etwas zu bewirken, durch die bürokratische Behäbigkeit des Staatsapparates gebremst, wenn es etwa um Finanzen ging. Das Manifest der »Inter-Comissões« hatte für die Entwicklung in den Slums daher eine entscheidende Bedeutung.

Die CRAM stand vor anderen Problemen. Die Nachbarschaftskomitees waren durch die »politisch Erfahrenen«, die in Führungspositionen gelangten, einer parteipolitischen Einmischung durch PRP, UDP und andere Gruppen ausgesetzt. Saßen solche Kader dann auf dem Podium, bedienten sie sich einer speziellen »politischen« Sprache, die auf andere abschreckend wirkte; manche weigerten sich sogar, das Wort zu ergreifen, weil sie nicht auf diese Weise reden wollten. Umso leichter konnten die Parteiideologen in die Führungsriegen aufsteigen. Doch selbst Komitees, die vom Podium aus manipuliert wurden, konnten die Versammlungen bestimmen, indem sie Anträge annahmen oder ablehnten.

Die bei den Nachbarschaftsversammlungen angesprochenen Themen waren breiter gefächert als in den Slums. Zumeist bestand die Aufgabe der CRAM darin, Informationen über eine bestimmte Gegend zu sammeln und dann alle verfügbaren Häuser zu besetzen. Aber die Fixierung der PRP-BR darauf, durch die Komitees den »Parteiaufbau« voranzutreiben (PCP, MES und UDP verhielten sich ganz ähnlich), war einer Geschlossenheit an der Basis kaum förderlich. Die Gruppen waren zwar meistens insofern hilfreich, als sie beispielsweise Papier für den Druck von Flugblättern auftrieben und Versammlungen einberiefen, machten bei den Anwohnern aber dennoch einen negativen Eindruck. Hatten die Leute das Gefühl, ein Komitee sei von einer bestimmten Gruppe gekapert worden, traten sie kurzerhand aus.

Die Nachbarschaftskomitees stießen auch durch die geografische Trennung von Arbeits- und Wohnort an gewisse Grenzen: Da die meisten Arbeiter nicht dort lebten, wo sie arbeiteten, gestaltete sich die Verbindung von Fabrik und Stadtviertel schwierig. Tagsüber besuchte man das Arbeiterkomitee, abends – wenn überhaupt – das Nachbarschaftskomitee.

Von kleinbürgerlichen Wohnsiedlungen umgebene Slums (wie etwa in Cruz Quebrada bei Lissabon) waren dadurch oft auch ideologisch geprägt; galt es Probleme zu lösen, herrschte häufig eine individualistische Einstellung vor. In der Siedlung Falgueiro beispielsweise wurde eine Frau von den anderen Bewohnern dafür kritisiert, dass sie nicht einmal die Mindestmiete von vierhundert Escudos pro Woche zahlen konnte. Einige Slumbewohner begannen auch, sich ihre Holzhütten selbst in ein richtiges Haus umzubauen, indem sie Stück für Stück an den Wochenenden neue Wände errichteten. Sehr verbreitet war dies etwa in der Nähe von Odivelas, einer der Schlafstädte vor den Toren Lissabons.

Die Slums waren der »große Schandfleck« des portugiesischen Kapitalismus, jeder wollte diesen äußerst unschönen Anblick um jeden Preis loswerden. Doch die Überlegungen gingen selten darüber hinaus. Wodurch sollten die Siedlungen ersetzt werden? Wie würde das Zusammenleben in den neuen Siedlungen aussehen? Solche Probleme wurden in den Versammlungen kaum erörtert. Es herrschte eine allgemeine Lähmung der Fantasie. Würden die »Belastungen« in den Neubauten (sofern die Barackenbewohner sie jemals bekommen sollten) wirklich geringer sein als in den alten Hütten – oder nur anders? Diese Fragen wurden nie offen diskutiert, weil sie nie als relevant anerkannt wurden. In der Linken herrschte dazu ein lautes Schweigen.

Die Slumbewohner wollten eine schnelle Lösung ihres Problems, dabei aber zugleich ihre über Jahrzehnte aufgebaute Kultur bewahren. Die Zustände, unter denen sie lebten (kein Wasser, kein Strom, keine Kanalisation und all die Belastungen, die das Leben auf überfülltem Raum mit sich bringt), mussten zum Besseren verändert werden. Aber wie und mit welchem Ziel? Um die Bewohner zu »besseren Arbeitern«

zu machen und sie so effektiver ausbeuten zu können? Indem man sie für Modelle wie die diversen »Selbsthilfe«-Programme im Wohnungsbau gewann, die der herrschenden Klasse (ob vom Staat vertreten oder nicht) eine größere Abpressung von Mehrwert ermöglichen sollten?

Anfang Juni 1975 war die gesamte Situation nach wie vor ungeklärt. Trotz wachsender Schwierigkeiten hielt sich die herrschende Klasse weiterhin an der Macht. Die Arbeiterklasse, ob mit oder ohne Dach über dem Kopf, drängte weiterhin darauf, alles zu bekommen, was sie bekommen konnte.

Machismo und Frauenbewegung

Ohne die besondere Lage von Frauen im Blick zu haben, bleibt jede Auseinandersetzung mit der Wohnungsfrage und städtischen Kämpfen unvollständig. In Gesellschaften, in denen das Gros der Frauen zu Hause bleibt, sind Frauen die Hauptleidtragenden der schlechten Wohnverhältnisse.

Ich werde versuchen, die Situation realistisch und ohne falschen Optimismus zu beschreiben, denn sie war voller Widersprüche. Die Kämpfe in den Städten waren durchaus positiv; welche Hoffnung und Euphorie sie auslösten, lässt sich kaum beschreiben. Sie hatten viele Facetten: die neugewonnene Freiheit auf den Straßen, die Möglichkeit, sich ungehindert zu bewegen – kleine Veränderungen, die sich stark auf den Alltag auswirkten. Viele Frauen spürten diese Freiheit. Auf die Frage nach der größten Veränderung, die sie nach dem 25. April erlebt habe, meinte eine Beschäftigte der chemischen Reinigung Tinturaria Portugália: »Vorher war ich in meinem Haus eingesperrt. Ich weiß nicht, warum. Danach bin ich auf die Straße gegangen, habe an Demonstrationen teilgenommen ... Die Glücksmomente, die ich seit dem 25. April erlebt habe, kann ich kaum in Worte fassen.« Meine ehemalige Nachbarin hatte ebenfalls ein überschwängliches Selbstbewusstsein entwickelt. Sie fing an, mich dafür zu kritisieren, dass ich nicht an den Demonstrationen teilgenommen hatte, auf denen sie gewesen war. Solche Veränderungen sind nicht zu unterschätzen.

Aber es gab auch eine Kehrseite der Medaille. Frauen waren weiterhin Bürgerinnen zweiter Klasse. Anderswo mag das Jahr 1975 als das »Jahr der Frau« gefeiert worden sein; in Portugal war es das bestimmt nicht.

Die realen Probleme von Frauen in der portugiesischen Gesellschaft waren immens. Vor dem 25. April hatten sie in vieler Hinsicht unter rechtlicher Benachteiligung gelitten. Scheidung war verboten, Verhütungsmittel waren nur auf Rezept erhältlich und somit für die ärmeren Schichten nicht zugänglich. Mutterschaft und Fruchtbarkeit wurden weithin glorifiziert, um auch in Zukunft über weiße Herrscher und Soldaten für die Kolonien zu verfügen. Ich erinnere mich noch gut an eine schwangere Fischerin, der ich vor dem 25. April in der Nähe von Nazaré begegnete. Sie tätschelte ihren Bauch und sagte resigniert: »Das ist für den Krieg.« Schwangerschaftsabbrüche waren illegal, selbst wenn die Gesundheit der Frau gefährdet war.

Die ehelichen Beziehungen trugen beinahe feudale Züge. Ein Mann hatte das gesetzlich verbürgte Recht, die Briefe seiner Frau zu öffnen; die Frau dagegen durfte ohne seine schriftliche Erlaubnis das Land nicht verlassen. Alle finanziellen Entscheidungen legte das Gesetz in die Hände des Mannes. Rechtlich gesehen blieb die Frau eine Leibeigene, die den Wünschen ihres Gatten unterworfen war.

Nach dem Staatsstreich änderte sich manches, aber dass gerade Offiziere für die Probleme von Frauen besonders empfänglich seien, kann als ein recht abwegiger Gedanke betrachtet werden. Eine von MDP und CDE unterstützte Bewegung für die Legalisierung von Scheidungen erhielt Auftrieb und führte im ganzen Land Kampagnen durch. Das Gesetz wurde schließlich geändert, Abtreibungen dagegen blieben illegal und Verhütungsmittel weiterhin nur auf ärztliches Rezept erhältlich.

Laut einem kurz nach dem 25. April verabschiedeten Dekret sollte nun der Staat für die Kinder zuständig sein: eine

»Verstaatlichung der Kinder«, wie eine Frau beim Einkaufen auf dem Markt zu mir meinte. Das Dekret entzog den Eltern (und insbesondere dem Vater) das Recht, mit ihren Kindern zu machen, was sie wollten, Prügel und andere Misshandlungen standen nun unter Strafe.

Hausfrauen hießen weithin *dona da casa* (»die Herrin des Hauses«). Vor allem im Norden nannten Männer ihre Frauen oft »die Chefin«. Das war insofern herablassend, als es nur sehr begrenzt mit der Realität zu tun hatte. Im Portugiesischen gibt es viele beleidigende Bezeichnungen für Frauen: Eine junge Frau, die mit Männern schlief, war eine *puta* (Prostituierte), ein Mann, der Sex mit jungen Frauen hatte, dagegen ein bewundernswerter Hengst.

Zwischen 1969 und 1974 stieg die Zahl der berufstätigen Frauen rapide an, denn viele Männer entfielen als Arbeitskräfte, weil sie im Ausland kämpften. Die Frauen erhielten jedoch niedrigere Löhne und auch nach dem 25. April stellten die Tarifverträge der einzelnen Branchen sie schlechter. In den von der PCP dominierten Kooperativen, vor allem in der Gegend von Beja, arbeiteten die Frauen von 6 bis 8 Uhr morgens im Haus und gingen dann auf die Felder, ernteten Oliven usw., um schließlich von 19 bis 22 Uhr weitere Hausarbeit zu erledigen. Dennoch wurden sie schlechter bezahlt als die Männer, die nur von 8 bis 19 Uhr arbeiteten. In anderen, unabhängigeren Kooperativen etwa in der Nähe von Lissabon und Setúbal bekamen die Frauen für ihre landwirtschaftliche Arbeit dagegen denselben Lohn wie die Männer.

Macho-Attitüden und patriarchale Einstellungen hielten sich hartnäckig. Männer verteidigten ihre höheren Löhne oft mit der Behauptung, ihre Arbeit sei produktiver. Verwiesen die Frauen im Gegenzug darauf, dass die Olivenernte eine Arbeit sei, die die Männer nicht machen wollten, entpuppte sich das Argument schlagartig als hohl. Solche Fragen wurden nie wirklich geklärt, und der Machismo und die patriarchale Kultur blieben bestehen.

Am 13. Januar 1975 fand im Parque Eduardo VII eine kleine Versammlung statt, organisiert von der »Bewegung zur Befreiung der Frau« (MLM), bei der etwa zehn Frauen mit Plakaten und Transparenten erschienen. Sie löste eine der reaktionärsten Gegendemonstrationen aus, die es je gab. In der Ankündigung hatten die Frauen erklärt:

> Wir werden Symbole unserer Unterdrückung verbrennen: das Zivil- und das Straf- und das Arbeitsgesetzbuch, denn sie dienen eindeutig der Unterdrückung der Frauen; pornografische Zeitschriften, die den weiblichen Körper zum Sexualobjekt machen; Staubtücher, die für die Frau als Haussklavin stehen; Bücher, mit denen Männer ein völlig verzerrtes Bild der Frau erschaffen haben; Windeln als Symbol für den Mythos der Frau als Mutter, die zu jedem Opfer, jeder Arbeit bereit ist und gerne auf ihren Nachtschlaf verzichtet; Spielzeug, das den Kindern von klein auf klarmacht, welche Rolle ihnen in der Gesellschaft zugedacht ist, je nachdem ob sie Jungen oder Mädchen sind – Spielzeug, das bei Jungen Aggressivität und kriegerische Gewalttätigkeit fördert (Maschinengewehre und Panzer) und Mädchen auf die passive Rolle der Mutter und Hausfrau konditioniert (Puppen und kleine Töpfe und Pfannen).
>
> Wir hoffen, dass das Jahr 1975, das Internationale Jahr der Frau, zumindest die Aufmerksamkeit auf den Skandal lenkt, den diese Fakten darstellen: Die Hälfte der Menschen auf der Welt (in Portugal sind es sogar 53 Prozent) wird unterjocht, kontrolliert, beherrscht, nur weil sie Frauen sind.

Die geplante Demonstration wurde auf höchst abgeschmackte Weise bekanntgemacht. *A Capital*, eine überregionale Zeitung, die über andere Themen meistens seriös berichtete, behandelte das Ganze wie einen Scherz. Sie kündigte lediglich eine »BH-Verbrennung« an und versprach wie die übrigen Zeitungen, es werde einen »Striptease« geben. Die von der PCP kontrollierte »Demokratische Bewegung der Frauen« (MDM) verurteilte die Demonstration aufs Schärfste. Gruppen von Männern kreuzten bei der Versammlung auf, um die jungen Frauen auszubuhen, zu verhöhnen und zu verspotten. Nur um Haaresbreite entkamen die Demonstrantinnen tätlichen Übergriffen.

O Século Ilustrado berichtete am 17. Januar über die Demonstration und verurteilte die Männer: »Wahrscheinlich sind es dieselben Leute, die den glorreichen Siegen von Caetano Beifall gespendet und Blumen auf die Straßen gestreut haben, auf dass die kleinen Diktatoren darauf gehen konnten; die sich zu den Massakern in den Kolonien beglückwünscht, fleißig die PIDE informiert und ein halbes Jahrhundert lang die Gehirnwäsche und Unterdrückung unterstützt haben – und die heute opportunistisch für die Demokratie eintreten. Gute Demokraten sind sie, allesamt.«

Die MDM engagierte sich zwar in Frauenkämpfen, war aber mehr auf die Verteidigung der Familie bedacht als darauf, die grundlegenderen Probleme zu diskutieren. Sie lenkte die Kämpfe auf Themen, die für Familien sicherlich wichtig waren (etwa Krippen, finanzielle Unterstützung für Kinder, Parks), aber nicht in erster Linie die Frauen selbst und die ihnen in der Klassengesellschaft zugewiesenen Rollen betrafen.

Nach der Auflösung der MLM-Demonstration hatten radikale Frauen tatsächlich Angst, sich weiter politisch zu engagieren. Ein ganzes Terrain des Kampfes um Befreiung war erfolgreich verschüttet worden.

Arbeiter von Torre Bela bei der Abendunterhaltung, 23. Januar 1976

IX JENSEITS VON WAHLEN UND PARTEIEN

Wahlarithmetik

Die Wahlen zur Verfassunggebenden Versammlung im April 1975 sorgten für keinerlei Überraschung. Die großen Parteien – PCP, PS, MDP und PPD – traten in allen zwanzig Regionen des Landes an, die FSP in sechzehn, die MES in fünfzehn, die FEC-ML in zwölf, PPM und UDP in zehn, die PUP in sieben und die LCI in vier. In der Regel stimmte man eher für die jeweilige Partei als für die einzelnen Kandidatinnen oder Kandidaten.

Sieben der konkurrierenden Parteien unterzeichneten einen Pakt, der der MFA im Voraus die Macht für die nächsten drei Jahre sichern sollte (abgelehnt hatten dies UDP, LCI, MES, PUP und die FEC-ML). Damit stimmten sie der Institutionalisierung der MFA zu und erkannten ihren Revolutionsrat als höchstes politisch-legislatives Organ des Landes an. Die Generalversammlung der MFA (die um 120 Mitglieder niedrigerer Ränge erweitert wurde) sollte legislative Befugnisse haben, die allein der Revolutionsrat beschränkte. Die Verfassunggebende Versammlung, um die es bei den Wahlen ging, hatte einzig die Aufgabe, eine neue Verfassung auszuarbeiten.

Die ersten freien Wahlen seit 49 Jahren wurden in der Bevölkerung allgemein ernst genommen. Wer über 18 Jahre alt war, musste sich registrieren lassen, auch wenn trotz weitverbreiteter gegenteiliger Annahme keine Wahlpflicht bestand. Der Wahlkampf wurde streng überwacht, »um die Demokratie zu schützen«, und war auf gut drei Wochen begrenzt. Zum Auftakt brachten alle Parteien in fieberhafter Eile ihre Plakate und Transparente an jedem nur erdenklichen Gebäude im ganzen Land an, mitunter auch an sehr ausgefallenen Orten. Jede verfügbare Wand, jeder Bürgersteig, jedes Denkmal, Fenster und Dach in Lissabon wurde mit Slogans, Aufrufen und Graffiti verziert, bis die Stadt aussah, als wäre sie tapeziert worden. Wahlplakate abzureißen war verboten; viele Maoisten wurden wegen dieses »Vergehens« verhaftet.

Die Slogans waren vorhersehbar. Die CDS trat für »Fortschritt und Frieden« ein – die alte Losung des Caetano-Regimes. »Der einzige Weg: die Sozialdemokratie«, hieß es bei der PPD. Die PS warb für »Sozialismus und Freiheit«, während die PCP die Menschen »Auf dem Weg zum Sozialismus« vorwärts drängen wollte. Auf den PCP-Plakaten sah man respektable Familien neben Parolen wie »Frauen, in euren Händen liegt die Zukunft eurer Kinder« – ein Slogan, der von der feministischen Bewegung kritisiert wurde – sowie Bilder von Bauern und Studenten bei der gemeinsamen Feldarbeit. Die kleineren linken Parteien, die über geringere Mittel verfügten und daher weniger plakatieren konnten, riefen zu verschiedenen Formen von revolutionärem Sozialismus auf.

Den Parteien wurde jeweils gleich viel Sendezeit im Fernsehen eingeräumt. Dreimal am Tag konnte man zuschauen, wie sie ihre Versprechungen machten, ihre Parolen wiederholten und im Laufe des Wahlkampfes immer dreister und demagogischer wurden, um ihre Konkurrenten zu übertrumpfen. Die maoistischen Gruppen UDP und PUP beendeten ihre Reden stets mit »Es leben Marx, Lenin, Stalin und Mao!«, was in vielen der Cafés, in die ich ging, nur spöttisches Gelächter auslöste.

Mit 92 Prozent fiel die Wahlbeteiligung höher aus als jemals bei einer staatlichen Wahl verzeichnet. Die PS erhielt 38 Prozent der Stimmen, die PPD 26, die PCP 12,5, die CDS 8, die MDP 4 und alle übrigen Parteien zusammen 4,5 Prozent. Auf den hintersten Plätzen landeten LCI, PUP und PPM. In Porto bekam die PS 42 und die PCP 5 Prozent der Stimmen, in Lissabon waren es 45 und 19 Prozent. In Sacavém, Marinha Grande und Almada – Industrieregionen mit starker kommunistischer Tradition – erlitt die PCP eine nahezu vollständige Niederlage. Warum?

Vor allem zwei Faktoren waren für dieses Abstimmungsverhalten verantwortlich. Der erste und wichtigste bestand darin, dass sich der Arbeiterklasse mit der PS scheinbar die Option bot, einen Abschluss der portugiesischen Revolution jenseits des Stalinismus zu finden. Die PS wurde von einem großen, durchaus heterogenen Teil der Gesellschaft akzeptiert. Neben der Unterstützung durch die maoistische Linke, die zwar klein, aber lautstark war, profitierte sie auch von der Tatsache, dass viele Menschen sich des bürokratischen und stalinistischen Charakters der PCP bewusst waren – eine Einsicht, die bezeichnenderweise auch von diversen reaktionären Priestern und Bossen immer wieder betont wurde. Ihr bestes Wahlergebnis erzielte die PCP unter den Landarbeiterinnen und -arbeitern in Beja im Alentejo, während die Kleinbauern im Norden mehrheitlich für die CDS oder die PPD stimmten. Der zweite wichtige Faktor war die Haltung der Arbeiter und Soldaten im Ausland, die sich nicht direkt am revolutionären Prozess beteiligt hatten. Von den fünfeinhalb Millionen Wahlberechtigten lebte etwa eine Million im Ausland, vor allem in Frankreich, Schweden und Angola; sie stimmten mit überwältigender Mehrheit für die PS.

Nach Bekanntgabe der Wahlergebnisse begannen die PS und die Rechte, das unverhältnismäßige Gewicht von MDP und PCP im Staatsapparat und den Medien zu kritisieren. Sie nutzten jede Gelegenheit für ihre Attacken, woran die Koalition schließlich zu zerbrechen drohte. In dieser Atmosphäre wurde die Idee der Räte diskutiert und erhielt einen gewissen Auftrieb. Am 19. April, bereits sechs Tage vor der Wahl, fand die Gründung der »Revolutionären Räte« statt, am 10. Mai wurde in Porto ein weiteres Treffen abgehalten, an dem auch die Soldatenkomitees des Nordens ganz offen teilnahmen (das Thema Räte wird im nächsten Kapitel ausführlicher behandelt). Die großen Parteien reagierten entsprechend und beschlossen, ihr Kriegsbeil zumindest vorläufig zu begraben: In einer gemeinsamen Erklärung sprachen sich PS, PCP und PPD für die Fortsetzung der Koalition aus.

Ganz unabhängig von den Wahlen und der Zukunft der

Regierungskoalition gingen die Kämpfe unterdessen weiter. 50.000 Beschäftigte des Hotel- und Gaststättengewerbes streikten zwischen dem 10. und 15. Mai. Am 6. Mai legten die Chemiearbeiter im Norden des Landes die Arbeit nieder, und auch die Fischer in Peniche streikten für höhere Löhne, während viele kleine Unternehmen in Selbstverwaltung übergingen. Die Arbeiter des Metallunternehmens Corame setzten ihre Manager fest und übergaben sie dem COPCON, das sie beschuldigte, illegal Geld außer Landes geschafft zu haben. Angestellte der exklusiven Lissabonner Schneiderei Candidinha, bei der die gehobene Bourgeoisie seit über einem Jahrhundert ihre Kleidung kaufte, übernahmen den Betrieb und begannen mit der Herstellung günstigerer Produkte. Auch die Beschäftigten der Telefongesellschaft CTT und der staatlichen Fluglinie TAP drohten mit Streiks.

»Volksmacht« und Militär

Vor diesem Hintergrund tauchten zwei Vorschläge auf, die bestehenden politischen Parteien vollständig zu umgehen. Sie wurden zunächst in der Generalversammlung der MFA am 26. Mai erörtert.

Der erste, der von Admiral Rosa Coutinho und dem Zentralkomitee für die »kulturelle Dynamisierung« (CODICE) stammte und den Rückhalt der PCP hatte, sah die Gründung von »Komitees zur Verteidigung der Revolution« auf der Grundlage der alten Juntas de Frequesia, also der Gemeinderäte, vor. Angesichts des schwachen Wahlergebnisses der PCP war dies nicht weiter verwunderlich. Der zweite Vorschlag stammte von Delegierten des COPCON in der MFA-Versammlung. Er setzte auf eine »Organisation und Ausübung der Macht von unten« durch »Basisorganisationen« (insbesondere Räte), die auf breiter Ebene koordiniert werden müssten, drängte auf die »Schaffung einer demokratischen und revolutionären Volksarmee« und plädierte für ein »echtes Bündnis« zwischen Volk und MFA. Auch von der »Diktatur des Proletariats« war in dem Papier die Rede, als nachahmenswertes Beispiel wurde das Korea von Kim Il Sung angeführt. Das Zentralkommando der neuen »Volksarmee« sollte zunächst beim COPCON liegen, so der Vorschlag – zumindest so lange, bis ein anderes Organ geschaffen sei. Diese Vorschläge fanden Unterstützung durch das »Provisorische Sekretariat der Revolutionären Räte der Arbeiter, Soldaten und Matrosen«, ein Projekt, hinter dem die PRP-BR steckte. Auch Otelo, wie man ihn inzwischen allgemein nannte, sprach sich für das zweite Dokument aus:

> Die Kämpfe zwischen den Parteien führen zu äußerst gefährlichen Spaltungen innerhalb der Arbeiterklasse (...), die sich unübersehbar auch auf die Streitkräfte ausweiten. Spínolistische Offiziere haben einen PS-Block gebildet, auch wenn die PS dabei wahrscheinlich selbst keine Rolle gespielt hat. (...) Da die MFA hinter keiner Partei steht, bin ich davon überzeugt, dass die Dynamik der portugiesischen Revolution die großen politischen Parteien vollständig überwinden wird. Wir sind nicht der europäischen Sozialdemokratie verpflichtet, wir sind keinem der großen imperialistischen Blöcke verpflichtet und wir sind auch keine Verbündeten Chinas.

Für die Koalitionsparteien kam das alles natürlich überhaupt nicht in Frage, schließlich bedrohte es die gesamte Grundlage ihrer Macht. PS und PPD griffen den COPCON-Vorschlag offen an und bezeichneten ihn als Blaupause für eine Diktatur (was niemand bestritt), und auch die PCP kritisierte ihn, wenngleich etwas zurückhaltender – er drohte ihrem eigenen Projekt den Wind aus den Segeln zu nehmen.

Aus diesen Vorgängen entwickelte sich schließlich eine breite öffentliche Debatte. Die MES kritisierte beide Vorschläge, sowohl die Komitees zur Verteidigung der Revolution als auch die Räte. Da die Revolution noch gar nicht stattgefunden habe, könne man sie auch nicht verteidigen, erklärte sie, während sie die Räte als ein Geschöpf der PRP-BR betrachtete, das die bestehenden Volksorganisationen schwächen würde. Wie die LUAR sah die MES die Zukunft in der Stärkung bereits existierender Strukturen von der Basis her, nicht in der Umsetzung eines vorab beschlossenen Generalplans. Die UDP kritisierte das COPCON-Papier aus anderen Gründen: Sie sah sich selbst als die bereits geschaffene Avantgarde.

Worum es in der Debatte auf der MFA-Versammlung tatsächlich ging, war die Frage, ob irgendeine der politischen Parteien noch irgendeine Führungsrolle spielen sollte oder es nicht besser wäre, sie allesamt und vollständig zugunsten eines Systems von Sowjets oder Basisorganisationen zu umgehen. Was an der Debatte geradezu unwirklich anmutete, war die Tatsache, dass sie überhaupt stattfand: Die revolutionäre Initiative und Selbstorganisation der Massen galt offenbar als angemessenes Thema auf der Tagesordnung einer Militärversammlung. Die Diskussion zog sich über mehrere Tage hin. Als der COPCON-Antrag schließlich zur Abstimmung stand, wurde er mit knapper Mehrheit abgelehnt: Die politischen Parteien sollten weitermachen.

Nach der Ablehnung des Antrags erarbeitete eine MFA-Gruppe, die sich »Kabinett für die Dynamisierung des Bündnisses von MFA und Volk« nannte, ein »Leitdokument«, das sie der Versammlung am 8. Juni vorlegte. Gefordert wurden darin eine starke staatliche Wirtschaft, eine Agrarreform, weitere Säuberungen, die Dezentralisierung der Verwaltung sowie Arbeiterkontrolle. Um dies zu erreichen, sah der Entwurf eine bestimmte Struktur vor: Nachbarschafts- und Arbeiterkomitees sollten »lokale Volksversammlungen« bilden und Delegierte für kommunale Versammlungen wählen, die wiederum Delegierte für eine nationale Volksversammlung wählen durften. Von den Kasernen aus sollten die Delegiertenversammlungen der Einheiten (ADU) die zivilen Versammlungen unterstützen. Dem Revolutionsrat schließlich fiel die Rolle zu, das Ganze zu beaufsichtigen.

Am 21. Juni veröffentlichte die MFA (die wohl mehr Papiere verfasste als je eine andere Gruppe von Militärs) einen politischen Aktionsplan. Er stellte eine Erweiterung des »Leitdokuments« dar und setzte auf einen pluralistischen »Sozialismus«, der sich auf die Macht der MFA stützen sollte: »Die MFA ist eine Befreiungsbewegung des portugiesischen Volkes. Ihre Hauptziele sind die Herstellung der nationalen Unabhängigkeit und einer sozialistischen Gesellschaft. Unter Sozialismus verstehen wir eine klassenlose Gesellschaft, die Kollektivierung der Produktionsmittel, die Beseitigung aller Formen von Ausbeutung und das gleiche Recht für alle auf Bildung, Arbeit und Aufstieg ohne Ansehen von Herkunft, Geschlecht, Konfession oder Weltanschauung.«

Nach diesen Allgemeinplätzen folgten einige konkrete Forderungen:

- Eine pluralistische Gesellschaft, die Oppositionsparteien zulässt
- Eine von der Verfassunggebenden Versammlung unabhängige politische Verwaltung
- Stärkung der revolutionären Autorität der MFA
- Ein Gesetz gegen bewaffnete klandestine Gruppen
- Zurückgewinnung der im Grunde wohlmeinenden, aber fehlgeleiteten radikalen Linken für die Ziele und Aufgaben der Revolution
- Sparmaßnahmen bei Konsumgütern
- Stärkung der Basisorganisationen als entscheidender Faktor für die Volkseinheit
- Umwandlung von einer oder mehreren Zeitungen, die sich bereits im Staatsbesitz befinden, in ein offizielles Organ der MFA
- Staatliche Kontrolle von Fernsehen und Radio.

Der Plan wurde von den vier Koalitionsparteien und dem Unternehmerverband CIP positiv aufgenommen. PS und PPD begrüßten seinen »Pluralismus«, während sich die MDP über die verbale Unterstützung für die »Volksmacht« freute. Als ein Versuch, die realen Probleme zu lösen, waren die Vorschläge jedoch zum Scheitern verurteilt, da sie durchweg eine friedliche Zusammenarbeit der Klassen voraussetzten.

Am 3. Juni war die Verfassunggebende Versammlung zum ersten Mal zusammengetreten und hatte ihre Sitzung mit dem Appell eröffnet, den Parteienzank zurückzustellen. Doch sie war selbst von Anfang an dazu verurteilt, genau solche Fehden widerzuspiegeln, wenn nicht gar zu verschärfen. Vor allem die PS nutzte die Versammlung für ihre politische Propaganda. Die PCP machte unterdessen mit anderen Mitteln auf sich aufmerksam: Gleichsam als Vorschein der von ihr angestrebten Gesellschaft rief sie über die Intersindical am 10. Juni zu einem »Sonntag der Arbeit« auf, um die »Schlacht für die Produktion« zu eröffnen. Das Interesse daran fiel ausgesprochen bescheiden aus und beschränkte sich auf PCP-Hochburgen wie den Alentejo. Viele Komitees kritisierten die Initiative: Sie wollten wissen, *für wen* sie da produzieren sollten. Der Arbeitsminister der PCP, zugleich Mitglied des Revolutionsrats, antwortete ihnen: »Für die Allgemeinheit«. Nicht nur die Arbeiter von Lisnave kritisierten ihn daraufhin scharf für sein völliges Unverständnis der existierenden Klassenverhältnisse.

Die Ereignisse um die *República* und Rádio Renascença

Von Mai bis Juli 1975 wurden sowohl die *República* als auch Rádio Renascença (RR) zu Brennpunkten des Kampfes. Von der internationalen Presse weitgehend verzerrt oder missverstanden, sind die Ereignisse durchaus eine nähere Betrachtung wert: Sie werfen nicht nur wichtige Fragen über die Rolle von Medien im revolutionären Prozess auf, sondern waren so bedeutsam, dass sie wesentlich zum Zusammenbruch der Vierten Provisorischen Regierung beitrugen.

Am 15. Mai 1975 versuchte das Arbeiterkomitee von *República*, das Blatt zu übernehmen. In den langen Jahren der Zensur war die *República* die einzige unabhängige Stimme geblieben; unter ihrem Herausgeber Raul Rego hatte sie viele Erklärungen der CDE, einer 1969 gegründeten demokratischen Wahlkommission aus Kommunisten, Sozialisten und progressiven Katholiken, veröffentlicht und sich immer wieder kritisch über das Regime geäußert. Ihre Redakteure standen klar im Lager der PS, die wichtigsten Artikel lagen entsprechend auf Parteilinie. Nach dem 25. April wurde die *República* vollends zu einem Sprachrohr der PS. Dagegen wendete sich das Arbeiterkomitee in einer Erklärung: »Die Mehrheit der Arbeiter der *República* will, dass sie eine überparteiliche Zeitung ist und nicht im Dienste einer bestimmten Ideologie steht.« Am 5. Mai 1975 wählte die Belegschaft auf einer Vollversammlung ein 14-köpfiges Komitee und forderte die Absetzung von Geschäftsführer wie Chefredakteur. Die Arbeiter druckten ihre eigene Ausgabe der Zeitung und stellten Streikposten am Haupttor auf. Eine gesonderte Versammlung der Redakteure und Journalisten sprach dem Komitee und seinen Beschlüssen jede Rechtmäßigkeit ab und machte die PCP für die Besetzung verantwortlich, obwohl im Komitee alle möglichen politischen Strömungen vertreten waren.

Am 19. Mai verteilten PS-Anhänger angeführt von Mário Soares in Lissabon Flugblätter auf den Straßen, in denen es hieß: »Über den Willen des Volkes kann man sich nicht hinwegsetzen. Die *República* gehört nicht Cunhal.« Um 19 Uhr betrat die Redaktion das Verlagsgebäude, einer ihrer Vertreter, João Gomes, wandte sich an die draußen versammelte Menschenmenge. Kurz darauf traf ein COPCON-Trupp ein und wurde ins Gebäude gelassen. Danach ging es offenbar drunter und drüber: Eine Fensterscheibe wurde eingeschmissen, begleitet von Parolen wie »Tod der CIA und dem KGB« (eine Parole mit eindeutig maoistischem Einschlag), die Menge vor dem Gebäude stimmte die Nationalhymne an, weitere Soldaten kreuzten auf. »MFA, auf wessen Seite steht ihr?«, erschallte es aus der Menge. Die Anhänger der MRPP skandierten ihre eigenen Slogans: »Sozialfaschisten raus!«, die der PS fügten hinzu: »Ja zum Sozialismus, Nein zur Diktatur!« Als auch Soares das Gebäude betreten wollte, verweigerten ihm die Arbeiter den Zutritt. Einer hielt eine kleine Rede: »Das sind hier nicht die Büros der PS! Du und dein Kollege Cunhal, ihr solltet mal die Macht der Arbeiter zur Kenntnis nehmen.

Hört auf, eure Spielchen mit dem Volk zu treiben, geht dahin, wo ihr hergekommen seid!« Die Situation war festgefahren. Gegen Mitternacht wurden das Fernsehen und Vertreter anderer Zeitungen in das Gebäude gelassen. Von den Fenstern aus lieferten sich mehrere Redner ein Wortgefecht: Während João Gomes im Namen der Redaktion behauptete, die Übernahme der Zeitung gehe auf das Konto der Setzer (die überwiegend der PCP angehörten), widersprach ihm ein Mitglied des Arbeiterkomitees und erklärte, die gesamte Belegschaft hätte die Entscheidung getroffen. Nicht weniger als 14 Redakteure, hob er hervor, seien in den letzten Monaten entlassen und durch PS-Mitglieder ersetzt worden. Diese spontane Debatte, die in den frühen Morgenstunden unter dem Gejohle, den Parolen und dem Beifall der großen Menschenmenge auf der Straße stattfand, war in vieler Hinsicht typisch für die direkte Demokratie, die damals aufblühte. Im Namen der MFA forderte der Minister für soziale Kommunikation, Major Correia Jesuino, die Leser sollten entscheiden, welche Art von Zeitung sie wollten. Aber die waren um 2 Uhr nachts nicht zu erreichen. Ein Mitglied des Komitees beharrte darauf, es sei Sache aller beteiligten Arbeiter, zu entscheiden, was für eine Zeitung sie produzieren wollen; Minderheiten, sei es die Redaktion, seien es die Mitglieder einer bestimmten Partei, dürften darüber nicht das Sagen haben.

Gegen 4 Uhr morgens brachte ein anderes Mitglied des Arbeiterkomitees in seiner Rede das Problem am besten auf den Punkt:

> Als Arbeiter kann und will ich die bestehenden Differenzen im Kampf der Arbeiterklasse gegen die Ausbeuterklasse nicht ignorieren. Wir alle wissen, dass die Beschäftigten in der Herstellung an der Auseinandersetzung zwischen der PS und der PCP nicht beteiligt waren. Wir haben damit nichts zu tun. Unser Ziel ist es, diese Zeitung in etwas Neues zu verwandeln: in eine objektive und unabhängige Zeitung, die keiner politischen Partei verpflichtet ist. Und genau das stößt auf Widerstand. Nach Hause schicken sollten

> wir diejenigen, die wollen, dass die *República* eine Parteizeitung bleibt, nicht die Arbeiter. Schließlich war es das Volk, das diese Zeitung zwölf Jahre lang gekauft hat, für sie Geld gezahlt hat, nicht die PS.

Es regnete in Strömen, aber die Nacht war warm. Die Debatte dauerte bis 6 Uhr morgens, als sich die Arbeiter aus der Herstellung und die Redakteure schließlich darauf einigten, das Gebäude zu räumen und eine Entscheidung des Revolutionsrats abzuwarten. Am 24. Mai gab das Arbeiterkomitee der *República* eine Erklärung bezüglich seiner Ziele heraus: »Unser Kampf ist der Höhepunkt einer Entwicklung seit dem 25. April, die von zahllosen Missständen geprägt war: von interner Zensur und der Ablehnung unserer Forderungen, von Entlassungen, Umsatzeinbußen, einem Rückgang der Abonnements wie auch der Leserbriefe, Willkür bei der Veröffentlichung von Artikeln, einer Auswahl von Autoren nach der politischen Linie einer Partei, die diese Zeitung schamlos übernommen hat. Die *República* wird künftig kein Parteiblatt mehr in dem Sinne sein, dass sie die Positionen der Partei verbreitet. Alle fortschrittlichen Parteien werden ab sofort gleichbehandelt, was wir berichten, hängt ausschließlich davon ab, wie wichtig die betreffenden Ereignisse sind.«

Lange Zeit herrschte ein Patt, und unterdessen wurde das Thema im ganzen Land diskutiert. Am 16. Juni öffnete schließlich das COPCON den Arbeitern aus der Herstellung erneut die Türen, die am 11. Juni in einer Erklärung noch einmal unterstrichen hatten, was bei dem Konflikt auf dem Spiel stand. Trotz aller Illusionen über Gewerkschaften und Parteien ist es ein bemerkenswertes Dokument, weil es das gesamte Gefüge der Klassenherrschaft in Portugal und die Legitimität der Parteien in Frage stellt:

> MANIFEST – AN DIE ARMEN, AUSGEBEUTETEN UND ARBEITENDEN KLASSEN PORTUGALS
>
> Die Arbeiter von *República* sind nur ein kleiner Teil der portugiesischen Arbeiterklasse. In der aktuellen Krise im

Mediensektor müssen wir uns gegen reformistische Tendenzen zur Wehr setzen. Wir gehorchen keiner Sekte, wir folgen keiner Partei und wir gehören keiner Bruderschaft an. Wir sind solidarisch mit allen Ausgebeuteten Portugals und kämpfen dafür, dass die Verbreitung von Informationen die Sache aller ist. (...) Als Arbeiter wollen wir eine Zeitung, die den Menschen in Portugal dabei hilft, im vollen Bewusstsein ihrer Rechte und ihrer Würde gegen die Demagogen und Opportunisten zu kämpfen, die unsere Freiheit einschränken wollen. (...) Wir Arbeiter der *República* sind uns bewusst, dass wir in einer Gesellschaft leben, in der den Massen Wissen und Bildung vorenthalten wird. Wir sind der Ansicht, dass politische Informationen (...) die Intelligenz der Arbeiter nicht verstümmeln, sondern fördern sollten. (...) Es ist an der Zeit, unsere Medienpolitik von Grund auf neu zu gestalten. Wir wollen dafür sorgen, dass sich die Medien frei von jeglicher Doppelzüngigkeit und Parteizugehörigkeit in den Händen der Arbeiter befinden.

Dass ein bestimmter Teil der Bourgeoisie, der vor dem 25. April aus reiner Sentimentalität oder mit dem Ziel, seine Klientel zu erweitern, für die Ausgebeuteten und Armen eingetreten ist, diese Haltung nach und nach aufgegeben hat, war geradezu zwingend. Heute, nach dem 28. September und dem 11. März, formulieren sie zunehmend ihre Machtansprüche und verteidigen ihre gesellschaftliche Stellung. Waren sie vor dem 25. April noch Antifaschisten, sind sie nach dem 11. März autoritär geworden. Sie versuchen, die Medien an sich zu reißen, um den ausgebeuteten Klassen die Ideologie der Herrschenden einzutrichtern. (...) Die Medien sollten aber dazu beitragen, die Arbeiter durch ihre Basisorganisationen von einer ausgebeuteten und beherrschten Klasse in die führende Klasse zu verwandeln. (...) Diesen Prozess muss die *República* unterstützen. (...) Die Medien sollten nicht eine spontaneistische Vorstellung von Revolution fördern. Es genügt nicht, dass in konkreten Situationen des Kampfes – wie aktuell bei der *República* –

> Arbeiterkomitees in Erscheinung treten, nur um wieder zu verschwinden, sobald der Kampf beendet ist. Sie müssen dauerhafte Organe sein, vereint und von der Basis kontrolliert, und sie müssen das Handeln von Gewerkschaften und Parteien bestimmen. An die Adresse aller portugiesischen Arbeiter gerichtet erklären wir, dass wir dafür kämpfen, die Kontrolle der Arbeiterklasse über die Medien herzustellen. Unsere Solidarität gilt allen ausgebeuteten und armen Arbeitern Portugals, die in den Fabriken und auf den Feldern, in der Fischerei, im Dienstleistungs- und Transportsektor für eine Revolution im Interesse der Arbeiter kämpfen – nicht für ein halbes Dutzend von Männern mit Machtambitionen, die stets bereit sind, die wahren Soldaten der Revolution zu verraten.

Die *República*-Beschäftigten erhielten Unterstützung durch die Arbeiterkomitees beim *Diário de Notícias* und *O Século*. Auch *A Capital* erklärte sich mit ihnen solidarisch:

> Die Medien dürfen nicht allein in den Händen der Journalisten verbleiben. Alle Arbeiter der Branche müssen an ihnen beteiligt werden, und wir müssen uns gegen alle elitären Schachzüge zur Wehr setzen. (...) Wenn alle einen ehrlichen Dialog wollen, können wir nicht dulden, dass sich privilegierte Intellektuelle von den Arbeitern abgrenzen. Medien wie *A Capital*, die für sich in Anspruch nehmen, unabhängig von den Parteien zu sein und zum Aufbau des Sozialismus beizutragen, müssen im Dienst der Arbeiterklasse stehen. Sie dürfen sich in Streitereien zwischen den Parteien niemals auf eine Seite schlagen und so beim Leser das negative Bild einer Diktatur über die Medien vermitteln.

Die Frage der »Diktatur über die Medien« wurde in allen Zeitungen ausführlich erörtert. In kapitalistischen Ländern wurden die Nachrichten von der herrschenden Klasse kontrolliert. Aber konnten 150 Arbeiter nicht genauso eine Diktatur bilden, sei sie bürgerlich oder proletarisch? Was die Arbeiter bei der *República* auszeichnete, war nicht nur ihre Weigerung, sich an eine bestimmte Partei oder Organisation zu binden, sondern auch ihr Vertrauen in die eigenen Klasseninstinkte und -interessen. Wie sie schrieben:

> Sagen wir es ganz deutlich: Die Entscheidungsorgane stehen entweder auf der Seite der dynamischen Kräfte des revolutionären Prozesses – der Arbeiter- und Nachbarschaftskomitees, der Organisationen der Volksmacht. Oder sie sind den politischen Parteien unterworfen, die in den meisten Fällen in keiner Weise die Interessen der Arbeiter vertreten. Die Frage lautet, wer die politische Macht in diesem Land haben soll. Ist die MFA am Aufbau einer sozialistischen Gesellschaft interessiert – oder will sie eine bürgerliche Demokratie? Wir sind nur 150 Arbeiter, aber in gewisser Weise doch repräsentativ für unsere Klasse, für Millionen andere wie uns. Worum es geht, ist die politische Macht, ist die Frage, in wessen Händen sie sich befindet. Liegt sie in den Händen der Bourgeoisie und derer, die ihre Interessen vertreten? Oder liegt sie in den Händen der Arbeiter und derer, die die Interessen der Arbeiter vertreten?

Der Konflikt bei Rádio Renascença (RR) war etwas anders gelagert, auch wenn er viele ähnliche Fragen aufwarf. Der Radiosender gehörte der katholischen Kirche. Im Laufe des Mai hatten die Beschäftigten ihn nach und nach übernommen, da sie mit seiner inhaltlichen Ausrichtung nicht einverstanden waren. Worum es ihnen ging, wird in ihrem Kommuniqué vom 6. Juni deutlich:

> Eine vollständige Geschichte unserer Kämpfe bei RR müsste viele Argumente und Dokumente zusammentragen, was wir in dieser Erklärung nicht leisten können. Wenn unsere Geschichte einmal geschrieben ist, werden nicht nur viele Positionen klarer werden, sondern auch, wie sie mit der

politischen Entwicklung des Landes insgesamt zusammenhängen. Dann wird das portugiesische Volk in der Lage sein, die konterrevolutionäre Politik der Bosse, die moralisch verwerflichen Akte aller Art, die im Namen der Kirche begangen werden, und das ganze Ausmaß des Verrats der Lakaien des Kapitals an der Arbeiterklasse zu beurteilen. (...)

In ihrem jüngsten Wahn hat die Geschäftsführung (also Kirche) unseren Kampf völlig verzerrt dargestellt und die MFA attackiert. In 73 von 127 Zeilen stellt sie die Regierung und die Streitkräfte an den Pranger. (...) Wenn sie von einer »gewaltsamen« Besetzung des Radiosenders spricht, vergisst sie zu erwähnen, dass die einzige Gewalttat, zu der es dabei kam, von Maximo Marqués [einem Mitglied der Geschäftsführung] gegen einen unserer Genossen verübt wurde, der sich dadurch aber nicht provozieren ließ. (...) Die Geschäftsführung behauptet, wir seien eine Minderheit von »etwa zwanzig« Leuten, aber in Wirklichkeit sind wir rund dreißig. Rádio Renascença ist ein privates Unternehmen, dem ein Radiosender, eine Druckerei, ein Plattenladen, zwei Kinos, diverse Immobilien und anderes mehr gehören. Im Sender sind wir etwa sechzig Beschäftigte. (...) Die Geschäftsführung behauptet, wir würden versuchen, die Kirche zum Schweigen zu bringen, und so verhindern, dass sie einen großen Teil der Bevölkerung erreicht. Wenn sie damit meint, dass wir versuchen, faschistische Stimmen zum Schweigen zu bringen, hat sie Recht. Worte wie Wahrheit, Gerechtigkeit und Freiheit verlieren jede Bedeutung, wenn die Leitung von RR sie in den Mund nimmt. Wir erinnern uns noch gut an die Zeit, als die Priester den Sender leiteten und Enzykliken, Stellungnahmen des Vatikans und sogar die Bibel (!!!) zensierten. Wir empfehlen der Leitung, ihre Sorge um die Freiheit dadurch zu beweisen, dass sie die derzeit laufende Befreiung von RR unterstützt, das jetzt im Dienst der Arbeiter steht und von den Arbeitern kontrolliert wird.

Die Arbeiter von RR, 6. Juni 1975

Der Kampf bei Rádio Renascença fand breite Unterstützung. Die Alternative war klar: Man konnte sich auf die Seite des Arbeiterkomitees oder auf die Seite der Kirche stellen. Vasco Gonçalves und andere Mitglieder des Revolutionsrates beschlossen, die Leitung des Senders wieder der Kirche zu übertragen. Diese Entscheidung stieß auf den erbitterten Widerstand von etwa 100.000 Arbeitern. Bei einer Demonstration am 18. Juni postierten sich Beschäftigte von Lisnave und TAP vor dem Eingang des Senders und warnten, nur »über ihre Leichen« könne man ihn wieder der Kirche überantworten. Vierhundert katholische Gegendemonstranten mussten im Haus des lokalen Patriarchen Zuflucht suchen. Die Entschlossenheit der Arbeiter veranlasste den Revolutionsrat, umgehend seinen Kurs zu ändern. Er fand einen Ausweg, indem er die Verstaatlichung aller Zeitungen, Rundfunk- und Fernsehsender anordnete.

Die Ereignisse bei der *República* und Rádio Renascença sind hier so ausführlich beschrieben worden, weil sich etliche Mythen um sie ranken. Es ging um die Frage der Macht. Der Konflikt verlief nicht zwischen der PCP auf der einen Seite und der PS beziehungsweise der katholischen Kirche auf der anderen. Sicherlich gab es in beiden Fällen Sympathisanten der PCP unter den Besetzern, ebenso aber solche der PS, der PRP, der UDP und anderer Gruppierungen; die meisten Beteiligten rechneten sich gar keiner Partei zu. Im Kern verlief der Konflikt zwischen den Befürwortern einer direkten Demokratie und Arbeiterkontrolle über die Produktionsmittel auf der einen Seite und den Kräften, die einen liberal-kapitalistischen parlamentarischen Sozialismus anstrebten, auf der anderen.

Die gesellschaftliche Krise, die der Streik der Beschäftigten von CTT, TAP und TLP Anfang Juli 1975 hervorrief, führte am 4. Juli auch zu einer gewaltigen Demonstration zur Unterstützung der Kämpfe bei der *República* und RR. Die Streikenden hatten direkte Verbindungen zueinander aufgebaut, zeigten sich mit den Beschäftigten beider Medien solidarisch und erhielten im Gegenzug deren Unterstützung. Es wurden zwei getrennte Aufrufe veröffentlicht, einer von der Inter-Empresas und der andere von den Streikenden. Wie es in einem Kommuniqué der Arbeiter von Siderurgia hieß, sollte die Demonstration »der Bourgeoisie die Macht der Arbeiter vor Augen führen«. Beschäftigte von Timex, Sapec, Petroquímica und Guérin nahmen ebenso daran teil wie zahlreiche Arbeiter von Lisnave und Setenave; selbst das Soda-Póvoa-Werk in Vila Franca de Xira, vierzig Kilometer von Lissabon entfernt, war vertreten. »Tod dem Kapitalismus« lautete die Hauptparole auf dieser größten »überparteilichen« Demonstration seit dem 7. Februar. 40.000 Menschen gingen auf die Straße, und erstmals zog eine Demonstration durch das Chíado, ein Einkaufszentrum für die Betuchten. Zwei Faktoren waren ausschlaggebend für diese massive Beteiligung: der Kampf um die Medien, der bei der *República* und RR ausgefochten wurde, und die Nachricht, dass rund neunzig PIDE-Agenten aus einem Sicherheitsgefängnis in Alcoentre geflohen waren. RR verbreitete den ganzen Tag über Appelle: »Nur die Einheit der Klasse kann den Arbeitern helfen, die Macht zu übernehmen. Der Kampf bei RR hat gezeigt, dass die Arbeiter gewinnen können, wenn sie sich auf ihre eigene Kraft, auf ihre Fähigkeit zur Klassensolidarität verlassen. Und diese Art von Solidarität wird im Kampf geboren.«

Die PS reagierte sehr scharf auf die Ereignisse. Was auf dem Spiel stand, war nicht nur die *República*, sondern die bürgerliche Demokratie insgesamt. Am 7. Juli meldete sich Mário Soares zu Wort: »Wir sind bereit, zu Demonstrationen aufzurufen und das ganze Land lahmzulegen, um die Revolution in einem Klima der Freiheit auszuweiten. Wir wollen keine weiteren Spaltungen. Es gibt in diesem Moment keinen wichtigeren Kampf als den Kampf für eine freie Presse«. Die Haltung zur *República*, fügte er hinzu, sei »ein Barometer«. Das Ganze wurde als Verteidigung der »Demokratie« gegen den Stalinismus dargestellt. Auf einem großen PS-Wandgemälde stand: »Nein zum Stalinismus. Ja zur Volksdemokratie«. Die von der PS formulierte Kritik kam jedoch von rechts. Am 2. Juli hatte die Partei zur Unterstützung der Eigentümer der Industrie aufgerufen, am 5. Juli forderte sie »das Recht auf Privateigentum«.

Die Situation war ausgesprochen kompliziert. Obwohl die Medien von den Arbeiterkomitees kontrolliert wurden, hatten die Parteien weiterhin großen Einfluss; die Komitees der beiden Morgenzeitungen (*Diário de Notícias* und *O Século*) bestanden mehrheitlich aus PCP-Mitgliedern. Während sie noch im September 1974 die Kämpfe beim *Jornal do Comércio* verurteilt hatte, unterstützte die PCP nun die Arbeiter der *República*. Die Abendzeitungen neigten weniger stark zu »sozialistisch-realistischen« Schlagzeilen und Artikeln, ihre Berichterstattung fiel offener und weniger denunziatorisch aus, aber weil sie von staatlicher Finanzierung abhingen, waren sie auch nicht so kritisch, wie sie es hätten sein können. *A Capital* hatte von Anfang an dissidenten Stimmen aus der Linken ein Forum geboten und tat dies auch weiterhin. Aber über viele Aspekte der Kämpfe wurde nie berichtet. Wie es in einem Leitartikel in *Combate* unter der Überschrift »Der Zustand der Medien und die Medien des Staates« hieß: »Wer die Kontrolle über die Verbreitung von Informationen hat, beherrscht das alltägliche Leben und die lokalen Erfahrungen nahezu vollständig und macht sie von sich abhängig. Medien dreschen Phrasen, sie erzeugen einen Konsens, vereinheitlichen unsere individuellen Reaktionen und bieten ›Alternativen‹ an, die die bestehende Ordnung nie in Frage stellen.«

Die Entscheidung, die Presse zu verstaatlichen, wurde von der Regierung in einer außergewöhnlichen Krise getroffen, in gewissem Sinn hatten die Arbeiter sie ihr aufgezwungen. Sie kam den Kräften entgegen, denen daran gelegen war, die Medien in den Händen »verantwortungsbewusster« Personen zu belassen. Die einzigen Verlierer waren die Verfechter einer Kontrolle der Medien von unten. Aus diesem Grund wurde die Entscheidung der Regierung von den meisten linken Parteien, von der PCP bis hin zu christlich-marxistischen Gruppen, lautstark beklatscht – für eine gewisse Gegenleistung waren sie bereit, selbst die PS aus der Schusslinie zu nehmen. Erneut hatte ein legitimer Kampf der Arbeiterklasse zur weiteren Ausdehnung des Staatskapitalismus geführt.

Militärs und Maoisten

Nach den Wahlen im April 1975 hatten die MFA und die Regierung etliche Probleme zu bewältigen. Ihre Macht wurde zunehmend angefochten: Nicht nur hatten Basisgruppen die Medien übernommen, auch in ihren eigenen Strukturen und Institutionen kamen »subversive« Vorschläge zur Sprache. Vor diesem Hintergrund ist eine der bizarrsten Episoden der portugiesischen Revolution zu deuten: die Verhaftung von mehreren hundert Mitgliedern der maoistischen MRPP durch Truppen des COPCON. Die »bewaffnete Eingreiftruppe« der MFA, die weitgehend eine Schöpfung von Otelo Saraiva de Carvalho war, wie er selbst nicht müde wurde zu betonen, war gegründet worden, um nach dem 25. April einen Teil der Macht zurückzugewinnen, die die putschenden Militärs zunächst Spínola übertragen hatten. Die Ereignisse vom 28. September rund um die »schweigende Mehrheit« waren in gewisser Weise das Ergebnis eines Machtkampfes zwischen dieser Fraktion der MFA und den Spínolisten.

Mit der Zuspitzung der politischen Krise im Sommer 1975 gewann das COPCON an Bedeutung, nach der »Neutralisierung« der Republikanischen Nationalgarde wurde es zur schlagkräftigsten Eingreiftruppe im Land.[38] Aber sowohl das COPCON als auch die MFA insgesamt bildeten nie mehr als eine Minderheit innerhalb der Streitkräfte und bewegten sich entsprechend stets auf einem schmalen Grat, wie sich insbesondere im Falle des COPCON zeigen sollte. Wollte es weiter bestehen, war es auf die Unterstützung der Massen angewiesen. Obwohl das COPCON letztlich ein Teil der Streitkräfte war, die eine Stütze der kapitalistischen Gesellschaft bildeten, hatten die Arbeiter das Gefühl, dass sie erheblichen Einfluss auf die unteren Ränge beider Organisationen ausüben konnten. So war das COPCON zum Beispiel gezwungen, zahlreiche Land- und Hausbesetzungen zu unterstützen.

Die Einheit gewann in vielen Teilen der Arbeiterklasse einen gewissen Zuspruch, obwohl sie immer wieder zur Niederschlagung von Streiks beitrug – etwa bei der TAP und beim

Jornal do Comércio im August sowie beim Streik der städtischen Arbeiter in Santarém im Oktober 1974, die als Angestellte im öffentlichen Dienst offiziell kein Streikrecht hatten. Ungeachtet dieser Rolle bemühte sich das COPCON, ein Image als Freund und Helfer der kleinen Leute zu pflegen. Häufig suchten Arbeiter auf völlig unerwartete Weise Hilfe bei der Einheit. Eine meiner Nachbarinnen zum Beispiel – eine Frau, deren Zunge jeden, der das Pech hatte, mit ihr aneinanderzugeraten, wie eine Peitsche treffen konnte – ging eines Morgens im Dezember 1974 auf den Fischmarkt und musste an einem Stand feststellen, dass der Händler sich um die in den Zeitungen veröffentlichte Preisliste nicht weiter scherte. Sie rief das COPCON an. Und tatsächlich, innerhalb von neunzig Minuten rückten zwei Soldaten und ein Feldwebel im Jeep an und zwangen den Händler, sich an die veröffentlichten Preise zu halten.

In den ersten Monaten des Jahres 1975 wurde das COPCON aus allen nur erdenklichen Gründen herbeigerufen – ganz oben auf der Liste standen Ehestreitigkeiten. Rief nachts um drei eine misshandelte Hausfrau an, war das COPCON zur Stelle; in Ajuda wurde es gerufen, um ein Kätzchen aus seiner Notlage zu retten.

Im Laufe des Sommers 1975 – während der »gonçalvistischen« Phase der MFA, die wenig Zuspruch in der Bevölkerung fand – verspielte das COPCON einen Teil der zuvor erworbenen Sympathien. In Dafundo zum Beispiel hatte eine Familie ein Haus mit sechs Zimmern besetzt, allerdings nicht über das Nachbarschaftskomitee, das sie daher aufforderte, das Haus zu verlassen. Die Familie weigerte sich. Um 1 Uhr nachts traf das COPCON ein, brach die Tür auf und räumte das Gebäude. Während die meisten Arbeiter im Viertel die Besetzung zunächst kritisiert hatten, stellten sie sich jetzt auf die Seite der Familie und gegen das COPCON. Es gab Hunderte solcher Fälle. Manche Arbeiter begannen sich zu fragen, ob an den Behauptungen der MRPP, das COPCON agiere wie eine neue PIDE, etwas dran sein könnte.

Natürlich attackierte die MRPP das COPCON auf systematische Weise – vor allem, wie man wohl mutmaßen darf, weil sie es nicht manipulieren konnte. Dabei waren einige ihrer Argumente durchaus richtig, andere dagegen eher dubios. Sie warf dem COPCON wie der MFA insgesamt vor, unter der Kontrolle der PCP zu stehen. Dann begann die MRPP, Soldaten und Zivilisten gefangen zu nehmen, die sie als Faschisten bezeichneten. Sie hielt sie eine Zeit lang fest, verprügelte sie und übergab sie schließlich dem RAL-1, um die »Linke« in der MFA zu provozieren, Stellung zu beziehen. In der Nacht des 28. Mai mochte das COPCON nicht länger zusehen: Mithilfe alter PIDE-Akten verhafteten seine Truppen im Großraum Lissabon mehr als vierhundert MRPP-Aktivisten und -Aktivistinnen. Bei der PIDE aktenkundige Wohnungen, aus denen die gesuchten Personen längst ausgezogen waren, wurden dabei ebenfalls durchsucht. Zur Begründung der Razzien erklärte das COPCON: »Seit dem 25. April hat die sogenannte MRPP, bei der es sich mehrheitlich um junge Studenten handelt, gegen die revolutionären Machtorgane demonstriert. Die MRPP gleicht eher einer religiösen Sekte. Sie ist unter den Arbeitern kaum verankert, von anderen nationalen Parteien völlig isoliert und wird von Konterrevolutionären benutzt. (...) Das COPCON wirft der MRPP Folgendes vor: Am 15. Mai entführte die MRPP den ehemaligen Infanteristen Coelho da Silva, der anschließend von ihren Aktivisten zusammengeschlagen wurde, am 18. Mai verprügelten sie drei weitere Personen und in Coimbra entführten und verprügelten sie noch am selben Tag Maximo dos Santos.«[39]

Die verhafteten MRPP-Mitglieder wurden einige Wochen später wieder freigelassen, ihre Büroausstattung und andere beschlagnahmte Gegenstände erhielten sie jedoch erst im August 1975 zurück. Es besteht kein Zweifel daran, dass die MRPP auch Terror gegen ihre eigenen Kader ausübte, insbesondere gegen diejenigen, die mit ihr brechen wollten. Vor die Wahl gestellt, das COPCON zu unterstützen oder die MRPP zu verteidigen, entschieden sich viele für Ersteres. Das ist eine Tatsache, ob es einem gefällt oder nicht, und mit dieser Feststellung soll nicht das COPCON gelobt, sondern verdeutlicht werden, wie die MRPP im Inneren funktionierte.

Die Verhaftungen hatten eine tiefgreifende Wirkung auf die Parteimitglieder. Sie waren überzeugt, dass ihre »Verfolgung« von den »Sozialfaschisten der PCP« angezettelt worden sei. Im Gegenzug ging die MRPP in völlig prinzipienloser Weise Bündnisse ein – nicht nur mit der PS, sondern auch mit rechten Gruppen. Selbst die Brandanschläge auf PCP-Büros (die im folgenden Kapitel behandelt werden) begrüßte sie als »Rache des Volkes an den Sozialfaschisten«.

Dass die MRPP von offen konterrevolutionären Strömungen benutzt wurde, die selbst keine nennenswerte Anhängerschaft unter den Arbeitern gewinnen konnten, war beinahe unvermeidlich. Die Verhaftungen verstärkten sowohl die Paranoia der MRPP als auch ihr elitäres Denken: Aus ihrer Sicht verfolgte man sie, weil sie »die wahre Avantgarde« war. Der »irreparable psychologische Schaden, der den portugiesischen Maoisten in den Jahren im Untergrund zugefügt wurde«, wird in der Einleitung zur portugiesischen Ausgabe von Charles Reeves Buch *Le tigre de papier,* »Der Papiertiger«, gut beschrieben.[40] Ereignisse wie die Verhaftungen vom 28. Mai trugen wenig zur Heilung dieses Schadens bei.

Das COPCON hätte man auch auf ganz andere Weise kritisieren können: Allein seine Existenz als »linke« Tendenz innerhalb der MFA verstärkte deren gesamte Mystik. Wenn das COPCON dafür da war, um ihnen zu helfen, warum sollten die Arbeiter dann auch nur darüber nachdenken, eine autonome militärische Organisation auf Klassenbasis zu schaffen? Insofern war die Einheit ein Hindernis für den Aufbau unabhängiger Selbstverteidigungsgruppen, die den Kern einer Arbeitermiliz hätten bilden können. Das COPCON war sich dieses Widerspruchs bewusst. In dem Dokument über die Volksmacht, das es der MFA-Generalversammlung Anfang Juni vorlegte, war von der »letztendlichen Bewaffnung der Arbeiterklasse« die Rede. Obwohl die »Bewaffnung« immer wieder auf morgen verschoben wurde, ließen sich die meisten linken Gruppen von dieser Rhetorik in den Bann ziehen. Fast alle unterstützten sie das COPCON, und das nicht einmal besonders kritisch. Ihre Illusionen platzten dann am 26. November 1975, als das COPCON auf Befehl von oben aufgelöst wurde – ohne dass von seinen Führungsfiguren auch nur ein Mucks zu hören war.

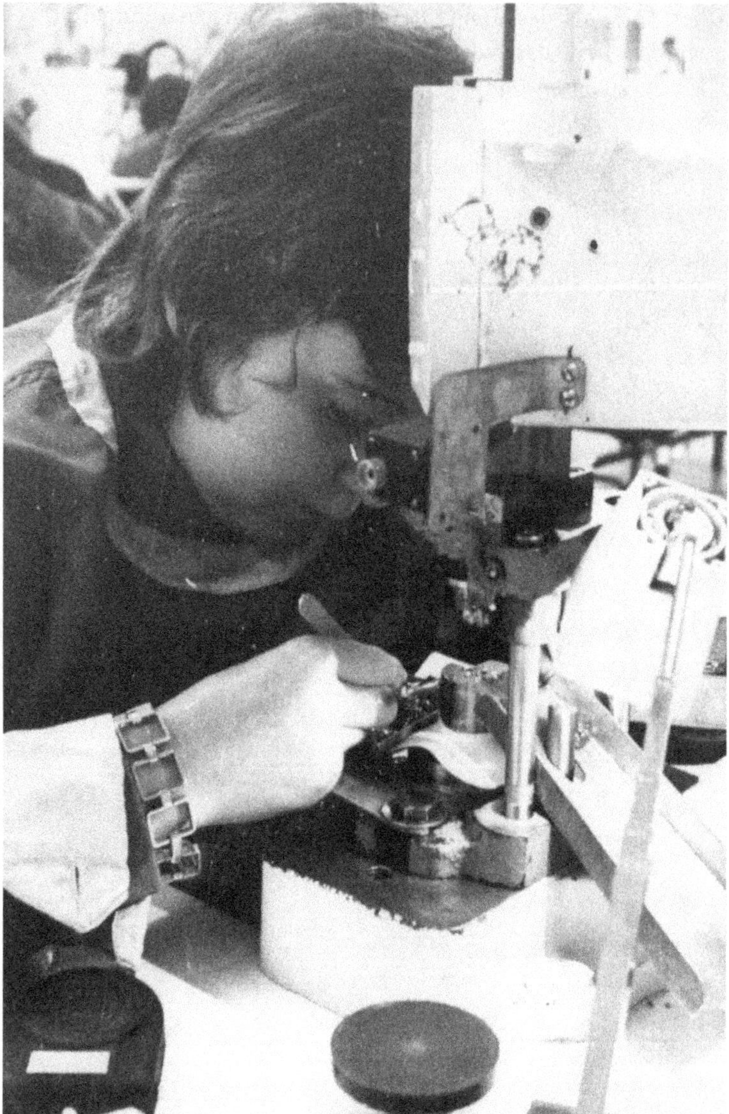

Eine Timex-Mitarbeiterin bei der Präzisionsarbeit in der Uhrenindustrie, 26. Juli 1974

X DIE GROSSE PARTEI DER PARTEILOSEN

Vom 7. bis 9. Juli 1975 institutionalisierte die MFA in einer Generalversammlung ihren »Pakt« mit dem Volk. Sie befürwortete die »Volksmacht« nicht nur als defensives Mittel gegen die Angriffe der Rechten, sondern auch zur Lösung wirtschaftlicher Probleme, und entwarf in allen Einzelheiten ein kompliziertes System von Beziehungen zwischen MFA, Regierung und Basisorganisationen. Unter Volksmacht verstand die MFA die Dezentralisierung des Staatsapparats: eine Übertragung der Macht an Arbeiter- und Nachbarschaftskomitees, Gemeinderäte, Kooperativen, Kollektive und ... den Bund der kleinen und mittleren Landwirte. Die lokalen Versammlungen sollten sich zu Bezirksversammlungen zusammenschließen und diese wiederum zur sogenannten Nationalen Volksversammlung, die die Regierung ersetzen sollte. Doch das alles war nur kämpferisches Gerede: Der militärische Anarchismus hatte die Bühne betreten. »Die gegenwärtigen Normen sind nicht starr«, schloss die MFA. »Ihre Anwendung sollte von den örtlichen Gegebenheiten und der Dynamik des revolutionären Prozesses abhängen«.

Die Entscheidung, die Volksmacht zu institutionalisieren, wurde von allen linken Parteien begrüßt, nur CDS, PPD und PS lehnten sie ab. Am 11. Juli beschloss die PS, die Koalition wegen der Auseinandersetzungen bei der *República* zu verlassen. »Was soll die PS in einer Regierung, die nicht regiert?«, fragte Mário Soares. »Ob wir aus ihr austreten oder nicht, ist nicht maßgeblich dafür, wie die Regierung aussehen wird. Wir waren in der Regierung, um zu regieren. Da sie das nicht tut und auch nicht kann, hat es keinen Sinn, Teil der Koalition zu bleiben.« Die PS beschloss, an ihren Positionen in der Verfassunggebenden Versammlung festzuhalten. Sie beschuldigte die PCP, »als größter Manipulator eine Krise der Staatsorgane ausgelöst« zu haben, und forderte ein Ende der »kommunistischen Diktatur«.

Wie erwartet folgte die PPD am 16. Juli den Sozialisten und trat ebenfalls aus der Vierten Regierung aus. Nur die PCP und ihre »Front«, die MDP, blieben zusammen mit einigen Unabhängigen in der Koalition. Die PPD hatte mehrere Bedingungen für ihren Verbleib in der Regierung gestellt, von denen die PS manche im Grunde teilte, was sie aus Angst vor einem Imageverlust aber nicht offen sagte. Beide Parteien wollten, dass die alten Pressegesetze (die die Autorität der Redaktionen festlegten) beibehalten werden.

Weitere Forderungen der PPD lauteten:

1) Beteiligung aller Parteien an Rundfunk und Fernsehen;
2) eine im Norden wie Süden erscheinende Zeitung für jede Koalitionspartei;
3) Berücksichtigung der PPD-Position zum Leitdokument der MFA in den Medien;
4) Räumung aller illegal besetzten Häuser;
5) Nichteinmischung des Militärs in Angelegenheiten, die nicht in seine Zuständigkeit fallen;
6) Abberufung aller unrechtmäßig gewählten Räte;
7) Festsetzung eines Termins für die Kommunalwahlen;
8) Festlegung der Grenzen zwischen öffentlichem und privatem Sektor;
9) Garantien für kleine und mittlere Immobilieneigentümer;
10) sofortige Hilfen für die Textil-, Bau- und Schuhindustrie.

Die meisten dieser Bedingungen wurden natürlich abgelehnt; das einzige Zugeständnis bestand darin, die Besetzung der Häuser von Emigranten für illegal zu erklären. PPD und PS gingen in die Opposition, wo »ihr eigentlicher Platz« war, wie es in einem Kommuniqué der PRP-BR hieß.

Der Zusammenbruch der Koalition hatte sowohl nationale als auch internationale Auswirkungen. Die Parteien der Zweiten Internationale, insbesondere die Sozialisten in Spanien, Italien und Frankreich, gaben der PCP die Schuld. Frankreich legte ein Veto gegen sämtliche Hilfen der Europäischen Wirtschaftsgemeinschaft für Portugal ein. In Portugal selbst verschärften sich unterdessen nicht nur die Parteifehden, sondern auch der Klassenkampf. Der Bischof von Braga im Norden des Landes rief zu einer Demonstration auf, an der 10.000 Katholiken teilnahmen. Überall im Land wurden Büros linker Gruppen und PCP-Zentralen angegriffen. Die vierhundert Maoisten, die das COPCON am 28. Mai verhaftet hatte, wurden bedingungslos freigelassen. Arnaldo Matos, der Führer der MRPP, brüstete sich damit, dass die Regierung seine Partei »brauche, um die Reaktion niederzuschlagen«. Am 15. Juli forderten etwa 20.000 Menschen auf einer Demonstration den Rücktritt von Vasco Gonçalves. Die Führung der PS, die über den Rechtsruck ihrer Partei überrascht war, versuchte die Menge zu beruhigen, die nun rief: »Das Volk will nicht die MFA!« und »Otelo nach Mosambik! Er ist kein Portugiese!«. Soares musste die »Allianz« mit der MFA bekräftigen und seine Kritik abschwächen: »Wir dürfen und können nicht einfach vergessen, dass es ohne die MFA keinen 25. April gegeben hätte.« Er beteuerte, die Sozialisten seien keine neue »schweigende Mehrheit«, und forderte, dass der Wille des Volkes, »wie er sich in den Wahlen gezeigt hat«, respektiert werden müsse.

Am 16. Juli nahmen das RAL-1 und das Infanterieregiment RIOQ mit drei Panzern und bewaffneten Soldaten an einer Demonstration in Lissabon teil, zu der die »Inter-Comissões«, der Zusammenschluss der Nachbarschaftskomitees aus den Elendsvierteln, aufgerufen hatte; es war das erste Mal, dass Soldaten in Uniform auf diese Weise bei einer Demonstration erschienen. Als sie die Panzer sah, skandierte die Menge: »Arbeiter auf dem Feld und in der Fabrik, Soldaten und Matrosen, vereint werden wir siegen!« Über ihr Megafon antworteten die Soldaten: »Die Männer vom RAL-1 sind gekommen, um euren Kampf zu unterstützen!« Der Beifall war ohrenbetäubend. Die Demonstranten kletterten auf die Panzer und zogen weiter durch die Straßen Lissabons.

»Wir müssen die falschen Spaltungen überwinden, die die Konterrevolutionäre, die Parlamentarier, die *doutores* [wörtlich: Doktoren] und ihre Parteien unter uns geschaffen haben«, rief ein Wortführer der »Inter-Comissões« an die Menge gewandt aus. »Wir müssen die wahren Revolutionäre vereinen und das ganze nutzlose Sektierertum hinter uns lassen. Die Arbeiterkomitees sind die Organe, die den revolutionären Kampf vorantreiben müssen. Wir müssen dieser Regierung der Klassenkollaboration ein Ende setzen, die unsere Probleme nicht lösen kann. Die Regierung besteht aus Verschwörern und Zauderern, aus Leuten, die keine Revolution wollen. Auch die bürgerliche Verfassunggebende Versammlung muss abgeschafft werden, dort reichen sich die CDS-Faschisten, die rechte PPD und die falschen Sozialisten die Hände, um den revolutionären Prozess aufzuhalten; unsere Einheit wird sie in den Mülleimer der Geschichte befördern.«

Ein für das Wochenende des 18. Juli geplanter Marsch auf Lissabon, zu dem die PS aufrief, wurde von vielen linken Gruppen scharf kritisiert. Die Gerüchte schossen ins Kraut. Am 18. Juli wurden im ganzen Land Barrikaden errichtet, um den erwarteten Marsch zu verhindern. Bewaffnete Soldaten waren an den Hauptstraßen postiert, sämtliche Zugänge in die Stadt wurden blockiert. Auf der Brücke des 25. April standen heimkehrende Strandbesucher wütend im Stau, während ihre Autos von jungen Soldaten durchsucht wurden. Doch der Marsch fand nicht statt: Die PS verschwand halb im Untergrund. Am 28. Juli 1975 hielt Mário Soares eine Rede, die sehr wirkungsvoll gewesen wäre, hätte nicht eine so offensichtlich kompromittierte Figur sie gehalten: »Die PS ist sich ihrer Verantwortung bewusst, und sie ist bereit, für ihre Überzeugungen auf die Straße zu gehen. (...) Was uns trennt, ist nicht Marx oder der Aufbau einer klassenlosen Gesellschaft. (...) Was uns trennt, ist Stalin, ist das totalitäre Konzept des Staates, die allmächtige Einheitspartei, die Frage der Menschenrechte und der Freiheit. (...) Was uns trennt, sind nicht die Nachbarschaftskomitees oder andere Formen der direkten Demokratie, zu denen auch wir uns in unserem

Programm bekennen, sondern die Frage ihrer demokratischen Vertretung.«

Autonome Arbeiterkämpfe

Die Unterstützung der MFA für die neuen Institutionen der Volksmacht und die zeitweiligen Erfolge der Arbeiter bei Rádio Renascença und der *República* gaben den Anstoß zu weiteren Kämpfen. In einem von der katholischen Kirche betriebenen Altenheim in Setúbal kam es zu einer Säuberung: Sechs Franziskaner-Nonnen wurden wegen »unmenschlicher Praktiken« von den Bewohnern und mit Hilfe von Arbeitern aus der Nachbarschaft hinausgeworfen. Die alten Menschen wurden miserabel ernährt, einige hatten kaum oder gar keine Kleidung, obwohl sie monatlich 1.000 Escudos für ihren Unterhalt bezahlen mussten. Die Anwohner waren entsetzt über die Zustände, die sie im Heim vorfanden, und begannen sofort mit seiner Reinigung.

Zu dieser Zeit gab es so starke Aversionen dagegen, manipuliert zu werden, dass jede Gruppe, Partei oder Organisation versuchte, ihre eigene Rolle herunterzuspielen. Dadurch konnten sie ihre Manöver umso besser verschleiern. Als sich zwei große »überparteiliche« Demonstrationen begegneten, die zeitgleich am 4. Juli stattfanden, fragten sich viele Arbeiterinnen und Arbeiter, warum es nicht einen gemeinsamen Marsch gab, denn die Ziele der beiden Veranstaltungen schienen recht ähnlich zu sein. Die Umzüge hielten an, während ihre verborgenen »Führer« darüber diskutierten, ob sie sich zusammenschließen sollten oder nicht; die manipulierten Demonstranten blieben passiv und fühlten sich niedergeschlagen: Sie waren doch zu einer überparteilichen Klassendemonstration gekommen, oder nicht? Warum sich also nicht zusammentun?

Ja, warum eigentlich nicht? Die Antwort lag in der explosionsartigen Zunahme messianischer Avantgardegruppen nach dem 25. April, was wiederum mit zwei grundlegenden

Faktoren zusammenhing: Angesichts der Unmöglichkeit, radikale Veränderungen über die offiziellen Kanäle herbeizuführen, sahen Möchtegern-Revolutionäre im Bolschewismus eine einfachere Option als in der Selbstorganisation. Das wiederum zeigte, wie stark die bürgerliche Ideologie war, laut der die Gesellschaft »natürlich« in Führer und Geführte unterteilt ist – sie war selbst in die Linke tief eingedrungen, wo sie die Form der leninistischen Überzeugung annahm, die Arbeiter selbst könnten »nur ein gewerkschaftliches Bewusstsein entwickeln«. Jeder wollte die Führung übernehmen. Die raffinierteren Gruppen, die den Abscheu der Bevölkerung vor Manipulationen spürten, versuchten ihre eigene Existenz kleinzureden und eine direktere Beziehung zu den Arbeiterorganisationen herzustellen, um sie von innen zu dominieren.

Allerdings nicht immer, wie die folgende Episode zeigt. Einige Maoisten riefen auf einer Demonstration in Porto »Viva a *Grito do Povo*« – »Es lebe der *Schrei des Volkes*«, so der Name ihrer Zeitung. Einige Arbeiter stimmen mit ein, hatten die Parole jedoch falsch verstanden und riefen »Viva a Rico Povo« – »Es lebe das reiche Volk«, zweifellos ein Ausdruck ihrer Zukunftshoffnungen. Als die Parteiaktivisten ihnen erklärten, diese Parole sei »falsch«, antworteten die Arbeiter: »Ach, was macht das schon? Es macht Spaß, irgendwas zu rufen!« Sie hätten hinzufügen können: »Und was von beidem ist wichtiger?«

Die wirkliche Bewegung nahm im Sommer 1975 erheblich Fahrt auf. In Marinha Grande besetzten siebenhundert Arbeiter die Fabrik des Glasherstellers Manuel Pereira Rodão, säuberten die Verwaltung und führten den Betrieb in Eigenregie weiter. Das Arbeitsministerium zahlte ihnen einige ausstehende Löhne und stellte Hilfe in Höhe von drei Millionen Escudos bereit. Jegliche parteipolitische Kontrolle im Unternehmen lehnten die Arbeiter ab. Auch die Fabrik Yogurt Bom Dia wurde von 19 Arbeitern besetzt und in Selbstverwaltung überführt, allerdings ohne staatliche Hilfe. Beim Unternehmen Turiaga, das im Tourismus und der Landwirtschaft aktiv war, kam es ebenfalls zu einer Säuberung der Verwaltung.

Auch hier leistete die Regierung keinerlei Unterstützung. Am 26. Juni fuhren hundertfünfzig Arbeiter nach Lissabon und traten vor dem Sitz des Premierministers in São Bento in den Hungerstreik, »um das ganze Land auf ihre Situation aufmerksam zu machen«.

Im Mai 1975 beschlossen 1.100 Textilarbeiterinnen und -arbeiter bei Penteada und den benachbarten Betrieben der Gebrüder Garrett in Unhais da Serra, ein Komitee zu gründen und die Leitung zu übernehmen. Die Garretts, von denen einer ANP-Abgeordneter gewesen war, wandten sich hilfesuchend an die Regierung, es kam zu einem gemeinsamen Treffen mit dem Arbeiterkomitee und dem PCP-Arbeitsminister, der auf einen Kompromiss drängte, doch die Beschäftigten traten in den Streik und die Gespräche scheiterten. Dann wurde ein Hof mit etwa dreihundert Hektar Anbaufläche, der ebenfalls den Gebrüdern Garrett gehörte, von den Arbeitern übernommen und seine Umwandlung in eine Kooperative vorbereitet; das COPCON schickte elf Soldaten zum »Schutz« der Besetzung. Nun teilten die Garretts den Beschäftigten der Textilfabrik mit, aufgrund dieser Besetzung könnten sie ihnen die ausstehenden Löhne nicht zahlen, was zu einer gewissen Spaltung zwischen Fabrik- und Landarbeitern führte – gefördert auch von Aktivisten der FEC-ML, die die Landarbeiter unterstützten. Das Arbeiterkomitee auf dem Hof entschied gemeinsam mit den elf Soldaten, gegen die Bosse vorzugehen. Auf einem Treffen der beiden Arbeiterkomitees wurde eine Lösung ausgearbeitet: Solange die Landarbeiter keine finanzielle Hilfe vom Institut für Agrarreform (IRA) erhielten, sollten die Fabrikbeschäftigten ihre Löhne zahlen. Beide Besetzungen genossen den Rückhalt der gesamten Bevölkerung. Das Haus der Chefs wurde beschlagnahmt, bis das IRA eine Bestandsaufnahme machen konnte, das des Vorarbeiters derweil von den Arbeitern übernommen. Die Garretts flohen schließlich nach Spanien.

Bei Avó im Landeszentrum übernahmen die vierzig Beschäftigten der Fabrik von Manuel Dinis Dias den Betrieb und führten ihn in Selbstverwaltung weiter. Dasselbe taten die sechzig Arbeiterinnen und Arbeiter des Kunststofffaserherstellers Manuel Esperança Viera in Porto, und die 55 Beschäftigten der Keksfabrik Cuetara in Pombal, die sich zu neunzig Prozent in mexikanischem Besitz befand. Auch die Bergbaufirma Clana in Loulé, die hundert Menschen beschäftigte, ging in Selbstverwaltung über und erhielt 500.000 Escudos von der Regierung. In Setúbal entführten die Arbeiter des Düngemittelherstellers Sapec zwei Geschäftsführer und hielten sie gefangen, »um der Regierung zu zeigen, wie schlimm die Lage ist«. Das Unternehmen sollte nach Brüssel verlagert werden.

In Évora wurde das Café Arcada – ein gut besuchtes Lokal – von seinen 47 Angestellten besetzt, weil sie keinen Lohn erhalten hatten. Auch sie übernahmen den Betrieb in Eigenregie und bekamen schließlich ein staatliches Darlehen in Höhe von 175.000 Escudos. Ebenso wurde das Hotel Baheira in Sagres am 11. Juni von seinen Beschäftigten besetzt und in Selbstverwaltung überführt.

Das sind nur einige Beispiele für Hunderte von Kämpfen, die im ganzen Land stattfanden. Nicht nur das Ausmaß der Besetzungen, sondern häufig auch die Leidenschaft, mit der sie durchgeführt wurden, waren unglaublich. Die meisten von ihnen waren aus der Not heraus entstanden – etwa weil die Arbeiter keinen Lohn erhalten oder die Bosse sich mit dem Kapital abgesetzt hatten –, aber das Klima insgesamt war mehr als die Summe seiner Teile. Manchmal musste man sich kneifen, weil man kaum glauben konnte, dass das alles wirklich geschah. Anfang August 1975 waren schätzungsweise 380 Fabriken in Selbstverwaltung übergegangen. Es lohnt sich, anhand eines konkreten Beispiels einige der damit verbundenen praktischen Probleme zu betrachten.

Empresa Fabril de Malhas war eine Textilfabrik in Coimbra, die 32 Personen beschäftigte. Ein Arbeiter erklärte, was dort vor sich ging:

> Als der 25. April stattfand, hatten wir eine Vier-Tage-Woche. Als im Mai 1974 ein Mindestlohn von 3.300 Escu-

> dos eingeführt wurde, beschloss der Chef, den Laden zu schließen. Das wollten die Arbeiter nicht zulassen. Wir haben die Fabrik besetzt und Streikposten aufgestellt. Im Juli haben wir beschlossen, die vorhandenen Bestände zu verkaufen, um uns unsere Löhne auszahlen zu können. Die Geschäftspartnerin des Chefs, Maria Clara, hat sich auf unsere Seite gestellt. Aus Angst, es könnte etwas passieren, organisierten die Frauen ab dem 11. März nächtliche Streikposten. Maria half uns, den Aktenschrank und den Tresor zu öffnen. Die meisten Arbeiter waren der Meinung, dass der Chef, Aires de Azevedo, hinter Gitter gehört. Die MFA verhaftete ihn am 15. Mai 1975.[41]

Die Textilgewerkschaften und die Intersindical boten ihre Unterstützung an, aber die Arbeiterinnen und Arbeiter hielten die Intersindical für eine *cúpula*, eine Seilschaft, und dem Arbeitsminister von der PCP warfen sie »Legalismus« vor. Von ihrem Arbeiterkomitee fühlten sie sich viel besser vertreten als von der Gewerkschaft. Das Unternehmen selbst hatte erhebliche finanzielle Probleme: Die gesamte Textilindustrie in Portugal befand sich in der Krise, weil asiatische Länder billiger produzieren konnten.

Die verschiedenen Abteilungen der Fabrik wählten ein zunächst aus zehn, später aus fünf Mitgliedern bestehendes Arbeiterkomitee. Es wurde ein »Verwaltungsrat« eingerichtet, dem auch Maria, die ehemalige Geschäftspartnerin, angehörte. Er musste wöchentlich vor der Vollversammlung der Beschäftigten Bericht erstatten. Die Idee, eine Aktiengesellschaft zu gründen, wurde diskutiert, aber schließlich verworfen – die Arbeiterinnen und Arbeiter wollten »keine kleinen Chefs werden«. Es gab Verhandlungen mit dem Arbeitsminister über ein Darlehen von 180.000 Escudos in der Hoffnung, damit zehn weitere Arbeitsplätze zu schaffen – unter anderem sollte ein Wachmann die Aufgabe der Streikposten übernehmen –, doch daraus wurde nichts: »Wir haben nur leere Versprechungen erhalten, aber kein Geld.« Die ehemalige Teilhaberin wurde in vielen Punkten, die die Führung der Fabrik betrafen, überstimmt; ihren Vorschlag, dass alle Beschäftigten Mitgesellschafter werden und die Gewinne unter sich verteilen, lehnte die Belegschaft ab, denn ihr ging es nicht um »Arbeiterbeteiligung«, sondern um »Arbeiterselbstverwaltung«. Sie waren sich jedoch auch der Grenzen bewusst, die einem solchen Versuch in einer kapitalistischen Gesellschaft gesetzt sind. Sie hatten keine Idee, wie sie diesen Widerspruch lösen könnten, außer durch »die Vereinigung und den gemeinsamen Kampf aller revolutionären Arbeiter«. Aber das hätte den Sturz des Systems bedeutet.

Das beschriebene Muster war für Fabriken dieser Größenordnung recht typisch (auch wenn es eher eine Ausnahme darstellte, dass ehemalige Bosse sich den Arbeitern anschlossen). Die Arbeiter waren sich bewusst, dass sie in einer kapitalistischen Gesellschaft lebten und sich an sämtliche Regeln halten mussten, die die Marktwirtschaft ihnen aufzwang. Immer wieder wendeten sie sich gegen »elitäre« Organisationen, die sich in ihre Kämpfe einmischten, sie teilweise sogar lenken wollten oder ihnen erklärten, dass sie ausgebeutet werden und das Lohnsystem abschaffen müssen.

Es gab viele Fälle, in denen Vollversammlungen einzelne Delegierte abberiefen oder sogar ganze Arbeiterkomitees auflösten. In der Viehfutterfabrik Provomi bei Alverca musste das gesamte Komitee zurücktreten, weil es versucht hatte, nicht nur Informationen vor der Belegschaft zu verheimlichen, sondern auch seine eigenen Löhne zu erhöhen. Aufgrund der Krise und der allgemeinen politischen Situation war es für Arbeiterkomitees in kleineren Fabriken schwierig, sich als »neue Manager« zu etablieren oder von den Arbeitern, die sie gewählt hatten, stärker abzugrenzen.

Die Inter-Empresas und die Gewerkschaften

Nachdem noch im Januar 1975 fast alle linken Gruppen den Kampf für Einheitsgewerkschaften unterstützt hatten, wurde auch ihnen bald klar, dass die *unicidade* eine Vorherrschaft von Intersindical und PCP bedeutete. Der Reformismus des Dachverbands und seine Störmanöver bei etlichen Kämpfen wie etwa bei Timex, CTT, Mabor, TAP, dem *Jornal do Comércio* und Carris veranlasste die Arbeiter, ihre eigenen Komitees aufrechtzuerhalten.

Die Demonstration vom 7. Februar 1975, die vor dem Hintergrund wachsender Arbeitslosigkeit und einer potenziellen Bedrohung durch die NATO stattfand, stellte den Höhepunkt einer Zusammenarbeit verschiedener Arbeiterkomitees dar. Danach verlor die Inter-Empresas, die zu der Demonstration aufgerufen hatte, jedoch an Schwung, und das aus guten Gründen. Für jede Avantgardepartei, die ihren Namen verdiente, war sie *die* Organisation, in der man einen Fuß haben musste; jede leninistische Gruppe in Sichtweite (und auch einige unsichtbare) machte sich mit Gold, Weihrauch und Mythen im Gepäck auf den Weg zu ihr. Der Verband verband niemanden, und auch mit Gewerkschaftsarbeit hatte er nur wenig zu tun. Ein witziger Slogan brachte es in diesem fußballverrückten Land gut auf den Punkt: »Inter: 2 – Sindical: 0«.

Zunächst versuchten einige Delegierte der Intersindical, die auch in ihre jeweiligen Arbeiterkomitees gewählt worden waren, einen Block innerhalb der Inter-Empresas zu bilden. Auf diesem Wege wollte die PCP ihre »Schlacht für die Produktion« innerhalb der Koordination vorantreiben, was jedoch nur dazu führte, dass viele Arbeiterkomitees keine Delegierten mehr zu den Vollversammlungen schickten. Das wiederum erleichterte die Manipulation der ausgehöhlten Struktur durch PCP-Delegierte und andere Leninisten aus den Reihen von PRP-BR, MES, MRPP oder FEC-ML und trug so zu ihrer weiteren Verödung bei. Die Arbeiterkomitees stellten dagegen eine authentischere Vertretung der Lohnabhängigen dar. Sie existierten parallel zu den zahlreichen Gewerkschaften, die wie erwähnt trotz einiger dynamischer »Führer« oder »Persönlichkeiten« nur wenig bewirkten. Bei der Telefongesellschaft TLP waren lediglich zwei der 14 Mitglieder des Arbeiterkomitees Gewerkschaftsdelegierte, und dies war typisch für viele Unternehmen. Gleichzeitig gab es in dem Betrieb 32 verschiedene Gewerkschaften, die zu keinerlei Einheit fanden.

Trotz ihres demokratischen Charakters erwiesen sich die meisten Arbeiterkomitees als anfällig für Manipulationen durch Kräfte, die sie »erobern« und als politische Basis für den »Kampf« innerhalb der Inter-Empresas nutzen wollten. Bei Efacec-Inel hatten die Maoisten hart an ihrer Verankerung gearbeitet und sich in die Redaktion der Streikzeitung *Jornal de Greve* wählen lassen. Ihre Position wurde in der 55. Ausgabe des Blattes (6. Juli 1975) klar und deutlich dargelegt: »Die Tatsache, dass es in Portugal keine echte marxistisch-leninistische Partei gibt, sollte die echten Kommunisten und Revolutionäre nicht davon abhalten, sich in den Gewerkschaften zu organisieren. Die Gewerkschaften den Reformisten zu überlassen, ist eine durch und durch anarchistische Position.«

Den Maoisten ging es darum, die Gewerkschaften zu kontrollieren und eine eigene »radikalere« Intersindical zu gründen. Dafür brauchten sie ein Sprungbrett – und wenn sich keines fand, schufen sie eben selbst eines, indem sie bestimmte Arbeiterkomitees vereinnahmten und als Instrument in ihrem Machtkampf benutzten. Während die PCP eine extrem populistische Rhetorik pflegte, setzte die MRPP eher auf proletarische Losungen, doch letztlich unterschieden sich die beiden Ansätze kaum.

Die MRPP war nicht die einzige Organisation, die versuchte, die Inter-Empresas zu vereinnahmen und zu manipulieren – alle taten das. So gelang es etwa der UDP, im Juni und Juli 1975 bei Siderurgia, einem großen Eisenhüttenwerk vor den Toren Lissabons mit 4.200 Beschäftigten, Fuß zu fassen, was zur Folge hatte, dass die Arbeiterkomitees des Unternehmens innerhalb der Inter-Empresas mit der Ideologie der UDP assoziiert wurden. Ähnlich unternahmen die von der MRPP beeinflussten Efacec-Delegierten im Juni 1975 auf der Generalversammlung der Inter-Empresas den Vorstoß zur Bildung einer »neuen Inter-Empresas« – gelang es ihnen nicht, das Sekretariat zu übernehmen, dann versuchten manche Maoisten kurzerhand, eine neue Organisation gleichen Namens zu gründen. Auch die Teilnahme der Inter-Empresas an der 1.-Mai-Demonstration marxistisch-leninistischer Gruppen 1975 sorgte für Konflikte. Eine Delegierte der Textilfabrik Melka kritisierte das Sekretariat, denn es hatte den Treffpunkt der Demonstration nicht bekannt gegeben, keine Ordner benannt und sich nicht mit den Organisatoren in Verbindung gesetzt, um auf den von der Inter-Empresas beschlossenen Losungen zu bestehen: »Schluss mit den Entlassungen, alle müssen wieder eingestellt werden« und »Für die 40-Stunden-Woche! 45 Stunden sind zu viel!«. Sie waren durch die Parole »40-Stunden-Woche statt Arbeitslosigkeit« ersetzt worden, was zu Spannungen führte.

Aufgrund dieser Kritik wurde die Forderung nach einer Neuorganisation des Sekretariats laut. Es gab Meinungsverschiedenheiten darüber, welches politische Gewicht bestimmte Arbeitergruppen haben sollten. Den Efacec-Delegierten, die in der kurzen Geschichte der Inter-Empresas eine wichtige Rolle gespielt hatten, war es nicht gelungen, den anderen Delegierten ihre Ansichten aufzuzwingen. Ein Delegierter des CDDT (Komitee zur Verteidigung der Arbeiterrechte, eine der nach dem Streik bei Efacec entstandenen Initiativen) machte bekannt, dass sich einige Efacec-Beschäftigte treffen wollten, um ihre Position gegenüber dem Dachverband zu überdenken:

> Genossen, was hier gerade passiert – und dafür haben wir Beweise –, ist, dass die Efacec-Inel-Delegierten die Inter-Empresas vorsätzlich spalten wollen, sie planen bereits die Gründung einer neuen Organisation mit demselben Namen. Diese Efacec-Delegierten werden ihren ›Kampf‹ bis zum Ende fortsetzen: bis zur Schaffung einer weiteren Inter-Empresas. Sie versuchen, die Arbeiter zu spalten, indem sie andere Genossen oder Arbeiterkomitees kontaktieren und einladen. Sie benutzen nicht nur denselben Namen, sondern behaupten auch noch, die alte Inter-Empresas hätte sich bereits aufgelöst und die neue sei aus ihr hervorgegangen. Gleichzeitig verleumden sie aktive Kämp-

> fer der Arbeiterklasse. Das alles zeigt, an welchem Punkt bestimmte Leute angelangt sind, die sich als Freunde der Arbeiter ausgeben, aber in Wirklichkeit alles tun, um sie zu spalten. Da so etwas nicht zufällig geschieht, kann man sich nur fragen, warum und in wessen Interesse sie versuchen, eine Organisation zu spalten, der sie selbst angehören und die aus Notwendigkeit und Klassenempfinden heraus kämpft.

Den Namen des Menschen, der dieses Treffen bekannt machte, werden wir vermutlich nie erfahren. Er oder sie, beschäftigt bei der Lissabonner Elektrofirma Sotécnica, hegte zweifellos Illusionen über »revolutionäre Gewerkschaften«, aber die Beschreibung des Treffens traf den Nagel auf den Kopf. Die Inter-Empresas wurde durch Gruppen von Arbeiterkomitees mit ähnlicher Parteiorientierung manipuliert; die diversen linken Fraktionen taten ihr Möglichstes, um die Autonomie der Koordination zu ersticken.

Dieses Muster wiederholte sich immer wieder. Auf den Inter-Empresas-Treffen traten Delegierte der Arbeiterkomitees auf und gaben Parteierklärungen ab. Etwas anders klang zunächst die folgende Verlautbarung:

> Die Arbeiterklasse kann sich nicht vor der Politik verstecken. Im Gegensatz zu den Faschisten erklären die Arbeiterkomitees, dass die Politik Einzug in den Fabriken erhalten muss. Sie wissen, dass sie die Macht nur übernehmen können, wenn sie ein Bewusstsein entwickelt haben. Ihre Interessen kennen sie genau. Das ist etwas ganz anderes, als eine politische Partei zu unterstützen, was sie nicht tun sollten. Die Arbeiterkomitees sind Organe, die autonom gegen die Bourgeoisie und gegen das Kapital agieren. Im Gegensatz zu den Gewerkschaften sind sie nicht von den Gesetzen des Systems bestimmt. Die Arbeiterkomitees sollten sich gegen die Gewerkschaften stellen oder zumindest versuchen, sie zu umgehen oder sich sogar als Parallelorganisationen zu etablieren. Sie und auch die Gewerk-

schaften sind Organisationen der Arbeiterklasse, wenn sie unter der Kontrolle der Arbeiterklasse stehen, auch wenn sie unterschiedliche Ziele verfolgen.

Dann kam die Pointe, die die leninistische Urheberschaft verrät: »Die Komitees sollten in der Arbeiterklasse keine Illusionen säen, dass sie ohne eine Partei an die Macht kommen könnte. Aber die Partei kann nicht alle Organe der Klasse ersetzen. Die Arbeiterkomitees haben ihre ganz eigene Struktur. Demokratisch gewählt und jederzeit abrufbar, können sie die jeweiligen politischen Linien im Kampf einschätzen und die verschiedenen Möglichkeiten, auf praktische Probleme zu reagieren, analysieren. Sie können dies wie eine echte Partei der Arbeiterklasse tun.«

Die »Revolutionären Arbeiterräte«

Im April 1975 hatten sowohl die PRP-BR als auch die LUAR gewarnt, ein Wahlergebnis zugunsten liberaler Kräfte dürfe niemanden überraschen. Während der Wahlkampf lief, sprach die PRP unablässig von »Arbeiterräten«. Am 19. April, sechs Tage vor dem Urnengang, hielt sie in Lissabon ein großes Treffen mit Aktivistinnen und Aktivisten der Inter-Empresas und verschiedener Arbeiterkomitees ab. Delegierte von Lisnave, TAP, Setenave, aus dem Baugewerbe und der Textilindustrie kamen zusammen, um über die Gründung einer neuen Art von Organisation zu diskutieren; Vertreter von Soldaten- und Matrosenkomitees in Uniform waren ebenfalls anwesend – und natürlich Kader der PRP, und zwar in großer Zahl. Man verständigte sich auf ein Programm; dann wurden die »Revolutionären Räte der Arbeiter, Soldaten und Matrosen« (CRTSM) gegründet.

In Marinha Grande hatten die Arbeiter einen Rat organisiert, und angesichts der geschichtlichen Assoziationen, die diese Stadt (die eine zentrale Rolle im Generalstreik von 1934 gespielt hatte) und die Idee der Räte heraufbeschworen, kam die PRP-BR zu dem Schluss, dies sei für alle Arbeiter die geeignetste Organisationsform überhaupt. Die Gruppe war fasziniert von dem Wort »Rat«, obwohl zum Beispiel die Arbeiter in den Minen von São Pedro do Covo bereits ein »revolutionäres Zentrum« eingerichtet und die Lohnabhängigen allerorten – und ohne jede Aufforderung – Komitees gebildet hatten. Die PRP plädierte für eine ganz bestimmte Organisationsform; die lebendige Realität musste in die Schablonen der Vergangenheit gepresst werden.

Wie sie sich die Struktur der Räte vorstellte, legte die Partei ausführlich dar. Lokale Räte sollten in den jeweiligen Betrieben, Bezirken und Kasernen Vertreter für ein bestimmtes Gebiet wählen, diese wiederum einen Regionalrat und die Regionalräte schließlich einen »nationalen Revolutionsrat« – als Verkörperung der Arbeitermacht schlechthin. Als Aufgaben der Räte nannte die PRP-BR die politische Aufklärung der Arbeiter, wirtschaftliche und finanzielle Kontrolle im Betrieb, Säuberungen sowie die Bewaffnung der Arbeiterklasse.

Wesentliche Fragen darüber, wo genau in dieser vierstufigen Struktur tatsächlich die Entscheidungen getroffen werden sollten, wurden umgangen. Waren die Räte die Keimzelle einer neuen Form von gesellschaftlicher Organisation? Sollten sie eine Verschmelzung von ökonomischer und politischer Macht darstellen oder waren neben ihnen weiterhin politische Institutionen vorgesehen? Über die schwierigeren Fragen, etwa welches Gewicht und welche Art von Vertretung die Landarbeiter, Frauen, Jugendlichen oder auch die gesamte Bevölkerung in ihrer Eigenschaft als Konsumenten haben sollten, machte man sich offenbar wenig Gedanken. Wie oft sollten die »abrufbaren Delegierten« Bericht erstatten? Würden sie während ihrer Amtszeit weiterarbeiten? Wie würden die Funktionen rotieren, um sicherzustellen, dass keine neuen Bürokratien auf der Grundlage von Informationsmonopolen entstehen? Diesen Fragen kam sicherlich entscheidende Bedeutung zu, um eine wirkliche und nicht bloß formelle Macht der Arbeiterklasse zu gewährleisten. Jede diesbezügliche Blaupause wäre natürlich verfrüht gewesen, doch es war erschreckend zu sehen, wie detailliert die Maoisten sich Organisationsformen ausgedacht hatten, während es ihnen mit Blick auf deren realen Gehalt völlig an Vorstellungskraft mangelte – vielleicht war ihnen diese Leerstelle nicht einmal bewusst.

Die Vorstellungen der PRP über die Räte zeugten von enormer Konfusion. Das Wesen des Staatskapitalismus und der Kräfte, die ihn hervorbringen, hatte die Partei nie wirklich begriffen. Tatsächlich lud sie »Arbeiterparteien« ein, Delegierte in das »Provisorische Sekretariat« ihres Räteprojekts zu entsenden – die Parteien links von der PS, aber auch die PS selbst. Sie sollten »die Massen« mitbringen. Der Gedanke jedoch, Soares und Cunhal könnten in einer Rätebewegung mitwirken, war äußerst naiv und gefährlich, schließlich würde eine solche Bewegung darauf abzielen, die Grundlage ihrer Macht zu zerstören. Eine Beteiligung von Sozialdemokraten und Stalinisten wäre nicht »neutral« gewesen, sondern zutiefst konterrevolutionär. Die PS und die PCP hätten sich dabei nur als bewusste Agenten einer Zentralisierung der Wirtschaft in Richtung Staatskapitalismus betätigt. Mit aller Macht hätten ihre Parteiapparate dazu gedient, die autonomen Organisationen der Arbeiterklasse zu zerstören, und im Nu wären die Räte wieder in das kapitalistische System integriert worden.

Weiterhin ungeklärt war auch das Verhältnis zwischen den vorgeschlagenen Räten und der MFA, die sich aus Sicht der PRP aus »progressiven Offizieren«, »Rechten« und »Unentschlossenen« zusammensetzte. Einer expliziten Klassenanalyse wurde die MFA nie unterzogen. In ihren Erklärungen rühmte sich die CRTSM bisweilen sogar der »Unterstützung«, die ihre Bewegung unter hochrangigen Offizieren genieße.

Erst als Otelo und das COPCON sie aufgriffen, wurde die Idee der Räte in der breiten Öffentlichkeit bekannter. »Ich sehe in diesen Kongressen oder Räten überhaupt keine Gefahr«, meinte Otelo in einem Fernsehinterview. »Ich betrachte sie, wie die Nachbarschaftskomitees, als das Wesen der portugiesischen Revolution und halte sie für vergleichbar mit den russischen Sowjets von 1917. (...) Die Anarchosyndikalisten beweisen einen guten Sinn für Humor, wenn sie Losungen an die Wände schreiben wie ›A portuguesa só temos cozido.‹ [›Das einzige, was hier portugiesisch ist, ist der Eintopf‹]. Das ist absolut richtig: Wir müssen unseren eigenen Sozialismus aufbauen. Ich unterstütze diese revolutionären Räte ohne jeden Vorbehalt.«

Am 10. Mai fand in Porto eine Versammlung von Räten statt, an der auch Soldaten und Matrosen in Uniform teilnahmen. Auf einem anderen *plenário* erklärte der Chef des »Provisorischen Sekretariats«, der Metallarbeiter Vítor Crespo: »Wir sollten damit beginnen, die Revolutionären Räte zur Organisation des portugiesischen Volkes zu machen, einer Organisation, die Macht ausüben kann und in der jeder ein Mitspracherecht hat. In jeder Fabrik sollte es Versammlungen der Arbeiter geben, um Probleme zu diskutieren und Gremien zu wählen, die die Forderungen der Arbeiter umsetzen.«[42]

Am 2. und 3. August 1975 fand im Technologischen Institut in Lissabon der zweite Kongress der Räte statt. Doch es war bereits eine Veränderung spürbar. Während der erste Kongress eine tatsächliche Repräsentation der Arbeiterklasse dargestellt hatte, blieben die Maoisten auf dem zweiten weitgehend unter sich und schwangen ihre Reden. Einige Betriebe waren zwar »vertreten«, den Großteil des Publikums machten jedoch Mitglieder der PRP-BR und ihre Freunde und Bekannten aus. Transparente an den Wänden beschworen nostalgisch die Atmosphäre – und sogar das Vokabular – des Petrograd von 1917 herauf: »Fora com a canalha! Poder a quem trabalha! Viva a revolução socialista!« (»Fort mit dem Abschaum! Die Macht denen, die arbeiten! Es lebe die sozialistische Revolution!«). Der Kongress diskutierte ausführlich über einige Resolutionen, die das »Bündnis der MFA mit dem Volk« betrafen, aber nicht eine von ihnen forderte einen klaren Bruch mit dieser mystifizierenden Vorstellung – die PRP pflegte damals enge Beziehungen zum COPCON, namentlich zu Otelo, da war es wichtig, niemandem auf die Füße zu treten. Die Perspektive, um die es ging, wurde in einem auf dem

Kongress verteilten Flugblatt klar formuliert: »Die Räte sind unser Organisationsvorschlag für die Arbeiter im Betrieb, im Stadtteil, in den Kasernen. Die Räte versuchen, Strukturen zu bilden, um die politische und wirtschaftliche Macht zu übernehmen und so den Sozialismus aufzubauen. Sie können aufgrund der Art und Weise, wie sie gewählt werden, nicht das Werkzeug einer bestimmten Partei werden. Das heißt aber nicht, dass sie nicht eine wichtige Rolle in der sozialistischen Revolution spielen können. Ihre Aufgabe ist es, die Kader ideologisch zu organisieren und der Klasse Vorschläge zu unterbreiten. Es liegt an der Klasse, und nur an der Klasse, zu entscheiden, was sie will.«

Die PRP-BR brauchte nicht unter dem Namen Inter-Empresas zu Demonstrationen aufzurufen, um eine »überparteiliche« Struktur zu schaffen. »Die Räte sind unsere Organisation«, erklärte sie, »und nur weil eine Partei sie ins Leben gerufen hat, kann man sie nicht der Parteigebundenheit bezichtigen. Die Mitglieder der Räte werden in ihrem Betrieb gewählt und sind jederzeit von den Arbeitern abrufbar.«

In einem formalen Sinne war das richtig, aber die Räte boten dennoch ein gutes Terrain für Parteimanöver. Sie waren genau zu dem Zeitpunkt »aufgetaucht«, als die Arbeiter nach den heftigen Auseinandersetzungen innerhalb der Inter-Empresas die Fühler nach neuen Organisationsformen ausstreckten. Aber sie hatten ihren Ursprung nicht direkt in den Kämpfen, sondern stellten eine Kopfgeburt dar. *Combate* drückte es am 17. Juli 1975 so aus: »In dem Moment, wo sich der autonome Arbeiterkampf in einer Sackgasse befindet, weil die Leute zwar von Parteipolitik genug haben, die Arbeiter aber noch keine autonomen Organisationen zur Verbindung der Kämpfe geschaffen haben, eröffnet sich ein weiter Raum für opportunistische Abenteuer.«

Als sich dieser Raum 1975 eröffnete, wurde er von PRP umgehend kolonisiert. In ein paar Betrieben bildeten sich Räte, so etwa bei Lisnave, Setenave, Efacec und Cambournac. Ihre Demonstrationen machten sicherlich Eindruck bei Otelo und der »Linken« in der MFA generell. So konnten die »Revolutionären Räte« das COPCON und den »fortschrittlichen« Flügel der MFA unterstützen, ohne sich ernsthaft mit dem Problem des Staatskapitalismus auseinandersetzen zu müssen.

Im realen Leben der Klasse spielten die Räte indes kaum eine Rolle. Von Bedeutung waren sie nur in den Köpfen der PRP-Planer und Intellektuellen, die aus der Form der »Räte« einen Fetisch gemacht hatten, also eine traditionelle Perspektive vertraten. Wenn die »Revolutionären Räte« zu Demonstrationen aufriefen, nahmen zwar auch Arbeiter daran teil, aber in den Fabriken galten sie nur als eine weitere parteipolitische Gruppierung und hatten kaum eine Verankerung. Von den 7.300 Lisnave-Beschäftigten unterstützten lediglich zwei oder drei Dutzend aktiv die Räte. Andere Arbeiterinnen und Arbeiter, die nach neuen politischen Ausdrucksmöglichkeiten suchten, unterstützten die Räte vorübergehend, so etwa bei der 1.-Mai-Demonstration 1975. Die meisten Lohnabhängigen kehrten bald zu ihrer ursprünglichen Organisationsform zurück: den Arbeiterkomitees. So blieben die Räte durchgängig eher eine Idee, als dass sie zu einer wirklichen Bewegung wurden.

Die Bewegung der Kooperativen

Bis August 1975 waren etwa dreihundert Kooperativen gegründet worden, weitere zweihundert folgten im September. Sowohl in der Industrie als auch in der Landwirtschaft entstanden sie in der Regel, wenn ein Chef seinen Betrieb aufgegeben hatte oder sich nicht in der Lage sah, ihn gewinnbringend weiterzuführen. Weniger als die Hälfte der Kooperativen wurde je »legalisiert«: Sie existierten in einer gewissen Schwebe zwischen einem etablierten kapitalistischen und einem selbstverwalteten Betrieb. Es entstand ein Verband der Kooperativen, der nach und nach versuchte, seine Struktur und Aufgaben zu definieren. Einige Probleme lassen sich anhand der Kooperative verdeutlichen, die 17 Beschäftigte des Lissabonner Klimaanlagenherstellers Termo e Sol gründeten.

Weil der Chef den Mindestlohn nicht zahlen konnte, hatte er die Firma aufgegeben und die Arbeiter hatten sie übernommen. Unter großen Opfern und mit vielen Überstunden gelang es ihnen, die Produktion umzustellen: Statt Klimaanlagen montierten sie nun Komponenten für Abwasserleitungen und Elektronikanlagen, was ihnen wichtiger schien. Ein Verwaltungskomitee war für die Finanzen zuständig, aber keine Entscheidung wurde außerhalb der Versammlungen getroffen. Im August 1975 schilderte mir einer der Arbeiter die Situation:

> In bürokratischer Hinsicht wäre es einfacher gewesen, eine Aktiengesellschaft zu gründen als eine Genossenschaft. Unsere Genossenschaft ist noch nicht legalisiert, obwohl wir sie schon im November 1974 gegründet hatten. Wir zahlen uns unterschiedliche Löhne aus, aber jeder trägt die gleiche Verantwortung. Es gibt kein Zurück mehr. Sollte es nötig sein, die Genossenschaft mit Waffengewalt zu verteidigen, wäre nicht nur ich dazu bereit. Der frühere Eigentümer will eine Entschädigung, das ist nicht gerecht. Viele ehemalige Chefs haben sich Genossenschaften angeschlossen, das macht mir nichts aus, die müssen ja schließlich auch essen. Am Anfang waren wir 22 Arbeiter, aber fünf wollten der Genossenschaft nicht beitreten, ich glaube, aus Angst. Es ist außerordentlich schwierig, den Sozialismus in einer kapitalistischen Welt zu verwirklichen, aber die Genossenschaftsbewegung ist zumindest ein Schritt in die richtige Richtung. Natürlich bin ich immer noch lohnabhängig, aber welche andere Möglichkeit gibt es denn hier und jetzt, um das Problem zu lösen? Die Genossenschaft hat einen Vertrag mit einer Nachbarschaftsversammlung in einem Elendsviertel in Amadora [eine Stadt im Großraum Lissabon] abgeschlossen. Unser Angebot für Klempnerarbeiten und die Verlegung von Stromleitungen war das günstigste, das die Versammlung erhielt – wir nehmen pro Haus rund 5.000 Escudos, andere hätten 7.000 bis 9.000 verlangt.

Landbesetzungen

Aus unveröffentlichten offiziellen Statistiken geht hervor, dass bis zum 8. August 1975 rund 6.000 Arbeiter 330 Höfe und Latifundien mit einer Gesamtfläche von gut 200.000 Hektar übernommen hatten. Schauplatz des Geschehens waren vor allem die Provinzen Alentejo und Ribatejo sowie die Umgebung von Castelo Branco im Landeszentrum. Die Genossenschaften und Kollektive, die die Ländereien in Selbstverwaltung überführten, erwiesen sich als weniger anfällig für die Manöver linker Gruppen.

Die zuständige Behörde für den sozialen Wandel auf dem Land war das Institut für Agrarreform (IRA), in dessen acht regionalen Zentren Teams von Agronomen und Spezialisten arbeiteten. In Évora arbeitete das IRA 18 Stunden am Tag. Als rund hundert Arbeiter am 17. Mai zweihundert Hektar Land im Alentejo besetzten – in Mantargil, Leitões, Pipas de Baixo und anderen Orten –, bekamen sie Unterstützung durch das IRA und die MFA, auch Düngemittel wurde ihnen versprochen. Um mit der Arbeit beginnen zu können, brauchten sie 15 Traktoren, bei voller Nutzung der Flächen vielleicht sogar dreißig.

Am 11. Juni wurde die Quinta [Gutshof] da Torre in der Nähe von Cabanas mit Unterstützung der IRA in eine Genossenschaft umgewandelt, nachdem der Eigentümer, der Graf von Tojal, die Ländereien aufgegeben hatte. Bei der Besetzung half auch das örtliche Nachbarschaftskomitee. Aus einer nahe gelegenen Fabrik wurden Maschinen geholt, um 30 Hektar zu roden. Auch die Gutshäuser wurden von der Genossenschaft übernommen.

Die 300 Hektar große Quinta de Alagoas in der Nähe von Lagoa (Algarve) wurde in ein Kollektiv umgewandelt, das sich »Roter Stern« nannte, bei Évora besetzten Arbeiterinnen und Arbeiter die Quinta de Sousa de Sé mit rund 2.000 Hektar. Zwölf *latifundiários* griffen sie mit Gewehren an, ein Mann wurde verwundet. Am 16. Juli wurde die Quinta de São Pedro in dem Dorf Cuba (Alentejo) besetzt und auch hier eine Kooperative ins Leben gerufen.

Am 25. Juli übernahmen 354 Arbeiter rund 10.000 Hektar im Bezirk Santarém und erklärten sie zu Kollektiveigentum. Bei der Besetzung dieser gewaltigen Fläche unterstützten sie andere Arbeiter, die mit Spitzhacken bewaffnet auf Lastwagen anrückten. Gemeinsam eigneten sie sich zahlreiche Güter an: in Engal (2.000 Hektar, 23 Arbeiter), Monte Couco (3.000 Hektar, 62 Arbeiter), Esparteiro und Faias (300 und 350 Hektar mit jeweils 45 Arbeitern), Aguas Belas (700 Hektar, 62 Arbeiter) Aldeia Velha und Courela dos Barreiros (1.100 und 500 Hektar mit jeweils 59 Arbeitern), Palma und Monte Novo (300 und 1.000 Hektar mit jeweils 19 Arbeitern) und Ruivos (700 Hektar, 48 Arbeiter).

Im Juli 1975 erhielt ich durch meine Freunde João und Gloria, die inzwischen im IRA arbeiteten, die Möglichkeit, einige der besetzten Höfe im Alentejo zu besuchen. Zu dieser Zeit zeichnete sich ein klares Muster ab. Am auffälligsten war, dass nie eine Aufteilung des Landes ins Auge gefasst wurde: Es sollte der Dorfgemeinschaft gehören und kollektiv bewirtschaftet werden. Genügend Arbeitskräfte fanden sich immer, aber der Mangel an Maschinen verursachte endlose Probleme. Die Gewerkschaft der Bankangestellten, die an die Intersindical angeschlossen war, hatte zwar dafür gesorgt, dass den besetzten Gütern Kredite gewährt wurden, aber die Landwirtschaftsbanken bestanden darauf, dass ihre Verwendung unter der Aufsicht des Landwirtschaftsministers Baptista und der regionalen IRA-Zentren erfolgte.

Unmittelbar nach einer Besetzung trafen Teams der IRA ein und diskutierten mit den Arbeitern. Ohne deren Zustimmung konnten keine Entscheidungen getroffen werden. Den neuen Genossenschaften sollten Kredite zum aktuellen Zinssatz (6,5 Prozent) gewährt werden. Zu den Krediten gehörte ein Notfonds, aus dem Lohnrückstände gezahlt werden konnten. Viele Genossenschaften übernahmen Kork- und Holzbestände, die sie verkauften, um sich ihre Löhne auszuzahlen.

Das Gesetz zur Agrarreform legte eine Obergrenze von 500 Hektar für den persönlichen Landbesitz fest. Dies gab der Regierung die Befugnis, das von den Genossenschaften benötigte Land zu übernehmen. In vielen Gebieten legalisierten die regionalen IRA-Zentren Besetzungen umgehend. Die Aufgabe dieser Zentren bestand darin, die Genossenschaften zu betreuen, nicht aber, sie zu verwalten. Daran mussten ihre Angestellten die Landarbeiter immer wieder erinnern.

Neben der Genossenschaftsbewegung gab es auch den »Bund der kleinen und mittleren Landwirte«. Seine Mitglieder waren beunruhigt angesichts der Besetzungen und befürchteten, auch ihr Land könnte beschlagnahmt werden. Die meisten von ihnen waren insgeheim oder sogar ganz unverhohlen gegen die Bewegung eingestellt.

In der Provinz Évora hatte es bereits einige hundert Besetzungen gegeben. Im August 1975 kamen täglich neue dazu. Sehen wir uns auch hier einen konkreten Fall an: die Genossenschaft von Safira in der Nähe von Montemor (Alentejo). Nach der Besetzung von zwei landwirtschaftlichen Betrieben mit einer Gesamtfläche von 1.100 Hektar wählten die 89 beteiligten Arbeiter ein Komitee, das sich sofort mit dem Regionalzentrum der IRA in Verbindung setzte. Die Besetzung wurde registriert. Das Komitee, das in einer Scheune tagte, beschloss, einen Kredit von 300.000 Escudos zu beantragen, um die Höfe in Gang zu bringen. Zé, das eloquenteste Mitglied des Komitees, schilderte mir einige der Probleme:

> Die Eigentümer des Grundstücks kamen in der Nacht vorbei, um einige Maschinen zu holen, die sie auf dem Hof gelassen hatten. Deshalb haben wir einen nächtlichen Wachposten eingerichtet. Ein anderer Hof in der Nähe hat bereits zwei Trecker verloren, weil er nicht aufgepasst hat. Die meisten Besetzungen werden von bewaffneten Arbeitern bewacht. Das ist bekannt, deshalb kommt da niemand nachts vorbei.
>
> Ein weiteres Problem ist die noch immer ungebrochene kapitalistische Mentalität der Arbeiter. Unsere Nachbarn in Infanta haben zwei Maschinen, die wir gerne ausleihen würden. Aber anstatt sie uns einfach zu leihen, wollen sie sie für 400 Escudos pro Tag vermieten. Die beiden Koope-

rativen haben sich getroffen, das Problem unter die Lupe genommen und eine Lösung gefunden.

Zwischen den beiden besetzten Bauernhöfen befindet sich ein kleines Anwesen. Der Eigentümer genießt in der Kooperative kein besonderes Ansehen, aber sie will das Anwesen von ihm pachten, die Regierung soll das bezahlen. Er wurde auch eingeladen, der Kooperative beizutreten, aber das hat er abgelehnt. Das Problem ist immer noch ungelöst. Es wird von der Haltung des Bunds der kleinen und mittleren Landwirte abhängen, in der er Mitglied ist. Die Arbeiter der Genossenschaft haben seit sieben Wochen keinen Lohn mehr erhalten. Nothilfe wurde nicht an sie ausgezahlt. Wir haben etwa 24.000 Tonnen Kork geschnitten und weitere 25.000 Tonnen beschlagnahmt, als wir den Hof besetzt haben. Die wollen wir verkaufen, um uns unsere Löhne auszuzahlen.

Als Zé auf die vielen Wildkaninchen zu sprechen kam, die sich auf den Feldern tummelten, mischten sich andere Mitglieder des Komitees in das Gespräch ein. Die Kaninchenjagd – ein Zeitvertreib des Adels und einer der Gründe, warum das Land nicht bewirtschaftet wurde – stößt allgemein auf Ablehnung. Entsprechend unentschlossen war die Kooperative, was sie tun sollte.

Die Mitarbeiter des Regionalzentrums in Évora rieten den Männern, das zu tun, was sie für richtig hielten, denn nur sie selbst könnten das Problem beurteilen: »48 Jahre lang haben andere für euch die Entscheidungen getroffen. Wenn wir das jetzt machen würden, würde alles beim Alten bleiben. Ihr habt das Land besetzt, und jetzt macht ihr, was ihr für richtig haltet. Erschießt die Kaninchen, wenn ihr wollt.« Diese Einstellung war unter den IRA-Angestellten üblich. Bürokratische Hürden gab es wenige, und die einzige Kontrolle durch das Institut bestand in der Vergabe von Krediten, die meistens automatisch gewährt wurden. Dennoch bestand zwischen den Mitgliedern des Komitees und den agrarwissenschaftlichen Helfern des IRA ein erheblicher Klassenunterschied. Zé nannte zwei Missstände, als er um ein kritisches Feedback gebeten wurde. Der erste betraf eine gewisse Desorganisation: Wenn er das Zentrum aufsuchte, geriet er jedes Mal wieder an andere Mitarbeiter. Und zweitens bekam er von denen jedes Mal wieder andere Auskünfte.

Das war natürlich nicht überraschend. Im IRA waren verschiedenste politisch-technokratische Strömungen von der PCP über die MRPP bis hin zu »Libertären« vertreten. Der Auftrag des Instituts lautete im Grunde Integration. So wie das COPCON den Mythos nährte, dass sich die Arbeiterklasse nicht bewaffnen müsse, nährte das IRA den Mythos, es sei nicht nötig, dass die Arbeiterklasse die rechtlichen und finanziellen Angelegenheiten unter ihre eigene Kontrolle bringt. Das IRA mochte noch so oft beteuern, dass die Arbeiter Verbündete in seinen Zentren hätten – seine schiere Existenz als ein Rettungsanker der Macht behinderte die Gründung autonomer Arbeiterorganisationen in der Landwirtschaft.

Ein Reporter der Zeitschrift Correio do Povo *interviewt Arbeiter der Aljustrel-Minen, 14. November 1975*

XI DIE KRISE DER MACHT

Von Juni bis August 1975 wurde es zunehmend fragwürdig, von einer Regierung und einer offiziellen Opposition zu sprechen, denn die Macht lag mehr und mehr auf der Straße. Nach dem Ausscheiden von PS und PPD aus der Vierten Provisorischen Regierung übten PCP und MDP weitgehend die Kontrolle über den Staatsapparat aus. Die »Gonçalvisten«, wie die PCP-Fraktion im Militär genannt wurde, dominierten den Revolutionsrat, und in den meisten Ministerien hatten die PCP und ihre Sympathisanten das Sagen. Ihre Basis im Land war jedoch schmal, und es gab keinerlei Anzeichen dafür, dass sie breiter wurde.

Die PCP hatte die Maßnahmen in Reaktion auf den 11. März, den fehlgeschlagenen rechten Putschversuch, vorangetrieben und sowohl der »moderate« Flügel der MFA als auch die PS waren gezwungen gewesen, ihr zu folgen – sie akzeptierten Verstaatlichungen als Preis für ihre Beteiligung an der Macht. Von März bis Juni zeigten sich die PS und die sozialdemokratische Fraktion in der MFA desorganisiert. Trotz der breiten Unterstützung für die Sozialisten, die die Wahlen im April offenbart hatten, blieben sie in einer Minderheitenposition.

Die neue Fünfte Provisorische Regierung wurde von allen Seiten abgelehnt. Jede Unterstützung für sie als »revolutionär« zu werten und jede Opposition als »reaktionär«, wie die PCP es tat, wäre zu kurz gegriffen. »Die Fünfte Regierung war eine Totgeburt«, meinte Arnaldo Matos von der MRPP. Sie trat aber auch das Vermächtnis aller vorherigen toten Regierungen an. Die Kräfte, die sie ablehnten, hatten auch bereits die Dritte und Vierte Regierung abgelehnt. Es gab jedoch noch weitere oppositionelle Kräfte, die nun zur Gewalt übergingen.

Rückschlag im Norden

Im Norden griffen Brandanschläge um sich, der erste gravierende Vorfall ereignete sich am 11. Juni in Fafe bei Porto, als eine Granate im lokalen PCP-Büro explodierte. Die meisten terroristischen Aktionen gingen eindeutig auf das Konto der Rechten. In Póvoa de Varzim (ebenfalls bei Porto) wurden Flugblätter verteilt, in denen es hieß, die MDP hätte geplant, den örtlichen Priester zu entführen. In Trofa organisierten Sympathisantinnen und Sympathisanten der CDS am 16. Juni eine Demonstration gegen die PCP.

Die Klassenstruktur im Norden stellte sich recht kompliziert dar, in vieler Hinsicht war er wie ein eigenes Land. Er erforderte eine andere Einstellung, was angesichts der revolutionären Situation schwierig war; der Einfluss der Lissabonner Fernsehsender und des Südens generell schien hier sehr begrenzt. Während die Linke im Norden kaum verankert war, hatte die Rechte ihre Macht dazu genutzt, Tausende von armen Bauern in die Kolonien zu schicken. Die Kirche hatte das Sagen.

Am 1. Juli legten die Beschäftigten der Matratzenfabrik Moleflex die Arbeit nieder und marschierten von São João da Madeira zur Kaserne in Porto. Etwa 200 der 2.000 Arbeiter behaupteten, die PCP manipuliere den Verwaltungsrat (den Vasco Gonçalves ernannt hatte) und kontrolliere auch das Arbeiterkomitee vollständig. In Lourinhá im Landeszentrum hatten die meisten Kleinbauern und Arbeiter die sozialen Bewegungen seit dem 25. April unterstützt. Die dortige PCP-Ortsgruppe kritisierte einen Gastwirt dafür, dass er seinen Veranstaltungssaal an die PPD vermietet hatte. Er war sehr beliebt; die meisten Arbeiter in der Gegend hatten in seinem Saal Hochzeiten und andere Anlässe gefeiert, wobei die ärmeren von ihnen weniger zahlen mussten. Als die PCP ihn als »Faschisten« und »Reaktionär« bezeichnete, gingen Kleinbauern und Landarbeiter massenhaft für ihn auf die Straße. Wie viele ähnliche Demonstrationen war ihr Marsch ebenso sehr einer gegen die lokale PCP-Zelle wie für die PPD (oder CDS etc.). Während des Umzugs wurden auch Brandsätze geworfen. Die einzige Reaktion der PCP bestand darin, die gesamte Lokalbevölkerung als »reaktionär und ungebildet« abzustempeln. Diese Art von Paternalismus war stark verbreitet: Um Spaltungen innerhalb der Klasse zu erklären, fiel den linken Gruppen nicht mehr ein, als von einer Rückständigkeit des Proletariats zu sprechen. Das erzürnte das »rückständige Proletariat« nur umso mehr. Während Gruppen wie UDP und PRP-BR unter sich auf einer bestimmten theoretischen Ebene durchaus über die besonderen Probleme von Landarbeitern und Kleinpächtern diskutierten, zeigten sie sich in ihrem praktischen Verhalten stark voreingenommen.

Der Rückschlag ging im Juli und August ununterbrochen weiter. In Santa Comba Dão stürmte eine Menschenmenge am Wochenende des 26. Juli die örtliche Kaserne der Republikanischen Nationalgarde, in der ein ehemaliger PIDE-Agent gefangen gehalten wurde. In Bragança erschienen rund 10.000 Menschen bei einer Messe des Bischofs und begannen Sprechchöre anzustimmen: »Nieder mit Otelo, Otelo nach Mosambik!« In Agueda und Esmoriz wurden die PCP-Büros vollständig zerstört und am 29. Juli in beiden Städten auch die der MDP niedergebrannt, wobei immer wieder »Lang lebe die CDS!« gerufen wurde. In Lourinhá verbrannten »antikommunistische« Demonstranten Zeitungen aus Lissabon und rund dreihundert Kleinbauern und Geschäftsleute marschierten zu einer der verstaatlichten Banken, um ein *saneamento* zu fordern, das sich gegen die drei dort beschäftigten PCP-Mitglieder richten sollte. Sie behaupteten, die Vergabe von Landwirtschaftskrediten erfolge nach Parteibuch und die örtlichen PCP-Funktionäre fütterten die Bank mit Informationen über die politischen Überzeugungen ihrer Kunden. Als rund dreißig Mitglieder des »Komitees für die Zerschlagung der PIDE« der Partei vorwarfen, sie nutze Akten des ehemaligen Geheimdienstes, um Leute zu erpressen, sie zu unterstützen, verlangte die PS eine Untersuchung. Dass die PS (oder auch andere) die Akten ebenfalls genutzt hätten, hätten sie Zugang zu ihnen gehabt, tut nichts zur Sache. Der Skandal diskreditierte die Fünfte Regierung noch weiter.

Mit Ausnahme der orthodoxeren Maoisten waren bis Ende August alle linken Gruppen zur Zielscheibe von Angriffen geworden – Intersindical, PCP, MDP, FSP, MES, UDP, PRP-BR, FEC-ML und diverse Vorfeldorganisationen von ihnen. Um diese Welle von Brandanschlägen im Norden und im Zentrum des Landes zu verstehen, muss man die gesellschaftlichen und kulturellen Eigenheiten der Region berücksichtigen. Es war nicht das erste Mal, dass ein in Lissabon ansässiges Regime im Norden frontal attackiert wurde. Im Patuleia-Bürgerkrieg (1846–1848) hatten von Porto aus Unruhen um sich gegriffen, die sich gegen die rechte Regierung von António Bernardo da Costa Cabral richteten. Cabral war durch einen unblutigen Staatsstreich an die Macht gelangt und hatte mit dem Widerstand der maßgeblichen gesellschaftlichen Klassen (Aristokraten, Handwerker und Bauern) sowie verschiedenster politischer Tendenzen (Monarchisten, Generäle, Klerus und radikale Linke) zu kämpfen. Die damalige Rebellion, auch als Aufstand von Maria da Fonte bekannt, hatte fraglos breiten Rückhalt in der Bevölkerung, obwohl ihre inneren Widersprüche genauso scharf ausgeprägt waren wie die der Opposition im Jahr 1975.

Vor dem April 1974 hatten die Theoretiker und Ökonomen von PCP und MDP nur die Situation im Süden, wo die kapitalistischen Widersprüche eklatanter waren, ernsthaft zu analysieren versucht. Sie entwarfen Pläne, die großen Latifundien und Monopole durch eine Agrarreform aufzulösen. Der Norden geriet dabei nahezu in Vergessenheit; nun forderte er auf drastische Weise ein, dass man sich an ihn erinnerte.

Die Struktur und Probleme des Nordens unterschieden sich deutlich von denen des Südens. Im südlichen Évora hatten 71 Prozent der Höfe weniger als vier Hektar Fläche, doch trotz ihrer großen Zahl machten sie mit sechs Prozent nur einen winzigen Teil der Ländereien aus – der Rest befand sich in den Händen von Großgrundbesitzern. Am anderen Ende des Spektrums lag die nördliche Region Viseu, wo es nur sehr wenige große Anwesen gab und 92 Prozent der Anbaufläche auf Höfe mit weniger als vier Hektar Fläche entfielen. Auch die arbeitsintensiven Großfabriken befanden sich sämtlich im Süden, allein Lissabon und Setúbal verfügten zusammen über 21 der 49 herstellenden Betriebe mit mehr als 1.000 Beschäftigten.

Im Süden stand die Agrarreform vor keinen größeren Problemen; die *latifundiários* flohen von ihren Anwesen (oder wurden vertrieben) und die Landarbeiter besetzten sie. In Évora waren 90 Prozent der Beschäftigten in der Landwirtschaft Lohnarbeiter, in Viana im Norden galt dies nur für 27 Prozent. Nicht anders als die Industrie kennzeichnete auch den Agrarsektor eine sehr ungleichmäßige Entwicklung.

Im Süden bestand eine gewisse Unterstützung für die Politik von PCP und MDP: Sie öffnete den Arbeitern das Tor zur Besetzung von Land, das sie mitsamt Gerätschaften und Gebäuden übernahmen. Durch die PIDE und die Republikanische Nationalgarde hatten die *latifundiários* die Arbeiter vor 1974 streng in Schach gehalten; die Elendslöhne erzeugten Solidarität untereinander und Hass auf die Großgrundbesitzer. Die Antwort der PCP auf den Druck von unten bestand natürlich in der Verstaatlichung von Banken und der Zentralisierung des Kreditwesens. Zumindest in den ersten Phasen kam sie außerdem nicht umhin, Landbesetzungen zu unterstützen und die Gründung von Kooperativen zu akzeptieren.

Im Norden lagen die Dinge anders. Die meisten Bauernfamilien dort pachteten ihre kleinen Parzellen von örtlichen Grundeigentümern, die ungleich mehr Macht über sie hatten, als es irgendwo im Süden der Fall war. Dank eines Pachtgesetzes aus den frühen 1940er Jahren konnten die Eigentümer das Vertragsverhältnis mit den Familien auflösen, die Kündigungsfrist betrug ein Jahr. Dieses Gesetz änderte die Vierte Regierung: Innerhalb von 18 Jahren nach Vertragsunterzeichnung konnte nun praktisch kein Grundeigentümer mehr einem Pächter kündigen. Das neue Pachtgesetz – typisch für die neue Gesetzgebung insgesamt – stellte einen Kompromiss mit den Grundeigentümern dar: Einerseits half es den Pächtern, andererseits legitimierte es den Gedanken einer zu zahlenden Agrarpacht und bestätigte so das »Recht« der Eigentümer auf das Land.

Sofern das vorherige Regime eine »Massenbasis« genossen hatte, bestand sie weitgehend aus den Bauern im Norden. Die Demonstrationen zur Unterstützung von Salazar nach dem Zweiten Weltkrieg waren dennoch oftmals eine Farce: Die nördlichen Kleinbauern wurden in Busse verfrachtet, nach Lissabon gebracht und bekamen für den Tag den stattlichen Lohn von 20 Escudos; die Liste der Demonstranten stellten die lokalen Behörden mit Hilfe der Kirche zusammen.

Familien im Norden lebten oft ausschließlich von ihrem Land – sie ernährten sich von Gemüse und erwarben unverzichtbare Dinge per Naturaltausch; Geld benötigten sie nur selten, es wurde kaum benutzt. In einigen Gegenden lebte man wie im 19. Jahrhundert. Manche Dörfer waren so abgelegen, dass die Nachricht vom Putsch in Lissabon sie erst mit beträchtlicher Verzögerung erreichte. Das Programm der 5. Division zur »kulturellen Dynamisierung« wurde in vielen Gegenden auf eine Weise durchgeführt, die die Bauern als beleidigend empfanden. Die lokalen Machtstrukturen ließen sich schwer abbauen; entsprechende Versuche stießen auf den vereinten Widerstand von Grundeigentümern, einem sehr einflussreichen Klerus und der Polizei.

Die katholische Kirche hatte dazu beigetragen, etliche Generationen in Unwissenheit zu halten. Noch heute haben die Sprachrohre des Vatikans im Norden erheblichen Einfluss, und selbst in Lissabon konnte sich Kardinal Cerejeira, die rechte Hand von Salazar, frei bewegen, während seine Freunde aus der Führungsriege der PIDE verhaftet wurden. All das erklärt die Geschehnisse im Norden aber nur teilweise. Vielmehr gilt: Ein halbes Jahrhundert des Salazarismus hatte bei gewöhnlichen Leuten weniger Antikommunismus erzeugt als die 18 Monate, während der die PCP an verschiedenen Regierungen beteiligt war. Und für die wirklichen Wurzeln der Macht auf dem Land stellte die MFA nie eine Bedrohung dar. Die Verhaftungen von PIDE-Agenten durch die Erste Provisorische Regierung entfielen laut einem PCP-nahen Lissabonner Journalisten zu 75 Prozent auf den Süden und nur zu

6 Prozent auf den Norden. Priester wurden gar nicht verhaftet, weder im Norden noch im Süden.

Auf dem Weg zum Staatskapitalismus

Die Geschichte einer Fabrik in Famalicão, einer Ortschaft in der nordportugiesischen Region Braga, verdeutlicht einige der Probleme, vor denen die Arbeiter angesichts der internationalen Verästelungen des Kapitals standen. Sie wurde kurz nach dem Putschversuch vom 11. März verstaatlicht, in den ihr Eigentümer Manuel Gonçalves verstrickt war. Von Spanien aus wies Gonçalves einen Schweizer Lieferanten an, das Material zurückzuhalten, sofern er nicht persönlich anderslautende Anweisungen geben würde. Vier Wochen lang standen die Arbeiter ohne Beschäftigung und ohne Lohn da. Manuel Gonçalves stammte selbst aus ärmlichen Verhältnissen, für die Arbeiter hatte er in der Fabrik einen Swimmingpool und eine neue Kantine einrichten lassen. Die Löhne waren kümmerlich, aber besser als nichts. Angehörige der Familie Gonçalves, die in der Fabrik arbeiteten, initiierten eine Kampagne für seine Wiedereinsetzung als Boss. Angeführt von ihnen forderten zweihundert Beschäftigte Neuwahlen zum Arbeiterkomitee, das von der PCP geführt wurde; das Komitee lehnte dies als ein »reaktionäres Manöver« ab. Ende Juni fand eine Demonstration in Famalicão statt, im Juli folgte ein Brandanschlag auf das dortige PCP-Büro.

Einige der Arbeiter hoben hervor, dass die Verstaatlichung ihnen nichts außer zusätzlicher Not gebracht habe. Was sie damit meinten, war, dass ihr neuer Boss – der Staat – auch nicht besser sei als der alte – ein Privatkapitalist. Der Staatskapitalismus erwies sich in vieler Hinsicht sogar als schlimmer: Alle bisherigen Probleme bestanden fort, aber nun kam noch die Gefahr hinzu, dass die Beschäftigten ihre Jobs verlieren würden. An den Arbeitsbeziehungen in der Fabrik hatte sich nichts geändert, und die Löhne waren nicht gestiegen. Nur die Unsicherheit hatte zugenommen.

Die einzigen Gruppierungen, die die betroffenen Arbeiter unterstützten, waren CDS, PPD und PS, wobei sich diese Unterstützung darauf beschränkte, dass sie die neue PCP-dominierte Geschäftsführung angriffen. Den Arbeitern selbst war unterdessen nicht wirklich klar, was sie wollten und wie ihre Probleme gelöst werden könnten. Nach einer Demonstration in Famalicão im August (unter der Losung »Nieder mit den Arbeiterkomitees – Lang lebe der Chef«) sprach ich vor einem Kino, in dem die Beschäftigten eine Versammlung abhielten, mit einigen Beteiligten. Sie verdienten weniger als den von der Regierung festgelegten Mindestlohn, und ihre Wut darüber drückte sich als Antikommunismus aus.

Die Bombenanschläge und terroristischen Attacken gingen weiter. Es war zwar ein ungewöhnlich trockener Sommer, doch das allein erklärt nicht, wie dramatisch die Zahl der Waldbrände über das übliche Maß hinausging. Gruppen wie die ELP (»Armee für die Befreiung Portugals«) führten viele der Angriffe durch. Doch man würde den wirklichen Problemen ausweichen, würde man diese Kräfte allein für die Tatsache verantwortlich machen, dass Anfang August 20.000 Menschen an einer Demonstration in Braga teilnahmen, um einer Brandrede des Bischofs über die Länder »hinter dem Eisernen Vorhang« zu lauschen.

Die wirtschaftlichen Probleme waren in der Tat gravierend. Rund eine Viertelmillion Portugiesen hatte keine Arbeit und bekam keine wirkliche Unterstützung. Der von der Dritten Regierung eingerichtete Arbeitslosenfonds funktionierte in großen Teilen des Landes nicht. Bis Oktober wurden zudem 300.000 Rückkehrer aus Angola erwartet, später sollten noch mehr kommen. Viele Betriebe waren von den Bossen aufgegeben worden, weil sie keinen Profit mehr abwarfen; die Arbeiterinnen und Arbeiter übernahmen sie, weil sie Arbeit brauchten. Das Zahlungsbilanzdefizit von Januar bis April 1975 entfiel zu 75 Prozent auf den Verkehr mit Ländern, die dem Europäischen Freihandelsabkommen (EFTA) oder der EWG angehörten. Auf den Märkten im In- wie Ausland wurde es enger. Etwas musste geschehen.

Die Krise und die Entstehung der »Gruppe der Neun«

Am 21. Juli präsentierte Vasco Gonçalves seine Analyse der Situation: »Die Herstellung von Bedingungen, unter denen die Arbeiter schrittweise an die Macht gelangen können, erfordert eine Avantgarde, die zur Entwicklung einer praktischen sozialistischen Politik imstande ist.« Gonçalves fuhr damit fort, den staatskapitalistischen Kurs der PCP zu verfechten, und begründete seine Vorbehalte gegenüber der radikalen Linken: »Voluntarismus und Idealismus sind nur von sehr begrenzter Bedeutung, um die Voraussetzungen für den Übergang zum Sozialismus zu schaffen. (...) Der Linksradikalismus steht objektiv auf der Seite der Reaktion, und sein Aufschwung erklärt sich aus dem Versäumnis der Machtorgane, den Anforderungen des revolutionären Prozesses gerecht zu werden.«

Damit räumte Gonçalves als einer der ersten ein, dass es Fehler gegeben hatte und die PCP an Zuspruch zu verlieren drohte, sollten sie nicht korrigiert werden. Costa Gomes warnte, dass »die Lissabonner Kolonne in Gefahr steht, vom Rest des Landes abgetrennt zu werden«, und dass »die Revolution in einem Tempo stattfindet, bei dem das Land nicht mitkommt«. Die Spaltung, die sich im Revolutionsrat immer klarer abzeichnete, drückte die Spaltungen in der Gesellschaft aus. Vítor Alves erklärte später, der Rat sei vollständig zusammengebrochen und aus diesem Grund habe man entschieden, die Macht in den Händen eines Triumvirats zu konzentrieren, bestehend aus Vasco Gonçalves (PCP), Costa Gomes (»der Korken«) und Otelo, der dem Populismus anhing.[43] Dieser Schritt überwand die Spaltungen aber nicht, sondern vertiefte sie noch. Am 7. August legte eine Gruppe von Offizieren aus dem Revolutionsrat ein pragmatisches Papier vor, das als das »Dokument der Neun« bekannt wurde. Bei diesen Neun handelte es sich um die Hauptmänner Vasco Lourenço und Sousa e Castro, die Majore Costa Neves, Canto e Castro, Melo Antunes und Vítor Alves, den Kommandeur Vítor Crespo sowie die Brigadegeneräle Francisco Charais und Pezerat Correia.

Die beiden Letztgenannten waren Kommandeure der südlichen und der zentralen Region (für den Norden war mit Eugenico Corvacho ein PCP-Anhänger verantwortlich). Vasco Lourenço hatte als Sprecher des Revolutionsrates gedient und Melo Antunes das erste Programm der Streitkräfte verfasst. Außerdem hatte er vor dem 11. März ein wirtschaftspolitisches Konzept entwickelt, das mit den dann einsetzenden Verstaatlichungen indes verworfen wurde. Crespo und Alves schließlich waren in der »Bewegung der Hauptleute« Mitglieder der ersten Stunde gewesen und hatten großen Anteil an den folgenden Ereignissen. Zusammen mit ihren Anhängern bildeten sie im Revolutionsrat einen machtvollen Block.

Die zentrale Aussage im »Dokument der Neun« lautete, die Revolution schreite zu schnell voran und schade so dem gesellschaftlichen und kulturellen Gewebe des Landes. Der Staatsapparat versank demnach in Anarchie: »Das Land ist zutiefst erschüttert, betrogen um die großen Hoffnungen, die mit der MFA aufkamen (...). Tag für Tag wächst die Kluft zwischen einer winzigen gesellschaftlichen Minderheit (einem Teil des Proletariats im Großraum Lissabon und im Alentejo), die Träger eines bestimmten revolutionären Projektes ist, und praktisch dem gesamten übrigen Land.« Die »Neun« wendeten sich gegen das osteuropäische Modell eines bürokratischen Dirigismus ebenso wie gegen das westlich-sozialdemokratische Modell und erklärten, die Probleme der portugiesischen Gesellschaft machten etwas Neues notwendig. Während sie die »linke« Ausrichtung ihres Projekts unterstrichen, forderten sie, sowohl zu EWG- und EFTA-Ländern wie auch zu den im »Rat für gegenseitige Wirtschaftshilfe« zusammengeschlossenen »sozialistischen« Staaten Beziehungen aufzubauen – kurz: zu jedem, der bereit war, mit Portugal Geschäfte zu machen. »Mit Nachdruck ist der faschistische Geist eines Unterfangens zu kritisieren«, schrieben die »Neun«, »das sich sozialistisch nennt, aber in der Praxis eine bürokratische Diktatur über die uniforme und untätige Masse von Bürgern darstellt.«

Während die Anzeichen für eine soziale Erschütterung täglich wuchsen, verurteilten die linken Gruppen von PCP bis LUAR das Dokument. Die Unterzeichner wurden umgehend ihrer Pflichten im Revolutionsrat entbunden, gegen dessen demokratisch-zentralistische Methoden sie mit der Veröffentlichung des Papiers verstoßen hatten. Ihre militärischen Aufgaben nahmen sie aber weiterhin wahr. Die PCP-Sympathisanten im Rat und in der 5. Division hatten nicht die Befugnis, die neun Männer zu degradieren oder unehrenhaft zu entlassen, so gerne sie dies auch getan hätten. Auf der Linken erklang ein nahezu einstimmiger Chor gegen das Dokument, nur bestimmte maoistische Gruppen wie etwa PCP-ML und AOC unterstützten es als Einspruch gegen die »sozialfaschistische« Politik der PCP. Die PS witterte ihre Chance. Umgehend brachte sie ihr eigenes Programm für »die Verteidigung der Revolution und die Überwindung der Krise« ins Spiel und schlug vor, es zusammen mit dem »Dokument der Neun« zur Grundlage einer neuen Regierung zu machen.

Vier Tage später, am 13. August, legte auch noch eine Gruppe von COPCON-Offizieren ihre Deutung der Krise vor. Auf merkwürdige Weise ähnelte das Papier einigen Texten, die seit mehr als einem Monat in der PRP-BR und der UDP zirkulierten. Unter dem Titel »Revolutionäre Selbstkritik des COPCON und Arbeitsvorschlag für ein politisches Programm« wurde darin den Regierungsparteien und besonders der PCP vorgeworfen, für die Krise verantwortlich zu sein. Die Praxis der PCP, die Gemeinderäte auf dem Land zu übernehmen und Kredite nach Parteibuch zu vergeben, hatte demnach die Lage von Kleinbauern verschlimmert. Die »kulturelle Dynamisierung« wiederum sei ohne den nötigen Respekt für die Bräuche in den Dörfern durchgeführt worden. Allerdings lag die Schuld laut den COPCON-Autoren nicht nur bei der PCP, denn die Regierungspolitik wurde schließlich von einer Koalition verantwortet, und die Lösung sahen sie nicht in Zugeständnissen an die Rechte. Das Dokument wies vielmehr darauf hin, dass in der Geschichte moderate Kräfte, die der Rechten versöhnlich begegnet waren, stets deren erstes Opfer geworden seien. Es rief zur »Stärkung des Bündnisses zwischen der MFA und dem Volk« sowie der Organe der Volksmacht auf. Der Abhängigkeit vom Imperialismus müsse ein Ende gesetzt und Portugal autark gemacht werden. Dazu war es nötig, die Landwirtschaft zu entwickeln. Ferner forderte das Papier ein Einfrieren der Mieten, die Abschaffung von Spekulation mit Wohnraum, die Sozialisierung des Gesundheitswesens und einen Ausbau des Bildungssektors. Bis zur Schaffung einer Nationalen Volksversammlung musste die Macht laut dem COPCON-Dokument bei den Streitkräften liegen.

Keine der politischen Avantgardegruppen konnte hoffen, dieses COPCON-Programm umzusetzen, denn keine verfügte über die erforderliche Massenbasis. Ein Teil der Krise bestand auch in der Unklarheit darüber, *wer* die Massen für den »Sozialismus« organisieren würde. So kamen Diskussionen auf, die die kommunistische Bewegung seit der Russischen Revolution verfolgen: War »die Partei« eine Notwendigkeit? Würde »die Avantgarde« aus der Klasse heraus entstehen oder von außen kommen? Manche vertraten die Ansicht, die Organe der »Volksmacht« seien die Bausteine, mit denen man »die Partei« schaffen könne. Die diversen leninistischen Gruppen verbargen ihren Avantgardismus, indem sie Arbeiter- und Stadtteilversammlungen manipulierten (und wo immer möglich die Kontrolle über sie behielten). Die Klasse hatte andere Vorstellungen, wie bereits die Zahl von Demonstrationen, die von keiner Partei organisiert wurden, deutlich zeigte. Versuchten politische Gruppen bei solchen Anlässen ihre Parteifahnen zu hissen, wurden sie angebrüllt: »Hier gibt es keine Parteien!«

Die Unterzeichner der zwei Dokumente, die »Neun« und das COPCON, trafen sich am 14. August zu einem Abendessen, um an einem dritten Papier zu arbeiten, das die Hauptpunkte der beiden anderen miteinander verbinden sollte. Charais und Pezarat, die Kommandeure für den Süden und das Zentrum, erklärten, viele Vorschläge des COPCON seien nicht praktikabel; die Gespräche scheiterten. Viele Militäreinheiten sprachen sich bei Versammlungen für das COPCON-Dokument aus, viele Offiziere und sogar »Delegiertenversammlungen der Einheiten« unterstützten dagegen das Positionspapier der »Neun«. Ein hochrangiger Offizier aus dem Süden meinte, die Disziplin im Heer sei in Auflösung begriffen und er habe nicht das Gefühl, noch die Befehlsgewalt über seine Einheit zu besitzen.

Die von der PCP beeinflusste 5. Division kritisierte das COPCON-Dokument und forderte eine Untersuchung der Aktivitäten Vasco Lourenços und »anderer Offiziere, die von der PS manipuliert werden, um sie gegen Vasco Gonçalves und die Vertreter der MFA aufzubringen«. Ihre Versuche, ein glaubhaftes Komplott zu konstruieren, schlugen indes fehl.

PS und PPD begannen eine Offensive gegen die Gonçalves-Regierung. Sie riefen zu einer Demonstration auf, rund 10.000 Menschen kamen und skandierten »Vasco muss weg!« und »Für eine Regierung der nationalen Rettung!«. In Porto musste aufgrund von Drohungen eine PCP-Veranstaltung abgesagt werden, in Braga weigerten sich am 13. August Soldaten, die Zentrale der MDP zu schützen, obwohl der Kommandeur der Region Nord – Corvacho, ein Mann der PCP – dies angeordnet hatte.

Am 18. August hielt Vasco Gonçalves eine Rede in Almada, das am anderen Ufer des Tejo gegenüber Lissabon liegt; sie wurde sein Epitaph. Gonçalves' Rhetorik war von der der PCP nicht mehr zu unterscheiden. Er verkündete seinen Glauben an den Staatskapitalismus als nächsten Schritt im Übergang zum »Sozialismus« und betonte die Notwendigkeit einer starken Avantgarde, die sich auf die Gewerkschaften und eine robuste Zentralgewalt stützen sollte, die er in der Fünften Regierung ausmachte. Doch so sehr er nach einer solchen »Avantgarde« und »Zentralgewalt« rief, sie existierten schlichtweg nicht. Weder die Intersindical noch die Fünfte Regierung genossen das Vertrauen der riesigen Mehrheit der Industriearbeiter, sei es im Norden oder im Süden, oder der Bauern und Landarbeiter im Norden. Unbeirrt davon ging Gonçalves sogar noch weiter: Sollte es nötig sein, sein Programm mit »einer geringeren Zahl von Kräften« durchzuführen, dann sei er dazu bereit.

Für denselben Tag hatte die PCP zu einem halbstündigen Generalstreik aufgerufen, der jedoch mangels Beteiligung ein Reinfall wurde. Unterdessen mobilisierten einige Nachbarschafts- und Arbeiterkomitees von PRP-BR und UDP für den 20. August zu einer Demonstration, mit der sie »Unterstützung für das COPCON-Dokument« bekunden wollten. Rádio Renascença ließ den gesamten Vortag über immer wieder Gruppen zu Wort kommen, die ebenfalls zu der Demonstration aufriefen. Es entwickelte sich eine Lawine, und letztlich unterstützten etwa 200 bis 250 Komitees offiziell einen Umzug, der der größte seit der *unicidade*-Demonstration im Januar 1975 wurde. Rund 70.000 Menschen marschierten zum Parlamentssitz Palácio São Bento, auch zahlreiche Landarbeiter aus dem Ribatejo und Alentejo waren mit Treckern und Anhängern nach Lissabon geströmt und proklamierten auf Transparenten eine »Agrarrevolution«.

Mit einer virtuosen Darbietung von politischer Akrobatik »unterstützte« schlussendlich auch die PCP die Demonstration, die sie eine Woche zuvor noch scharf verurteilt hatte. Die wichtigsten Losungen lauteten: »Sofortige Umsetzung des COPCON-Dokuments«, »Tod der ELP und ihren Unterstützern«, »Dem Elend des Landvolks ein Ende«, »Soldaten, Matrosen, Arbeiter der Fabrik und des Feldes: Vereint werden wir siegen«, »Gegen den Faschismus, gegen das Kapital, für die Volksoffensive«, »Gegen den Imperialismus, nationale Unabhängigkeit« und »Recht auf Arbeit«. Die gesamte Stoßrichtung der Demonstration änderte sich: Ursprünglich zur Unterstützung des COPCON-Dokuments geplant, wurde sie nun zu einer Veranstaltung für die Fünfte Regierung. Die Episode illustrierte deutlich, welche Mobilisierungsfähigkeit die PCP weiterhin besaß, die offenbar dem Motto folgte: »Wenn du sie nicht schlagen kannst, dann verbünde dich mit ihnen.« Viele linke Gruppen spielten dasselbe Spiel und unterstützten die Fünfte Regierung oftmals unkritisch. Sie »verteidigten« PCP und MDP (je nach Gruppe mal mehr, mal weniger) zulasten offener und ehrlicher Diskussionen über die Probleme der Klasse. Ihre Haltung war eine seltsame Mischung aus Opportunismus und Sektierertum. Manche behaupteten sogar, mit Kleinbauern könne man nicht diskutieren – eben weil sie Kleinbauern seien. Viele dieser Bauern waren sich der Klassenspaltung aber durchaus bewusst, und einige stellten die Interessen des Proletariats sogar über das, was ihre eigenen unmittelbaren Interessen zu sein schienen.

Am 25. August wurde die »Frente de Unidade Revolucionário« (FUR) gegründet. Selten in der Geschichte fiel der Flirt einer Kommunistischen Partei mit der radikalen Linken so kurzlebig aus. Neben der PCP umfasste die FUR auch noch MDP, FSP, PRP, MES, LCI, LUAR und die maoistische Gruppe Primeiro de Maio (1. Mai) – ein merkwürdiges Stelldichein. Die linken Gruppen waren fraglos der Überzeugung, durch diese »Allianz« kämen sie der politischen Machtübernahme einen Schritt näher, und sie alle gestanden der PCP zu, für sie dabei das Rennen zu machen. Trotz ihrer Kritik an der PCP war die Linke in kritischen Momenten bereit, die Fünfte Regierung zu unterstützen, was damit gerechtfertigt wurde, sie sei besser als jede denkbare Sechste.

Am 26. August, einen Tag nach ihrer Gründung, rief die FUR zu einer Demonstration auf, deren Thema »die Fortsetzung des revolutionären Prozesses« war. Noch bevor sich der Zug in Bewegung setzte, schieden die Maoisten vom Primerio de Maio aus der Front aus. Dann führte die PCP Losungen ein, die nicht vereinbart gewesen waren, und die Demonstration wurde ein Fiasko, denn auch die Anhänger von PRP und MES scherten nun aus. Tags darauf wurde die PCP aus der Front ausgeschlossen, die damit ihre einzige Chance auf eine Regierungsbeteiligung verlor.

Die Fünfte Regierung stand vor dem Aus, auch wenn sie bei Offizieren der 5. Division und der Marine noch einen gewissen Rückhalt genoss. Ganz überwiegend unterstützten die Offiziere die »Neun«, und dies galt auch für viele Einheiten. Als dämmerte ihr, dass ihre Zeit abläuft, verabschiedete die Regierung im Eiltempo eine ganze Serie von Gesetzen und verstaatlichte weitere Unternehmen wie etwa den riesigen Monopolisten CUF.

Unterdessen gingen die Brandanschläge auf PCP-Büros im Norden pausenlos weiter. PS und PPD führten Gespräche über eine neue Regierung. Zeitungen und Rundfunk berichteten über eine Flut von Vorwürfen und Gegenvorwürfen. In Leiria im Zentrum des Landes kam es zu Angriffen auf die Büros von PCP und MDP. Als bewaffnete PCP-Mitglieder aus benachbarten Orten herbeieilten, um ihren Parteisitz zu schützen, wurden sie festgenommen. Im Süden und im Zentrum verlangten Einheiten des Militärs die Entlassung rechter Offiziere, im Norden dagegen ein *saneamento* gegen ihren PCP-nahen Kommandeur Corvacho. Das wirkliche Kräfteverhältnis war schwer einzuschätzen. Fragwürdige Kommuniqués aller Art machten die Runde.

Die PCP reagierte auf das ganze Geschehen zunächst, indem sie immer mehr Plakate mit ihrer Losung »MFA-VASCO-POVO« (»MFA-VASCO-VOLK«) druckte und so versuchte, Vasco Gonçalves zur Personifizierung der Revolution aufzubauen. Als jedoch Otelo auf einer MFA-Versammlung in Tancos (siehe unten) schließlich mit Gonçalves brach, war das Triumvirat am Ende, und damit zerbrach weitgehend auch die Grundlage, auf der die MFA die Fünfte Regierung unterstützt hatte. Unterdessen hatte die PCP erkannt, dass es riskant gewesen war, gemeinsam mit der radikalen Linken auf die Straße zu gehen, und in Gonçalves sah sie nun eine Bürde. So nahm sie Verhandlungen mit PS und PPD auf, um sich einen Platz in einer Sechsten Regierung zu sichern.

Die Sechste Regierung und der Aufstieg der »Gruppe der Neun«

Am 9. September trat die Fünfte Regierung zurück, zehn Tage später erfolgte der Amtsantritt der Sechsten. Währenddessen hatte es im Militär eine signifikante Machtverschiebung gegeben. Bei der Generalversammlung der MFA am 6. September in Tancos war es der »Gruppe der Neun« gelungen, die Delegierten des Heeres mehrheitlich dazu zu bewegen, eine Wiederwahl von Vasco Gonçalves nicht zu akzeptieren. Die Delegierten der Luftwaffe, die überwiegend rechts standen, erzwangen daraufhin einen Showdown. Nunmehr ohne Mehrheit hinter sich, gab Gonçalves sein Amt auf. Die Folgen dieser Ereignisse veränderten die gesamte Machtstruktur der MFA.

Nach dem Rückzug von zehn Figuren, die Gonçalves nahestanden – darunter Eurico Corvacho, der Kommandeur für den Norden, und der ehemalige Arbeitsminister Costa Martins –, blieben von den 29 Mitgliedern des Revolutionsrats nur noch 19. Es wurde beschlossen, einen neuen Rat zu bilden und die ausgeschiedenen Offiziere nicht zu ersetzen. Sieben Mitglieder ernannte der Präsident, die übrigen zwölf wurden von den drei Teilstreitkräften gewählt (jeweils drei von der Marine und der Luftwaffe sowie sechs vom Heer). Die politische Zusammensetzung des neuen Revolutionsrates kam der »Gruppe der Neun« sehr entgegen.

Die Hegemonie der PCP und der Gonçalves-Fraktion, die sich während der Vierten und Fünften Regierung entwickelt hatte, lag in Trümmern. Die PCP hatte sogar Mühe, auch nur eine nennenswerte Opposition in der MFA zu bilden. Sie hatte um die Macht gepokert und verloren, ihre Mitglieder wurden aus den Führungsrängen des Militärapparats buchstäblich vertrieben. Von den oberen Stufen dieser eigentümlichen Leiter hinabgestoßen, begann die Partei Basisgruppen in den Streitkräften zu unterstützen und zu manipulieren, um die MFA zur Reintegration einiger ihrer Mitglieder zu drängen.

Dem neuen Revolutionsrat erging es kaum besser. Seine erste Maßnahme geriet zum völligen Flop: Er verbot sämtlichen Einheiten, ohne seine ausdrückliche Erlaubnis Kommuniqués herauszugeben. In der Presse wurde die Anordnung weithin verurteilt – und die Einheiten setzten sich kurzerhand über sie hinweg. Der Rat wollte damit Gruppen wie »Soldados Unidos Vencerão« (»Vereint werden die Soldaten siegen«, SUV), die Anfang September entstanden war, an politischen Stellungnahmen hindern. Wie sich schnell zeigte, konnte die Anordnung nicht durchgesetzt werden.

Premierminister der Sechsten Provisorischen Regierung wurde Admiral Pinheiro de Azevedo. Er war Gründungsmitglied der »Bewegung der Hauptleute« und hatte am 25. April den Sturm auf die PIDE-Zentrale angeführt. Das Regime brauchte sein radikales Image, wenn auch nur zu dem Zweck, die bitteren Pillen zu versüßen, die es dem Land zu verabreichen gedachte. Welche Ziele die neue Administration verfolgte, wurde unmissverständlich formuliert: Sie wollte ihre eigene Legitimität und das Zusammentreten einer Verfassunggebenden Versammlung sicherstellen, die Verwaltung dezentralisieren, »willkürliche« Säuberungen verhindern, ein funktionierendes Gerichtswesen gewährleisten, die Privatwirtschaft wieder in Schwung bringen, den Staatssektor umstrukturieren sowie schließlich die Beziehungen zu EWG- und EFTA-Ländern stärken.

In der Sechsten Regierung stellte die PS vier Minister, die PPD zwei sowie SEDES und PCP jeweils einen. Die vier dem Militär vorbehaltenen Posten bekleideten Offiziere, die die »Gruppe der Neun« unterstützten, die beiden Unabhängigen schließlich gehörten der rechten Mitte an. PS und PPD feierten die Bildung der neuen Regierung als einen »Sieg für die Demokratie«. Auch die herrschenden Klassen in aller Welt zeigten sich zufrieden, die USA und die EWG versprachen umfangreiche Hilfe. Ganz so einfach ließ sich das Problem, Portugal zu regieren, allerdings nicht lösen.

Santiago do Cacém: Vorbereitung des Bodens für den Reisanbau bei der landwirtschaftlichen Kooperative Estrela Vermelha, »Roter Stern«

XII DIE SITUATION IN DER KLASSE

Während es im Norden zu einer Explosion von »antikommunistischen« Aktionen kam, entwickelte sich die Lage im Süden völlig anders. Die politische Krise verschärfte sich. Breite Teile der Gesellschaft lehnten die Sechste Regierung und den neuen Revolutionsrat aus ganz unterschiedlichen politischen Beweggründen ab. In vieler Hinsicht existierte sie nur auf dem Papier; de facto bestanden im damaligen Portugal mehrere Staaten nebeneinander.

Der Zusammenbruch des Staatsapparates hatte zwei direkte Folgen. Die erste und wichtigere bestand darin, dass die Industrie- und Landarbeiter mehr Druck auf die Eigentümer ausüben konnten. Zweitens führte er dazu, dass die diversen politischen Gruppen mit den laut werdenden Forderungen vollkommen demagogisch umgingen. Immer häufiger manipulierten sie die Presse, gaben ihre Vorfeldgruppen als »parteilich ungebundene Einheitsorganisationen« aus und verbreiteten in den Medien triumphale Lügen, die von einem haltlosen Optimismus zeugten.

Die PCP hatte zwar einen Fuß in der Sechsten Regierung, bekämpfte sie aber zugleich von außen. FUR und UDP forderten auf je eigene Art eine »revolutionäre Arbeiterregierung«. Ihre Projekte – der Staatskapitalismus, den vor allem die FUR anstrebte, und die »nationale Unabhängigkeit« – besaßen mehr mediale Präsenz als reale Unterstützung. In einem am 25. August verabschiedeten Programm erklärte die FUR das COPCON-Dokument sowie ein Papier der PCP (»Programmatische Grundlinien und die Aufgaben des Übergangs«) zur Basis ihres gemeinsamen Handelns. Nach der Trennung von der PCP beschrieb sie die Notwendigkeit ihrer eigenen Existenz noch immer wie folgt: »Da sich der revolutionäre Prozess im Augenblick in einer gewissen Sackgasse befindet (...), müssen wir die Reihen schließen und uns auf harte Kämpfe vorbereiten. Die Bourgeoisie hat eine machtvolle Offensive gestartet, um Boden wiedergutzumachen, den sie nach dem 25. April und vor allem nach dem 11. März verloren hat. (...) Es ist zwingend notwendig, die revolutionären Kräfte zu vereinen, um die Sozialdemokratie und den Faschismus zu schlagen.«[44]

Für die FUR waren die größten Feinde die PS, die PPD und die extreme Rechte (die beide Parteien als Deckmantel benutzte). Die Reaktion befand sich eindeutig auf dem Vormarsch. Berichten zufolge flossen CIA-Gelder ins Land.[45] Gefälschte 20-Dollar-Noten waren im Gesamtumfang von sieben Millionen Dollar im Umlauf, auch große Mengen russisches Geld strömten nach Portugal und Angola.

Die Landbesetzungen weiteten sich aus. Bis Ende September hatten rund 11.000 Arbeiter knapp 400.000 Hektar übernommen.[46] Im November waren es bereits über eine Million Hektar, die Zahl der Besetzungen hatte sich in den zwei Monaten mehr als verdreifacht. Der Hauptgrund dafür bestand in der schwachen staatlichen Kontrolle. Die Bürokraten und Funktionäre kamen nur schleppend damit voran, eine Bestandsaufnahme der Agrarproduktion vorzunehmen und ihre staatskapitalistischen Maßnahmen für den Sektor zu entwickeln. Die Republikanische Nationalgarde – wie eh und je die Hauptsäule der Stabilität auf dem Land – war teilweise neutralisiert. Vor diesem Hintergrund schritt die Agrarrevolution rasch voran. Die Arbeiter nahmen das Gesetz in ihre eigenen Hände und besetzten Ländereien, ohne sich um die vermeintlich notwendigen Formalitäten zu kümmern – rechtliche Erfordernisse wie etwa Unterstützung durch das IRA interessierten sie nicht weiter. Es herrschte das Gefühl vor, jetzt sei der richtige Augenblick für Besetzungen, denn die Nationalgarde war schwach. So eigneten sich in den Regionen von Beja, Portalegre, Évora, Setúbal, Santarém, Lissabon, Faro und Castelo Branco Hunderte von Landarbeitern Grund und Boden an. Die Schwäche des Staatsapparates erlaubte es den Mitarbeitern des IRA, die meisten Besetzungen umgehend zu legalisieren.

Die Namen der neuen Kooperativen sprachen für sich selbst: »Fahrt zur Hölle«, »Jetzt oder nie«, »Neue Seelen«, »Mauer aus Stahl«, »Leuchtender Stern«, »Freiheit oder Tod«, »Soldat Luís«, »Otelo Saraiva de Carvalho«, aber auch »Roter Stern«, »Freiheit oder Faschismus« und selbst »Bento de Jesus Caraça«, benannt nach einem alten PCP-Kader und brillanten Mathematiker.

Volksversammlungen

Den Basisgruppen in vielen Sektoren war vollkommen bewusst, dass sie ihre Kämpfe koordinieren mussten; Borniertheit zählte nicht zu ihren Schwächen. Sie sahen auch die Notwendigkeit einer Selbstverteidigung, die sie jeweils allein kaum hätten leisten können. Soldaten wie Arbeiter versuchten sich ohne den Umweg über die Parteien zusammenzuschließen. Die diversen leninistischen Gruppen beteiligten sich an solchen autonomen Organisationen, durften aber nicht als Verfechter einer Parteilinie auftreten, denn andernfalls hätte man sie ausgeschlossen.

In Marvila nahe dem Lissabonner Flughafen trafen sich die Truppen des RAL-1 mit Arbeiter- und Stadtteilkomitees. Gut zwanzig solcher Komitees, Kollektive und Kooperativen gründeten eine Volksversammlung, die sich und ihre Aufgaben folgendermaßen definierte:

Die Volksversammlung Marvila

1) ist die Organisation von Arbeitern und Einwohnern Marvilas. Sie ist unabhängig, mit keiner Partei verbunden und versucht ihre Interessen auf allen Ebenen zu vertreten.
2) erkennt die bereits gewählten Arbeiter- und Stadtteilkomitees an.
3) wird das Bündnis zwischen den Volksmassen und der MFA stärken, indem sie die Basiskomitees und die Delegiertenversammlung des RAL-1 zusammenführt.

4) hat zum Ziel, für eine sozialistische Gesellschaft zu mobilisieren und zur Lösung der drängendsten Probleme beizutragen.
5) vertritt die Klassenbedürfnisse und Organisationen der Arbeiter.
6) soll schrittweise die bereits verfallenden, ineffizienten Staatsorgane ersetzen und auf lokaler Ebene die legislative Macht hinsichtlich aller Probleme, die die Arbeiter betreffen, erhalten. Die Volksversammlung Marvila besteht aus Stadtteil- und Arbeiterkomitees, einem Vertreter des Gemeinderats und einem der Sozialen Zentren. Kollektive mit mehr als zweihundert Mitgliedern entsenden einen Delegierten, solche mit mehr als tausend Mitgliedern zwei. Hinzu kommen Vertreter der Delegiertenversammlung des RAL-1.[47]

Die erste Maßnahme der Versammlung bestand darin, Informationen über die Gegend zusammenzutragen und auszuwerten: über kriselnde Unternehmen, Fälle von Wirtschaftssabotage, Wohnungsprobleme, Verkehr, Müllentsorgung und viele andere Fragen.

Zu dieser Zeit, Anfang September 1975, entstanden viele Volksversammlungen oder wurden zumindest geplant, überwiegend in Lissabon, aber auch in Faro, Coimbra, Porto und Braga. Mitunter beteiligten sich auch Mitglieder der PS daran, generell gehörten die Leute in den Volksversammlungen aber nur Parteien links der PS an.

Es wurden Häuser besetzt und Parks angelegt, auch soziale Zentren gründeten sich. Allgemein fand eine gewaltige Explosion an Energie statt. Selbst in nördlichen Städten, die als »reaktionär« und »antikommunistisch« gegeißelt wurden, gab es in Ansätzen den Versuch, durch Eigeninitiative die Situation im Stadtteil zu verbessern.

In Setúbal beschloss die Volksversammlung einen Mietendeckel von 500 Escudos pro Zimmer und Monat. Diese »Sozialmiete« wurde in der ganzen Stadt auch tatsächlich durchgesetzt. Außerdem wurde ein Fonds geschaffen, um

Nachbarschaften besser zu gestalten, Freizeiteinrichtungen zu schaffen und Parks sowie andere Gemeinschaftsflächen anzulegen.

Das Zusammenkommen von Soldaten aus den Delegiertenversammlungen mit Vertretern der Basiskomitees, die sich mit Arbeits- wie auch mit Wohnfragen befassten, war ein bemerkenswerter Versuch, die Grenzen zu überwinden, die diese Felder traditionell voneinander trennen. Wie in so vielen anderen Bereichen erwiesen sich die Formen von Organisation für sich genommen jedoch als unzureichend. Die aktivsten Mitglieder der Volksversammlungen waren Leninisten der einen oder anderen Couleur – mit allem, was dies in puncto Verhalten und Anliegen bedeutete.

Das Alltagsleben in den Kooperativen

Es kann keine bedeutsame revolutionäre Erhebung geben, ohne dass sich die Lebensweise der Menschen ändert. Vergleicht man das portugiesische Alltagsleben im Jahr 1975 damit, wie es 1973 oder selbst 1974 aussah, dann zeigen sich klare Unterschiede. Die äußeren Anzeichen dieser Veränderung waren kaum zu übersehen. Politiker tourten durch die Dörfer im Süden und absolvierten drei bis fünf größere Veranstaltungen am Tag, auf denen sie wohlklingende marxistische Phrasen verbreiteten. Aus den Radios plärrten Lieder der »Revolte«. Aber auch Verhaltensweisen und kulturelle Gewohnheiten wurden umgewälzt, und gerade hier fanden die bedeutsamsten Veränderungen statt. In der Tiefe dieses Gefühls wollte sich die eigentliche Revolution entwickeln. Eine politische Ordnung zu verändern fällt viel leichter, als das Leben zu verändern.

Wenn die Arbeiterinnen und Arbeiter erfolgreich kämpfen, ist der einzige Verlierer der Boss. Er gerät in Panik, ergreift die Flucht, bekommt einen Herzinfarkt oder wandert nach Brasilien aus. Die Arbeiter sind ganz benommen, sie können einen Neuanfang machen. Ihre Geschichten verdeutlichen manchmal auf wenigen Zeilen Dinge, die seitenlange Statistiken niemals vermitteln können. Gemeinsam mit Teresa und einigen Freunden und Freundinnen von uns, die beim Institut für Agrarreform (IRA) arbeiteten, besuchten wir damals eine Reihe von Kooperativen.

Die Landwirtschaftskooperative von Casebres wurde im Februar 1975 gegründet und umfasste fast 4.000 Hektar. In vieler Hinsicht war die Besetzung vorbildlich verlaufen, und genau das wollte nun auch die Kooperative sein: ein Beispiel für andere. Die alten Eigentümer hatten das Land brachliegen lassen und Teile als Jagdgebiete für portugiesische *latifundiários* und ihre deutschen und amerikanischen Freunde genutzt. Die Arbeiter waren Vollblutkommunisten: Das Land und alles, was sich auf ihm befand, gehöre allen, erklärten sie. Im März 1975 brachten sie am Eingang ein großes Schild an, das die »Diktatur des Proletariats« proklamierte.

Da der PCP-Vorsitzende Álvaro Cunhal der Kooperative einen Besuch abstatten wollte, erschien als Vorhut ein Trupp von Funktionären, die ausloten sollten, welchen Empfang man ihm dort wohl bereiten würde. Das Schild am Eingang sei »weltanschaulich korrekt«, erklärten sie, müsse aber dennoch entfernt werden: »Wir wollen schließlich die Wahlen gewinnen.« »Aber so steht es doch bei euch«, entgegnete einer der Arbeiter, »da haben wir das her.« »Hier muss ein Irrtum vorliegen«, erklärte einer der PCP-Kader, »unser 7. Parteitag hat gegen die Diktatur des Proletariats gestimmt.« »Seht doch, hier steht es«, insistierten die Arbeiter und zückten als Beweis einen zerlesenen Band mit Schriften von Marx und Engels. Die Funktionäre aus Lissabon waren sprachlos.

Eine andere Geschichte zeugt von einem tiefen Gespür für Gerechtigkeit im Sinne der Klasse und für kommunistische Prinzipien. Als ein PCP-Team die Arbeiter einer Kooperative bei Évora für das Staatsfernsehen interviewte, wiederholte der Reporter die übliche Losung: »Das Land denen, die es bebauen« – und wurde unterbrochen. Der Slogan sei nicht korrekt, meinte ein Arbeiter. Richtig müsse es heißen: »Das Land allen, die arbeiten.« Dann erklärte er, wie die Kooperartive funktioniert: »Der eine nimmt sich mehr, weil er mehr braucht, der andere weniger, weil er weniger braucht.«

Es gab aber auch Schattenseiten. In der Kooperative Aveiras de Cima, die nur über zwei Traktoren verfügte, kam es oft zu Streit darüber, wer sie benutzen durfte. Dieses Problem führte auf dem selbstverwalteten Hof rund vierzig Kilometer nördlich von Lissabon sogar zu Prügeleien. Auch andere Fragen der Arbeitsteilung erzeugten mitunter erbitterten Streit. Ein Beispiel dafür ist die Hausarbeit. In der Kantine der »Comuna« (einem Herrenhaus aus dem 19. Jahrhundert, das dem Herzog von Lafões gehört hatte und eine Bibliothek, Versammlungsräume, eine Schule und ein Gesundheitszentrum umfasste) erklärte ein Schild unmissverständlich: »Wer seinen dreckigen Teller in der Spüle stehen lässt, damit jemand anderes ihn abwäscht, der lässt den Sozialismus stehen.« Auf einer Versammlung war Kritik daran laut geworden, dass die Männer auf diesem Gebiet wenig Initiative zeigten, und ein »Streik« der Frauen hatte eine etwas gleichmäßigere Arbeitsteilung durchgesetzt. Dennoch, und trotz ihrer Beschwerden darüber, blieben ganz überwiegend die Frauen für den Abwasch und andere Hausarbeiten zuständig.

Die Aufgabenverteilung unterschied sich je nach Kooperative. In den besser organisierten herrschte ein Rotationssystem, doch häufig wurden bestimmte Arbeiten entgegen den Absprachen nicht erledigt. Meistens hatte das keine weiteren Konsequenzen, aber es gab auch Fälle, in denen Arbeiter andere Arbeiter disziplinierten.

Ein weiteres Problem war das Trinken. Nach Frankreich ist Portugal das OECD-Land mit dem höchsten Pro-Kopf-Verbrauch von alkoholischen Getränken, wenn man den Statistiken glaubt. Bedenkt man allerdings die weit verbreitete Heimproduktion von Wein wie Schnaps, könnte Portugal durchaus an erster Stelle stehen. Besonders viel Wein wird auf dem Land getrunken: In Kooperativen bei Évora genehmigten sich viele Männer bis zu fünf Liter am Tag, manche sogar mehr.

In der Kooperative von Torre Bela, nördlich von Lissabon in der Region Azambuja gelegen, hielten die Frauen eine Versammlung ab, um über die Trinkgewohnheiten der Männer zu reden. Sie kamen zu dem Ergebnis, dass es zu weit gehe und man eine Obergrenze einführen müsse. Schließlich kam es zu einem Kompromiss – die Grenze wurde auf vier Liter festgelegt!

Das Trinken sorgte oft für schroffe Konflikte. Häufig hatten die Arbeiter und Arbeiterinnen zusammen mit dem Land auch das Haus des ehemaligen Eigentümers besetzt, und nicht selten zogen dort bis zu acht oder auch zehn Personen ein. Abends saßen die Männer am Feuer, tranken und unterhielten sich bis tief in die Nacht, was zur Folge hatte, dass andere nicht schlafen konnten und am nächsten Tag übermüdet waren.

Die Möbelfabrik Nefil bei Porto war Ende 1974 in Selbstverwaltung übergegangen. Die Beziehungen im Betrieb verbesserten sich erheblich – eine der beliebtesten »Verbesserungen« war der Bau einer Bar auf dem Gelände. Das Problem bestand nur darin, dass die Arbeiter sie sehr ausgiebig nutzten; die Produktion ließ nach. Als man ein Mitglied des Arbeiterkomitees selig schnarchend unter einer Maschine fand, wurde ein Treffen einberufen und beschlossen, die Bar zu schließen. Später widerriefen die Arbeiter den Beschluss und stimmten dafür, dass sie offen bleibt – zu bestimmten Zeiten. Dieser Fall war nicht ungewöhnlich.

Nicht selten hatte der Suff aber auch amüsante Folgen. Während des Wahlkampfs im April 1975 war es verboten, die Plakate anderer Parteien abzureißen; in Lissabon wurden viele MRPP-Kader verhaftet, weil sie sich nicht daran hielten (besonders abgesehen hatten sie es auf die Plakate der PCP). Ein Mann mittleren Alters, Mitglied einer Kooperative, wurde von der Polizei aufgehalten, weil er ein Plakat der PS abgerissen hatte, um ein Stück Hühnchen darin einzuwickeln. Er war eindeutig betrunken. Als die Polizei ihn durchsuchte, fand sie sein Parteibuch der PS.

Viele aktive Mitglieder der Parteien nahmen den Wahlkampf auf eine beinahe manische Weise ernst. Rechtsgläubigkeit ist in Portugal sehr verbreitet; alles wird mit bürokratischem Procedere überzogen, für jede formell-rechtliche Angelegenheit braucht man eine endlose Zahl von Unterschriften. Etliche Parteien begannen mit ihrem Wahlkampf etwas zu früh, ein oder zwei Stunden vor Mitternacht. Einigen Leuten, die munter die Plakate sämtlicher Parteien abrissen, wurde von PPD-Kadern gedroht, man werde die Polizei rufen – woraufhin sie erklärten, noch würden die Regeln ja nicht gelten, schließlich beginne der Wahlkampf offiziell erst in zehn Minuten. Die PPD-Kader fühlten sich überlistet und zogen ab.

Andere verhielten sich weniger gelassen. Zwischen Anhängern von MRPP und PCP kam es zu Zusammenstößen auf der Straße, bei denen auch Schusswaffen gezückt wurden. Angehörige der UDP warfen ein MRPP-Mitglied, das sie dabei erwischt hatten, wie es sich an einer ihrer Bekanntmachungen zu schaffen machte, kurzerhand in den Fluss. Die Person konnte nicht schwimmen und ertrank. In der Regel erschienen in solchen Fällen COPCON-Einheiten, um »die Ordnung wiederherzustellen«, wobei sie eher die PCP als die »illegale« MRPP unterstützten.

Die staatskapitalistischen Parteien links von der PCP pflegten oftmals extrem puritanische Einstellungen. Besonders notorisch waren in dieser Hinsicht die Maoisten, die Askese und Monogamie idealisierten und außereheliche Beziehungen strikt ablehnten. Es gab viele junge Arbeiter und Arbeiterinnen, die die MRPP verließen, weil sie »ihr Gläschen mochten«, wie man in Portugal sagt. In gewisser Weise stärkten solche Parteien den traditionellen Moralismus im Land.

Trotz der neugewonnenen Freiheit, an Demonstrationen und Versammlungen teilzunehmen, hatten sich die alltäglichen Einstellungen und Beziehungen nicht allzu sehr geändert. Die Männer gingen weiter in die Tasca, die Frauen konnten nun zwar zu Treffen gehen, blieben aber gewöhnlich zuhause. In den ländlichen Kooperativen hatten wesentlich größere Veränderungen stattgefunden als in den Städten.

Natürlich änderte sich die allgemeine Lebensweise nicht über Nacht. Doch eine positive Neuerung war die Gründung von Kinderkrippen im ganzen Land, die nicht im Zuge staatlicher Planung erfolgte. Sie befreite Frauen von der Kinderbetreuung. Und angesichts einer Arbeitslosenquote von rund zwölf Prozent ging es dabei nicht darum, sie zu »befreien«, um sie in die Fabriken zu zerren. Die Krippen wurden meistens von Frauen aus der Nachbarschaft organisiert, oft gab es über die Nachbarschaftskomitees Hilfe, etwa durch Lehrerinnen und Lehrer sowie andere junge Berufstätige. Auch viele Parks wurden angelegt.

In den Kooperativen und selbstverwalteten Fabriken veränderten sich die Arbeitsbeziehungen unübersehbar. Arbeiterinnen und Arbeiter hatten mehr Freiheit, zu kommen und zu gehen. Oftmals kamen sie spät, blieben aber auch viel länger. Entscheidend war, sich nicht parasitär zur Arbeit anderer zu verhalten. Dieses Bewusstsein war allerdings von Betrieb zu Betrieb unterschiedlich stark ausgeprägt. In manchen Fällen begannen die Arbeiterkomitees sich so aufzuführen, als wären sie der neue Chef. Entscheidungen wurden nicht immer gemeinsam getroffen, und die Mitglieder einiger Komitees liefen gelegentlich durch den Betrieb, um bei ihren Kolleginnen und Kollegen herumzuschnüffeln. Eine Textilfabrik des Unternehmens Jotocar in Vila Nova de Gaia, unweit von Porto gelegen, war ein Beispiel dafür. Das aus Mitgliedern der Textilarbeitergewerkschaft bestehende Arbeiterkomitee verbrachte mehr Zeit mit der großen Landespolitik als mit den Problemen im Betrieb. Dafür wurde es von der Belegschaft »gefeuert«, die ihm vorwarf, parteiorientiert zu sein (PCP). In vielen anderen Fällen waren die Arbeiter weniger wachsam, und das Komitee wurde zu einer bürokratisierten Organisation mit wenig Kontakt zur Basis. In der Landwirtschaftskooperative von Torre Bela (wo das Herrenhaus dem Herzog von Lafões gehört hatte) nahm Camilo Mortigna, ein führendes Mitglied des Arbeiterkomitees und ehemals LUAR-Aktivist, das Schlafzimmer des früheren Eigentümers in Beschlag, verbrachte aber mehr Zeit bei anderen Kooperativen als bei der eigenen.

Solche Fälle und die von ihnen ausgelösten Reibungen brachten Turbulenzen in den Alltag. Die Versuche, diese Probleme zu lösen, waren ausgesprochen aufschlussreich.

Die Kooperativen waren das, was die Mitglieder aus ihnen machten. Manche waren wesentlich radikaler als andere. Kooperativen mit Namen wie »Roter Stern« oder »Lenins Schritte« folgten Instruktionen der Landarbeitergewerkschaft in der PCP-Hochburg Beja. Das Leben änderte sich dort kaum, auch wenn die Arbeit gemeinschaftlich organisiert wurde und die Mitglieder sich Problemen stellen mussten, die damit verbunden waren. Andere, eher autonome Kooperativen versuchten zur Bewältigung ihrer Schwierigkeiten neuartige Arbeitsverhältnisse zu schaffen. So zum Beispiel in Argea, einem Dorf mit rund dreihundert Einwohnern, zwanzig Kilometer von Santarém entfernt. Die dortige Kooperative wurde ursprünglich von einer Gruppe Intellektueller aus Lissabon gegründet, nahm aber aufgrund der hohen Arbeitslosigkeit im Dorf rasch viele angestammte Einwohner und Einwohnerinnen auf, die so schon bald die Mehrheit bildeten. Das anfängliche Misstrauen, mit dem die Lokalbevölkerung die Kooperative gesehen hatte, wich schließlich begeisterter Unterstützung. Eine kollektiv betriebene Schlachterei wurde im Dorf gegründet (sehr zum Ärger des örtlichen Schlachters, der nun gezwungen war, seine Preise zu senken), und auch eine Gemeinschaftskantine entstand. Sie stand auch denen offen, die ansonsten nichts mit der Kooperative zu tun hatten, sofern sie sich an rotierenden Aufgaben beteiligten, für die alle Unterstützerinnen und Unterstützer gemeinsam zuständig waren.

Das vielleicht größte Problem bestand in der Unterbringung auf den besetzten Höfen. Wohnraum war knapp, und wenn es nur zwei oder drei Häuser gab, musste man sie sich teilen. Die Form der Familie erfuhr dadurch einen gewissen Wandel, die Vorstellung, dass Familien sich jeweils einzeln durchschlagen müssen, wurde überwunden – das wirtschaftliche Überleben der Kooperative war ein gemeinsames Anliegen.

Die Arbeiter einer Kooperative in Unhais da Serra baten das Militär um Schutz, da sie mit einem Angriff der Bosse rechneten. Die zwei zu ihnen entsandten Soldaten »hingen mit ihren G3-Gewehren den ganzen Tag lang bloß rum«. Als herauskam, dass sie Affären mit einigen Frauen der Arbeiter hatten, wurden sie rausgeworfen. Einer der Arbeiter meinte, es sei ein Fehler gewesen, um Hilfe von außen zu bitten, stattdessen müsse man sich selbst verteidigen.

Generell bieten Einstellungen zu sexuellen Fragen immer aufschlussreiche Einblicke in das Gewebe des Alltagslebens. Aufgrund des Einflusses der katholischen Kirche war in Portugal eine konservative Sexualmoral sehr verbreitet. Es gibt auf Portugiesisch viele Schimpfwörter, und die allermeisten richten sich gegen Frauen. Für »ungezwungene Sitten« wurden eher Frauen als Männer haftbar gemacht.

Mit Konflikten, die sich um sexuelle Beziehungen drehten, wurde mitunter auch auf eine Weise umgegangen, in die Klassenfragen hineinspielten. Als »Revolutionäre« aus ganz Europa im Spätsommer 1975 nach Portugal strömten, brachten sie häufig Probleme mit, auf die die Arbeiterinnen und Arbeiter gut hätten verzichten können. Die Emigration nach Portugal war seit jeher vorwiegend bürgerlich geprägt gewesen, und die Ausländer sprachen kaum mit der einheimischen Bevölkerung. Sie lebten in ihren Villen an der Algarve oder in ihren abgeschotteten Gemeinschaften in Estoril und Cascais. Die neuen »Revolutionstouristen« waren anders. Sie kamen nach Portugal, um den revolutionären Prozess mit eigenen Augen zu sehen. Viele besuchten die Landwirtschaftskooperativen, um dort an der Seite der Arbeiter zu »arbeiten«; sie blieben einen Monat oder sechs Wochen, dann zogen sie weiter. Anfangs waren sie willkommen.

Doch in mancher Hinsicht schufen diese Besucher mehr Probleme, als sie zu lösen halfen. Viele zeigten wenig Respekt für die Autonomie der Arbeiter und verstanden kaum, dass deren Kämpfe für sie eine tiefe persönliche Bedeutung hatten. Häufig wollten sie den Arbeitern sogar erklären, wie sie mit ihren Problemen am besten umgehen sollten. In Torre Bela zum Beispiel beschlossen die Arbeiter, die Zahl der »Aushilfen« auf sechs zu begrenzen. Die acht Ausländer, die sich damals dort aufhielten, hielten ein eigenes Treffen ab und entschieden, dass sie mit diesem Beschluss nicht einverstanden waren. Die Arbeiter waren verärgert, versuchten die Situation aber ausgehend von den unterschiedlichen Klassenlagen zu erklären: »Ihr habt vielleicht bestimmte Probleme an eurer deutschen Universität. Wir helfen euch, indem wir euch guten Wein und Käse schicken. Während der Ferien könnt ihr hierherkommen und arbeiten. Aber meint ihr, wir könnten zum Direktor eurer Universität gehen und ihm sagen, wie er sie verwalten soll?«

Im Spätsommer 1975 besuchten einige schwedische Linke das Land und blieben eine Weile in verschiedenen Kooperativen, unter anderem in »Estrela Vermelha« und »Torre Bela«. Die jungen Frauen erschienen oft spärlich bekleidet auf den Feldern, der Kontrast zwischen ihnen, die nur Jeans und T-Shirts trugen, und den schwerbekleideten, durch sie eingeschüchterten portugiesischen Arbeiterinnen war gewaltig. Als sich zwischen den Männern und den Besucherinnen sexuelle Beziehungen entwickelten, waren die Frauen aus der Kooperative tief verletzt und fühlten sich hintergangen. Sie trafen sich, um das Problem zu diskutieren, und beschlossen, die jungen Frauen aus der Mittelschicht rauszuwerfen. Was immer man über den »Opportunismus« der Männer sagen könnte, das Verhalten der Besucherinnen wurde von den anderen Frauen als eine Art Terror empfunden.

Im tagtäglichen Leben der Arbeiterinnen und Arbeiter wurden viele solcher Probleme aufgeworfen und auf ganz unterschiedliche Weise gelöst (oder auch nicht gelöst). In jedem Fall fanden unentwegt Diskussionen statt – manchmal formeller, manchmal informeller –, die enorm bereichernde Erfahrungen mit sich brachten.

Manchmal ging es richtig surrealistisch zu. Ein *latifundiário* in Elvas war zufällig auch noch der Eigentümer eines örtlichen Taxiunternehmens. Seine Ländereien waren besetzt worden, und die Fahrer fanden das sehr vorbildlich. So zogen sie zum Institut für Agrarreform und baten darum, die Übernahme ihrer Taxis zu legalisieren.

Das Verhalten der Leute folgte nicht immer einem »rationalen« Muster. Viele Arbeiter fanden das verwirrend, aber so war das Leben nun einmal. Wenn eine Kooperative aufgrund interner Probleme mit Chaos konfrontiert war, drohten ältere Arbeiter mitunter an, zu gehen – und manche taten dies auch. Sie gingen wieder in ihre Dörfer und suchten dort Arbeit. Manche kehrten später zurück und wurden wieder in die Kooperative aufgenommen, andere sah man nie wieder.

Jenseits lokaler Arbeiterkomitees?

Viele der siebenhundert Kooperativen überlebten nur durch Überstunden oder dank staatlicher Kredite. Sie standen vor sämtlichen Problemen, die auch Privatunternehmen kennen, hatten aber auch noch andere Schwierigkeiten. Von internationalen Unternehmen boykottiert und so von vielen Märkten abgeschnitten, hielten sie sich auf zweierlei Weise über Wasser. Erstens durch Kredite. Ein Vertreter des Industriellenverbandes CIP schätzte, dass das umlaufende Papiergeld in der zweiten Jahreshälfte 1975 von 1,1 auf 3,7 Milliarden Escudos gestiegen war. Ohne die ständige Kreditausweitung wären viele der selbstverwalteten Betriebe pleitegegangen, allerdings führte das viele zusätzliche Geld auch zu einer Inflationsrate zwischen 50 und 100 Prozent. Gleichzeitig war die Kreditvergabe an industrielle wie landwirtschaftliche Betriebe Gegenstand politischer Manipulation von ganz oben. PCP-Kooperativen konnten sich unter der Fünften Regierung auf neue Kredite verlassen, PS-Kooperativen mussten bis zur Sechsten warten.

Das zweite Unterstützungssystem für die Kooperativen ging von den Arbeiterinnen und Arbeitern selbst aus: Sie trieben miteinander Handel und schufen so einen parallelen Binnenmarkt. Die »Kooperative 25. April« erhielt den Auftrag, sechshundert Wohneinheiten in Elendsvierteln zu bauen, die Arbeiter der Lisnave-Werft bestellten ihre Overalls bei selbstverwalteten Betrieben, Agrarkooperativen organisierten mithilfe von Nachbarschaftskomitees Märkte, um ihre Erzeugnisse direkt an die Bevölkerung zu verkaufen. Während der

Verband der Nachbarschaftskomitees von Setúbal seine Lebensmittel von den Kooperativen in der Azambuja bezog, belieferten Höfe aus Alcaçer und Évora die Komitees in Lissabon.

Um jedoch eine wirkliche Alternative zum Kapital zu schaffen, mussten sich die Arbeiterkomitees früher oder später einer Reihe politischer und institutioneller Probleme stellen. Das schwerwiegendste bestand in der Frage, wie sie einen größeren Zusammenschluss bilden könnten – ein Thema, das bei vielen Anlässen zur Sprache kam, gewöhnlich aber auf Initiative der politischen Parteien, nicht der Arbeiter selbst. Die »Politik« war ein unteilbares Ganzes, auf die ein oder andere Art bezog man sich unweigerlich auf alles, was gerade geschah. Arbeiterkomitees trafen jeden Tag politische Entscheidungen, sei es bei größeren *plenários* oder auf eigene Faust. In den Zeitungen erschienen buchstäblich Tausende Kommuniqués von Arbeiterkomitees aller Art. Hier ein Beispiel aus dem Herbst 1975:

> Die Arbeiter von Entroposto [Setúbal EIA, Lda, eine Kfz-Werkstatt] haben am 22. September eine Versammlung abgehalten und Folgendes beschlossen:
>
> 1) Wir unterstützen die Bevölkerung von Porto in ihrem Kampf gegen die faschistischen Gesetze, mit denen der zivile Gouverneur der Stadt versucht, den Gemeinderat aufzulösen.
> 2) Wir unterstützen das Manifest von SUV (»Vereint werden die Soldaten siegen«) und ihre Demonstrationen.
> 3) Wir unterstützen die Landarbeiter des Alentejo in ihrem revolutionären Kampf.
> 4) Wir unterstützen den gerechten Kampf der Kriegsversehrten, die Opfer schändlicher Kolonialkriege des faschistischen Regimes gegen die Völker in den Kolonien und gegen das portugiesische Volk geworden sind.
> 5) Wir unterstützen den Kampf der Arbeiter bei *República* und Rádio Renascença zur Verteidigung der

> Volksmacht und einer Informationsverbreitung im Dienste der Arbeiter und ihrer Organisationen.[48]

In manchen Fällen (etwa bei Auto Succo) besetzten die Beschäftigten die Lissabonner Niederlassung einer Firma und wandten sich dann per Telex an die Kollegen in Porto. Die Arbeiter von Timex riefen sogar bei ausländischen Zweigstellen an, um Solidarität einzufordern, doch ihr Überschwang ließ deutlich nach, wenn am anderen Ende der Leitung nicht Arbeiter, sondern Manager antworteten. Bemerkenswert an all diesen Fällen war jedoch die Klassensolidarität, die Unterstützung, die Arbeiter einander boten.

Inter-Empresas, gegründet im Dezember 1974, war inzwischen in diverse »Inters« zerfallen, die von verschiedenen politischen Fraktionen kontrolliert wurden. Selbst um die Ausschlachtung dieser Zerfallsprodukte kämpften die Parteien noch. Am 13. September hielten rund fünfzig Arbeiterkomitees aus dem Industriegürtel von Lissabon eine Konferenz in der Copam-Fabrik ab, das Motto hieß »Die Revolution vorantreiben«. Einer der Beschlüsse lautete, für den 18. September zu einer »parteilich strikt ungebundenen« Demonstration aufzurufen. Zu den beteiligten Fabriken zählten unter anderem Copam, Fima, Robbialac, Corame, Volvo, Lever, Luso-Italiano, Autosil, Sorefame, J. Pimenta und H. Parry & Son. Die Demonstration sollte nicht nach São Bento zum Sitz der Verfassunggebenden Versammlung führen, sondern zum Parque Eduardo VII.

Während der auch von der PCP unterstützten Demonstration begannen einige Leute, denen es offenbar an Fantasie mangelte, »Vasco, Vasco« zu rufen. Dadurch wirkte der Umzug wie eine PCP-Veranstaltung, was unfair gegenüber denjenigen Arbeitern war, die an ihm teilnahmen, ohne der Partei anzugehören, deren Politik sie ablehnten.

Ein weiterer Koordinierungsversuch war die »Föderation von Covilhã«, einer Stadt im Landeszentrum, die über zahlreiche Textilfabriken und eine eindrucksvolle Geschichte von Arbeiterkämpfen verfügte. Am Wochenende des 26./27. September 1975 kamen dort mehr als neunzig Arbeiterkomitees zusammen, gut fünfzig von ihnen hatten ein Mandat ihres *plenário.* Die Grundlage der Repräsentation – also das Stimm- und Rederecht – war wie folgt geregelt:

> Betriebe bis 100 Beschäftigte: eine Stimme und Rederecht,
> 200 bis 1.000 Beschäftigte: zwei Stimmen und Rederecht,
> 1.000 bis 4.000 Beschäftigte: vier Stimmen und Rederecht,
> Mehr als 4.000 Beschäftigte: sechs Stimmen und Rederecht,
> Nachbarschaftskomitees: null Stimmen, aber Rederecht,
> Soldaten- und Matrosenkomitees: null Stimmen, aber Rederecht,
> Gewerkschaften: null Stimmen, kein Rederecht,
> Parteien: null Stimmen, kein Rederecht.

Zu den Themen, die auf dem Kongress diskutiert wurden, gehörten Fragen der Arbeiterkontrolle (Produktionsabläufe und Arbeitszeiten, Arbeitslosigkeit, Organisation des Konsums durch die Arbeiterkomitees, Selbstverwaltung usw.), die Bewaffnung der Arbeiterklasse, Bündnisse zwischen Arbeitern und Bauern, Verstaatlichungen und anderes mehr.

Das Sekretariat der Föderation warf bestimmten Komitees eine sektiererische Einstellung gegenüber dem Kongress vor:

> Wir sind an keine Partei gebunden, beharren aber darauf, dass die Frage nach einer Partei der Arbeiterklasse gelöst werden muss. Unsere Position ist klar: Der Kongress steht den Delegierten aller Organisationen offen, die durch ihr Programm, ihre Politik und Praxis die Organe der Volksmacht unterstützen, sie in ihrer Bedeutung anerkennen und sie verteidigen. (...) Diese Arbeiterkomitees haben ihre eigene politische Bedeutung. Entscheidend ist, dass sie auf einem landesweiten Kongress zusammenkommen, um nicht nur die Probleme ihrer jeweiligen Fabriken oder Branchen zu diskutieren, sondern ein breites Spektrum allgemeiner politischer Probleme, die für die Arbeiterklasse von Bedeutung sind.

Ebenso verurteilte das Sekretariat die Tatsache, dass die PCP einen Boykott des Kongresses organisiert hatte, indem sie am selben Wochenende – unter der Schirmherrschaft der Textilarbeitergewerkschaft des Südens – ein Picknick in Coimbra ausrichtete:

> Während sie mit der Intersindical für eine Einheitsgewerkschaft eintreten, nehmen sie gegenüber den Arbeiterkomitees eine solche Haltung [des Boykotts] ein und gehen darüber hinweg, dass dieser Kongress allen solchen Komitees offensteht, die frei gewählt und abrufbar sind.
>
> Wir bezweifeln, dass die Demonstration am 18. September wirklich parteilich ungebunden war. Die meisten der beteiligten Arbeiterkomitees gehören einer klar definierten politischen Tendenz an. Sofern sie aber in ihren Fabriken demokratisch gewählt wurden, sofern sie das Prinzip der Abrufbarkeit akzeptieren und in den *plenários*, Treffen und allgemeinen Diskussionen in ihren Fabriken für die umfassendste Demokratie eintreten, sind diese Komitees repräsentativ. Wir halten es nicht für falsch, eine bestimmte politische Linie zu vertreten. Falsch ist, dass sie eine sektiererische Einstellung gegenüber unserem Sekretariat und der Inter-Comissões einnehmen und unter dem Deckmantel der parteilichen Ungebundenheit sehr wohl Parteipolitik betreiben.
>
> Wir denken, dass die politische Situation die Vereinigung und Zentralisierung der politischen Machtorgane verlangt. Heute ist überall von einer Rückkehr des Faschismus und einem Rechtsruck die Rede. Aus unserer Sicht geht es darum, zu wissen, wer dafür politisch verantwortlich ist. Die Verantwortung liegt bei den politischen Kräften, die bis jetzt an der Regierung beteiligt waren, und die weiterhin Pakte schließen, untereinander um Versöhnung bemüht sind und Verrat an den Interessen des Volkes betreiben. Sie sind es, die einer Rückkehr des Faschismus Tür und Tor öffnen.
>
> Diese Elemente versuchen nun, die politische Initiative

zurückzugewinnen (...) und unter dem Deckmantel der parteilichen Ungebundenheit bestimmte Arbeiterkomitees zu mobilisieren.

Es ist wichtig zu betonen, dass wir nicht dagegen sind, dass diese Komitees eine politische Linie haben. Sie scheint uns zwar falsch zu sein, doch wenn die betreffenden Komitees repräsentativ sind für die Arbeiterklasse, muss sie diskutiert werden.

Sekretariat der Inter-Comissões (Inter-Empresas),
27. September 1975

Allerdings wurde der Kongress in Covilhã von der maoistischen MRPP unterstützt, die in Fabriken und an Häuserwänden im ganzen Land Tausende ihrer charakteristischen rotgelben Plakate angebracht hatte, ohne dass der Name der Partei dabei auf den Plakaten auftauchte. Sie hatte bereits die ursprüngliche Inter-Empresas infiltriert und versuchte nun, durch Arbeiterkomitees etwa bei Efacec-Inel alle anderen Komitees zu infiltrieren, die mit dieser neuen »Inter« verbunden waren. Das obige Dokument kritisierte zwar die PCP und die Intersindical, ließ aber nicht einmal andeutungsweise erkennen, welche Rolle die MRPP bei dieser Koordination spielte. In dem neuen Sekretariat, das der Kongress wählte, waren unter anderem die Fabriken von Hoechst (Porto), Celnorte (Viana do Castelo), Cravinhos (Covilhã), TAP (Lissabon), Cambournac, Efacec-Inel, Timex, Plessey und Sacor vertreten; die Komitees bei Cambournac, Efacec-Inel und Celnorte orientierten sich stark an der MRPP.

Ein anderer Versuch des Zusammenschlusses waren die TUV-Komitees (Trabalhadores Unidos Vencerão, »Vereint werden die Arbeiter siegen«), die auf dem Modell der Soldaten von SUV beruhten. Initiiert von der PCP-kontrollierten Zeitung *Diário de Notícias* handelte es sich dabei allerdings eher um Propaganda als um eine reale Organisierung.

Die Schwäche des Staatsapparates und die Diskreditierung der politischen Parteien legten die Aufgabe und Bürde der Selbstorganisation in die Hände (und auf die Schultern) der

Arbeiterinnen und Arbeiter. Dem Staat und den Parteien war diese Realität bewusst, weshalb sie sich bemühten, die Arbeiter mit Hilfe größerer Strukturen zu manipulieren, in denen sie nicht offen als Parteien auftraten. Am berüchtigtsten war dabei die PCP, dicht gefolgt von der MRPP. Auch die PS, die bemerkte, dass ihr Rückhalt in der Arbeiterklasse schwächer wurde, war in Covilhã vertreten.

Diese Erfahrungen bieten eine eindrückliche Lektion über die Techniken der Manipulation – und über Möglichkeiten, sich ihnen zu widersetzen. Damals wurden diese Lektionen aber nicht schnell genug gelernt. Die Mehrheit der Arbeiterinnen und Arbeiter, die den Kapitalismus bekämpfen wollten, nahm diesen Kampf nie selbst in die Hände. In der hier beschriebenen Phase wäre es am leichtesten gewesen, die Initiative zu ergreifen – aber sie taten es nicht. Manche bewegten sich zwar in diese Richtung, beispielsweise wurden Parteifahnen auf Demonstrationen verboten (es gab Arbeiter, die Gruppen wie die trotzkistische LCI dazu zwangen, ihre Fahnen einzurollen, und dabei riefen: »Hier gibt es keine Parteien!«). Hatte man bislang schon über die Ansprüche bestimmter Avantgardeparteien gespottet, wurde nun offen gesagt, dass es zu viele Avantgarden gebe. Nötig wäre es aber gewesen, noch einen Schritt weiterzugehen und zu begreifen, dass Avantgarden generell überflüssig sind. Wenn die Parteien keine radikale Veränderung herbeiführen konnten, eine solche Veränderung aber das Ziel war, dann hätte man andere Mittel in Betracht ziehen müssen, um es zu erreichen. Um den Traum zur Wirklichkeit werden zu lassen, hätte es einer enormen Selbstmobilisierung und der Schaffung neuer Institutionen bedurft. Während der gesamten portugiesischen Revolution blieb dies das größte Problem von allen. Und es blieb bis zuletzt ungelöst.

Belagerungszustand. Wandzeitungen. 5. Dezember 1975

XIII EIN LAND AUSSER KONTROLLE

Als Zé Diogo, der wegen Tötung eines *latifundiário* verhaftete Landarbeiter, von einem »Volkstribunal« freigesprochen wurde, das vor dem Zivilgericht von Tomar stattfand, attackierte der Anwaltsverband das Urteil aufs Schärfste: »Das ist eine Beleidigung der Justiz in diesem Land. Die demokratische Gewalt ist dem Delirium von Menschen gewichen, die der absurden Auffassung anhängen, selbst das Lebensrecht eines Menschen sei ein bourgeoises Recht.«

Das Ereignis war symptomatisch für die schwindende Macht der zentralen Staatsorgane. Die Sechste Regierung, die am 19. September ihr Amt angetreten hatte, verfügte kaum über eine Machtbasis. Um seine Entscheidungen durchzusetzen, braucht ein Staat Militär- oder wenigstens Polizeikräfte. Die Republikanische Nationalgarde war jedoch neutralisiert worden und der Militärapparat zerrissen, er konnte zu diesem Zeitpunkt nicht gegen die Linke mobilisiert werden. Die Regierung existierte im Grunde nur auf dem Papier. Das Kabinett und der Revolutionsrat hielten zwar regelmäßig ihre Sitzungen ab, doch ihre Macht reichte kaum über die Wände der betreffenden Tagungsräume hinaus.

Das Militär bestand weiterhin, aber auf sämtlichen Rängen tobten Konflikte. Es gab eine Regierung, doch jede ihrer Verordnungen lief Gefahr, durch Mobilisierungen auf der Straße zunichte gemacht zu werden. Wer also hatte die Macht?

Wie man diese Frage beantwortete, hing auch davon ab, wo man sich gerade befand. Im Alentejo stellte die PCP-nahe Landarbeitergewerkschaft ohne Zweifel die stärkste Kraft dar. Was immer sie sagte, geschah. Das Problem bestand darin, dass sie nicht viel sagte, obwohl sie über eine gewaltige Macht zur Mobilisierung (und Demobilisierung) verfügte. Im Norden lag die Macht in den Händen der besitzenden Klasse: Die Grundeigentümer hatten das Sagen und bedienten sich des dörflichen Klerus, der Beamten, der Lehrer. Im Süden waren solche Stimmen nun weniger deutlich zu vernehmen. In den Cafés und Tascas blieben die früheren lautstarken und starrsinnigen Kritiker der Fünften Regierung stumm. Es tauchten immer mehr »Volksmacht«-Plakate der PCP auf. Arbeiter, die PS-Abzeichen getragen hatten, nahmen sie diskret ab. Manche Café-Besitzer ließen allerdings neben PCP-Plakaten auch solche der PS hängen.

Im Norden befand sich die Rechte auf dem Vormarsch. PCP- und FUR-Büros wurden niedergebrannt, meist von kleinen Gruppen aus vier oder fünf rechten Aktivisten, während die Bevölkerung einfach zusah und die Brandstiftung weder verhinderte noch praktisch unterstützte. Der Klerus hielt politische »Messen« ab, auf denen die Ansichten der Grundeigentümer und örtlichen Bosse verbreitet wurden, die beinahe ausnahmslos der CDS oder der PPD angehörten. Potenzielle Dissidenten in seiner Herde behielt der Bischof genauestens im Blick.

Die »Gruppe der Neun« versuchte ihre Position innerhalb der MFA zu stärken, indem sie als Gegengewicht zum COPCON eine neue Polizei schuf. Ebenso unternahm sie Anstrengungen, die Medien zum Schweigen zu bringen, die eine anhaltende Kampagne gegen die Sechste Regierung betrieben. Sie war in Kampfstimmung, konnte es aber – ungeachtet des Wahlergebnisses – in Sachen Mobilisierungskraft nicht mit der PCP oder der Linken aufnehmen. PS oder PPD zu wählen, war das eine; auf die Straße zu gehen, um sie zu verteidigen, etwas ganz anderes.

Um ihr Programm umzusetzen, benötigte die neue Regierung die Kontrolle erstens über die Medien, zweitens über die Streitkräfte und drittens über die Arbeiter. Auf allen drei Feldern zeitigten ihre Bemühungen sehr durchwachsene Ergebnisse.

Die Medien der Macht und die Macht über die Medien

In einem Interview, das am 15. November 1975 im *Expresso* erschien, behauptete Major Aventino Teixeira, wenn Lenin bereits die Möglichkeit gehabt hätte, seine Ansichten über das Fernsehen zu verbreiten, dann hätte die Oktoberrevolution schon im September stattgefunden. Der Major, ein Sympathisant der MRPP, war in den Monaten nach dem 25. April der militärische Direktor der Morgenzeitung *O Século* gewesen und gehörte später dem MFA-Informationsrat an. Seine Einstellung zu den Medien war typisch für viele Linke: Wer die Macht über die Medien habe, so die Annahme, der habe die Macht darüber, was die Menschen denken. Der Kampf um die Kontrolle über die Medien war einer der erbittertsten. Nach dem 11. März war es die Linke, besonders die PCP, die die Hoheit über Rundfunk, Fernsehen und die meisten Zeitungen besaß.[49]

Am 22. August 1975, als die Fünfte Regierung vor dem Zusammenbruch stand und innerhalb der MFA Gespräche zwischen dem COPCON, den »Gonçalvisten« und der »Gruppe der Neun« stattfanden – die jeweils grob für die Linke, die PCP und die PS standen –, verbreiteten die Zeitungen unterschiedliche Versionen der Ereignisse.

Die Schlagzeilen waren bemerkenswert. »Die Revolution triumphiert«, jubelte der *Diário de Lisboa.* »Uneinigkeit zwischen den Neun und COPCON«, warnte *A Capital.* »Sozialistische Partei schlägt wirtschaftliches Übergangsprogramm vor«, verkündete das *Jornal Novo.* »Entscheidende Stunden für die Revolution«, dozierte die *República.* Man kaufte jeweils die Zeitung, von der man sich die Nachrichten erhoffte, die man hören wollte. In der Mittelschicht wurden vermehrt ausländische Sender wie die BBC gehört.

Zeitungen und Rundfunk ergingen sich in einer Orgie der Propaganda. Ihr Hauptopfer war die Wahrheit. Nach zähen Verhandlungen tauschte die Sechste Regierung einige Gesichter in den Ministerien aus, sonst änderte sich kaum etwas. Der Minister für Kommunikation, Almeida Santos von der PPD, besaß über Presse wie Rundfunk praktisch keinerlei Kontrolle; den *Diário de Notícias* beherrschte weiterhin die PCP. Sie hatte einen Fuß in der Regierung und versuchte sie gleichzeitig ständig zu schwächen – sie »jagte mit den Füchsen und rannte mit den Hasen«, wie ein Journalist formulierte. Man musste immer zwischen den Zeilen lesen und sich vergegenwärtigen, um wessen Interessen es gerade ging. Als Chronik des Zeitgeschehens waren die meisten Zeitungen, besonders die landesweiten, schlicht unbrauchbar. Viele Journalisten hatten sich an ihrer Macht, Ereignisse auszulösen, derart berauscht, dass sie die von ihnen fabrizierten Mythen allmählich selbst zu glauben begannen.

Die Opposition aus PCP und FUR beruhte auf einer Manipulation des Spektakels. Über Geschehnisse, die kaum der Rede wert waren, wurde in ihren Blättern umfangreich berichtet; Organisationen, die es nur auf dem Papier gab, bekamen immensen Raum. Flüchtige Phänomene wurden als bleibend dargestellt, die etablierte Ordnung als in Verfall begriffen – all das im Bemühen, Unterstützung zu gewinnen und die eigene Position im Kampf um die Macht zu verbessern. Über Demonstrationen las man oft, Tausende hätten an ihnen teilgenommen (und Hunderte von Arbeiter- und Stadtteilkomitees sie unterstützt), auch wenn man mit eigenen Augen gesehen hatte, dass höchstens Tausend Menschen und ein Dutzend Komitees anwesend gewesen waren. Der journalistische Überschwang speiste sich aus dem Bedürfnis, die Bewegung für größer zu halten, als sie es war. Mit diesem pausenlosen Triumphalismus, der sich letztlich selbst ad absurdum führte, verspielten die Zeitungen das Vertrauen der Bevölkerung.

Die Schlagzeilen des *Diário de Notícias* im September und Oktober 1975 waren eine Dauertirade gegen die Sechste Regierung, deren realer Niedergang diese Kampagne natürlich beflügelte. Rádio Renascença berieselte seine Hörer unterdessen mit Revolutionsliedern – teils aus Portugal, teils aus Chile, Kuba und dem Frankreich von 1968. Morgens richtete sich der Sender mit seiner Reichweite von rund sechzig Kilometern an die Landarbeiter im Großraum Lissabon, abends gab es ein spezielles Programm für andere Arbeiter. Ausgestrahlt wurden Nachrichten über Soldatenorganisationen in Frankreich und Italien, Stellungnahmen der italienischen Gruppe Lotta Continua und Kommuniqués von Arbeiterkomitees aus dem ganzen Land. Rádio Renascença befand sich inzwischen fest im Griff von UDP und PRP.

Im Angesicht einer solchen Opposition konnten die Herrschenden nicht länger herrschen. Am 29. September, als Costa Gomes sich gerade auf Staatsbesuch in Polen befand, ordnete Ministerpräsident Pinheiro de Azevedo die militärische Besetzung aller Radiosender an. Die Aktion richtete sich nicht nur gegen Rádio Renascença, sondern auch gegen Rádio Clube Português, das seine Kanäle für die Kriegsversehrten geöffnet hatte, die die Brücke über den Tagus besetzt hielten, um ihren Forderungen Nachdruck zu verleihen (dazu später mehr). Dagegen drohte Pinheiro de Azevedo mit einer Art Belagerung und rechtfertigte diesen Schritt damit, dass ein »Notstand« gegeben sei. Das COPCON wurde angewiesen, die Sender zu besetzen, machte aber klar, dass es nicht bereit war, sich für diesen Zweck von der Sechsten Regierung benutzen zu lassen. Das Infanterieregiment RIOQ (dessen Gewehre vielfach FUR-Aufkleber zierten) weigerte sich ebenfalls, den Befehl auszuführen; es besetzte Rádio Clube Português zwar zunächst, zog dann aber wieder ab.

Um 14:30 Uhr marschierte eine Demonstration, die die Belegschaft der Lisnave-Werft organisiert hatte, mit 2.000 Arbeitern aus dem Industriegürtel von Lissabon zu den Radiosendern, ließ dort jeweils Kontingente zurück und zog dann zum Palácio Foz in der Nähe des Rossio weiter, wo Otelo die Angelegenheit mit dem PPD-Minister für Kommunikation erörterte. Die Arbeiter forderten ihn auf, eine »Klassenposition« einzunehmen. Zwei Stunden lang zögerte Otelo. Für den Liebling der PRP hatte die Stunde der Wahrheit geschlagen; mehrere Arbeiter erklärten in Reden, er sei im Grunde ein Sozialdemokrat. Nachdem er eine Delegation empfangen hatte, trat Otelo endlich ans Fenster und bekundete, wie sehr es ihn verletze, solche Anschuldigungen zu hören. Der Sechsten Regierung habe man »keine Chance gegeben«. Die Lisnave-Arbeiter begannen zu buhen. In der Menschenmenge breitete sich Verwirrung aus, und Otelo wirkte überaus besorgt – wozu er auch allen Grund hatte.

»Geht zum Belém-Palast und präsentiert eure Forderungen dem Premierminister«, sagte Otelo. »Führ' uns dort hin!«, antwortete die Menge. Otelo, in der Bredouille wie nie zuvor, entschied schließlich, eine Demonstration zu Rádio Renascença anzuführen (»was ohnehin viel näher war als der Belém«). Dort angekommen, befahl er den Truppen des CIAC (Centro de Instrução de Artilharia de Cascais), die das Gebäude besetzt hatten, abzuziehen. Das Radio nahm seinen Sendebetrieb wieder auf.[50]

Die Demonstration machte auf mich einen seltsamen Eindruck. Dass die Staatsmacht in einer Krise steckte, war mir natürlich nur zu recht, aber im Grunde fühlte ich mich wie ein Zuschauer, wie ein orientierungsloser Linker. Ein Freund aus Évora, den ich auf der Demonstration traf, erzählte mir ermutigende Geschichten darüber, was gewöhnliche Leute in seinem Ort getan hatten. Er hatte mitgeholfen, so gut er konnte. Er wollte nichts dafür im Gegenzug: keine Versprechen, keine Belohnung, keine Anerkennung, keine Stimmen. Er kämpfte für seine eigene Befreiung.

Eine solche Art von Autonomie wurde von den Medien jedoch verzerrt dargestellt und mit Spott überzogen. Sie stürzten sich begierig auf Beispiele dieser Art und verkürzten sie auf ein paar Facetten, um damit diese oder jene der einander befehdenden Parteien zu stärken. »Nur die Wahrheit ist revolutionär«, titelte eine Zeitung mit Gramscis berühmter Losung, um sich Legitimität zu verschaffen. Es war verwirrend und traurig, ja deprimierend. Eine Bekannte, die beim Institut für Agrarreform arbeitete, erschien ebenfalls auf der Demonstration. Ich wusste, dass wir dieselben Ziele und Anliegen teilten, dass sie die *cúpulas* (Klüngel) hasste und sich nur in der Basisbewegung aufgehoben fühlte. Sie arbeitete zwar in der staatlichen Verwaltung, war aber integer. Ihre eigenen Probleme waren im allgemeinen Kampf aufgegangen. Auch sie fühlte sich deprimiert. Die Machtklüngel abzuschütteln, schien beinahe unmöglich. Wie so viele davor und danach war auch diese Demonstration eine Inszenierung. Der Unterschied zwischen Leuten, die im Auftrag ihrer jeweiligen Partei an ihr teilnahmen, und anderen, die gekommen waren, weil sie eine revolutionäre Bewegung für möglich oder notwendig hielten, trat so überdeutlich hervor, dass er nicht zu übersehen war.

Es gab viele, die zu dieser zweiten Gruppe gehörten, und den Führungsfiguren bereitete es Schwierigkeiten, sie im Zaum zu halten. Als die Trotzkisten von der LCI, die für die offensichtlichen Differenzen keinerlei Gespür besaßen, ihre Fahne hissten, protestierten die Lisnave-Arbeiter lautstark. Dass Leute von außen, die ihnen nicht zusagten, auftauchten und die von ihnen organisierte Demonstration für sich vereinnahmen wollten, brachte sie zur Weißglut. Vom Dach einer Bushaltestelle herab wurden Reden gehalten, die aufrichtig und eindringlich waren: »Was die Arbeiter wollen, können nur die Arbeiter selbst einfordern, und niemand sonst.« Im Gegensatz zu den Reden der Parteifunktionäre oder auch Otelos waren die der Arbeiter klar und konkret, lebendig und authentisch.

Solche Stimmen von unten wurden jedoch schnell von den Schlagzeilen des *Diário de Notícias* erstickt oder von den wohlformulierten Flugblättern der FSP oder der MES übertönt, die in den Medien breiten Raum bekamen – besonders bei Rádio Renascença.

Sechs Stunden nach seiner Befreiung wurde RR zeitweilig erneut durch Truppen unter dem Kommando von Jaime Neves besetzt. Für viele Kämpfe, die Portugal in den folgenden Wochen erfassten – Demonstrationen der SUV, Streiks der Metall- und Bauarbeiter –, entwickelte sich der Sender zu einem wichtigen Bezugspunkt. RR war ein realer politischer Faktor, wurde mitunter aber auch mit einer starken symbolischen Bedeutung aufgeladen. Eine Demonstration von jungen Linken, darunter viele aus dem Ausland, zog am 16. Oktober zum Sendemast in Buraca und besetzte ihn, als die Truppen abzogen. Um 3 Uhr morgens ging RR wieder auf Sendung.

Die Ereignisse rund um RR und *República* verdeutlichen eine Tendenz, die sich in den meisten Kämpfen in Portugal gezeigt hatte: Politische Gruppen springen auf Initiativen auf, die ursprünglich von Arbeiterinnen und Arbeitern ausgingen, und beginnen hinter den Kulissen ihre Manöver einzufädeln. Die wirklichen Kämpfe gehen in einer nur zu bekannten linken Rhetorik unter, die ursprünglichen Anliegen versinken im Sumpf der »linken Bewegung«.[51]

RR war fraglos der beste Radiosender, den es gab, doch dem Ansturm der linken Gruppen konnte er nicht standhalten. Er erfand eine Mythologie, propagierte sie und begann selbst an sie zu glauben. Er schuf eine »Folklore« der Revolution, die zum tatsächlich existierenden radikalen Strang in der portugiesischen Geschichte und Politik in Widerspruch stand. Er schuf ein Disneyland der revolutionären Fantasie und baute bestimmte Figuren zu strahlenden Ikonen der Revolution auf. Und als die Blase schließlich platzte, stellte man überrascht fest, dass all das in Wirklichkeit kaum existierte. Die Fehler von RR waren die Fehler von FUR und UDP, allen voran ein übertrieben optimistischer Glaube an die eigene Kraft. Die Stärke der FUR lag im Raum Lissabon, und RR war gewissermaßen die Blutbahn, durch die sie zirkulierte. Kein Wunder, dass manche Blätter wie der *Expresso* von einer »Kommune von Lissabon« zu sprechen begannen.

Die von RR propagierte Losung der »Volksmacht« war weitgehend heiße Luft. Es wurde kaum darüber diskutiert, was sie praktisch bedeutete. Es gab auch keinerlei Versuche, die verbreiteten Ängste und die Furcht vor dem Unbekannten genauer zu verstehen, um sie auf rationale Weise zu überwinden. Grundsätzliche, aber unmittelbar drängende Probleme, mit denen eine kommunistische Gesellschaft konfrontiert wäre – etwa die Organisation der Arbeit, die Verinnerlichung von Hierarchien und das Verhältnis von geistigen und körperlichen Tätigkeiten –, mied man lieber. Stattdessen: nichts als revolutionäre Fanfaren. Mitunter war dies regelrecht ermüdend: Revolution, Revolution, Revolution – von morgens bis abends. Wer sich nach einem anstrengenden Arbeitstag etwas erholen wollte, musste das Radio abstellen, es irgendwie aus den Ohren bekommen oder als Hintergrundgeräusch ignorieren. Viele wechselten den Sender. Das war traurig, denn ungeachtet seiner Mängel – etwa einer unklaren Position zu Fragen der Dritten Welt und zu staatskapitalistischen Ländern – versetzte RR den Technokraten und Politikern harte Schläge. So harte, dass die Attackierten schließlich keine andere Lösung mehr sahen, als den Sender kurzerhand in die Luft zu jagen. Aber dazu später mehr ...

Die Fraktionen im Militär

Nach ihrem Bruch mit den Gonçalvisten in Tancos wollte die »Gruppe der Neun«, unterstützt von einer Meute reaktionärer Offiziere, zum entscheidenden Schlag ausholen. Die militärische Macht war stark zersplittert. Es gab den Revolutionsrat, in dem nun die »Neun« dominierten. Er lehnte die »Volksmacht« ab und wollte den Kurs, den die MFA im Juli mit ihrem »Politischen Aktionsprogramm« eingeschlagen hatte, aufgeben. Es gab das COPCON mit Otelo an der Spitze, das die »Linke« unterstützte und schwor, »die Arbeiter zu verteidigen«; seine Basis befand sich vor allem in Lissabon und Umgebung. Dann gab es auch noch die Gonçalvisten. Sie hatten zwar viel an Boden verloren, stellten in den Ministerien und den Medien aber noch immer eine Kraft dar. Eine Reihe von Säuberungen gipfelte darin, dass Corvacho, der gonçalvistische Kommandeur für den Norden, seinen Posten verlor. In der Regel unterstützten die Gonçalvisten das COPCON gegen die »Neun«. Rechts von den »Neun« schließlich standen einige rechtsextreme Offiziere, die von der wachsenden Disziplinlosigkeit der unteren Ränge und der Erosion der militärischen Hierarchie zunehmend alarmiert waren. Die MFA als ein geschlossener Block existierte nicht mehr.

Im Kern bestand die Entwicklung darin, dass die verschiedenen staatskapitalistischen Projekte, die in der MFA von Anfang an latent vorhanden gewesen waren, nicht mehr in einer gemeinsamen Organisation koexistieren konnten. Daher auch der Witz, neben der MFA gebe es noch eine MFB und eine MFC. Die ursprüngliche Organisation zerfiel in ihre diversen Bestandteile und Strömungen, die alle von sich behaupteten, »die wirkliche MFA« zu sein. Was sie voneinander unterschied, waren nicht so sehr die Ziele, die ihnen vor Augen standen, als vielmehr die Mittel, mit denen sie sie erreichen wollten.

Die COPCON-Fraktion stützte sich auf einige der schwerstbewaffneten Einheiten im Raum Lissabon: RAL-1, Militärpolizei, 1. Ingenieur-Brigade, die Einheiten zweier Militärakademien (Escola Prática de Administração Militar und Escola Prática do Serviço de Material), die Beirolas-Kasernen und das Forte de Almada. Diese Einheiten besaßen mehr oder weniger die Kontrolle über Lissabon und den Süden. Im Zentrum kam noch das Infanterieregiment von Abrantes hinzu.

Daneben gab es zweitens die Überreste der Gonçalves-Fraktion – die ehemalige 5. Division, die weiterhin das Zentralkomitee für die »kulturelle Dynamisierung« beherrschte, und den Geheimdienst SDCI, den viele als eine neue PIDE bezeichneten. Außerdem hatte diese Fraktion Einfluss auf einige verstreute Offiziere von COPCON- und Fallschirmjägereinheiten. Auf die Marine unter Rosa Coutinho konnte sie sich ebenfalls verlassen (Premierminister Pinheiro de Azevedo war selbst Admiral, genoss aber wenig Einfluss in der Marine). Auch die von Andrade e Silva kommandierte Artillerieeinheit in Vendas Novas galt als gonçalvistisch.

Drittens vereinten die »Neun« jene MFA-Offiziere der ersten Stunde, die loyal gegenüber Melo Antunes und Vasco Lourenço waren. Die Gruppe konnte sich auf das CIAC (Cascais), die Infanterieeinheiten in Mafra, die Kavallerie in Santarém sowie mit Einschränkungen auch in Estremoz und auf große Teile der Offiziere im Norden stützen.

Viertens gab es die Rechte, die sich im Kielwasser der »Neun« bewegte und ihre Basis bei denjenigen Offizieren fand, die sich nie mit der MFA identifiziert hatten – und das waren nicht wenige. Ihre Schlagkraft bestand vorrangig in den Kommandos im Raum Lissabon, aber sie genoss auch die feste Unterstützung der meisten Einheiten im Norden (nunmehr unter Pires Veloso) sowie auf den Azoren und Madeira, die mit einer Abspaltung von Portugal drohten, sofern die Disziplin im Militär nicht wiederhergestellt würde. Hinzu kamen viele der Luftwaffenstützpunkte, auch wenn die Bewegung der Feldwebel dort ein bedeutendes Hindernis für sie darstellte.

Fünftens schließlich existierten einige autonome Basisgruppen, deren politische Ausrichtung allerdings schwieriger zu bestimmen war. Zu ihnen gehörten viele COPCON-Einheiten, das CICAP-Artillerieregiment von Serra do Pilar im Norden, das Infanterieregiment in Abrantes und die SUV-Gruppen im ganzen Land, insoweit sie sich der Kontrolle von UDP und PRP entzogen. Wie bei Kämpfen außerhalb des Militärs wurde allerdings auch hier jede autonome Bewegung sehr schnell von einer der rivalisierenden Fraktionen an die Kandare genommen.

Aus den Korridoren der bürgerlichen Macht von Kräften verdrängt, die in der Kunst der Manipulation versierter waren als sie selbst, begann die »Partei der Arbeiterklasse« vor diesem Hintergrund, in den unteren Rängen des Militärs nach Verbündeten zu suchen. So entstand SUV: Einige hundert Soldaten und untere Offiziere trafen sich am 21. August in einem Pinienwald zwischen Porto und Braga, um über die militärische und politische Lage zu beratschlagen. Sie beschlossen, ein eigenes Netzwerk zu gründen, das von der Basis her aufgebaut sein sollte. Versuche einer solchen Organisierung hatte es schon vorher gegeben, aber sie blieben darauf beschränkt, der Basis Informationen über militärische Operationen und geplante Manöver zuzuspielen.

Der Einfluss von SUV weitete sich rasch auf Coimbra und Lissabon aus. Die Gruppe war ursprünglich kein Geschöpf der PCP, die allerdings sofort auf den Zug aufsprang, als er an Fahrt gewann. Die drei regionalen Organisationen der SUV

(Norden, Zentrum und Süden) unterschieden sich etwas in ihrer Zusammensetzung und den Gruppen, die als treibende Kraft wirkten. Am 8. September gab die Organisation ihr erstes Kommuniqué heraus:

> Seit mehr als sechs Wochen ist klar, dass die Reaktion in den Kasernen ihr Haupt erhebt. Viele Vorgänge belegen dies: Säuberungen, die sich gegen linke Soldaten richten, etwa bei den Ausbildungszentren der Artillerie in Cascais und der Spezialeinheiten in Lamego sowie beim Infanterieregiment in Viana; Angriffe auf Genossen, die in den Kasernen für die Volksmacht kämpfen; die Tatsache, dass die Delegiertenversammlungen der Einheiten mehr und mehr Disziplinarwerkzeuge sind, die Genossen verurteilen, und nicht das, was sie sein sollten: Diskussions- und Kampforgane für die Interessen der Arbeiter in Uniform, für mehr Sold und kostenlosen Transport, für die Säuberung der Kasernen von reaktionären Elementen und Verbindungen mit den Basisorganisationen. (...) Angesichts dieser Manöver rufen wir alle dazu auf, sich zu vereinen. (...) Erhöhung unserer miserablen Bezahlung! Reaktionäre raus aus den Kasernen! Portugal wird nicht das Chile Europas sein! Arbeiter, Anwohner, Soldaten – stehen wir immer und ausnahmslos auf der Seite des Volkes!

Die SUV riefen für den 11. September zu einer Demonstration in Lissabon auf. Rund 33 Einheiten waren vertreten, neben FUR, UDP und vielen Nachbarschaftskomitees unterstützte auch die PCP die Demonstration, wurde aber daran gehindert, ihre Losungen zu verbreiten: »Die Soldaten haben das Sagen, wir gehorchen keinem Sekretariat!«

Eine weitere Organisation im Militär, die damals Schlagzeilen machte, war die »Resistência Popular Anticolonial«, hinter der die MRPP steckte. Am 13. September demonstrierten rund dreihundert Militärpolizisten unterstützt von fünfhundert Maoisten (die Zeitungen sprachen von mehreren Tausend) gegen ihre Entsendung nach Angola. Der dortige Krieg wurde zurecht als innerimperialistischer Konflikt denunziert, weitergehende Erkenntnisse ergaben sich aus dieser politischen Einordnung allerdings nicht. Die MRPP manipulierte die Soldatenbewegung in plumper Manier. Im Norden versuchte sie ein *plenário* von Militärpolizisten zu steuern, indem sie ihre Sympathisanten aus den Nachbarschafts- und Arbeiterkomitees dort hinschickte. Am Tag darauf trafen sich die Militärpolizisten allerdings erneut und kamen zu dem Ergebnis, ihre Versammlung sei manipuliert worden und daher nicht repräsentativ gewesen. In ihrem Kommuniqué betonten sie, dass »alle Kräfte, die unseren Kampf unterstützen, willkommen sind, denn nur im Volk können die Widersprüche gelöst werden«, und dass »alles, was diese Kräfte trennt, demagogisch ist«. Sie wandten sich entschieden gegen die »antidemokratische Einstellung der Nachbarschafts- und Arbeiterkomitees und der Gewerkschaften«, die an ihrer Versammlung teilgenommen hatten: »Sie repräsentieren nur eine bestimmte Meinung. (...) Andere Arbeiter und Anwohner wollen uns ebenfalls unterstützen.«

Ein viel diskutiertes Thema war das der Bewaffnung. Im Falle eines Bürgerkriegs – der von Tag zu Tag wahrscheinlicher schien – hätten die Arbeiter zwar vermutlich auf die Unterstützung einiger Einheiten zählen können, aber es war eindeutig unerlässlich, dass sie sich selbst bewaffneten. *A Luta* schätzte, dass sich 20.000 Schusswaffen in den Händen von Zivilisten befanden, *O Século Ilustrado* ging Anfang Oktober 1975 sogar von 40.000 aus. Die Zeitung veröffentlichte ein Interview mit Arbeitern, denen Soldaten G3-Schnellfeuergewehre angeboten hatten. Viele Zivilisten hatten noch Waffen aus den Kolonialkriegen versteckt, und auch die Bestände diverser Kasernen waren mittlerweile »umgeleitet« worden.

In großem Umfang hatte dies ein gewisser Hauptmann Fernandes eingefädelt, 33 Jahre alt, aus Angola stammend, Mitglied der »Bewegung der Hauptleute« sowie Mitverfasser des COPCON-Dokuments: Rund 1.500 G3-Gewehre waren unter seiner Regie aus der Kaserne in Beirolas verschwunden. »Wir haben die Waffen nicht nach politischer Weltanschauung oder

Parteizugehörigkeit verteilt«, erklärte er zu seiner Rechtfertigung. »Sie wurden ausschließlich Arbeitern gegeben, die ein klares Interesse daran haben, den revolutionären Prozess voranzutreiben.« Man ging allgemein davon aus, dass PRP, LUAR und UDP die Hauptnutznießer dieser Aktion gewesen waren und dass sie die ihnen zugeteilten Gewehre vergraben hatten.

Schon zuvor hatten Äußerungen von Otelo für Aufsehen gesorgt: Er erklärte, der größte Fehler beim Staatsstreich vom 25. April sei es gewesen, die Lisabonner Stierkampfarena nicht mit Faschisten zu füllen und sie allesamt zu erschießen.[52] Auf das Verschwinden von Waffen aus den Militärbeständen angesprochen, meinte Otelo, sie befänden sich »in guten Händen«.

Am 26. September hielten die SUV eine Großdemonstration in Lissabon ab. Sie endete vor dem Militärgefängnis von Trafaria, wo zwei Soldaten inhaftiert waren, weil sie vor der Militärschule in Mafre SUV-Flugblätter verteilt hatten. Es war eine riesige Zusammenkunft, manche Schätzungen gingen von 120.000 Teilnehmern aus. Erklärungen von Basisgruppen der Soldaten in Italien und Frankreich wurden verlesen. Zugleich zeigte die Demonstration, wie unklar die gesamte Situation war: Als sie den Parque Eduardo VII erreichte, machte das Gerücht die Runde, die Militärkommandos und das Infanterieregiment aus Quelnuz (RIOQ) seien auf dem Weg, um die Demonstration aufzulösen – bis jemand darauf hinwies, dass sich das Gros des RIOQ-Kontingents bereits selbst auf der Demonstration befand!

Um der »sich ausbreitenden Anarchie in der Armee« Herr zu werden, wie sie es nannte, benötigte die Sechste Regierung dringend eine neue Polizeiformation. Dem COPCON mussten die Flügel gestutzt werden, egal wie. Die Regierung rief eine »Einheit für militärische Eingriffe« (AMI) ins Leben, doch das RAL-1, die Militärpolizei und das Artillerieregiment für den Küstenschutz lehnten es allesamt ab, sich an ihr zu beteiligen. Anders die Kommandos sowie eine Einheit von Infanteristen und Fallschirmjägern, die die damit verbundene Rolle akzeptierten und schließlich den Kern der AMI bildeten. Die Gründung der neuen Polizeieinheit erfolgte am 26. September; am Tag darauf wurde die spanische Botschaft niedergebrannt. Als die PS-Zeitungen am 1. Oktober vor einem unmittelbar bevorstehenden linken Staatsstreich des RAL-1 warnten, baute die Regierung die AMI rapide aus.

Zu diesem Zeitpunkt veröffentlichte *O Século* ein als »Plan der Oberste« bekannt gewordenes Geheimdokument, das man ihm zugespielt hatte. Der Plan enthüllte die Strategie hinter den Maßnahmen der Regierung, und auch wenn es offiziell bestritten wurde, genoss er ohne Zweifel die Zustimmung des Revolutionsrats. Seine zehn Hauptziele lauteten:

1) Kontrolle des Geheimdienstes SDCI
2) Kontrolle der PR-Abteilung der MFA
3) Gründung der AMI
4) Gründung einer Sondereinheit zur Aufstandsbekämpfung innerhalb der AMI
5) Änderung der Politik gegenüber der angolanischen Befreiungsbewegung MPLA
6) Einnahme der Fernseh- und Radiosender durch das Militär
7) Auflösung bestimmter »progressiver« Militäreinheiten, insbesondere des RAL-1
8) Unumschränkte Macht für den Revolutionsrat; Entlassung von Otelo und Fabião
9) Platzierung von Mitgliedern der »Gruppe der Neun« an entscheidenden Machtpositionen
10) Endgültige Klärung des Problems *República* und Rádio Renascença.

Sämtliche dieser Ziele sollten bis Ende November erreicht werden. Man muss sich den Hintergrund vergegenwärtigen, vor dem sie formuliert und verfolgt wurden. Nicht nur sah das Militär nicht mehr wie eines aus (zur Uniform gehörten nunmehr lange Haare und Bärte), es verhielt sich auch nicht mehr wie ein Militär. Dass nicht in allen, aber doch in einigen Einheiten jegliche militärische Autorität zusammengebrochen war und von einer klaren Befehlsstruktur keine Rede mehr sein konnte, zeigte besonders der Kampf der kriegsversehrten Veteranen.

Rund 100.000 Zivilisten und 30.000 Soldaten waren in den Kriegsjahren umgekommen oder schwer verletzt worden; viele hatten einen Arm oder ein Bein verloren und konnten nicht mehr arbeiten. Ein einfacher Soldat erhielt eine monatliche Rente von 2.000 Escudos, ein Feldwebel bekam 4.000, ein Hauptmann 8.000 und ein General 18.000 Escudos. Die Kriegsversehrten waren bereits seit November 1974 aktiv, als sie vor dem Präsidentenpalast demonstriert hatten. Trotz anderslautender Versprechen war ihre Rente jedoch nicht erhöht worden.

Am 20. September 1975 gingen sie erneut auf die Straße, teils humpelnd oder im Rollstuhl zogen sie zum Palácio São Bento. Eine Eliteeinheit, in der noch strikte Disziplin herrschte, wies sie an, ihre Versammlung aufzulösen. Die Demonstranten weigerten sich. Dann rückten die Kommandos mit einem gepanzerten Fahrzeug an, das sie vor dem Tor des Palastes platzieren wollten, doch ein Rollstuhl, in dem ein ehemaliges Kommando-Mitglied saß, versperrte ihnen den Weg. Die Kommandos zögerten. In diesem Moment traf das RIOQ ein. Der Offizier der Kommandos gab den Befehl zum Vormarsch; die RIOQ-Truppen gaben Warnschüsse gegen die Kommandos ab und feuerten über ihre Köpfe hinweg. Erst dann zogen sich die Kommandos zurück.

Unterdessen blieben die Demonstranten hartnäckig. Bis 23 Uhr harrten sie vor dem Gebäude aus, dann beschlossen sie, die nahegelegene Bahnstrecke entlang des Tagus und die parallel dazu verlaufende Hauptstraße Marginal mit Barrikaden zu blockieren. Den gesamten folgenden Tag über zwangen sie sämtliche Züge, einige Minuten anzuhalten, während sie über das öffentliche Lautsprechersystem ein Manifest verlasen. Die Regierung reagierte noch immer nicht.

Als Nächstes beschlossen die Veteranen, die Brücke über den Tagus zu besetzen und die Maut abzuschaffen. Diese Situation hielt eine ganze Woche an. Rádio Clube Português überließ, wie bereits erwähnt, den Veteranen seinen Kanal für eine halbe Stunde täglich, auch sämtliche Zeitungen unterstützten sie. Nach einer Konferenz im Versammlungssaal »Voz do Operário« (»Stimme des Arbeiters«) unter Schirmherrschaft der *República* entschieden die Veteranen am Ende der Woche, einen Abend lang doch die Maut zu erheben und den Erlös der Zeitung zu spenden. Das war der Tropfen, der das Fass zum Überlaufen brachte: Die Regierung ordnete die Räumung der Brücke an, doch die Truppen verweigerten den Befehl, und die Regierung musste schließlich kapitulieren.

Die politischen Loyalitäten der militärischen Befehlshaber spielten in dieser Phase eine entscheidende Rolle. Viele Einheiten hielten Vollversammlungen ab, um über die Lage zu beratschlagen, und wählten sogar Delegierte. Ihre hierarchische Struktur aber blieb bestehen, und die Einheiten wahrten den Zusammenhalt. Viele Soldaten waren stolz auf ihr Regiment oder Bataillon. Diese »schizophrene« Haltung war keineswegs ungewöhnlich. Selbst in den Einheiten des RIOQ, die zum Schutz der Veteranendemonstration losgeschickt wurden, herrschte eine unkritische Einstellung zur militärischen Hierarchie. Soldaten erklärten, was für einen tollen Offizier sie hätten, schließlich ließ er immer »super Musik« über ihre Funkgeräte laufen, wenn sie nicht gerade ihrem offiziellen Zweck dienten. Wurden fortschrittliche Offiziere entlassen, regte sich Widerstand in den Einheiten. Sie verurteilten die Ziele, in deren Dienst die bürgerliche Armee gestellt wurde, hielten deren Struktur aber aufrecht. Die Offiziere – auch diejenigen, die die FUR unterstützten – förderten solche Einstellungen, und die Soldaten gehorchten größtenteils auch denen, die nicht zu den Progressiven zählten. Oft handelten sie, ohne wirklich über die Folgen nachzudenken. Kritischem Denken war die Tradition des Gehorsams kaum förderlich.

Die SUV gewannen eine Schwungkraft, die sich jeder Kontrolle entzog. Als Brigadegeneral Charais von der »Gruppe der Neun« eine Kaserne besuchte, kommentierte eine SUV-Gruppe: »Charais hat unser Mannschaftsquartier besucht. Um auf die Nöte der Soldaten einzugehen? Nein. Um ihnen zu drohen. Um noch repressivere und heimtückischere Methoden anzukündigen, wie man die Linke hinaussäubert. Um noch gewaltsamere Formen von Repression vorzubereiten.«

In einer Transporteinheit bei Porto erreichte der Kampf ein hohes Niveau. Das CICAP war eine militärische Fahrschule und hatte am 25. April eine aktive Rolle gespielt. Doch nun wollte der neue Kommandeur für den Norden (Pires Veloso, ein Rechter) die Einrichtung schließen. Einige Soldaten schilderten, was in der Einheit passierte:

> Das CICAP wird in ein Bollwerk der Reaktion im nördlichen Militärbezirk verwandelt. All unsere Errungenschaften wurden zunichte gemacht. Ende Juli wurden drei Genossen entlassen. Im August waren praktisch alle im Urlaub. Reaktionäre Offiziere und Feldwebel hielten ständig geheime Treffen ab. Ohne die demokratischen Organe der Soldaten zu konsultieren, entschieden sie, Hauptmann Morais, einen Spínolisten, in die Versammlung des Militärs zu entsenden. Ihm zur Seite stellten sie Hauptmann Loureiro, ehemals Mitglied der [faschistischen Jugendorganisation] Mocidade Portuguesa. Säuberungen, die sich gegen fortschrittliche Soldaten richteten, ließen nicht lange auf sich warten. (...)
>
> Wir kündigten eine Demonstration der SUV an. Der Kommandeur tat alles, um sie zu verhindern, mit Drohungen versuchte er uns von der Teilnahme abzubringen. Dennoch erschienen wir Soldaten des CICAP in großer Zahl.
>
> Am folgenden Tag, dem 11. September, hielten wir während der Parade eine Schweigeminute in Solidarität mit dem Kampf des chilenischen Volkes ab. Sofort rückten Inquisitoren an, um die »Rädelsführer« zu ermitteln und uns einzuschüchtern.
>
> Das Essen wurde immer ungenießbarer, am 15. September begehrten wir dagegen auf. Aber die hatten kein Interesse daran, für besseres Essen zu sorgen, stattdessen suchten sie einen Schuldigen. Ein Wehrpflichtiger wurde entlassen.

> Wir leisteten Widerstand gegen diese Säuberungen und riefen beim Paradieren: »Reaktionäre raus aus den Kasernen!«
>
> Kurz darauf versuchten sie eine weitere Säuberung durchzuführen, wenn auch auf subtilere Weise. Da sagten wir: »Es reicht!« Abends trafen wir uns und beschlossen, auf der Versammlung der Einheit am nächsten Tag eine Erklärung für die Säuberungen zu verlangen. Die Versammlung wurde von den höheren Rängen vollständig boykottiert, aber nach fünf Stunden stimmten wir über die Säuberungen ab. Das Ergebnis: 312 Stimmen für den Verbleib der Entlassenen, 6 Enthaltungen, keine Gegenstimme. Hunderte von Leuten, die am Tor auf die Entscheidung gewartet hatten, jubelten über unseren Sieg. (...)
>
> Die unmittelbare Folge bestand darin, dass das CICAP auf direkten Befehl von Pires Veloso geschlossen wurde. Doch währenddessen hat eine andere Einheit aus Solidarität mit uns ihre Kasernen besetzt.[53]

Diese andere Einheit war das Artillerieregiment Serra do Pilar (RASP) in der Nähe von Porto. Sie führte noch weitere radikale Aktionen durch; gegen die Vorschriften lud sie Zivilisten in die Kaserne ein. In ihrer Erklärung hieß es:

> Wir haben unseren Kampf mit einem einzigen Ziel begonnen: Wiedereröffnung des CICAP und Wiederaufnahme aller entlassenen Soldaten in die Kaserne. Heute, nach einer Woche voller außergewöhnlicher Erfahrungen und gestärkt durch unsere unzerbrechliche Einheit, bleibt unser Ziel dasselbe, und unsere Gewissheit, dass wir es erreichen werden, ist nur noch gewachsen.
>
> Warum kämpfen wir? Die Schließung des CICAP muss in ihrer wirklichen Dimension gesehen werden. Wer immer sie angeordnet hat, seine Absichten sind aufs Schärfste zu verurteilen. Die Schließung des CICAP war ein Höhepunkt einer Kampagne, mit der in dieser Region Dutzende von fortschrittlichen Soldaten aus ihren Einheiten entfernt

> wurden: mehr als fünfzig sind aus dem RIP, dem CICAP, dem CIOE – in Lamego, in Braga, in Vila Real etc. – entlassen worden. (...)
>
> Die Schließung des CICAP ist der gezielte Versuch, die Stimme von kämpfenden Soldaten zu ersticken, die Nein zur militaristischen Disziplin sagen. Ein von Reaktionären kontrolliertes und manipuliertes Heer wird früher oder später die Arbeiter, ihre Organisationen, ihre Errungenschaften angreifen. (...) Das CICAP wird nicht Veloso gehören. Es wird dem Volk gehören.[54]

Als die Soldaten des RASP ihre Kasernen besetzten, luden sie Zivilisten zu sich ein und veranstalteten ein ganzes Wochenende lang ein Festival. Sie zeigten Filme, sprachen miteinander, diskutierten und stritten, sangen Lieder und ließen es sich gut gehen. Nach und nach verabschiedeten andere Einheiten Solidaritätserklärungen und forderten, Fabião – ein PCP-Anhänger – solle »einen Kompromiss ausarbeiten«, um »Ordnung«, »Disziplin« und »Normalität« wiederherzustellen. Nach Diskussionen versprach Fabião, man werde Velosos Entscheidung aufheben und das CICAP nicht auflösen. Daraufhin beendeten die RASP-Soldaten ihre Besetzung. Wie im zivilen Bereich wurde die PCP auch hier dazu eingesetzt, Konflikte zu entschärfen. In der Industrie erreichte sie dies durch die Intersindical, im Militär durch die wenigen verbliebenen Gonçalves-Anhänger unter den Offizieren.

Als sich die Kommandos am 16. Oktober aus der Sendeanlage von RR in Buraca zurückzogen, nahm das Radio wieder den Betrieb auf – allerdings nur für drei Wochen. Am 7. November stattete eine Gruppe von Spezialisten der Polizei gemeinsam mit einem Fallschirmjägergeschwader der Anlage einen nächtlichen Besuch ab, wies alle an, das Gebäude zu verlassen, und sprengte es in die Luft. Die Fallschirmjäger gaben später an, ihnen sei »nicht klar gewesen, was sie da taten«, und sie hätten gedacht, dass die Befehle »von links« kämen. Darüber sollte man weder lachen noch weinen, sondern versuchen, es zu verstehen. Genügt es, ihr Handeln auf extreme politische Naivität zurückzuführen? Warum entsprach dies dem Bild, das sie von der Linken hatten? Die Frage wurde nie beantwortet. Eine Infanterieeinheit, die für die Mission angefragt worden war, hatte sich geweigert. Vasco Lourenço »begründete« die Entscheidung später im Namen des Revolutionsrats. Der Rat habe drei Alternativen gehabt. Erstens: RR an die katholische Kirche zurückgeben – doch er hätte Zweifel gehabt, dass sie den Sender halten könne. Zweitens: den Sender militärisch besetzen – hier wiederum hätte er bezweifelt, dass die Truppen den Befehl ausführen. Drittens: die Sendeanlage in die Luft jagen.

Diese staatliche Doppelzüngigkeit (»Ihr dürft sagen, was ihr wollt, solange wir sicher sein können, dass euch niemand hört«) und terroristische Zerstörungswut (»Wenn *wir* den Sender nicht kontrollieren können, soll niemand es tun«) löste großen Zorn aus. Unter den »politisch rückständigen« Fallschirmjägern hatte der Vorfall unerwartete Auswirkungen: Er radikalisierte einige von ihnen so sehr, dass sie bei den Ereignissen des 25. November eine wichtige Rolle spielten. Doch verantwortlich für das Debakel waren in vieler Hinsicht die politischen Gruppen, die den Mythos eines »Bündnisses von MFA und Volk« propagiert hatten. Im Gewirr solcher Folklore konnten die realen Grenzen der gegebenen Situation nicht erkannt werden.

Die Lage spitzt sich zu

Mit dem Amtsantritt der Sechsten Regierung endeten die Bombenanschläge im Norden nicht, sie veränderten aber ihren Charakter: Sie wurden offener terroristisch. In Porto wurde am 16. September Sprengstoff in Autos mit französischen Kennzeichen entdeckt; wenige Tage später explodierte eine Bombe im Stadtrat.

Im Alentejo hatte die PCP-kontrollierte Landarbeitergewerkschaft weitgehend das Heft in der Hand. Am 17. September rief sie einen Streik aus, der die Provinz lahmlegte. Nur die Grenzregionen wie Elvas, wo die PS dominierte, waren nicht davon betroffen.

Die linken Gruppen setzten ihre Grabenkämpfe fort. In Lissabon und Porto kamen bei Auseinandersetzungen zwischen PCP und MRPP oder UDP sowie zwischen UDP und MRPP auch Schusswaffen zum Einsatz. Je nachdem, welche militärische oder polizeiliche Einheit eingriff, wurde die Situation mehr oder weniger schnell unter Kontrolle gebracht.

Am 27. September löste ein todgeweihter Franco in ganz Europa entsetzte Reaktionen aus, als er die Hinrichtung von fünf politischen Gefangenen anordnete. In Lissabon und Porto fanden große Protestdemonstrationen statt, in der Hauptstadt wurden sowohl die Botschaft als auch das Konsulat des Nachbarstaates in Brand gesetzt. Als die Flammen in den Himmel loderten, stimmte die Menge die »Internationale« an. Es herrschte ein gewaltiger Zorn; nicht einmal die UDP (die es versuchte) und das RAL-1 (das sich weigerte) konnten die Menschenmengen unter Kontrolle bringen. Selbst die anrückenden Feuerwehrmänner stimmten in den Gesang ein und beließen es dabei, eine Ausbreitung des Feuers zu verhindern. Die Sechste Regierung sicherte dem spanischen Staat umgehend Entschädigung zu, Melo Antunes denunzierte den Angriff auf die Botschaft als »Vandalismus«, der Außenminister erinnerte daran, dass Portugal 30 Prozent seines Stroms aus Spanien beziehe. Es sei wichtig, gute Beziehungen zum Nachbarland zu wahren, und so weiter und so fort. Die *República* schrieb:

> Spanien, das Grauen. Spanien, der Tod. Spanien, unsere Schwester und Genossin. Die Revolution ist zum Angriff übergegangen: auf die Folter, auf die Polizei, auf den Henker. Revolutionäres, heldenhaftes Spanien: Wir haben so viel von ihm gelernt. Wir werden den Faschismus zerschlagen. Wir werden nichts von dieser Welt der Hölle bestehen lassen, die wir durchlebt haben und die uns weiterhin bedroht. Der Mörder Franco wird sterben. Wir wollen keinen König. Das kämpfende Volk wird sein Schicksal in die eige-

> nen Hände nehmen. Im Schmelztiegel, in der roten Glut Europas werden das Kapital und seine Waffen ihr Ende finden.

Unterdessen verschärfte sich die Spaltung zwischen den Lagern von PCP und FUR einerseits und PS sowie PPD andererseits. Ein Journalist kommentierte, in dieser Zeit habe es ausschließlich »riesige« und »gigantische« Demonstrationen gegeben. All das drängte autonome Aktionen zumeist an den Rand. Offiziell waren die meisten Demonstrationen »Einheitsaktionen« und »parteiunabhängig«, doch praktisch jeder wusste, dass das nicht stimmte. Die PCP übte, vermittelt durch Organisationen wie die SUV (im Süden und Zentrum) und die Arbeiterkomitees im Industriegürtel von Lissabon, immer mehr Druck aus. Manche bürokratisierte Arbeiterkomitees, beispielsweise bei der Spedition EC Esteves, arbeiteten Hand in Hand mit der Transportarbeitergewerkschaft, die wiederum sehr eng mit der Intersindical kooperierte, und die schließlich war ununterscheidbar von der PCP. Es wurde ein Sekretariat gegründet, das sich auf solche Komitees stützte. Viele der daran angeschlossenen Komitees waren aber gar nicht von der PCP dominiert, die in ihnen organisierten Arbeiter gehörten ihr nicht an. Das bürokratische System hielt sie einfach in seinem Netz gefangen.

In diesem Sinne wurde der Metallarbeiterstreik Mitte Oktober von den PCP-Gewerkschaften angeführt und manipuliert. Die PS verfolgte derweil ihre eigene Taktik, um die kommunistische Vorherrschaft bei den SUV und im Mediensektor zu schwächen. Am 1. Oktober warnte sie vor einem »linken Staatsstreich«, der unter Führung des RAL-1 stattfinden solle, und rief ihre Mitglieder zu einer Generalmobilmachung auf. Die Antwort fiel jämmerlich aus. Wäre tatsächlich ein Coup geplant gewesen, hätte er mühelos Erfolg gehabt.

Angeblich drohende Staatsstreiche wurden ein mobilisierendes Thema. Am 25. Oktober warnte das COPCON vor einem rechten Putsch und errichtete Barrikaden auf den Haupteinfallsstraßen nach Lissabon. Junge Soldaten durchsuchten

Autos, allerdings nur halbherzig. Vier Tage später warnte eine andere Organisation, das mit der PCP verbundene »Komitee der Luftwaffe für revolutionäre Wachsamkeit«, vor einem weiteren rechten Putsch. *O Século* und der *Diário de Notícias* machten die Warnung in fetten Lettern auf ihren Titelseiten publik. Am Tag davor hatte es einen Bombenanschlag auf das Institut für Agrarreform in Setúbal gegeben, und die lokale Bevölkerung hatte darauf unverzüglich mit weiteren Besetzungen reagiert; unter anderem nahm sie den Palast des Herzogs von Palmela in Beschlag und verwandelte ihn in ein neues Zentrum des IRA. Was war Gerücht, was Realität? Man wachte morgens auf, und glaubte man den Medien, dann waren wieder einmal zahllose Putschversuche vereitelt worden. Diese manipulative Beschwörung spektakulärer Ereignisse war der Notwendigkeit geschuldet, ein Klima der politischen Unsicherheit zu erzeugen und aufrechtzuerhalten. Am 31. Oktober besetzten einige MRPP-Arbeiter *O Século* und versuchten, das von der PCP dominierte Arbeiterkomitee der Zeitung auszuhebeln. Eine Woche lang erschien das Blatt unter ihrer Regie.

Die bedrohlichen Meldungen hielten an. Am 3. Oktober warnte das Komitee der Luftwaffe erneut vor einem Staatsstreich, der zeitgleich mit Militärmanövern im Zentrum des Landes am Wochenende vom 7. bis 9. November stattfinden solle. *O Século* und der *Diário de Notícias* verbreiteten die Geschichte auch diesmal mit fetten Schlagzeilen. Otelo, der mit seinem RR-Button am Revers immer häufiger auf Versammlungen der PCP zu sehen war, verlangte die Absage der Manöver.

Am 30. Oktober befahlen gonçalvistische Offiziere den Soldaten des größten Waffendepots, einen »Treueeid auf die Arbeiterklasse« zu schwören. In Reaktion darauf veröffentlichten *A Luta* und das *Jornal Novo* am 4. November ein Kommuniqué der Frente Militar Unida. (Diese Organisation, der unter anderem die MRPP, Melo Antunes und Ramalho Eanes angehörten, sollte die politischen Auffassungen der »Neun« in den unteren Rängen verbreiten.) PS und PPD riefen zu einer gemeinsamen Demonstration in Faro zur Unterstützung der Sechsten Regierung auf. Vor diesem Hintergrund fand am 6. November eine Fernsehdebatte zwischen Soares und Cunhal statt, die »die Krise entschärfen« sollte. Natürlich entschärfte sie gar nichts. Am selben Tag bekräftigte der Revolutionsrat, dass er hinter der Sechsten Regierung stehe. Die Verbitterung wuchs von Tag zu Tag. Am 7. November wurde das Ministerium für soziale Kommunikation von seinen Beschäftigten besetzt, die einem Staatssekretär vorwarfen, Beziehungen zur PIDE zu haben. Die Republikanische Nationalgarde feuerte in die vor dem Gebäude versammelte Menge und nahm den unteren Teil des Ministeriums ein. Die Arbeiter, die sich oben verbarrikadiert hatten, konnte sie allerdings nicht räumen.

Am 9. November rief die PS zu einer Großdemonstration auf dem Terreiro do Paço auf, die von einer seltsamen Allianz aus PPD, CDS, AOC und der PCP-ML unterstützt wurde. Der Anblick der Masse, die sich auf dem Platz drängte und »Disziplin! Disziplin!« rief, war widerwärtig und beängstigend. Die PCP-ML verbrannte eine Cunhal-Puppe. Am folgenden Sonntag, dem 16. November, schlugen die von der PCP beeinflussten Arbeiterkomitees aus dem Lissabonner Industriegürtel mit einer weiteren »Einheitsdemonstration« zurück. An beiden Demonstrationen nahmen jeweils rund 70.000 Menschen teil, auch wenn mehrere Zeitungen von 200.000 sprachen. Der einzige Unterschied bestand darin, dass es auf der PCP-Demonstration mehr Trecker, Zementmischer und Laster gab und sie auch bunter war. Skrupellos schoben die Parteien ihre jeweilige Anhängerschaft wie Schachfiguren hin und her.

Die Rhetoriken und Vokabulare von Revolution und Konterrevolution wurden immer ununterscheidbarer. Macht und Autorität zerbröckelten. Im Oktober und November 1975 wurden rund 600.000 Hektar Land besetzt – doppelt so viel wie von März bis September. Auch die Zahl der Fabriken, die in Selbstverwaltung übergingen, wuchs um mehr als das Doppelte. Gerade diese Schwäche des Staates aber trieb die Konkurrenten um die Macht dazu, ihre Demagogie noch zu steigern und die Einsätze zu erhöhen.

Die Demonstrationen vom 9. und 16. November machten die Polarisierung erkennbar. Was sie dagegen verdeckten, war der Unmut vieler Arbeiterkomitees und Menschen, die die Revolution aufrichtig wollten, sich aber nicht außerhalb der etablierten Parteien und Gruppen zu organisieren vermochten. Die FUR war mit demselben hausgemachten Dilemma konfrontiert. Wenn sie mit der PCP nicht gerade demonstrierte, bot sie ihr kritische Unterstützung. Es war zu spät dafür, diesen »Widerspruch« zu lösen, der eine lange Geschichte hatte. In gewissem Sinn handelte es sich gar nicht um einen Widerspruch; die Politik der FUR musste unweigerlich dazu führen. Wann immer ein Arbeiterkomitee versuchte, sich selbstständig zu machen, sprang eine der Parteien auf den fahrenden Zug auf und machte solche Bemühungen umgehend zunichte.

Das wichtigste Sprachrohr der FUR (und nicht nur von ihr) wurde mit der Sprengung der RR-Sendeanlage zum Schweigen gebracht. Am folgenden Morgen, dem 8. November, rief die PRP zum bewaffneten Aufstand als einziger Lösung der Krise auf: »Die PRP steht für den bewaffneten Aufstand ein (...). Die objektiven Bedingungen für eine siegreiche bewaffnete Erhebung sind in Portugal heute gegeben. Weiß man, wie sehr eine gewaltige Zahl von Offizieren in Heer und Marine dem revolutionären Prozess verpflichtet ist, und weiß man, welche Stellungen sie im Kommando der Einheiten innehaben, dann kann man sich leicht einen Plan vorstellen, der auf einem Einsatz dieser Truppen ähnlich wie bei der Operation vom 25. April beruht.«[55]

Die Mehrdeutigkeiten der PRP-Position wurden nun in ein grelles Licht gerückt. Sie stellte sich noch immer nicht der Tatsache, dass die Armee eine Klassenarmee war. Sie sprach noch immer von einer »Spaltung« im Militär, von der Möglichkeit, bestimmte Einheiten zu »verwenden«. Ihre »revolutionären Brigaden« waren bereits in den Untergrund gegangen (eine Entscheidung, die Otelo »verstörte«, der nach eigenen Angaben nicht konsultiert worden war), nachdem die Sechste Regierung am 23. Oktober ein Verbot für Zivilisten erlassen hatte, Waffen zu tragen. Die PRP erklärte: »Wie die gesamte Geschichte zeigt, schürt die Bourgeoisie den Bürgerkrieg, um ihre Interessen zu verteidigen. Zum Glück verfügt die Rechte in Portugal über keine Armee. Sie stützt sich auf Söldner mit Basen in Spanien oder auf die Truppen von USA und NATO.«[56] Diese Einschätzung war natürlich vollkommen falsch. Die Rechte – also der Kapitalismus – verfügte sehr wohl über eine Armee in Portugal: über das Offizierskorps, das inzwischen die höheren Gremien der MFA dominierte. Die PRP druckte Tausende von Plakaten (»Organisieren, Bewaffnen, Voranschreiten – für die Volksmacht«), mit denen sie die Arbeiterviertel in Lissabon zupflasterte. Plakate waren jedoch kein Ersatz für die Schaffung einer Arbeitermiliz oder für Propaganda, die bewusst auf die Desintegration der MFA zielte.

PS und PPD gingen in die Offensive, auch wenn die Mobilisierungen auf der Straße sie immer wieder stoppten. Sie begannen die Ministerien von der PCP zu säubern, die darauf reagierte, indem sie sich verspätet der Basis zuwendete. Die Baugewerkschaften riefen für den 13. November zu einem Streik auf; rund 30.000 Arbeiter aus dem ganzen Land marschierten zum Palácio de São Bento und setzten die Abgeordneten in ihm fest. »Herr Minister, gehen Sie mal auf dem Bau arbeiten!«, hieß es auf einem ihrer Plakate. Der Arbeitsminister ordnete die Schließung seines Ministeriums an, weil er befürchtete, die Arbeiter könnten es verwüsten. »Was für eine traurige Figur dieser Minister abgibt, der den Arbeitern die Tür vor der Nase zuschlägt«, hieß es in einem Flugblatt. »Packen Sie Ihre Sachen und dann ab ins *Grémio* mit Ihnen« – eine Organisation der Bosse im Salazar-Regime. »Keine Sorge, Herr Minister. Die Arbeiter, die solche Gebäude seit jeher errichtet haben, werden sie jetzt nicht zerstören. Was wir wollen, ist ein Ende der Hungerlöhne, der Ausbeutung.«

Der Bauarbeiterstreik wurde von der PCP, der Intersindical und sämtlichen linken Gruppen mit Ausnahme der besonders orthodoxen Maoisten unterstützt. Landarbeiter aus dem Alentejo und Betriebsaktivisten aus dem Lissabonner Industriegürtel zeigten praktische Solidarität. Die Abgeordneten saßen ohne Essen im Palácio fest; ein Helikopter der Air Force eilte herbei, »um sie vor dem Verhungern zu retten«, wie es später am Abend in einem Flugblatt hieß, nachdem ein PPD-Abgeordneter in Ohnmacht gefallen war – sei es vor lauter Hunger oder Angst. Eine Masse von Arbeitern harrte vor dem Gebäude aus. Die COPCON-Truppen, die die Regierung zu ihrer Rettung herbeigerufen hatte, weigerten sich einzugreifen. Stattdessen entzündeten Arbeiter und Soldaten gemeinsam Feuer, sangen Lieder, betranken sich, schliefen und warteten. Die Bauarbeiter hatten vier Forderungen: Verstaatlichung von Grund und Boden, Verhandlungen über einen neuen Tarifvertrag, eine Untersuchung der Tätigkeit des Arbeitsministers sowie höhere Löhne. Um 5 Uhr morgens lehnte der Premierminister die ersten drei Forderungen ab, akzeptierte aber die vierte.

Diesen »Kompromiss« mochten die Arbeiter nicht annehmen. Sie stellten dem Parlament ein Ultimatum, das um 10 Uhr ablaufen sollte. Der Premierminister erklärte, es sei schwierig, eine Sitzung mit allen Abgeordneten abzuhalten, da einige gar nicht anwesend seien. Darauf erwiderten die Arbeiter, sie würden »losgehen und sie holen«. Präsident Costa Gomes gab im Laufe des Tages fünf »Erklärungen an die Nation« ab, in denen er zur Ruhe aufrief – und zu erhöhter Produktivität ... Die Arbeiter weigerten sich einzulenken. Als der Premierminister ihnen mitteilte, er wolle an einem wichtigen Treffen im Belém-Palast teilnehmen, ließen sie ihn wissen, wohin er sich »sein wichtiges Treffen stecken kann«. Am 14. November um 1 Uhr morgens kapitulierte der Premier schließlich: Alle vier Forderungen wurden akzeptiert.

Am selben Tag fand in Porto eine Demonstration von PS, PPD und CDS statt, bei der ein Büro der Intersindical niedergebrannt wurde. Tags darauf, am 15. November, zeigte eine riesige PCP-Demonstration – eine »parteiunabhängige Einheitsdemonstration« –, dass die Partei noch immer eine nicht zu unterschätzende Kraft war. Otelo nahm daran nicht teil, schickte aber eine Grußbotschaft, die das veränderte Kräfteverhältnis bezeugte. In einer Parodie auf die bekannte Losung »Soldat, Freund, das Volk steht an deiner Seite« hieß es in der über gewaltige Lautsprecher verlesenen Rede: »Volk, Freunde, Otelo steht an eurer Seite.«

Drei Tage später, am 18. November, warnten *O Século* und der *Diário de Notícias* abermals vor einem rechten Putsch. *A Luta* und das *Jornal Novo* wiederum verurteilten einen Tag später in ihren Schlagzeilen den Einfluss von PCP und FUR in den Streitkräften.

Für die bürgerliche Demokratie stellte dies eine unmögliche Situation dar. Die Regierung war zur Lachnummer geworden. Hauptmann Pinheiro de Azevedo hatte am 17. November sogar vorgeschlagen, sie solle ihre Arbeit einstellen, wie einige Tage später bekannt wurde. Mit den unvergesslichen Worten von Brecht: »Wäre es da nicht doch einfacher, die Regierung löste das Volk auf und wählte ein anderes?« Am 21. November trat sie in einen »Streik« und drohte mit ihrem Umzug nach Porto, wenngleich unklar war, ob sie dort mehr Rückhalt gefunden hätte. Die Hauptziele des Premierministers entsprachen im Kern dem im »Plan der Oberste« formulierten Programm der »Neun«. PS und PPD forderten inzwischen offen den Rücktritt Otelos, weil er sich am 13. November geweigert hatte, seinen Truppen den Befehl zum Vorgehen gegen die Bauarbeiter zu geben. Auch den Kopf von Fabião wollten sie. Am 19. November erörterten die Abgeordneten der Verfassunggebenden Versammlung die Lage. Auf den Zuschauerrängen hatten sich Anhänger von PRP, MES und UDP versammelt und riefen: »Reaktionäre raus aus der Versammlung, jetzt sofort!« Die Abgeordneten von PCP und MDP stimmten in den Sprechchor ein, der sich gegen CDS und PPD richtete. Jaime Neves, Chef der Kommandos, sprach ein offenes Wort mit Costa Gomes: Sofern nicht bald etwas geschehe, werde er »den Saustall selbst ausmisten«. Gomes, »der Korken«, dümpelte wie üblich umher, und das bei stürmischem Seegang. Doch de facto war der Präsident mit einer Palastrevolte konfrontiert, angeführt von den »Neun« und unterstützt von der extremen Rechten.

Mit dem »Streik« der Regierung bot sich die Gelegenheit für eine Machtübernahme. Die Situation konnte so nicht weitergehen, es musste etwas geschehen. Alle hielten Sondersitzungen ab: die Führungsgremien der Parteien, die diversen »Fronten«, die Ministerien, die Gewerkschaften, die Gemeinderäte. Aber auch in den Cafés fanden Treffen statt. Und in den Kasernen.

Halten wir einen Moment inne und schauen uns die wichtigsten rivalisierenden Kräfte an. Die Sechste Regierung, getragen von PS und PPD, strebte eine sehr bürgerliche Spielart von Sozialismus an, einen »Sozialismus«, der aus parlamentarischen Institutionen hervorgehen sollte, ein gemischtes Wirtschaftssystem europäischen Typs, in dem Privatunternehmen ganz liberal ihren Platz haben, abgesichert von einer verlässlichen Armee und einer funktionstüchtigen Polizei. Sich selbst sahen sie dabei an der Spitze der Staatsmaschinerie, die das Ganze verwalten würde. Die PCP war insofern »radikaler«, als der Staat nach ihrer Überzeugung größere Teile der Wirtschaft kontrollieren sollte. Außerdem sollten die Gewerkschaften – »ihre« Gewerkschaften – eine Art Stand in diesem Reich bilden. Die anderen staatskapitalistischen Kräfte waren bereit, diesen Weg bis zum Ende zu gehen. Was sie voneinander trennte, war die Frage, wie viel Staatsintervention man erreichen konnte (und wie rasch) und inwieweit ihre eigene politische Fraktion die Institutionen der bestehenden oder einer sich herausbildenden neuen Gesellschaft kontrollieren konnte und sollte.

Angesichts so vieler potenzieller Regierungen, die sich gleichzeitig in Stellung brachten, war die Situation völlig verwirrend. Es herrschte ein Schwebezustand, in dem der Feind in allen nur denkbaren Gestalten auftrat. Die Leute wurden auf brutale Weise vor falsche Alternativen gestellt, ständig sollten sie dies verteidigen und jenes verurteilen. Obwohl sich in den Monaten zuvor gezeigt hatte, wie verbreitet das Bedürfnis war, unabhängig von Parteien zu handeln, blieben die Alternativen auf die politische Sphäre beschränkt. Das Gefühl der Isolierung war umso niederschmetternder, auch wenn viele radikale Linke gerade jetzt eine besonders »revolutionäre« Phase witterten.

Meine ehemalige Nachbarin (ich war inzwischen mit drei anderen Leuten in eine größere Wohnung umgezogen) schimpfte über die Männer im Viertel, die die PCP unterstützten. Zwei Sätze später zeigte sie sich besorgt, dass die CDS alles zerschlagen könne. Sie hatte ein Exemplar der UDP-Zeitung *Voz do Povo* in die Finger bekommen, das sagte ihr zu. »Ich bin Kommunistin. Aber diesen ganzen Parteikram verstehe ich einfach nicht.« Die Leute, meinte sie, müssten dieses Wirrwarr hinter sich lassen, sich von den Gruppen lösen. Nur wie?

Für sie hatte die portugiesische Revolte mit der Hoffnung begonnen, einen Ausweg aus ihrer Situation zu finden, doch inzwischen hatte sich bei ihr wieder die alte Verzweiflung eingestellt. Sie nahm wieder ihre Tabletten, genau wie vor dem 25. April. Nur hatte sie einen unumkehrbaren Schritt gemacht und ein politisches Bewusstsein entwickelt, in das sich starke Gefühle mischten. »Die Faschisten übernehmen wieder das Ruder.« Mit purem Hass spuckte sie die Worte aus. Die Einschätzung war falsch, aber verbreitet. Ich hatte den Eindruck, dass meine ehemalige Nachbarin sich nicht eingestehen wollte, Demoralisierung zu spüren; für die war im Irrgarten der linken Ideologie kein Platz, zu sehr widersprach sie dem sozialistisch-realistischen Bild, das einen an jeder Ecke ansprang, einem Bild voller Maschinengewehre. Auch ich fühlte mich verletzbar. Ich wollte nicht Zeuge werden, wie in den Konflikten zwischen den Parteien alles zerrieben wird. Manches konnte ich mir nicht eingestehen – insgeheim vielleicht schon, aber nicht gegenüber anderen, was noch schlimmer war. Solange die Krise jedoch anhielt, spürte ich paradoxerweise einen gewissen Seelenfrieden. Die Ereignisse folgten Schlag auf Schlag, man konnte gar nicht alles sofort verarbeiten. Es war wie das Erwachen aus einem Knäuel von Träumen, wenn man erst mal verstehen muss, was real ist und was nicht.

Die Leute reagierten auf all das ganz unterschiedlich. In vielen Tascas wurden politische Diskussionen weiträumig umschifft, andernfalls wäre ein über viele Jahre entstandenes Gewebe, das für das alltägliche Überleben wichtig war, in lauten ideologischen Streitereien zerrissen worden. Im Mittelpunkt standen nun Fragen wie die, wo genau eigentlich der Luftwaffenstützpunkt Ota lag oder ob ein Nachbar zum RAL-1 oder der Militärpolizei gehörte. Es war weniger riskant, sich über Mordfälle zu unterhalten und in irgendwelche Sensationsgeschichten einzutauchen. Ich weiß noch, wie ich im Oktober in ein Café ging, wo ich ein paar Leute kannte. Die einzige Diskussion, die ich letztlich mitbekam, drehte sich um einen Neurotiker in Deutschland, der inspiriert von Vampiren fünf Menschen umgebracht hatte – der *Diário de Notícias* hatte die Geschichte auf der Titelseite gebracht. Später unterhielten sich ein paar PCP- und PS-Mitglieder mit mir über private Dinge. Die Leute, deretwegen ich eigentlich gekommen war, ignorierten mich oder zeigten mir mit deprimierten Blicken und ihrem aufgesetzten Interesse am Dominospielen, wie elend sie sich fühlten. Ich ging, und auch ich fühlte mich elend.

Gleichzeitig wimmelte es in den Lissabonner Kneipen von Leuten, die staatskapitalistische Vorstellungen hatten. Die »Kommune von Lissabon« stützte sich auf die Mittelschichten, sie wurde von einem Segment unproduktiver Lohnarbeiter dominiert, das für leninistische und ultraleninistische Perspektiven besonders anfällig war – Intellektuelle, kleine Beamte und Staatsangestellte, zu Gewerkschaftsfunktionären aufgestiegene ehemalige Arbeiter, die sich alle als Hüter einer »Wissenschaft der Arbeiterklasse« gerierten. Lissabon ist eine relativ kleine Stadt; in der politisch einflussreichen, aber zahlenmäßig überschaubaren technokratischen Klasse kannte man sich ungeachtet aller Differenzen recht gut. Diese Leute taten so, als verfügten sie über das einzige Modell von Revolution und als müssten alle anderen (die ihnen vermeintlich unterlegenen Revolutionäre) ihnen folgen; andernfalls bliebe ihnen die Erlösung verwehrt. Das Proletariat konnte demnach errettet werden, aber nur durch ihr höheres Niveau von Bewusstsein und ihre »wichtigeren« persönlichen Beziehungen.

Der Leninismus schien eine Art Alltagskultur zu sein, in der jedem, der diese oder jene politische Überzeugung nicht teilte, ein rohes, gefühlsbefrachtetes Bewusstsein attestiert wurde.

Die Linke hoffte lediglich, die PCP auf dem Weg zum Staatskapitalismus vor sich her zu treiben. Keine organisierte Gruppe mit Massenbasis kritisierte das Kapital als solches, seine Hierarchien, seine Prioritäten und gesellschaftlichen Verhältnisse, sein Wesen. Keine Gruppe von Bedeutung kritisierte die Linke systematisch und explizit als Geburtshelferin des Staatskapitalismus. Die diversen Inter-Empresas stellten sich hinter die diversen Parteien, die bei ihnen den Ton angaben. Sie warteten ab und standen dem politischen Machtkampf der Parteien über die zu errichtende Ordnung weitgehend gleichgültig gegenüber.

November 1975, die große Einheitsdemonstration der linken Organisationen in Lissabon. Auf dem Plakat: »Das Volk hat keine Angst«

XIV DER 25. NOVEMBER

Nachdem eine Fallschirmjägereinheit am 7. November die Sendeanlage von Rádio Renascença in die Luft gejagt hatte, begab sich Vasco Lourenço zum Militärstützpunkt Tancos. Im Namen des Revolutionsrates erläuterte er die Entscheidung vor einem *plénario*, das die Offiziere einberufen hatten. Einige Soldaten erschienen, teilten ihm mit, was sie von ihm hielten, und gingen wieder, um an einer von den Feldwebeln einberufenen Gegenversammlung teilzunehmen. Tags darauf schieden 123 Offiziere des Stützpunktes aus der Einheit aus. Am 19. November ergriff der Generalstabschef der Luftwaffe Morais e Silva eine drastische Maßnahme: Er schickte rund 1.200 Soldaten in die sofortige Beurlaubung und wies sie an, den Stützpunkt zu verlassen. Diese Entscheidung konnten die Fallschirmjäger nicht akzeptieren. Sie »feuerten« ihre befehlshabenden Offiziere und unterstellten sich dem Kommando des COPCON. »Wir bieten euch 20.000 Schuss pro Minute an«, meinte einer der Feldwebel.

Niemand auf dem Stützpunkt wusste recht, was im Gange war. Die Rechte befand sich ganz eindeutig in der Offensive. Telefonisch hielt man sich über Truppenbewegungen in verschiedenen Landesteilen auf dem Laufenden und erkundigte sich, ob auf den Straßen von Lissabon Soldaten zu sehen seien. Gerüchte machten die Runde. Zugunsten von Parteiinteressen wurden Sachverhalte verzerrt und regelrechte Lügen erfunden, beides ließ sich schwer unterscheiden. Eine Geschichte besagte etwa, es gebe einen Plan, Lissabon abzuriegeln (wo die meisten linken Truppen stationiert waren) und dann den Norden einzunehmen; sollte die Hauptstadt dann noch immer ausharren, werde sie von Strom und Gas abgeschnitten.[57] Die Gruppe um die »Neun« organisierte sich straffer. Niemand war sich sicher, ob sie wirklich selbst die Initiative hatte oder anderen Kräften als Fassade diente. »Portugal wird nicht das

Chile Europas sein«, lautete damals ein verbreiteter Slogan von PRP und MES.

Am 20. November sprachen Delegierte von PS und PPD in Porto darüber, die Verfassunggebende Versammlung und später auch die Regierung in den Norden zu verlegen. Derweil zog eine große Demonstration von PCP und FUR ausgerechnet zum Palácio de Belém – dem Präsidentenpalast –, um eine »revolutionäre Regierung« zu verlangen. Der unvermeidliche Costa Gomes erschien am Fenster; so konnte er wie üblich auf die Menge herabblicken, die in gewissem Sinne gegen ihn war. Er dankte ihr für ihre Unterstützung und warnte vor den Gefahren eines Bürgerkriegs. Später am Abend wurde ein Manifest der »Inter-Comissões« der Soldaten und Matrosen verlesen, die ein paar Tage davor entstanden war und sich in Obidos getroffen hatte, um über »konkrete Themen, die Soldaten betreffen, zu diskutieren«. Letztlich steckten die von UDP und PRP dominierten SUV dahinter, die sich lediglich neu organisierten und die Führung übernehmen wollten. Das Manifest forderte einen monatlichen Sold von 2.500 Escudos (statt bisher 250) und kostenlosen Transport. Ein weiteres Manifest von einer »Gruppe Fortschrittlicher Offiziere« wurde ebenfalls verlesen. Es war ein Aufguss des COPCON-Dokuments vom August, allerdings mit einem wichtigen Unterschied: Es rief zur Bewaffnung der Arbeiterklasse auf.

Am selben Tag versprachen Offiziere in der Kaserne von Beirolas, Waffen an Arbeiter auszugeben (»genug, um eine Demonstration zu bewaffnen«). Die ranghohen Militärs sämtlicher Fraktionen – Frente Militar Unida, COPCON, die »Neun«, die letzten übriggebliebenen Gonçalvisten, PS, PPD oder PCP – gerieten in Aufruhr und Panik. Die »Neun«, unterstützt von der gesamten Rechten, beschlossen hart zu bleiben. Es war wie in einem Western. »Wer sich zuerst bewegt, hat verloren«, wie die Portugiesen sagen. Niemand wagte sich aus der Deckung – und niemand wollte zurückweichen. Die meisten Gerüchte über Putsche und Gegenputsche waren nur ein Bluff, um die Oberhand zu gewinnen. Die meisten, aber nicht alle.

Am 21. November hielt das RAL-1 wie üblich seinen morgendlichen Drill ab – nur mit dem Unterschied, dass er diesmal im Fernsehen übertragen wurde. General Fabião war anwesend, auch Abgesandte von zahlreichen Arbeiter- und Nachbarschaftskomitees aus der Gegend hatten sich eingefunden. »Wir Soldaten geloben, dem Vaterland treu zu sein und für seine Freiheit und Unabhängigkeit zu kämpfen. Wir geloben, immer, ausnahmslos immer, auf der Seite des Volkes und im Dienste der Arbeiterklasse, der Bauern und aller Werktätigen zu stehen. Wir geloben, die revolutionäre Disziplin freiwillig zu akzeptieren und mit all unserer Kraft gegen den Faschismus und gegen den Imperialismus zu kämpfen – für Demokratie, Volksmacht und den Sieg der sozialistischen Revolution.« Ein Arbeiter, der auf der Versammlung sprach, erklärte, er sei froh, dass »die Soldaten keine blinde Disziplin mehr akzeptieren«. Er war der Folklore der ganzen Veranstaltung auf den Leim gegangen. Was das Fernsehen übertrug, war ein grauenvoller Anblick: Die neuen »fortschrittlichen« Offiziere und Generäle standen sichtlich zufrieden da, während die Soldaten gehorsamst die vorgeschriebenen Formeln aufsagten. Zur Hölle mit der Militärdisziplin, sei sie »links« oder »rechts«!

Inszeniert hatte diese Show natürlich das Lager der PCP- und Gonçalves-Anhänger, die die Sechste Regierung ablösen wollten – oder in sie eintreten, da zeigten sie sich nicht wählerisch. Doch die »Neun« waren keine Dummköpfe. Am Tag darauf beschlossen sie, dass Otelo verschwinden musste, und nominierten Vasco Lourenço, ein Mitglied ihrer Gruppe, für seinen Posten. Lourenço akzeptierte, allerdings unter der Bedingung, dass sich auch Otelo einverstanden zeigte. Viele COPCON-Offiziere lehnten all das ab. Die Inter-Comissões sicherten Otelo ihre Unterstützung zu, auch das RAL-1 und die meisten Offiziere des Kommandos Lissabon weigerten sich, den Vorschlag zu akzeptieren. Nach einem Treffen in Alto do Duque mit maßgeblichen Offizieren aus dem Großraum Lissabon erklärte Otelo sich bereit, seinen Posten zu behalten.

Die Kommandos lehnten nicht nur Otelo ab; auch die Nominierung Vasco Lourenços missfiel ihnen. »Es gibt hier viele kompetente Oberste, die die Aufgabe genauso gut übernehmen könnten«, erklärte Jaime Neves. Das Artillerieregiment in Cascais, das wenige Tage zuvor MES-Aktivisten verhaftet hatte, die für ein großes Wandbild direkt vor seiner Kaserne verantwortlich waren, lehnte Lourenço ebenfalls ab. Pires Veloso blieb vorerst unentschieden. In einer Verlautbarung, die in sämtlichen nördlichen Regimentern beim feierlichen Salutieren der Flagge zu verlesen war, drängte er auf die »freiwillige und vollständige Unterordnung unter die militärischen Pflichten, Disziplin sowie Respekt vor der Rangordnung«.

Am Sonntag, dem 23. November, fand eine große PS-Demonstration statt, auf der Otelo und Costa Gomes kritisiert wurden. Soares sprach sich für Vasco Lourenço aus, auch Pires Veloso sicherte er seine Unterstützung zu. Erneut erschallte der ominöse Sprechchor »Disziplin, Disziplin!«. Es war ein heißes Wochenende in jedem Sinne des Wortes. PPD und PS gaben sich als Einpeitscher gegen die »Kommune von Lissabon«. Die PCP übte sich wie gewohnt in politischer Promiskuität und versuchte es allen gleichzeitig recht zu machen. Ihr war bewusst, dass Lissabon und das Alentejo auf sich allein gestellt der Rechten nur wenige Tage würden standhalten können.

Für die meisten Menschen in der Hauptstadt ging das Leben unterdessen ganz normal weiter. Man steckte im Stau fest, stand Schlange vor dem Bus zur Arbeit, stand Schlange vor dem Bus nach Hause, machte seine Lebensmitteleinkäufe, besuchte Verwandte. Unter Arbeitern in den Landkooperativen und größeren Unternehmen bestand vermutlich eher ein Bewusstsein für die allgemeine Krise.

Das Wochenende brachte keinerlei Lösung. In Tancos, 130 Kilometer vor den Toren von Lissabon, standen über 1.000 Fallschirmjäger auf dem Stützpunkt bereit, obwohl sie offiziell allesamt beurlaubt waren. Am 28. September und am 11. März hatte man sie getäuscht und schließlich noch zur Sprengung der RR-Sendeanlage verleitet; jetzt rebellierten sie gegen ihre

»Nazi-Kommandeure«. Ein Mitglied ihres Komitees erklärte am 22. November in der *República*: »Es gibt riesige Unterschiede zwischen den Rängen – die Speisesäle, das Essen, selbst das Besteck, ganz zu schweigen von Sold und Zulagen. Das Basiskomitee arbeitet in Abstimmung mit dem Komitee der Feldwebel. Manipulation durch Parteien gibt es hier nicht. Oder, wenn man so will: Nur durch die PS, die sich hinter die Offiziere gestellt hat. Die Solidarität wird täglich stärker. Viele Arbeiterkomitees aus der Gegend unterstützen uns.«

Die Arbeiterkomitees im Industriegürtel von Lissabon riefen für Montag, den 24. November, zu einer zweistündigen Arbeitsniederlegung auf, um über die Lage zu beratschlagen. Fallschirmjäger, die am Sonntag aus Angola zurückgekehrt und nun auf dem Stützpunkt in Ota stationiert waren, erklärten sich solidarisch mit den Fallschirmjägern in Tancos. Dort wiederum hatten Zivilisten ein Komitee gewählt, das sich um die Kantinen der Soldaten kümmerte. Der Luftwaffenstützpunkt 3, vertreten durch eine Gruppe der SUV, kritisierte seinen Befehlshaber und sicherte Tancos und dem zweithöchsten Kommandeur Unterstützung zu. Otelo geißelte in einer Fernsehansprache den »arbeiterfeindlichen« Kurs der Sechsten Regierung.

Auf der erwähnten Demonstration am 23. November hatte Soares erklärt, die PS habe keine Angst vor einem Bürgerkrieg: »Auch wir haben Gewehre«. Damit stachelte er die »Gruppe der Neun« dazu an, keinen Millimeter zurückzuweichen. »Es gibt keine linke Alternative zur Sechsten Regierung«, sagte er, gab der PCP die Schuld an der aktuellen Krise und geißelte jene »Soldaten, die sich innerhalb der Streitkräfte organisieren und der PCP als Werkzeug zur Errichtung ihrer Diktatur dienen«. Besonders schoss sich Soares auf Dinis de Almeida vom RAL-1 ein, der am schwersten bewaffneten Einheit im gesamten Großraum Lissabon.

Später am Abend gelangte der Landwirtschaftsverband CAP bei einem Treffen in Rio Maior zu dem Schluss, dass die Situation nicht länger hinnehmbar sei. Der Verband, der aus ehemaligen *latifundiários* und ihren Unterstützern bestand, hatte bereits am 7. November in Santarém eine Demonstration gegen die PCP organisiert und die »wilden Besetzungen«, die im ganzen Land stattfanden, verurteilt. Auf dem Treffen war von einem »linken« Staatsstreich durch das RAL-1 die Rede; die stramm konservativen Landwirte beschlossen, »das Land in zwei Hälften zu teilen« – und das meinten sie ernst. Ein paar Wochen zuvor hatte Galváo de Melo von der CDS ihnen gegenüber erklärt, man müsse »die Kommunisten ins Meer treiben, auf dass sie ertrinken«. Jetzt schlug die Stunde der Wahrheit, in der es galt, zwischen die südliche Revolutionsfolklore und den »reaktionären« Norden einen Keil zu treiben. Mitglieder der CAP aus dem ganzen Land – darunter Grundeigentümer aus dem Alentejo, die ihre Ländereien zurückbekommen hatten, und Rentiers aus dem Norden – versprachen feierlich, Bäume zu fällen, um damit die Flughäfen sowie die Straßen zwischen Norden und Süden zu blockieren. Ursprünglich war das Treffen zur Mobilisierung gegen die Agrarreform einberufen worden. Nun erwies sich der Zeitpunkt, an dem es stattfand, als ein glücklicher Zufall für die Rechte.

Am 25. November um 4 Uhr morgens gingen Kommandos vor dem Palast Belém in Stellung. Daran war nichts ungewöhnlich, denn Militäreinheiten nahmen immer häufiger »das Recht« in die eigenen Hände. Etwa zur selben Zeit verließ eine Abordnung der CAP den Palast, nachdem ihre Forderungen erfüllt worden waren. Sie erklärte, sie würde ihre Barrikaden wieder abbauen. Das COPCON alarmierte seine Mitglieder, bis 5 Uhr morgens hatte es Wachposten vor dem Rádio Emissora Nacional und dem Fernsehsender RTP aufgestellt. Gerüchte über einen rechten Putsch verbreiteten sich per Telefon wie ein Lauffeuer. Die Fallschirmjäger besetzten ihre Stützpunkte in Monte Real, Montijo und Monsanto, um sich gegen jegliche reaktionären Manöver zu verteidigen und ihre Genossen in Tancos zu unterstützen.

Noch hatte der Revolutionsrat Otelos Entlassung nicht bestätigt. In der »offiziellen« Darstellung der Ereignisse wird COPCON-Offizieren, die in Alto do Duque bereitgestanden hätten, vorgeworfen, den Befehl zur Besetzung der Stützpunkte gegeben zu haben. Doch die Stimmung dort hatte sich schon seit Tagen zusammengebraut, und vermutlich war es eine Reihe von Zufällen, die schließlich zu den Besetzungen führte.

Um 5:30 Uhr nahmen Einheiten der Lissabonner Militärakademie EPAM die Sendeanlage des Fernsehens außerhalb von Lissabon ein. In den Morgennachrichten von Rádio Clube Português hieß es, Vasco Lourenço sei als Militärkommandeur für den Großraum Lissabon nominiert worden, ohne dass Otelo seine Einwilligung gegeben hätte; alle aktiven Mitglieder von PCP und MDP sollten sich zu ihren lokalen Parteibüros begeben. Ferner berichtete der Sender über eine gemeinsame Solidaritätserklärung von PRP und MES zur Besetzung der Militärbasis in Tancos und verlas immer wieder die Manifeste der »Inter-Comissões« der Soldaten und Matrosen sowie der »Gruppe Fortschrittlicher Offiziere«. Als die Nachricht von der Besetzung der Fernsehsendeanlage in Monsanto durchsickerte, begannen sich einige Arbeiter zu bewaffnen.

Der Rundfunk berichtete, die nördlichen Truppen stünden geschlossen hinter Pires Veloso und dem Revolutionsrat. Um 15 Uhr verbot der Rat per Telex jegliche Verbreitung von Erklärungen des Militärs, die nicht aus seinem Büro stammten; um 16 Uhr wurde der Ausnahmezustand verhängt. Ramalho Eanes begab sich ins Kommandohauptquartier in Amadora und kündigte an, dass er im Auftrag der »Neun« sämtliche Militäroperationen befehligen werde. In Lissabon wimmelte es von Gerüchten über einen Coup »à la Pinochet«. Truppen aus der Militärakademie bezogen auf dem Dach der Niederlassung von General Electric und anderen Gebäuden Stellung. Der Oberbefehlshaber der Streitkräfte erklärte in einer Note, »der Vorwand für die Rebellion der Fallschirmjäger ist ein Kampf gegen Morais e Silva und Pinho Freire«, doch dies sei »offenkundig nicht das wirkliche Ziel der Manipulation, der sie unterzogen werden«.

Hauptmann Clemente, der die Besetzung der Fernsehsendeanlage angeführt hatte, wendete sich mitten am Nachmittag an potenzielle Zuschauer, doch da das Fernsehen nie um diese

Uhrzeit sendete, dürfte seine Botschaft kaum jemanden erreicht haben. Die Intersindical rief über Rádio Clube Português zur Mobilisierung auf. Gegen 16:30 Uhr bauten einige Arbeiter Barrikaden aus Bussen, eine Stunde später appellierte der Sender an »die Volksmassen«, den Kampf zu unterstützen. Doch die Leute hatten anderes zu tun. Gegen 18 Uhr versuchten mehrere Gruppen von zwanzig bis dreißig Arbeitern aus verschiedenen Fabriken, den Kommandos in Monsanto den Weg zu versperren. Auch in der Rua Castilho errichtete eine – ebenfalls kleine – Gruppe von Arbeitern eine Barrikade. Die meisten ihrer Kollegen und Freunde bekamen von den Ereignissen nichts mit. Sie waren in ihren Fabriken, dort hörte man kein Radio. Und die meisten derjenigen, die es dennoch mitbekamen, taten nichts.

Um 19 Uhr verlas Hauptmann Clemente zwei Kommuniqués der Metallarbeitergewerkschaft, die zu einem »Generalstreik« aufrief und den Ausnahmezustand verurteilte. Um 21 Uhr kursierte die Meldung, Otelo werde im Belém-Palast gefangengehalten. Um zu beweisen, dass dies nicht der Fall war, hielt Otelo von einem Fenster des Palasts aus eine Rede, etwa drei- bis vierhundert Leute hörten unten zu.

Die Kommandos übernahmen die Fernsehsendeanlage, ohne Blutvergießen zwangen sie die linken Truppen aus dem Gebäude, die es am Morgen besetzt hatten. Es war offensichtlich, dass die Fallschirmjäger dabei waren, zu verlieren. Nun blieb nur noch Rádio Clube Português als Informationsquelle. Ein Bauarbeiter, der im Namen seiner Gewerkschaft sprach, rief alle Arbeiter auf, sich mit schweren Werkzeugen bewaffnet bei ihren Gewerkschaftsbüros einzufinden. »Die Revolution ist in Gefahr«, warnte er. Der Aufruf wurde praktisch ignoriert. Nach monatelanger systematischer Demobilisierung konnte man den Kampfgeist nicht plötzlich herbeizaubern. Die Bereitschaft zur direkten Aktion, lange Zeit als »linkes Abenteurertum« denunziert, ließ sich nicht an- und abstellen wie ein Wasserhahn.

Um 22 Uhr wurde der Ausnahmezustand zum Belagerungszustand verschärft. Die Barrikaden in der Rua Castilho, errichtet von PCP-Arbeitern bei E.C. Esteves, wurden am 26. November um 1 Uhr morgens friedlich geräumt, die meisten Leute, die sie bewacht hatten, waren bereits ins Bett gegangen. Auf den Straßen von Lissabon herrschte Ruhe, nur ein paar Betrunkene und revolutionär Gesonnene, die ziellos umherliefen, bevölkerten sie noch. Die »Kommune von Lissabon« erwies sich als eine Geisterstadt.

Die Blase war geplatzt. Um 3 Uhr morgens hatten die »Neun« und die Rechte mithilfe der Frente Militar Unida und der Kommandos die Lage fest unter ihre Kontrolle gebracht. Am Belém-Palast schossen Truppen der Kommandos auf ein paar revolutionäre Poltergeister, drei Personen wurden verletzt. Eine Freundin rief mich um 5 Uhr aus einem Haus in der Nähe der Militärpolizei an und berichtete, die Einheiten dort würden weiterhin Widerstand leisten. Sie entschuldigte sich, dass sie um diese Zeit anrief, »ich weiß ja nicht, ob es früh oder spät ist«. Um 7 Uhr morgens erhielt die Militärpolizei einen Anruf aus dem Belém-Palast: Sie habe eine Stunde Zeit, sich zu ergeben. Die Majore Campos e Andrade, Tomé und Cuco Rosa beriefen ein *plenário* ein, das beschloss, auszuharren. Campos e Andrade entschied, sich trotzdem zu stellen, doch bevor er das tun konnte, trafen auch schon die Kommandos ein. Schüsse wurden über die Kasernen abgegeben. Zwei Militärpolizisten und ein Angehöriger der Kommandos kamen um. Campos e Andrade rief Costa Gomes an und bat um einen Waffenstillstand, doch vergebens; Major Tomé befahl seinen Truppen, das Feuer einzustellen, »um weiteres Blutvergießen zu vermeiden«. Dann wurden die drei Majore festgenommen.

Bis 15 Uhr waren sämtliche Militärpolizisten beurlaubt und nach Hause geschickt worden. Es war ein trauriger Anblick: »die bewaffnete Avantgarde der Revolution« stapfte mit ihrem Gepäck an einer Gruppe von dreihundert verdutzten Zuschauern vorbei.

In anderen Landesteilen, besonders im Süden, stellte sich die Situation etwas anders dar. In Alcácer hatten Landarbeiter bereits am 24. November vor dem Gewerkschaftshaus demonstriert; sie wollten wissen, was gerade vor sich ging. Die Gewerkschaft teilte ihnen mit, sie habe keinerlei Anweisungen erhalten, daher sollten alle nach Hause gehen. Die Arbeiter waren unentschieden. Ein Gewerkschaftsfunktionär kletterte auf einen Lastwagen und erklärte, die Lage sei »ernst«, aber es sei dennoch besser, die Versammlung aufzulösen und auf weitere Anweisungen zu warten. Rund 2.000 Arbeiter waren anwesend. Am 25. und 26. November wurde allmählich klar, dass die Gewerkschaft nichts wusste – oder nichts wissen wollte. »In Setúbal ist etwas im Gange«, meinte einer. Viele Arbeiter wollten dorthin fahren. Diesmal handelten die PCP und die Gewerkschaften sehr schnell: Sie errichteten Straßensperren, um die Arbeiter daran zu hindern, Alcácer zu verlassen, und teilten ihnen mit, die Lage sei unter Kontrolle und in Setúbal gebe es ohnehin kaum Linke.

Auch in Vendas Novas kamen am 25. November Arbeiter aus rund dreißig Genossenschaften zusammen und entschieden, zum Gewerkschaftshaus zu ziehen. Sie wurden ebenfalls von der Gewerkschaft aufgefordert, wieder nach Hause zu gehen. Als sie dagegen protestierten, hieß es, sie sollten sich zur örtlichen Kaserne begeben – »um die Truppen zu verteidigen«. PRP-Aktivisten erklärten den Arbeitern, ein gewisser Hauptmann R. hätte ihnen Gewehre versprochen, sie sollten warten, die Gewehre der PRP seien unterwegs. Doch die Arbeiter misstrauten der Gruppe und beschlossen stattdessen, zum Institut für Agrarreform zu gehen und dort um Waffen zu bitten. Die völlig verdatterten Angestellten sagten ihnen, sie hätten keine. Die Arbeiter glaubten ihnen nicht. Die jüngeren Männer liefen zur Kaserne zurück, um auf ihre Gewehre zu warten, aber die bekamen sie nie.

In Évora herrschte eine völlig verworrene Situation. Niemand wusste, was man tun sollte. Alle warteten ab. Nach der Schließung von Radiosendern und Zeitungen war die Bevölkerung auf Gedeih und Verderb auf die Gerüchte angewiesen, die Parteiaktivisten mitbrachten. Jeder, der in den Ort kam, wurde mit Fragen gelöchert. In anderen Regionen bestand derselbe Mangel an Informationen, dieselbe Verwirrung.

Viele Aktivisten begaben sich nach Tancos. Dort fanden pausenlos Versammlungen statt, auf denen an die revolutionäre Disziplin appelliert wurde. Zeca Afonso, ein bekannter Sänger, kam und trug seine Revolutionslieder vor, alle sangen mit. Es herrschte eine angespannte, fieberhafte Atmosphäre, denn nicht nur Otelos Entlassung war mittlerweile bekannt geworden, sondern auch das Vorhaben, den gesamten Stützpunkt zu schließen. Das Versagen des COPCON, kein gemeinsames Vorgehen zu initiieren, sowie der Erfolg der »Neun« und ihrer Militärfront stürzten die Politiker auf der Linken in völlige Orientierungslosigkeit.

Am 26. November flogen Maschinen der Luftwaffe über Lissabon, ein Signal des Sieges. Die im Radio und dem Regionalfernsehen Porto verlesenen Kommuniqués ergaben alle dasselbe Bild: »Um 1 Uhr nachts hat sich der Stützpunkt Montijo ergeben«, »Auch auf dem Luftwaffenstützpunkt 3 wird die Lage gerade normalisiert«. Am 27. November wurde Hauptmann Luz, Kommandeur des Forte de Almada in Setúbal, verhaftet. Die Gegend war eine Hochburg der PCP, doch obwohl die Partei versuchte, eine Spontandemonstration zu verhindern, zogen die Arbeiter massenhaft zu dem Fort, um mehr in Erfahrung zu bringen.

Setúbal war wohl die einzige Region, in der sich etwas mehr Widerstand regte. Ein »Kampfausschuss«, bestehend aus PRP- und UDP-Mitgliedern, wurde ins Leben gerufen. In der Stadt fanden damals erbitterte Kämpfe von Nachbarschaftskomitees gegen die hohen Mieten und Lebenshaltungskosten statt. Der Kampfausschuss rief dazu auf, sich massenhaft vor dem Infanteriestützpunkt II zu versammeln. Dort verlangte die Menge Gewehre – und einige wurden unter der Hand auch tatsächlich an bekannte Aktivisten ausgegeben. Flugzeuge brummten über dem Rathaus, in dem der Ausschuss seine Zentrale eingerichtet hatte. Er gab das Gebäude auf und zog in das Büro der Lokalzeitung *O Setúbalense* um. Eine Sonderausgabe wurde vorbereitet. *O Setúbalense* war damals die einzige Tageszeitung, die im Süden erschien. Sie berichtete über die Geschehnisse in Tancos und den anderen

Stützpunkten der Fallschirmjäger und rief die Bevölkerung zur Mobilisierung gegen die Kommandos auf. Am 27. November wurden sämtliche Beschäftigte der Zeitung verhaftet. Eine Miliz, die sie hätte verteidigen können, gab es nicht.

Am selben Tag um 10 Uhr morgens kamen die Arbeiter der Lisnave-Werft wie in vielen anderen Fabriken zusammen, um die Lage zu erörtern. Eine Delegation des Schwesterunternehmens Setenave erschien, auch Soldaten aus dem nahegelegenen Forte de Almada waren anwesend. Während die PCP gegen jegliche Machtdemonstration der Arbeiter argumentierte, meinten einige Beschäftigte aus den Reihen von PRP und UDP, man müsse »etwas tun«. Vierzig Arbeiter (aus einer Belegschaft von 8.400 Menschen) gründeten ein »Kampfkomitee«, das zum Streik aufrief – ein Vorstoß, den die Mehrheit der Arbeiter völlig ignorierte. Unterdessen rückten Truppen aus dem Norden an und neutralisierten die zweifelhaften Einheiten eine nach der anderen. Die »Neun« erfanden derweil einen Staatsstreich der Linken, gegen den sie, die wirklichen Revolutionäre, angeblich vorgingen. Die Gruppe hatte während der Krise eindeutig die Oberhand. Hunderte versammelten sich vor den Kasernen des RAL-1, um zu erfahren, was vor sich ging. Die Wachen am Tor fütterten sie mit konfusen Botschaften, die die Leute in noch konfuserer Form zu anderen Einheiten weitertrugen. Wandzeitungen erschienen an Parteibüros und Straßenecken. Die MRPP unterstützte die Regierung und attackierte den »sozialfaschistischen Coup«. Als der Tag zu Ende ging, waren Otelo und Fabião offiziell aus dem Rat zurückgetreten.

Die PRP war in Setúbal aktiv, die UDP in Lissabon. In Baixa da Banheira, das Lissabon gegenüber auf der anderen Seite des Flusses liegt, versammelten sich auf ihre Initiative Arbeiterkomitees aus zwanzig bis dreißig Fabriken und gründeten die »Föderation der Organe der Volkseinheit«. Am 29. November gaben sie die Flugschrift *Estado de Sítio* (»Belagerungszustand«) heraus. Während das Treffen in Setúbal am 26. November angesichts der angespannten und verworrenen Lage viele aufrichtige Arbeiter zusammengebracht und in einer von Parteipolitik völlig unbelasteten Atmosphäre stattgefunden hatte, verlief das UDP-Treffen anders. In der Flugschrift vom 29. November wurde gefragt: »Und jetzt? Sollen wir mit verschränkten Armen gleichgültig zuschauen?« Darauf folgte der Aufruf zu einem *plenário* in Baixa da Banheira am 30. November, »wo sich alle Arbeiter- und Nachbarschaftskomitees sowie sonstigen Basisorganisationen treffen sollten«. Die Initiative brachte eine neue UDP-Frontorganisation hervor, sonst nichts.

Am Mittwoch, dem 27. November, war im Großteil des Landes wieder Normalität eingekehrt. Die Zeitungen im Norden erlebten einen kleinen Boom. Einige gonçalvistische Offiziere flohen, andere wurden festgenommen. Auch Arbeiter wurden verhaftet: Zum einen diejenigen, die Barrikaden errichtet hatten, und zum anderen die aus ein oder zwei Betrieben (wie J. Pimenta), die am Abend des 26. November Späher ausgeschickt hatten, um zu erfahren, was vor sich geht.

Am 28. November versuchten die Fallschirmjäger eine Übereinkunft mit dem Revolutionsrat auszuhandeln. Gerüchten zufolge sollten sie durch Bombardierungen aus dem letzten Stützpunkt getrieben werden, den sie noch besetzt hielten. Ein *plenário* entschied, dass es vergebens wäre, weiterzukämpfen, und nur sinnloses Blutvergießen zur Folge hätte. Als sie die Kaserne verließen, waren manche Fallschirmjäger in Tränen aufgelöst. Sie meinten, man habe sie »schon wieder verraten«. Die Szene war jämmerlich. Ein offizielles Kommuniqué untermauerte die Botschaft: »Der Geist des 25. April war einer, der keine Parteien kennt. Leider haben sich einige Soldaten manipulieren lassen und Beziehungen zu politischen Parteien hergestellt. (...) Sie sind unter dem falschen Banner einer selbsternannten fortschrittlichen Politik aufgetreten, die der Staatsstreich entlarvt hat.« In der Erklärung wurde die Verhaftung von Hauptmann Clemente und Varela Gomes gefordert, beides ehemalige Offiziere der 5. Division. Am selben Tag trat Vasco Lourenço sein Amt als Kommandant des Militärbezirks Lissabon an.

Slum in Lissabon. »Warum leben wir in Bruchbuden? Haben wir nicht das Recht auf ein Haus? Nieder mit dem Kapitalismus!« 5. Juli 1974

XV EINE BILANZ

Die nahezu spektakuläre Gleichgültigkeit, mit der die meisten Arbeiterinnen und Arbeiter auf die Ereignisse des 25. November reagierten, ist nicht schwer zu begreifen. Weder die »Neun« und ihre Militärfront FMU noch PCP und FUR hatten irgendetwas anzubieten, was für ihre grundlegenden Bedürfnisse, für ihr wirkliches Leben von Belang gewesen wäre. Das eine Lager dem anderen vorzuziehen hieß, den einen Boss dem anderen vorzuziehen. Die Kräfte, die durch den 25. November die Oberhand gewannen, waren in vieler Hinsicht schlicht diejenigen, die den einfachsten Ausweg zu bieten schienen, denn die Projekte der FUR oder auch des COPCON weiterzuverfolgen hätte bedeutet, dass die Arbeiterinnen und Arbeiter den Zorn Europas und Amerikas auf sich ziehen; allein konnten sie diesen Weg unmöglich beschreiten.

Irgendwann am Nachmittag des 25. November muss das Zentralkomitee der PCP seine Schlüsse gezogen haben. Die Partei hatte zwei Optionen. Sie konnte erstens die Fallschirmjäger unterstützen und zu einer Mobilisierung auf der Straße aufrufen, was mit hoher Wahrscheinlichkeit zu einer »Kommune von Lissabon und dem Alentejo« geführt hätte, abgelehnt vom Rest des Landes, aber mit großer Kraftanstrengung wohl imstande, sich ein paar Wochen zu behaupten. Ein solches »Abenteuer«, so vermutlich die Kalkulation der PCP, hätte leicht entgleisen, hätte in Blutvergießen münden und die Partei die Führungsrolle kosten können, die sie in der Krise bis dahin gespielt hatte. Zweitens konnte sie sich in Zurückhaltung üben, vermittelt durch Costa Gomes einen Kompromiss mit den »Neun« anstreben und versuchen, möglichst viel für sich herauszuschlagen. Angesichts des Charakters der Partei war die zweite Strategie die weniger riskante. Auf diesem Wege würde die PCP zwar ihren Einfluss in den Ministerien verlieren, aber weiterhin beträchtliche Macht über die

Gewerkschaften, die Arbeiter- und Nachbarschaftskomitees, die Kooperativen und – so die Hoffnung – einige Medien ausüben.

In jedem Fall fiel der Widerstand am 25. November jämmerlich aus. Die PCP war mit der Aussicht konfrontiert, alles zu verlieren. Sie beschloss, die Offiziere, derer sie sich in den Wochen vor dem 25. November bedient hatte, über die Klinge springen zu lassen, um sich im Gegenzug ihren Platz in der Regierung zu sichern. Die »Neun« wussten, dass sie auf sich allein gestellt die Arbeiterinnen und Arbeiter nicht in Schach halten konnten; Brigadegeneral Charais sprach dies in einem Radiointerview am 29. November offen aus.

Wie in allen bisherigen Krisen in Portugal bestand das Ergebnis in einer Ausweitung der Macht des Staates: Er übernahm das verbleibende Kapital von acht Zeitungen und sämtlicher Radiosender. Den »Neun« ging es aber gar nicht so sehr um weitere Verstaatlichungen als um die Frage, in welche Richtung man den riesigen Teil der Wirtschaft lenken sollte, der sich bereits in den Händen des Staates befand – laut offiziellen Statistiken 65 Prozent, andere Quellen wie die Banco Pinto Magalhães gingen sogar von 74 Prozent aus. Fünf Morgen- und drei Abendzeitungen bekamen eine neue Geschäftsführung, der Staat avancierte zum Herrn über die Medien. Die wichtigsten Zeitungen – *O Século, Diário de Notícias, A Capital, Jornal de Notícias, Diário de Lisboa, Diário Popular, Jornal do Comércio* und *Comércio do Porto* – wurden ebenso wie diverse nunmehr staatseigene Zeitschriften und Rundfunksender einer »Generalüberholung« unterzogen. Die PCP büßte ihre beherrschende Stellung in den Medien weitgehend ein.

Der »Staatsstreich« des 25. November war, anders als von der PRP (und nicht nur ihr) behauptet, kein Putsch »à la Pinochet«, wobei ich zugeben muss, dass auch ich am fraglichen Abend – genau wie viele meiner Freunde – das Schlimmste befürchtete. Mehrere Freunde riefen mich aus dem Ausland an, weil sie sich Sorgen um mich machten. Ich erklärte ihnen, dass alles in Ordnung sei. Aber wären nur die falschen Dickschädel aneinandergeraten, hätte alles auch böse enden können.

Vielleicht zu ihrer eigenen Überraschung überlebten die politischen Parteien den 25. November. Den Kräften, die den nun wieder erstarkten Staatsapparat übernahmen, war bewusst, dass ihre parlamentarisch-demokratische Tarnung linke wie rechte Parteien benötigte. Und so wurden sie am Sonntag, dem 30. November, allesamt zu »Gesprächen« in den Präsidentenpalast Belém eingeladen: PPD, PS, PCP, CDS, FUR, UDP, PCP-ML und MRPP.

Am härtesten traf es die autonomen Arbeitergruppen, die außerhalb der Parteien und ihrer angeblich unabhängigen Frontorganisationen agiert hatten. Razzien setzten ein, um Waffenlager zu finden. Die inzwischen wiederbewaffnete Republikanische Nationalgarde führte »Ermittlungen« gegen mehr als vierzig Kooperativen und autonome proletarische Organisationen durch. Gemeinsam mit Soldaten der örtlichen Infanterieschule umstellte sie die Kooperative in Aveiras de Cima in der Provinz Ribatejo und trieb die Arbeiter in Schlafanzügen in die nächtliche Kälte hinaus. »Wo sind die Waffen?« Niemand antwortete. Die Nationalgardisten begannen mit der Durchsuchung der Gebäude; sie fanden ein einzelnes G3-Gewehr. Niemand bekannte sich zu dessen Besitz. Als die Soldaten mit Festnahmen drohten, erklärte einer, das Gewehr gehöre ihm; zwei weitere Arbeiter wurden trotzdem festgenommen. »Ihr lebt hier alle zusammen, was? Wahrscheinlich schlaft ihr auch alle zusammen?«, feixte ein Offizier der Nationalgarde. Niemand antwortete. Ähnliche Razzien fanden in einigen Fabriken und den Volkskliniken in Santa Cruz und Cova de Piedade statt.

Dass auch die Zentrale der PRP durchsucht wurde, war angesichts ihrer Prahlereien mit Waffen beinahe unvermeidlich. Aber es wurden keine gefunden. Hatte die Partei sie unter die Leute gebracht? Waren sie in Erwartung einer noch größeren Notsituation versteckt worden? Hatte es sie überhaupt je gegeben? Hauptmann Fernandes, der 1.500 G3-Schnellfeuergewehre verteilt und sich dann klugerweise aus dem Staub gemacht hatte, wurde zum Deserteur erklärt und per Haftbefehl gesucht. Diese Razzien, die die linken Organisationen auf Linie bringen sollten, hielten bis zum März 1976 an.

Das wichtigste Ergebnis des 25. November bestand in einer Stärkung des Staates, die es ihm erlaubte, seine Kontrolle und »Planung« stimmiger und geschlossener anzugehen. Dafür mussten einige Vorhaben, die er bislang verfolgt hatte, abgeändert werden, was durch drastische Maßnahmen erreicht wurde – eine Reihe von Säuberungen traf die Ministerien, vor allem die Ressorts für Wirtschaft, innere Sicherheit sowie Landwirtschaft und Fischerei. Besonders wichtig war eine festere Kontrolle über die Organisationen der Arbeiter und über das Militär.

Auch wenn die Unterschiede zwischen den zwei technokratischen Projekten, die die »Neun« und die PS einerseits, die PCP und die FUR andererseits verfolgten, sicherlich viele Facetten aufwiesen, hatten sie einen ökonomischen Kern. Die vorgeschlagenen »Lösungen« wichen voneinander ab, was das Tempo der Verstaatlichungen, die dafür geeigneten Sektoren sowie den Zweck ihrer künftigen Nutzung betraf. Wo die »Kommandohöhen« über die Wirtschaft liegen sollten, hing davon ab, in welche Richtung man die »Entwicklung der Produktivkräfte« lenken wollte, und dies wiederum betraf die Frage internationaler Abkommen mit anderen Staaten.

Das Prinzip der Verstaatlichung stellten die »Neun« nie infrage; der Streit drehte sich darum, welche Sektoren am dringendsten entwickelt werden mussten. Es ging um die Rolle des Staates und seine Kontrolle über die betreffenden Bereiche der Wirtschaft. Für die PS und die PPD lag die Zukunft in einer parlamentarischen Demokratie nach europäischem Muster. Andere, etwa Melo Antunes, orientierten sich eher an der Dritten Welt. Eine Minderheit träumte von unerschöpflichem Handel mit Albanien und China. Welchen Preis die jeweilige Ausrichtung der Produktion haben würde und wer ihn zu zahlen hätte, fragte niemand. Es bestand keinerlei Bewusstsein des Wertgesetzes – entsprechend unklar blieb die gesamte Frage der Produktion und des Proletariats.

Von der PS über die »Linke« im Militär bis zu den Gruppen der sogenannten radikalen Linken teilten die Technokraten eine bestimmte historische Perspektive: Die Wirtschaft sollte der Politik untergeordnet werden, der Schweiß der Produktion (Sache der Arbeiter) den Kalkulationen der Distribution (Sache der Technokraten). Das Proletariat hatte, wie von Marx bemerkt, keine Ideale zu verwirklichen. Es war ein Körper, dem es bestimmte Ideale aufzuzwingen galt. Um nichts anderes ging es den Kapitalisten und den Staatskapitalisten. Für die Masse der geknechteten Individuen lag das vermeintliche Heil in der Wahl zwischen verschiedenen Avantgarden, die allesamt vorgaben, keine zu sein. Die hyperrevolutionären Avantgarden sind nie wie gewöhnliche Menschen. Deshalb sollen wir zu ihnen aufblicken und nie die Entfremdung aussprechen, die wir spüren. Über das Leben der revolutionären Sonderlinge – des Proletariats – entschieden andere. Eines Tages, so die Hymne des internationalen Sozialismus, sollten die Arbeiter sich zu einem »letzten Gefecht« vereinen und den Traum der Menschheit verwirklichen. Hier und jetzt aber ging es, leider, um bescheidenere Anliegen wie die »nationale Unabhängigkeit«.

Anders als von der gesamten ausländischen Presse einschließlich *Financial Times* und *Le Monde* vermeldet, bedeutete der 25. November allerdings auch keine unmittelbare Rückgabe von Kapital in private Hände.[58] Er war lediglich eine Atempause für den Staat, der die Ordnung wiederherstellen, wieder Maßnahmen von oben durchsetzen wollte. Sein erster Schritt bestand darin, sämtliche militärische Kommuniqués zu verbieten, die nicht vom Generalstab oder dem »Revolutionsrat« stammten. Außerdem beschloss er, die Streitkräfte bis 1978 auf 12.000 Mann zu beschränken; viele Wehrpflichtige wurden vom Dienst befreit. Weil das Militär aber Tausenden von jungen Männern Beschäftigung bot, zog dies unweigerlich Probleme nach sich. Gleichzeitig wurden die Versammlungen in den Kasernen abgeschafft und die traditionelle militärische Disziplin wiederhergestellt.

Pläne für eine »Zensur der Pornografie« wurden ausgear-

beitet (ein Thema, das das Militär schon immer obsessiv beschäftigt hatte). Der Minister für Landwirtschaft verbot weitere Besetzungen von Land; von November 1975 bis Februar 1976 fanden nur noch vier statt, von September bis November 1975 waren es vierhundert gewesen. Rund 700.000 Hektar mussten noch umverteilt werden, um das »Gesetz über die Agrarreform« zu implementieren, doch bevor der Staat irgendwelche weiteren Schritte einleitete, wollte er offenkundig zunächst die besetzten Ländereien unter seine Kontrolle bekommen.

All das stellte die extreme Rechte natürlich nicht zufrieden, für sie war Melo Antunes ein »in der Wolle gefärbter« Kommunist. Sie setzte ihre Organisierung fort und träumte noch immer von einer Rückkehr der »guten alten Zeiten«. Im Norden, in Braga, in Póvoa de Varzim und anderen Orten, hielten die Bombenanschläge an, sie richteten sich vor allem gegen die UDP und die Gewerkschaften. Die Kräfte, die bereits am 28. September und am 11. März in Aktion getreten waren, befanden sich erneut in der Offensive. Es wurde viel über eine »Rückkehr der Bosse« aus Brasilien und den USA geredet, aber der neue Staat war nicht bereit, ihnen zurückzugeben, was er sich angeeignet hatte.

In manchen Fällen konnten ehemalige Eigentümer aber als Geschäftsführer zurückkehren. Bis Mitte Januar 1976 waren rund 130 »Anträge« auf Rückerstattung von Eigentum beim Staat eingegangen; für ihre Klärung war bezeichnenderweise das Arbeitsministerium zuständig. Das Ministerium für Landwirtschaft setzte ehemaligen Grundeigentümern eine Frist bis zum 1. März 1976, um Entschädigungsforderungen geltend zu machen. Bis März wurden lediglich 19 Fälle von »Wiederbesetzungen«, in denen ehemalige Eigentümer ihr besetztes Land zurückerlangten, sowie zehn Reprivatisierungen registriert. Die letzteren, die allesamt Textilunternehmen im Norden betrafen, hatten die Arbeiter selbst gefordert, doch in vielen anderen Fällen, in denen die Beschäftigten sich für die Rückkehr ihres ehemaligen Bosses aussprachen, lehnten die Behörden dies ab.

Was am 25. November geschehen war, bestand im Kern darin, dass eine der bürokratisch-militärischen Gruppen – der militärische Flügel der PS und der »Neun« – den anderen seinen Willen aufzwingen konnte. Aber es gab enorme Unterschiede zwischen der alten PIDE und dem neuen Staat: Er betrachtete die Oppositionsparteien als notwendig und konzentrierte seine Angriffe auf die Basisgruppen. Während der ersten Repressionswellen ging es den Parteien vorrangig darum, sich selbst zu verteidigen. Ihr erster Reflex bestand darin, den eigenen Apparat straffer zu organisieren. In Wirklichkeit aber hatten sie wenig zu befürchten: Sie waren für das neue Modell unverzichtbar.

Mit der Arbeiterklasse insgesamt, die noch immer eine nicht zu unterschätzende Kraft darstellte, ging die Regierung eher vorsichtig um. Sie sah sich rund achthundert Industriekooperativen und zweihundert kleineren Dienstleistungsunternehmen unter Arbeiterkontrolle gegenüber, ganz zu schweigen von den Tausenden von Fällen, in denen die Belegschaften eine starke Position im Unternehmen hatten – ein Arbeiter von Lisnave prägte den Begriff der »proletarischen Wachsamkeit« (*vigilância operária*), um die Situation auf seiner Werft zu beschreiben. Dazu kamen mehr als sechshundert landwirtschaftliche Kooperativen, von denen die meisten bis Mai 1976 legalisiert wurden. Mehr als ein Fünftel der Agrarflächen in Portugal – eine Million von knapp fünf Millionen Hektar – stand unter einer Form von kollektiver Kontrolle. Auch die Hausbesetzungen, die bis zum 25. November die Zahl von 35.000 erreicht hatten, wurden aufrechterhalten: Nur weil die Linke ein paar Ministerien verloren hatte, waren die Besetzerinnen und Besetzer nicht bereit, auf ihre Rechte zu verzichten.

Der 25. November hatte dennoch sehr direkte Folgen für die Arbeiter. Auch wenn es zunächst nicht offensichtlich war, markierte er auf der Ebene der großen Politik den Scheitelpunkt des revolutionären Experiments, das die 18 Monate zuvor geprägt hatte. Aber auch auf der Ebene des Alltagslebens machte er sich unmittelbar bemerkbar. Nach dem 11. März waren die Preise bis zum Jahresende eingefroren worden. Nun wurden sie freigegeben, und damit trat der verborgene Inflationsdruck zutage, den die staatliche Politik in diesen neun Monaten erzeugt hatte. Im Januar 1976 stiegen die Lebensmittelpreise um 40 Prozent. Darüber wurde viel geklagt, und mitunter weigerten sich Leute, die höheren Preise zu zahlen; ein organisierter Widerstand entwickelte sich daraus aber nicht. Die Arbeiter kämpften für eine versprochene Einkommenssteigerung: Die meisten hatten im Vorjahr ein 13. Monatsgehalt durchsetzen können, das viele private wie staatliche Unternehmen nun aber nicht zahlen wollten. Im Februar und März 1976 traten rund 380 Fabriken in den Streik, in Tausenden weiteren wurden Protesterklärungen unterzeichnet. Die Bosse agierten wieder selbstbewusster und der Staat weitete schrittweise seine Kontrolle aus.

Unterdessen bereiteten sich die Landarbeiter, die eine Million Hektar Anbaufläche besetzt hielten, auf ihre erste »kollektive« Ernte vor. Die neue Regierung plante eine Kommerzialisierung der Kooperativen, indem sie ihnen vorschrieb, Olivenöl, Wein und Getreide an staatlich kontrollierte Institutionen wie den Verband der Winzer oder das Institut für Getreideanbau zu verkaufen, die für den Vertrieb zuständig sein sollten. Lehnten die Kooperativen dies ab, erhielten sie keine Kredite mehr.

Indem der Staat weitere Besetzungen verbot, erzeugte er eine gewisse Spaltung unter den Landarbeiterinnen und Landarbeitern, von der er sich erhoffte, sie besser kontrollieren zu können. Es gab dennoch viele Versuche, Land zu besetzen (unter anderem im Vale de Sobrados bei Évora), die jedoch sofort die Republikanische Nationalgarde auf den Plan riefen und mit Räumungen endeten.

An manchen Orten versuchten Arbeiter parallele Wirtschaftsstrukturen aufzubauen. Im Zentrum und Süden des Landes wurden umfangreiche Direktverkäufe von Kooperativen an Nachbarschaftskomitees organisiert, die angesichts der gestiegenen Lebenshaltungskosten großen Anklang fanden. Kohl, der im Supermarkt 15 Escudos kostete, war so für

4 Escudos erhältlich. Auch Wein und Olivenöl wurden zu deutlich niedrigeren Preisen abgegeben.

Rundfunk und Fernsehen, nunmehr vollständig verstaatlicht, wurden in einer Anstalt zusammengeführt, die dem bis zum 25. November üblichen politischen Meinungsstreit ein Ende bereiten sollte. Auch die verstaatlichten Zeitungen bekamen neue Herausgeber und Chefredakteure, zumeist Anhänger der PS, aber auch einige »Unabhängige«, die in Wirklichkeit der PPD nahestanden. Es war furchtbar. Das Radio erklärte sich zum »Sprachrohr des Volkes«, des »wirklichen« portugiesischen Volkes, das von Revolutionsliedern genug habe. Offenbar meinten die staatlichen Stellen, die weichgespülte sozialdemokratische Musik, wie sie ansonsten in amerikanischen Eisdielen lief, sei den Hörern lieber. Jede und jeder wurde tagtäglich zur »Selbstdisziplin« angehalten, was aus dem Munde solcher Leute nichts anderes war als ein Euphemismus für Selbstunterdrückung.

Zweitklassige Dichter, Schriftsteller und Juristen übernahmen in den Redaktionsstuben der Zeitungen und Zeitschriften das Ruder. Die Wochenblätter *Vida Mundial* und *A Capital*, die bislang halbwegs objektiv berichtet hatten, wurden fantasielosen Kleingeistern überantwortet; ihre Artikel bestanden nur noch aus Mitteilungen darüber, was Technokraten dachten oder taten oder zu tun gedachten. War bis zum 25. November das Geschehen in Portugal das alles beherrschende Thema gewesen, galt nun das Gegenteil: Über internationale Ereignisse, Erdbeben, Staatsbesuche und den Krieg im Libanon wurde ausgiebig berichtet, während sich die Artikel über Portugal in Tiraden gegen »Anarchopopulismus«, »COPCONismus« und den Brandanschlag auf die spanische Botschaft erschöpften. Wer dagegen Einspruch erhob oder auch nur eine gewisse Skepsis erkennen ließ, wurde unter dem mantraartigen Ruf nach »Disziplin« an den Pranger gestellt. Hundertmal am Tag wurde ein drohender Zusammenbruch der Wirtschaft heraufbeschworen, und als Sündenböcke mussten die Arbeiter herhalten: Sie waren offenbar allesamt manipuliert, abgesehen von denen natürlich, die den am 25. November »siegreichen«

Parteien die Stange gehalten hatten. Mit Halbwahrheiten aus dem masochistischen Repertoire des kleinen Beamten wurde das Alltagsleben zu Tode getrampelt. Man hätte sie am liebsten angebrüllt, die Verfechter dieser »Freiheit«, und ihnen die stille Verzweiflung Mallarmés entgegengeschleudert: »Mein Leib ist müd; die Bücher las ich alle.« Hatten sie auch nur die leiseste Ahnung, wie sehr sie die Hörer und Leser quälten, in welchen Abgrund sie sie stießen? Was wussten sie schon von den Sehnsüchten, die in den stürmischen Tagen bis zum 25. November mit einem so eigenartigen Seelenfrieden einhergegangen waren? Klärte sie irgendjemand darüber auf, dass Psychopharmaka und Alkoholismus Symptome eines unterdrückten Klassenkampfs waren? Hatten sie irgendein Gespür für die reale Verelendung des Proletariats, über die sie nur mit hohler Rhetorik sprachen?

Das neue Establishment, große Antifaschisten allesamt, war darauf aus, jede Fantasie, jeden Anschein von Leben zu vernichten. Mit ihren Vorstellungen von »Pluralismus« vertraten diese Schwachköpfe eine Vision von Sozialismus, die so leblos war, dass sie, wie Marx einmal bezüglich der Arbeitsweise in den Manufakturen schrieb, »den Arbeiter in eine Abnormität« verkrüppelt. Moralismus und Mittelmaß stützten sich wechselseitig. Diese ganze Kleingeistigkeit präsentierte sich im Namen von Ordnung, »Vernunft« und ... Produktivität.

So wenig dies die Arbeiter zufriedenstellte, so wenig genügte es der extremen Rechten. Mit internationaler Hilfe gründete sie eine ganze Reihe von Zeitungen, die die Linke attackierten: *O País*, *Rua*, *Rossio*, *Retornado* und *O Dia*. Auch die PCP, die ihren beherrschenden Einfluss im *Diário de Notícias* eingebüßt hatte (er diente nun einer völlig blassen PS als Propagandaorgan), rief mit *O Diário* eine neue Tageszeitung ins Leben; andere linke Fraktionen gründeten Wochenzeitungen wie die *Gazeta da Semana*, herausgegeben von einem ehemaligen MES-Funktionär, der aus der Fünften Regierung ausgeschieden war, und die *Página Um*, die in den Händen der PRP lag.

Rádio Renascença wurde der Kirche zurückgegeben, die sich als überaus stark erwies. Nach sechs Monaten einer erhabenen Stille übertrug der Rundfunk wieder die sonntäglichen Messen. Überall wurde Mystizismus feilgeboten. Selbst Otelo begann sich zu fragen, ob es eine strategisch kluge Entscheidung gewesen war, sich auf die Seite der Arbeiter zu stellen.

Am 8. März meldete der *Diário Popular* die Freilassung von 1.040 PIDE-Agenten, nur dreihundert blieben noch inhaftiert, aber auch sie sollten später auf freien Fuß kommen. Von den Haftentlassenen standen sechshundert unter eingeschränktem Hausarrest, was sie nicht daran hinderte, sich frei im Land zu bewegen, an Treffen teilzunehmen und politische Propaganda zu betreiben. Bis April 1976 war nicht eine einzige Anklage gegen ehemalige PIDE-Mitarbeiter erhoben worden; im Mai, zwei Jahre nach dem Staatsstreich, befanden sich ganze 108 Fälle »in Bearbeitung«.

Die Bewegung der Kooperativen sollte umorganisiert werden, neue Gesetzesentwürfe zielten darauf ab, sie fester an die Kandare zu nehmen. Doch die Kooperativen waren ohnehin nicht als eine revolutionäre Infragestellung des Kapitalismus entstanden, sondern als staatskapitalistischer Versuch, die Besetzungen so zu kanalisieren, dass die etablierten Institutionen das Sagen hatten. Die Arbeiter besetzten Land, Häuser und Fabriken; dann erschien der Staat mit dem Versprechen, einige ihrer Errungenschaften zu »legalisieren«. Um zu überleben, blieb den Arbeitern keine andere Wahl, als zu akzeptieren, dass die Ergebnisse ihrer eigenen Praxis nun ins System integriert wurden.

Dass Verstaatlichungen nichts mit Sozialismus zu tun haben, liegt auf der Hand: Sie sind bloß ein Mittel dafür, das reibungslose Funktionieren von wichtigen Sektoren wie Verkehr, Energie oder Rohstoffversorgung sicherzustellen und so staatliche Planung und die allgemeine Entwicklung der Produktivkräfte zu ermöglichen. Ob dies für die Arbeiter von Vorteil ist oder nicht, hängt davon ab, wie – und von wem – die grundlegenden Entscheidungen getroffen werden, also letztlich von der Frage, wer die Macht hat.

Dieses Kapitel der portugiesischen Geschichte ist in jeder Hinsicht modern, und das gilt auch für die revolutionäre Bewegung im Land. Sie dauerte rund 18 Monate an, war in diesem Zeitraum aber mit allem konfrontiert, was eine entwickelte Klassengesellschaft gegen sie aufbieten konnte. Modern waren nicht nur die Einstellungen der Arbeiter und der Charakter ihrer Forderungen, sondern auch das Muster des staatskapitalistischen Gegenangriffs, den ihre Praxis auf den Plan rief. Die Bewegung hatte die sterilen Auseinandersetzungen zwischen Leninisten und Linkskommunisten hinter sich gelassen, die seit mehr als fünfzig Jahren tobten. Die Verfechter einer Avantgardepartei waren gezwungen, den Kern ihrer Überzeugungen zu verleugnen und zu behaupten, sie seien gar keine Parteien. Formen von Räten wurden fetischisiert und zur Schau gestellt, selbst wenn sie keinen sozialistischen Inhalt hatten. Und Leute, die sich als Materialisten bezeichneten, selbst als historische oder dialektische Materialisten, weigerten sich, einer materiellen Realität ins Auge zu blicken, die doch unübersehbar war.

Die portugiesische Geschichte von 1974 bis 1976 zeigt, dass revolutionäre Praxis sich nicht als Ergebnis von Strategien entfaltet, die Analytiker des Systems oder bürgerliche Planer entwickeln, auch wenn sie sich wie ein Otelo oder Costa Gomes noch so sehr als revolutionäre Generäle verkleiden. Sie entsteht im Kampf selbst, und ihre avanciertesten Formen legen diejenigen an den Tag, für die es eine Notwendigkeit ist, zu kämpfen. Hunderttausende Arbeiter sind in Portugal in den Kampf getreten. Doch der Feind erschien vor ihnen ständig in unerwartetem Gewand: dem ihrer eigenen Organisationen. Wann immer sie eine Organisation ins Leben riefen, mussten sie bald feststellen, dass sogenannte Avantgarden oder Führer, die nicht aus ihren Reihen stammten und von den Beweggründen für ihren Kampf wenig verstanden, sie vereinnahmten. Selbst die Gruppen, die Lippenbekenntnisse gegen den Staatskapitalismus abgaben, taten dies nur aufgrund ihrer eigenen Schwäche. Bis auf weiteres blieb ihnen nichts anderes übrig, als die Basisgruppen zu unterstützen.

Die Revolutionäre erwiesen sich ganz überwiegend als Teil des Problems, nicht der Lösung. In dieser Hinsicht könnten die portugiesischen Ereignisse ein Vorschein dessen sein, was auch in kommenden Revolutionen geschehen wird. Über ihre Lehren sollte man nachdenken, solange noch Zeit dazu ist. Die Alternative liegt auf der Hand. Sie wurde schon vor vielen Jahren bündig formuliert: »Die Befreiung der Arbeiterklasse muss das Werk der Arbeiterklasse selbst sein.«

CHRONOLOGIE

1926	**Mai**. In Braga bricht ein rechter Militäraufstand aus, der die Unterstützung großer Teile der Streitkräfte gewinnt.
1927	**Februar**. Bei einem gescheiterten Gegenputsch in Porto kommt es zu 122 Toten und 700 Verletzten. Unterstützt wird er auch von den Anarchosyndikalisten von *A Batalha* und der CGT.
1928	**März**. Mit gewaltiger Mehrheit wird António Óscar de Fragoso Carmona zum Präsidenten gewählt, Gegenkandidaten gibt es nicht. Er bleibt bis zu seinem Tod 1951 im Amt.
	April. Salazar wird zum Finanzminister ernannt.
1931	**April**. Generalstreik. Linksgerichteter Militäraufstand in Madeira. Beide werden niedergeschlagen.
1932	**Juli**. Salazar wird Premierminister.
1933	**März**. Proklamierung des Estado Novo (korporatistische Verfassung).
	September. Mit dem neuen Nationalen Statut der Arbeit werden »Gewerkschaften« nach dem italienisch-faschistischen Modell geschaffen.
1934	**Januar**. PCP und CGT (Anarchosyndikalisten) rufen zum Generalstreik auf, der zu einer landesweiten Erhebung führt. In Marinha Grande wird ein Sowjet ausgerufen.
1936	**September**. Die Besatzungen dreier Schiffe, die Salazar zur Unterstützung von Francos Truppen entsendet, meutern. Gründung der paramilitärischen Portugiesischen Legion Legião Portuguesa.
	Oktober. Gründung der faschistischen Jugendorganisation Moçidade Portuguesa.
1937	**Juli**. Anarchistisches Attentat auf Salazar scheitert. Im Untergrund entsteht die Frente

Popular, die mehrere reformistische Parteien vereint, darunter die PCP.

1940 **Juli**. In Lissabon findet die Ausstellung »Die portugiesische Welt« statt, eine Art Museum der Sklaverei und kolonialen Ausplünderung.

1941 Neuorganisation der PCP unter Álvaro Cunhal.

1944 **August**. Große Streikbewegungen im Süden, Demonstrationen in Lissabon, es kommt zu zahlreichen Verhaftungen.

1945 **Mai**. Dreitägige Staatstrauer für Hitler. Demonstrationen für die alliierten Truppen. Salazar verspricht Wahlen, »die so frei wie im freien England« sein würden.

Oktober. Gründung der »Movimento de Unidade Democrática«.

1946 **Oktober**. Gescheiterter Aufstand im Norden, 91 Soldaten werden verhaftet.

1947 **April**. Gescheiterter Aufstand von Offizieren. Sabotage von Militärflugzeugen, beteiligt daran ist auch der spätere LUAR-Vorsitzende Palma Inaçio. Generalstreik in Lissabon.

1950 **Mai**. Álvaro Cunhal verurteilt und inhaftiert. Er flieht im Januar 1960.

1954/55 Konflikt mit Indien über Goa.

1958 **Juni**. Erste Präsidentschaftswahlen unter dem Salazar-Regime, ihr ordnungsgemäßer Verlauf ist allerdings umstritten. Für die Opposition kandidieren Arlindo Vincente (PCP) und General Humberto Delgado (von der PCP, die anfangs nichts mit ihm zu tun haben will, »General Coca Cola« getauft). Nach großen Demonstrationen für Delgado im ganzen Land unterstützt die PCP ihn schließlich doch. Als Wahlsieger wird der »offizielle« Kandidat Américo Tomás ausgerufen.

1959 Gescheiterter Aufstand in Lissabon, Tausende werden verhaftet.

1961 **Januar**. Henrique Galvão und eine spanisch-portugiesische Gruppierung (Directório Revolucionário Iberico de Libertação) kapern in der Karibik das Passagierschiff »Santa Maria«. Auf hoher See wird die »Santa Maria« von acht amerikanischen, zwei britischen, vier niederländischen und elf portugiesischen Schiffen gejagt. Sie legt schließlich im brasilianischen Recife an.

Februar. Die MPLA beginnt den nationalistischen Aufstand in Angola. In Portugal schafft der Präsident das »allgemeine Wahlrecht« ab.

November. Erster bekannter Fall von Luftpiraterie: Palma Inaçio entführt eine Maschine der TAP und bombardiert Lissabon und Porto mit Flugblättern. Er erhält politisches Asyl in Tanger.

Dezember. In Beja scheitert ein Aufstand von Delgado-Anhängern.

1962 Gründung der FPLN (Frente Patriótica de Libertação Nacional) unter Beteiligung der PCP, das Hauptquartier befindet sich in Algerien. Mit ihrem Radio Voz da Liberdade strahlt sie Sendungen nach Portugal aus. Nationalistische Erhebung in Mosambik. Massive Antikriegsmärsche in Lissabon, die das allgemeine Demonstrationsverbot durchbrechen.

1964 Spaltung der PCP in prorussische und prochinesische Fraktionen nach der Bewegung der »Hundert Blumen« in China. Gründung des Comité Marxista-Leninista Português (CMLP) und der Frente de Acção Popular (FAP), die von Fidel Castro beeinflusst ist.

1967 Gründung der LUAR unter Federführung von Palma Inaçio. Banküberfall in Figueira da Foz.

1968 Die LUAR versucht die Stadt Covilhá einzunehmen, viele ihrer Aktivistinnen und Aktivisten werden verhaftet, darunter Palma Inaçio, der nach seinem Prozess fliehen kann. Es wird ein Kopfgeld auf ihn ausgesetzt, in Spanien stellen ihn die Behörden. Abschiebung von Mario Soares. Im Zuge einer Streikwelle besetzen 5.000 Lisnave-Arbeiter ihre Werften. Mehrere Fabrikbesetzungen werden durch die Republikanische Nationalgarde beendet. Phase der sogenannten Liberalisierung unter Marcelo Caetano: Ohne Beteiligung der PCP gründet sich die Comissão Democrática Eleitoral (CDE), die später mit der Comissão Eleitoral de Unidade Democrática (CEUD) verschmilzt, in der die PCP vertreten ist. Gründung der Intersindical.

1970 Maoistische Strömungen gründen die MRPP, die an den Universitäten und in einigen Fabriken aktiv ist. In den Streitkräften entstehen Frontorganisationen wie der Resistência Popular Anticolonial. Streik der Transportarbeiter, die sich weigern, Fahrscheine zu verlangen. Gründung der SEDES, einer Gruppe von liberal-kapitalistischen Technokraten.

1971 Ausschluss der PCP aus der FPLN. Erste Aktionen der Brigadas Revolucionárias (BR). Anschlag auf die Iberisch-Atlantische Kommandozentrale der NATO bei Lissabon. Die ARA, der bewaffnete Arm der PCP, verübt Anschläge auf den Luftwaffenstützpunkt Tancos, bei denen mehrere Flugzeuge und Helikopter zerstört werden, und auf ein PIDE-Ausbildungszentrum in Lissabon.

1972 **November**. Die PIDE ermordet den Studenten Ribeiro Santos von der MRPP.

1973 Gründung der PRP, die sich mit den BR vereinigt. Neugründung der Sozialistischen Partei (PS). Streikwelle für höhere Löhne in der Textil- und Elektroindustrie. Streik bei der TAP; die Polizei stürmt das Gelände und feuert mit Maschinengewehren in die Menge, es gibt mehrere Tote. Die Büroangestellten unterstützen die Streikenden. Die CDE nimmt am Wahlkampf teil, zieht sich im letzten Moment aber zurück. Zahlreiche Kandidaten werden verhaftet. Treffen der »Bewegung der Hauptleute« in Lissabon. Bei einem weiteren Treffen in Obidos beschließt sie im Dezember, einen Staatsstreich durchzuführen.

Dezember. Gescheiterter Putschversuch rechter Generäle.

1974	**März**. Der Aufstand von Einheiten aus Caldas da Rainha schlägt fehl. **April**. Erfolgreicher Staatsstreich der »Bewegung der Hauptleute«, die als »Bewegung der Streitkräfte« (MFA) bekannt wird.

Nach dem 25. April 1974

1. Mai	Massendemonstrationen im ganzen Land.
8.–20. Mai	Eine Streikwelle erfasst sämtliche Industriezweige. Hauptforderungen sind ein monatlicher Mindestlohn von 6.000 Escudos und die 40-Stunden-Woche.
16. Mai	Bildung der Ersten Provisorischen Regierung, bestehend aus PS, PCP, MDP/CDE, PPD und SEDES.
29. Mai	Timex-Arbeiter rufen zu einem Spendenfonds auf: »Ein Tageslohn für streikende Arbeiter«.
7. Juni	Saldanha Sanches (MRPP) wird verhaftet, weil er die Truppen zur Desertion aufgerufen hat. Demonstration für seine Freilassung.
14. Juni	Strafgefangene revoltieren, um ihre Bürgerrechte einzufordern.
17. Juni	Der Streik bei der Post (CTT) beginnt und wird von der PCP denunziert. Das Militär plant die Besetzung der Postämter, zwei Soldaten werden inhaftiert, weil sie sich weigern, an der Niederschlagung des Streiks teilzunehmen.
8. Juli	Zusammenbruch der Ersten Provisorischen Regierung von Palma Carlos. Der Zweiten Provisorischen Regierung gehören PS, PPD, PCP und SEDES an, Premierminister wird Vasco Gonçalves.
16. August	Die Polizei eröffnet das Feuer auf eine Demonstration der »Freunde Mosambiks«; es gibt einen Toten und vier Verletzte.
27. August	Die Regierung führt ein Antistreikgesetz ein.
28. August	MFA-Offiziere drohen mit der Verhaftung streikender Arbeiter von TAP.
10. September	Spínola hält eine Rede gegen »die Anarchie«.

	Er bittet die »schweigende Mehrheit« um ihre Unterstützung.
12. September	Lisnave-Arbeiter marschieren aus Protest gegen das Antistreikgesetz nach Lissabon, obwohl die Demonstration verboten ist.
28.–30. September	In ganz Portugal werden Barrikaden errichtet, um eine geplante Demonstration der rechten »schweigenden Mehrheit« zu verhindern. Spínola tritt zurück, neuer Präsident wird Costa Gomes. PS, PCP und PPD bilden eine Dritte Provisorische Regierung. Der Oberste Revolutionsrat, der »Rat der Zwanzig«, tritt an die Stelle der Junta der Nationalen Rettung.
Oktober	Die Gewerkschaft der Chemiearbeiter wendet sich gegen die Kontrolle der Intersindical durch die PCP. Eine Streikwelle erfasst viele Industriezweige. Fabriken werden besetzt und ihre Erzeugnisse auf der Straße verkauft.
4. November	Demonstranten der MRPP jagen eine Versammlung der CDS-Jugendorganisation auseinander. Die Polizei schießt in die Menge, ein Mensch stirbt, 16 werden verletzt.

1975

14. Januar	Großdemonstration der Intersindical für eine monolithische Gewerkschaftsstruktur (*unicidade*).
25. Januar	Im Alentejo weiten sich die Landbesetzungen aus.
7. Februar	Demonstration des Zusammenschlusses von Arbeiterkomitees (Inter-Empresas) gegen einen Besuch von NATO-Marineeinheiten und die steigende Arbeitslosigkeit. Trotz Verbot durch die Regierung und Attacken seitens der PCP fällt die Beteiligung gewaltig aus.
11. März	Gescheiterter rechter Putschversuch von Anhängern Spínolas, der Stützpunkt des Infanterieregiments RAL-1 wird bombardiert. Zusammenbruch der Dritten Provisorischen Regierung; der Vierten gehören MDP-CDE, PS, PCP, PPD und ehemalige MES-Mitglieder

	an. Der Oberste Revolutionsrat wird auf 28 Mitglieder vergrößert und ordnet umfassende Verstaatlichungen privater Monopole an.
19. April	Die PRP »initiiert« die Revolutionären Arbeiterräte.
25. April	Wahlen zur Verfassunggebenden Versammlung. Die PS erhält 38 Prozent der Stimmen, die PPD 26 und die PCP 12,5 Prozent.
10.–15. Mai	5.000 Arbeiter im Hotel- und Gaststättengewerbe treten in den Streik.
19. Mai	Die *República* wird von ihren Beschäftigten besetzt, die PS verurteilt dies.
20. Mai	Räumung des besetzten *República*-Gebäudes.
26. Mai	Die MFA-Versammlung stellt sich hinter Premierminister Vasco Gonçalves und diskutiert verschiedene Dokumente über »Volksmacht«.
28. Mai	Rund vierhundert Maoisten der MRPP werden vom COPCON verhaftet.
2. Juni	Die Verfassunggebende Versammlung tritt zusammen.
8. Juni	Die Generalversammlung der MFA diskutiert das »Leitdokument über Volksmacht«.
16. Juni	Das COPCON lässt die *República*-Beschäftigten wieder in das Redaktionsgebäude.
18. Juni	Demonstration gegen die Rückgabe von Rádio Renascença an die Kirche.
21. Juni	Die MFA veröffentlicht einen »Politischen Aktionsplan«.
Juli	Von der Kirche manipulierte Großdemonstrationen im Norden.
2.–5. Juli	Eine Streikwelle erfasst die wichtigsten Dienstleistungssektoren: CTT, TLP, TAP. Im Norden streiken die Chemiearbeiter, auch die Hotelangestellten treten eine Woche in den Ausstand.
4. Juli	Riesige Solidaritätsdemonstrationen für die Kämpfe bei der *República* und Rádio Renascença.
7.–9. Juli	Die aus 240 Mitgliedern bestehende MFA-Generalversammlung institutionalisiert den »Pakt« zwischen der MFA und »dem Volk«.
11. Juli	Rückzug der PS aus der Koalition.
16. Juli	Panzer und bewaffnete Soldaten nehmen

an einer Demonstration teil, zu der der Zusammenschluss von Nachbarschaftskomitees in den Elendsvierteln (Inter-Comissões) aufgerufen hat. Rückzug der PPD aus der Koalition. Zusammenbruch der Vierten Regierung.

18. Juli PS-Anhänger werden daran gehindert, sich in Lissabon zu versammeln.

21. Juli Die 5. Division bekräftigt ihre Unterstützung für Vasco Gonçalves.

25. Juli Costa Gomes warnt, dass »die Revolution zu schnell voranschreitet«.

27. Juli Die MFA-Versammlung ernennt ein »Triumvirat« aus Costa Gomes, Gonçalves und Otelo.

7. August Das »Dokument der Neun« wird vorgelegt.

8. August Vasco Gonçalves bildet die Fünfte Provisorische Regierung (»Einheitsregierung«), die sich auf PCP und MDP stützt.

13. August In einem COPCON-Dokument wird auch die Fünfte Regierung angegriffen und zur Stärkung der Organe der »Volksmacht« aufgerufen.

18. August Vasco Gonçalves fordert in einer Rede in Almada eine »starke Regierung« – an der, wenn nötig, »weniger Kräfte« beteiligt sein könnten.

20. August Massendemonstration in Lissabon zur Unterstützung des vom COPCON vorgelegten Dokuments.

25. August Die PCP bildet ein Bündnis mit linken Gruppen (FUR), das einen Tag später wieder zerbricht.

6. September Eine MFA-Versammlung in Tancos nötigt Vasco Gonçalves zum Rücktritt.

8. September Die Bewegung SUV (»Vereint werden die Soldaten siegen«) gibt ihr erstes Kommuniqué heraus.

11. September SUV-Demonstration in Lissabon.

13. September Militärpolizisten demonstrieren gegen ihre Entsendung nach Angola.

19. September Amtsantritt der Sechsten Provisorischen Regierung (PPD, PS, PCP).

20. September Kriegsversehrte Veteranen besetzen in Lissabon die Brücke über den Tagus.

26. September	Großdemonstration der SUV in Lissabon. In Covilhá findet ein Kongress von Fabrikkomitees statt.
27. September	In Lissabon werden die Botschaft und das Konsulat Spaniens vollständig niedergebrannt.
29. September	Das Militär besetzt Rundfunkstationen, Rádio Renascença wird geschlossen.
1. Oktober	Die PS mobilisiert gegen einen möglichen Staatsstreich des RAL-1.
6.–13. Oktober	Die Stützpunkte von CICAP und RASP in Porto werden besetzt.
22. Oktober	Demonstranten erzwingen die Wiederinbetriebnahme von Rádio Renascença.
23. Oktober	Die Revolutionären Brigaden (BR) gehen in den Untergrund.
7. November	Eine Fallschirmjägereinheit sprengt die Sendeanlage von Rádio Renascença.
9. November	Großdemonstration von PS und PPD für die Sechste Regierung.
10. November	Offiziere der Militärschule in Tancos treten von ihren Posten zurück.
13./14. November	Bauarbeiter belagern den Regierungssitz in São Bento.
16. November	Massendemonstration der PCP in Lissabon gegen die Sechste Regierung.
19. November	1.200 vom Dienst suspendierte Fallschirmjäger besetzen den Stützpunkt Tancos.
24. November	Otelo wird als Militärkommandeur für Lissabon abgesetzt. Zweistündiger Streik in Fabriken im Süden.
25. November	Militärkommandos gehen in Belém in Stellung, der »Belagerungszustand« wird ausgerufen, es gibt mehr als zweihundert Verhaftungen.
26. November	Die Kommandos zwingen die Militärpolizei zur Kapitulation und töten drei ihrer Angehörigen. Otelo lehnt den Posten des Vizekommandeurs für den Militärbezirk Lissabon ab, den Costa Gomes ihm anbietet. Auflösung des COPCON.
27. November	Verstaatlichung des verbleibenden Kapitals der Zeitungen und Radiosender.

GLOSSAR

ADU Assembleia de Delegados de Unidade; Delegiertenversammung der [militärischen] Einheit.

ALA Associação Livre de Agricultores; Freier Verband der Landwirte.

AMI Agrupamento Militar de Intervenção; Militärische Eingreiftruppe, von der Sechsten Regierung als Gegengewicht zum COPCON geschaffen.

ANP Acção Nacional Popular; Nationale Volksaktion, die faschistische Partei des bis zum 25. April bestehenden Regimes.

AOC Aliança Operário-Camponesa; Bündnis der Arbeiter und Bauern, gegründet von Maoisten in der chemischen Industrie, um die PCP-dominierte Intersindical zu bekämpfen.

CAP Confederação dos Agricultores de Portugal; Verband der Landwirte Portugals.

CCP Comissão Coordenadora do Programa; Koordinationsausschuss für das Programm (der anfangs klandestinen »Bewegung der Hauptleute«).

CDE Comissão Democrática Eleitoral; Demokratische Wahlkommission, 1969 mit Blick auf die Wahlen gegründet, bestand ursprünglich aus Kommunisten, Sozialisten und progressiven Katholiken.

CDS Centro Democrático Social; Soziales und Demokratisches Zentrum, in Wirklichkeit eine rechte Partei, in der sich nach dem 25. April viele Faschisten neuorganisierten.

CGT Confederacão Geral do Trabalho; Allgemeiner Verband der Arbeit, eine von den Faschisten zerschlagene anarchosyndikalistische Organisation.

CIAC Centro de Instrução de Artilharia de Cascais; Ausbildungszentrum der Artillerie von Cascais.

CICAP Centro de Instrução de Condução Auto do Porto; [Militärische] Fahrschule von Porto.

CIP Confederacão da Indústria Portuguesa; Verband der Portugiesischen Industrie, die Organisation der Bosse.

CODICE Comissão Dinamizadora Central; Zentralkomitee für die [»kulturelle«] Dynamisierung, stand unter Kontrolle der 5. Division, die die PCP unterstützte.

COPCON Comando Operacional do Continente; Kontinentales Operationskommando, eine bewaffnete Einheit der MFA, die deren ursprüngliches Programm am striktesten vertrat; gegründet im Juli 1974, aufgelöst im November 1975.

CRAM Comissões Revolucionárias Autónomas de Moradores; Unabhängige Revolutionäre Nachbarschaftskomitees.

CRTSM Conselhos Revolucionários de Trabalhadores, Soldados e Marinheiros; Revolutionäre Räte der Arbeiter, Soldaten und Matrosen, im April mit Unterstützung der PRP-BR gegründet.

DGS siehe PIDE.

EPAM Escola Prática de Administração Militar; Militärische Verwaltungsakademie (Lissabon).

FEC-ML Frente Eleitoral de Comunistas (Marxista-Leninista); Wahlfront der Kommunisten (Marxisten-Leninisten), Bündnis maoistischer Gruppen, die mit Albanien sympathisierten.

FMU Frente Militar Unida; Militärische Einheitsfront, Organisation von Offizieren, die der »Gruppe der Neun« nahestanden.

FNLA Frente Nacional de Libertação de Angola; Nationale Befreiungsfront Angolas.

FPLN Frente Patriótica de Libertação Nacional; Patriotische Front für die Nationale Befreiung, 1962 unter Beteiligung von General Humberto Delgado, Álvaro Cunhal (PCP) und Tito de Morais (PS) gegründet.

FSP Frente Socialista Popular; Sozialistische Volksfront, »linke« Abspaltung von der PS im Januar 1975.

FUR Frente de Unidade Revolucionária; Revolutionäre Einheitsfront, Zusammenschluss von PCP, MDP, FSP, PRP, MES, LCI und der maoistischen Grupo Primeiro de Maio (Gruppe 1. Mai).

GAPS Grupo Autónomo do Partido Socialista; Unabhängige Gruppe der Sozialistischen Partei.

GNR Guarda Nacional Republicana; Republikanische Nationalgarde, schwerbewaffnete paramilitärische Polizeieinheit und eine Hauptsäule des faschistischen Regimes; wurde nach dem November 1975 umstrukturiert.

INTER-COMISSÕES Zusammenschluss von Komitees, die Bezeichnung wurde verwendet für den Zusammenschluss der Komitees der Slumbewohner, den der Soldaten- und Matrosenkomitees sowie für eine Gruppe von Komitees, die aus der Inter-Empresas hervorging.

INTER-EMPRESAS Organisation von Arbeiterkomitees.

INTERSINDICAL Wichtigster Gewerkschaftsverband, kontrolliert von der PCP.

IRA Instituto de Reorganização Agrária; Institut für Agrarreform.

LCI Liga Comunista Internacionalista; Kommunistisch-Internationalistischer Bund, trotzkistische Organisation.

LUAR Liga de União e de Acção Revolucionária; Liga der revolutionären Aktionseinheit, führte vor dem 25. April eine Reihe spektakulärer Banküberfälle und Bombenanschläge durch.

MDP Movimento Democrático Português; Portugiesische Demokratische Bewegung, nach dem 25. April politisch meist ununterscheidbar von der PCP, umfasste ursprünglich die CDE.

MDM Movimento Democrático de Mulheres; Demokratische Frauenbewegung, an der PCP orientiert.

MES Movimento de Esquerda Socialista; Bewegung der Sozialistischen Linken, Ende 1973 aus der alten GAPS entstanden, zog viele Angehörige technischer Berufe an.

MFA Movimento das Forças Armadas; Bewegung der Streitkräfte.

MLM Movimento de Libertação das Mulheres; Bewegung für die Frauenbefreiung.

MPLA Movimento Popular de Libertação de Angola; Volksbewegung zur Befreiung Angolas.

MRPP Movimento Reorganizativo do Partido do Proletariado; Bewegung für den Neuaufbau der Partei des Proletariats, 1970 von Studierenden und jungen Arbeitern gegründet, die teilweise aus der PCP kamen; lautstärkste maoistische Gruppe.

MUD Movimento de Unidade Democrática; Bewegung der Demokratischen Einheit.

PCP Partido Communista Português; Kommunistische Partei Portugals, 1921 gegründet.

PCP-ML Partido Comunista Português (Marxista-Leninista); Kommunistische Partei Portugals (Marxisten-Leninisten), 1970 gegründete maoistische Gruppe, die sich nach dem 25. April in zwei Fraktionen spaltete: aus der einen wurde die PUP, die andere schloss sich der AOC an und wurde von China als die »offizielle« maoistische Partei in Portugal anerkannt.

PDC Partido da Democracia Cristã; Partei der Christlichen Demokratie, eine rechtsextreme Formation, der sich nach dem 25. April viele Faschisten anschlossen.

PIDE Polícia Internacional e de Defesa do Estado; Internationale Polizei und Staatsschutz, die politische Polizei des alten Regimes, 1970 umbenannt in DGS (Direcção-Geral de Segurança, Generaldirektorat für Sicherheit).

PM Polícia Militar; Militärpolizei, stand bis zur Auflösung des COPCON unter dessen Kontrolle.

PPD Partido Popular Democrático; Volksdemokratische Partei, prokapitalistische Partei der Mitte, war in allen Provisorischen Regierungen mit Ausnahme der Fünften vertreten.

PPM Partido Popular Monárquico; Monarchistische Volkspartei.

PRP-BR Partido Revolucionário do Proletariado –

	Brigadas Revolucionárias; Revolutionäre Partei des Proletariats – Revolutionäre Brigaden, spaltete sich 1972 von der FPLN ab und gründete Brigaden, die vor dem 25. April für mehrere Anschläge auf Marineschiffe und Militäreinrichtungen verantwortlich waren.
PRT	Partido Revolucionário dos Trabalhadores; Revolutionäre Arbeiterpartei, Trotzkisten.
PS	Partido Socialista; Sozialistische Partei, 1973 gegründet und Mitglied der Zweiten Internationale.
PSDI	Partido Social-Democrata Independente; Unabhängige Sozialdemokratische Partei, konservativ ausgerichtet.
PSP	Polícia de Segurança Pública; Polizei für öffentliche Sicherheit, die Hauptpolizeieinheit.
PUP	Partido de Unidade Popular; Partei der Volkseinheit, Spaltprodukt der PCP-ML.
RAC	Regimento de Artilharia de Costa; Artillerieregiment der Küstenwache, stationiert bei Lissabon.
RAL-1	Regimento de Artilharia Ligeira No. 1; 1. Leichtartillerieregiment, stationiert bei Lissabon.
RCP	Rádio Clube Português, ein ursprünglich privater Rundfunksender, nach dem 25. November verstaatlicht.
RIOQ	Regimento de Infantaria Operacional de Queluz; Operatives Infanterieregiment von Queluz.
RPA	Resistência Popular Antifascista; Antifaschistischer Volkswiderstand; Kern der späteren Opposition in den Streitkräften.
RR	Rádio Renascença; im Besitz der Kirche, später von den Beschäftigten besetzt, nach dem 25. November wieder der Kirche übertragen.
RTP	Rádio e Televisão de Portugal, staatlicher Fernsehsender mit zwei Kanälen.
SAAL	Serviço de Apoio Ambulatório Local; Mobiler Hilfsdienst, halbstaatliche Einrichtung, die dem Ministerium für Wohnungsbau unterstand.

SDCI	Serviço de Detecção e Coordenação de Informações; Geheimdienst.
SEDES	Gruppe von Technokraten, die sich 1970 im Zuge der sogenannten Liberalisierung unter Marcelo Caetano gründete.
SUV	Soldados Unidos Vencerão; »Vereint werden die Soldaten siegen«, Basisorganisation im Militär.
UDP	União Democrática Popular; Demokratische Volksunion, Zusammenschluss verschiedener maoistischer Strömungen.
URML	Unidade Revolucionária Marxista-Leninista; maoistische Gruppierung.

ANMERKUNGEN

1 *Diário Popular*, 25. April 1974.

2 Ebd.

3 Eine große Ausnahme war Emídio Santana (1906-88), den ich kennen und schätzen lernte und der sehr aufgeschlossen war für neue Ideen. Er war nach dem 25. April recht aktiv, hielt jedoch vor allem an seinen anarchistischen Werten fest. Der Anarchismus konnte in Portugal auf eine bedeutende Geschichte zurückblicken, in früheren Arbeitskämpfen hatte er eine große Rolle gespielt. Nach dem Putsch der Rechten 1926 wurde die Arbeiterbewegung massiv unterdrückt und die anarchistische CGT (Allgemeine Arbeiterunion) zerschlagen. 1927 versuchte sie, mit einem Generalstreik gegen die Regierung vorzugehen; der scheiterte allerdings und führte zu hundert Toten, der Deportation von etwa sechshundert an den Konflikten beteiligten Personen in überseeische Gebiete und dem Verbot ihrer Zeitung *A Batalha*. Ein für den 18. Januar 1934 ausgerufener Generalstreik der CGT und anderer Organisationen, darunter die PCP, scheiterte ebenfalls. Die illegalen Aktivitäten der CGT beschränkten sich dann auf Lissabon und die Algarve. 1937 beteiligte sich Emídio Santana, der damalige Generalsekretär, an einem Attentat auf Salazar, das scheiterte, er floh nach Großbritannien; von dort wurde er wieder nach Portugal abgeschoben, wo er 16 Jahre im Gefängnis verbrachte. Die darauf folgende Repression brachten die CGT vollständig zum Erliegen. Seine Autobiografie wurde 1985 unter dem Titel *Memories of a Militant Anarcho-Syndicalist* veröffentlicht.

4 Auf das Wachstum der Komitees, ihre Zusammensetzung und Aufgaben, ihre Beziehungen zu den Gewerkschaften und einige ihrer praktischen Schwierigkeiten werde ich später eingehen. An dieser Stelle möchte ich lediglich einige der ersten Auseinandersetzungen beschreiben, die die »Flitterwochen« des neuen Regimes trübten. Sie zeigen deutlich, dass kein noch so großes Gerede über die Einheit zwischen der MFA und dem Volk (die so genannte MFA-POVO-Allianz) die Realitäten des Klassenkampfes verdecken konnte.

5 *A Capital*, 2. Juni 1974.

6 Rosa Coutinho (1926–2010), aufgrund seiner linken Ansichten und politischen Nähe zur Kommunistischen Partei auch als »Roter Admiral« bekannt.

7 Eine ausgezeichnete Beschreibung dieses Kampfes bieten Françoise Avila/Carvalho Ferreira/Bertrand Lory/Claude Orsoni/Charles Reeve, *Portugal, l'autre combat. Classes et conflits dans la société*, Spartacus, Paris 1975.

8 *O Século*, 29. September 1974.

9 Die Legion war eine 1936 nach dem Vorbild von Mussolinis Schwarzhemden gegründete paramilitärische Organisation. Rund 6.000 ihrer Mitglieder (bekannt als *Viriatos*), die im Spanischen Bürgerkrieg auf der Seite von Franco kämpften, wurden getötet. Schwer bewaffnet und noch immer in ihre charakteristischen blauen Hemden gekleidet, waren die *Viriatos* am 25. April 1974 etwa 80.000 Mann stark.

10 Ein offizieller Bericht deckte später auf, dass die Bank Espírito Santo die Plakate und Eintrittskarten mit 12 Millionen Escudos finanziert hatte.

11 *Combate* Nr. 10, 8. November 1974.

12 *Combate* Nr. 13, 12. Dezember 1974.

13 *Combate* Nr. 10, 8. November 1974.

14 *Combate* Nr. 17, 14. Februar 1975.

15 *Combate* Nr. 14, 3. Januar 1975.

16 *Combate* Nr. 11, 22. November 1974.

17 FAC: »Antikommunistische Front«, steht in Verbindung zur Portugiesischen Legion.

18 *Combate* Nr. 17, 14. Februar 1975.

19 Im Sommer 1976 wurde bekannt, dass bei der Abstimmung nur zwölf dafür und acht dagegen gestimmt hatten. Die MFA hatte behauptet, ihr Votum sei »einstimmig« gewesen, um ihre sich abzeichnenden Meinungsverschiedenheiten zu verbergen. Unter den Abweichlern befanden sich einige zukünftige Mitglieder der »Gruppe der Neun«.

20 *A Capital*, 12. Januar 1975.

21 Beispiele für solche Theoriegruppen waren die Zeitschriften *Combate* und *A Batalha*. Der britische *Economist* schrieb damals, die Einheitsgewerkschaft sei die einzige Lösung im Sinne des Kapitalismus, da sie eine feste Kontrolle über die Arbeiterschaft ermögliche, die im Falle eines gewerkschaftlichen Pluralismus nicht gewährleistet sei.

22 *A Capital*, 15. Oktober 1974.

23 Im Norden hatten 212.111 Pachtgrundstücke eine Gesamtfläche von 332.353 Hektar. Man braucht nicht viel Mathematik, um sich vorzustellen, wie klein die meisten Parzellen dort waren.

24 *Revolução*, 6. Dezember 1974.

25 *Revolução*, 8. November 1974.

26 *Revolução*, 24. Januar 1975.

27 *Esquerda Socialista* Nr. 8, 4. Dezember 1974.
28 *Fronteira* Nr. 11, 31 Oktober 1974.
29 *Revolução* Nr. 25.
30 *Expresso*, 4. Januar 1975.
31 *O Século Ilustrado*, 19. Oktober 1974.
32 Ebd.
33 Veröffentlicht in *Combate*, *Revolucão* und *Esquerda Socialista*.
34 Von 1868 bis 1968 wanderten bei einer Gesamtbevölkerung von zehn Millionen Menschen rund drei Millionen aus Portugal aus. Etwa 750.000 Portugiesen ließen sich von 1900 bis 1930 in Brasilien nieder, weitere 250.000 verschlug es nach Nordamerika. Allein von 1961 bis 1967 emigrierten mehr als eine halbe Million Menschen, von 1967 bis zum April 1974 dürfte sich die Zahl verdoppelt haben. In den 1950er und 1960er Jahren lösten europäische Länder, vor allem Frankreich, traditionelle Auswanderungsländer wie Brasilien und die afrikanischen Kolonien ab; zum Zeitpunkt der portugiesischen Revolution lebten schätzungsweise eine Million Portugiesen in Frankreich. Die meisten Auswanderer kamen aus dem Norden, die höchsten Zahlen wurden in den Provinzen Viseu und Bragança verzeichnet (Carlos Almeida/António Barreto, *Capitalismo e Emigração em Portugal*, Lissabon 1974).
35 Das Kommuniqué wurde vom SAAL veröffentlicht und erschien in *Combate* Nr. 12, 6. Dezember 1974. Auszugsweise wurde es auch in *A Capital* (26. Oktober 1974) publiziert.
36 Aus einem vom SAAL (Norden) veröffentlichten Dokument, das auszugsweise auch in der überregionalen Presse abgedruckt wurde.
37 Der genaue Wortlaut der Gesetze wurde im *Diário do Governo* veröffentlicht, der damals täglich erschien.
38 Caetano hatte sich am 25. April in das Hauptquartier der Republikanischen Nationalgarde geflüchtet, Spínola vertraute ihr am 28. September die Kontrolle über die Radiosender an. Auch der Putschversuch vom 11. März wurde von der Zentrale der Nationalgarde aus gelenkt.
39 *A Capital*, 29. Mai 1975.
40 Charles Reeve, *Le Tigre de Papier: sur le développement du capitalisme en Chine* (Paris, Spartacus, 1972 – Série B No. 48).
41 *Combate*, 27. Juli 1975.
42 *Expresso*, 17. Mai 1975.
43 *Expresso*, 20. September 1975.
44 *Diário de Lisboa*, 12. September 1975.
45 *New York Times*, 25. September 1975.
46 Die Mitarbeiter des IRA standen vor einer Krise. Die An-

drohung, sie zu entlassen, führte dazu, dass sie im September, Oktober und November versuchten, noch möglichst viele Besetzungen zu ratifizieren und zu »legalisieren«.

47 *Movimento. Boletim informativo das Forças Armadas*, Nr. 25, 14. August 1975.

48 *República*, 27. September, 1975.

49 Die zwei Morgenzeitungen *O Século* und *Diário de Notícias* wurden von der PCP kontrolliert. Als eine Art Leitmedium war der *Diário* die wichtigere der beiden; er hatte einen landesweiten Vertrieb, umfangreiche Anzeigen und lag in vielen Cafés und Institutionen aus. Von den fünf Abendzeitungen, die in Lissabon gedruckt wurden, befanden sich drei in den Händen von PCP und FUR; das *Jornal Novo* war sozialdemokratisch und *A Luta* diente dem rechten Flügel der PS als Organ, nachdem UDP und PRP die *República* übernommen hatten. Der *Diário de Notícias* hatte die höchste Auflage, gefolgt von *A Capital, Diário Popular, Diário de Lisboa, Jornal Novo, A Luta, O Século, Jornal de Notícias* (der Morgenzeitung aus dem Norden, die sich seit dem April 1974 kaum geändert hatte) und *República.* Neben den Tageszeitungen gab es auch einflussreiche Wochenzeitungen wie *Expresso* (teils unabhängig, teils an PPD und MRPP orientiert), *O Jornal* (PS/PCP), *Tempo* (CDS) und eine Reihe von Zeitschriften.

50 In einem Bericht von 1976 hieß es später, die PRP hätte Otelo davon zu überzeugen versucht, dass jetzt der richtige Zeitpunkt für einen bewaffneten Aufstand sei. Die UDP, die bei dem Gespräch ebenfalls vertreten war, hielt den Moment dagegen für ungünstig. Otelo stimmte dem zu.

51 De facto lassen sich bei RR zwei »Besetzungen« erkennen. Die erste wurde von den Beschäftigten selbst durchgeführt, die zweite war eine (ideologische wie physische) »Kolonisierung« des besetzten Gebäudes durch politische Fraktionen wie die UDP.

52 »Mir fehlt es an klaren politischen Koordinaten. Hätte ich sie, dann hätte ich der Fidel Castro Europas werden können, aber dafür mangelt es mir an Bildung. (...) Dies ist die erste Revolution, an der ich je teilgenommen habe«, meinte Otelo nach seiner Rückkehr von einem Aufenthalt in Kuba. Im August wurde ihm angeboten, Präsident zu werden, was er jedoch ablehnte.

53 *Soldados em Luta* (Zeitschrift von kämpfenden Soldaten des Artillerieregiments von Serra do Pilar), Nr. 1, 15. Oktober 1975.

54 Ebd.

55 *O Século*, 11. November 1975.

56 *A Capital*, 10. November 1975.

57 *Tempo Novo*, 27. November 1975.

58 Spätere Ereignisse stellten all das jedoch in den Schatten, und der Laissez-faire-Kapitalismus fand neue Wege, um zu expandieren. Auch wenn es damals schwierig war, den Zusammenbruch des sowjetischen Blocks, den Aufstieg des Neoliberalismus oder die »Schock-Doktrin« (Naomi Klein) vorherzusehen – Faktoren, die eine der längsten Erfolgsphasen des Kapitalismus hervorbrachten –, hält dieses Kapitel der Geschichte meines Erachtens noch immer Lehren für uns alle bereit.

BILDNACHWEISE

Alle Bilder mit freundlicher Genehmigung des Arquivo Nacional Torre do Tombo (ANTT); **S. 11**: PT-TT-FLA-SF-001-0495-009, Armando Vidal **S. 43**: PT-TT-FLA-SF-001-5294-010, António Xavier, Armando Vidal, Carlos Gil **S. 72**: PT-TT-SNI-ARQF-RP-003-27890, Gouveia **S. 100**: PT-TT-FLA-SF-001-2811-007, **S. 127**: PT-TT-SNI-ARQF-RP-003-29311-NG30, Costa Mota **S. 141**: PT-TT-SNI-ARQF-RP-003-27430, Chalbert **S. 161**: PT-TT-FLA-SF-001-5294-049, Carlos Gil **S. 184**: PT-TT-FLA-SF-001-4499-004, Armando Vidal **S. 206**: PT-TT-FLA-SF-001-1534-024, Carlos Gil **S. 230**: PT-TT-FLA-SF-001-2811-003, **S. 257**: PT-TT-SNI-ARQF-RP-003-29353, Gouveia **S. 276**: PT-TT-SNI-ARQF-DO-026-001-28781-NG11, Chalbert **S. 297**: PT-TT-FLA-SF-001-5494-043, **S. 331**: PT-TT-FLA-SF-001-3880-017, **S. 345**: PT-TT-FLA-SF-001-0495-0